U0050617

Deepen Your Mind

第二版序言

本書第 1 版於 2012 年出版，說明了統計機器學習方法，主要是一些常用的監督學習方法。第 2 版增加了一些常用的無監督學習方法，由此本書涵蓋了傳統統計機器學習方法的主要內容。

在撰寫《統計學習方法》伊始，對全書內容做了初步規劃。第 1 版出版之後，即著手無監督學習方法的寫作。由於寫作是在業餘時間進行，常常被主要工作打斷，歷經六年多時間才使這部分工作得以完成。猶未能加入深度學習和強化學習等重要內容，希望今後能夠增補，完成整本書的寫作計畫。

《統計學習方法》第 1 版的出版正值巨量資料和人工智慧的熱潮，生逢其時，截至 2019 年 4 月本書共印刷 25 次，152000 冊，獲得了讀者們的歡迎和支持。有許多讀者指出本書對學習和掌握機器學習技術有極大的幫助，也有許多讀者透過電子郵件、微博等方式指出書中的錯誤，提出改進的建議和意見。一些大專院校將本書作為機器學習課程的教材或參考書。 有的同學在網上發表了讀書筆記，有的同學將本書介紹的方法在電腦上實現。清華大學深圳研究所學生院袁春老師精心製作了第 1 版十二章的教材，在網上公佈，為大家提供教學之便。許多老師、同學、讀者的支持和鼓勵，讓作者深受感動和鼓舞。在這裡向所有的老師、同學、讀者致以誠摯的謝意！

能為電腦科學、人工智慧領域做出一點微薄的貢獻，感到由衷的欣慰，同時也感受到作為知識傳播者的重大責任，讓作者決意把本書寫好。也希望大家今後不吝指教，多提寶貴意見，以幫助繼續提高本書的品質。在寫作中作者也深切體會到教學相長的道理，經常發現自己對基礎知識的掌握不夠紮實，透過寫作得以對相關知識進行了深入的學習，受益匪淺。

本書是一部機器學習的基本讀物，要求讀者擁有高等數學、線性代數和機率統計的基礎知識。書中主要說明統計機器學習的方法，力求系統全面又簡明扼要地闡述這些方法的理論、演算法和應用，讓讀者能對這些機器學習的基

本技術有很好的掌握。針對每個方法，詳細介紹其基本原理、基礎理論、實際演算法，舉出細緻的數學推導和具體實例，既幫助讀者理解，也便於日後複習。

第 2 版增加的無監督學習方法，王泉、陳嘉怡、柴琛林、趙程綺等幫助做了認真細緻的校閱，提出了許多寶貴意見，在此謹對他們表示衷心的感謝。清華大學出版社的薛慧編輯一直對本書的寫作給予非常專業的指導和幫助，在此對她表示衷心的感謝！

由於本人水準有限，本書一定存在不少錯誤，懇請各位專家、老師和同學批評指正。

李航

第一版序言

電腦與網路已經融入人們的日常學習、工作和生活之中，成為人們不可或缺的幫手和夥伴。電腦與網路的高速發展完全改變了人們的學習、工作和生活方式。智慧化是電腦研究與開發的主要目標。近幾十年來的實踐表明，統計機器學習方法是實現這一目標的最有效手段，儘管它還會有著一定的局限性。

本人一直從事利用統計學習方法對文字資料進行各種智慧性處理的研究，包括自然語言處理、資訊檢索、文字資料探勘。近 20 年來，這些領域發展之快，應用之廣，實在令人驚歎！可以說，統計機器學習是這些領域的核心技術，在這些領域的發展及應用中起著決定性的作用。

本人在日常的研究工作中經常指導學生，並在國內外一些大學及講習班上多次做過關於統計學習的報告和演講。在這一過程中，同學們學習熱情很高，希望得到指導，這使作者產生了撰寫本書的想法。

國內外已出版了多本關於統計機器學習的書籍，比如，Hastie 等人的《統計學習基礎》，該書對統計學習的諸多問題有非常精闢的論述，但對初學者來說顯得有些深奧。統計學習範圍甚廣，一兩本書很難覆蓋所有問題。本書主要是面向將統計學習方法作為工具導向的科學研究人員與學生，特別是從事資訊檢索、自然語言處理、文字資料探勘及相關領域的研究與開發的科學研究人員與學生。

本書力求系統而詳細地介紹統計學習的方法。在內容選取上，偏重介紹那些最重要、最常用的方法，特別是關於分類與標注問題的方法。 對其他問題及方法，如聚類等，計畫在今後的寫作中再加以介紹。在敘述方式上，每一章說明一種方法，各章內容相對獨立、完整；同時力圖用統一框架來論述所有方法，使全書整體不失系統性，讀者可以從頭到尾通讀，也可以選擇單一章節細讀。 對每一種方法的說明力求深入淺出，舉出必要的推導證明，提供簡單的實例，使初學者易於掌握該方法的基本內容，領會方法的本質，並準確地使用方法。對相關的深層理論，則予以簡述。在每章後面，舉出一些習

題，介紹一些相關的研究動向和閱讀材料，列出參考文獻，以滿足讀者進一步學習的需求。本書第 1 章簡要敘述統計學習方法的基本概念，最後一章對統計學習方法進行比較與複習。此外，在附錄中簡介一些共用的最佳化理論與方法。

本書可以作為統計機器學習及相關課程的教學參考書，適用於資訊檢索及自然語言處理等專業的大學生、研究所學生。

本書初稿完成後，田飛、王佳磊、武威、陳凱、伍浩鉞、曹正、陶宇等人分別審閱了全部或部分章節，提出了許多寶貴意見，對本書品質的提高有很大幫助，在此向他們表示衷心的感謝。在本書寫作和出版過程中，清華大學出版社的責任編輯薛慧給予了很多幫助，在此特向她致謝。

由於本人水準所限，書中難免有錯誤和不當之處，歡迎各位專家和讀者給予批評指正。

目錄

Chapter 05 決策樹

Chapter 06 邏輯回歸與最大熵模型

Chapter 09　EM 演算法及其推廣

Chapter 10　隱馬可夫模型

Chapter **11** 條件隨機場

Chapter **12** 監督學習方法總結

第 2 篇　無監督學習

Chapter **22**   無監督學習方法總結

Appendix **A**   梯度下降法

Appendix **B**   牛頓法和擬牛頓法

Appendix **C**   拉格朗日對偶性

Appendix **D**   矩陣的基本子空間

Appendix **E**   KL 散度的定義和狄利克雷分佈的性質

Appendix **F**   索引

統計學習及監督學習概論

本書第 1 篇說明監督學習方法。監督學習是從標注資料中學習模型的機器學習問題，是統計學習或機器學習的重要組成部分。

本章簡要敘述統計學習及監督學習的一些基本概念。讓讀者對統計學習及監督學習有初步了解。

本章 1.1 節敘述統計學習或機器學習的定義、研究物件與方法；1.2 節敘述統計學習的分類，基本分類是監督學習、無監督學習、強化學習；1.3 節敘述統計學習方法的三要素：模型、策略和演算法；1.4 節至 1.7 節相繼介紹監督學習的幾個重要概念，包括模型評估與模型選擇、正則化與交叉驗證、學習的泛化能力、生成模型與判別模型；最後 1.8 節介紹監督學習的應用：分類問題，標注問題與回歸問題。

1.1 統計學習

1. 統計學習的特點

統計學習（statistical learning）是關於電腦基於資料建構機率統計模型並運用模型對資料進行預測與分析的一門學科。統計學習也稱為統計機器學習(statistical machine learning）。

統計學習的主要特點是：（1）統計學習以電腦及網路為平臺，是建立在電腦及網路上的；（2）統計學習以資料為研究物件，是資料驅動的學科；（3）統計學習的目的是對資料進行預測與分析；（4）統計學習以方法為中心，統計學習方法建構模型並應用模型進行預測與分析；（5）統計學習是概率論、統計學、資訊理論、計算理論、最佳化理論及電腦科學等多個領域的交叉學科，並且在發展中逐步形成獨自的理論系統與方法論。

赫爾伯特·西蒙（Herbert A. Simon）曾對「學習」舉出以下定義：「如果一個系統能夠透過執行某個過程改進它的性能，這就是學習。」按照這一觀點，統計學習就是電腦系統透過運用資料及統計方法提高系統性能的機器學習。現在，當人們提及機器學習時，往往是指統計機器學習。所以可以認為本書介紹的是機器學習方法。

2. 統計學習的物件

統計學習研究的物件是資料（data）。它從資料出發，提取資料的特徵，抽象出資料的模型，發現資料中的知識，又回到對資料的分析與預測中去。作為統計學習的物件，資料是多樣的，包括存在於電腦及網路上的各種數位、文字、影像、視訊、音訊資料以及它們的組合。

統計學習關於資料的基本假設是同質資料具有一定的統計規律性，這是統計學習的前提。這裡的同質資料是指具有某種共同性質的資料，例如英文文章、網際網路網頁、資料庫中的資料等。由於它們具有統計規律性，所以可以用機率統計方法處理它們。比如，可以用隨機變數描述資料中的特徵，用機率分佈描述資料的統計規律。在統計學習中，以變數或變數組表示資料。資料分為由連續變數和離散變數表示的類型。本書以討論離散變數的方法為主。另外，本書只涉及利用資料建構模型及利用模型對資料進行分析與預測，對資料的觀測和收集等問題不作討論。

3. 統計學習的目的

統計學慣用於對資料的預測與分析，特別是對未知新資料的預測與分析。對資料的預測可以使電腦更加智慧化，或者說使電腦的某些性能得到提高；對資料的分析可以讓人們獲取新的知識，給人們帶來新的發現。

對資料的預測與分析是透過建構機率統計模型實現的。統計學習總的目標就是考慮學習什麼樣的模型和如何學習模型，以使模型能對資料進行準確的預測與分析，同時也要考慮盡可能地提高學習效率。

4. 統計學習的方法

統計學習的方法是基於資料建構機率統計模型從而對資料進行預測與分析。統計學習由監督學習（supervised learning）、無監督學習（unsupervised learning）和強化學習（reinforcement learning）等組成。

本書第 1 篇說明監督學習，第 2 篇說明無監督學習。可以說監督學習、無監督學習方法是最主要的統計學習方法。

統計學習方法可以概括如下：從給定的、有限的、用於學習的訓練資料（training data）集合出發，假設資料是獨立同分佈產生的；並且假設要學習的模型屬於某個函數的集合，稱為假設空間（hypothesis space）；應用某個評價準則（evaluation criterion），從假設空間中選取一個最優模型，使它對已知的訓練資料及未知的測試資料（test data）在給定的評價準則下有最優的預測；最優模型的選取由演算法實現。這樣，統計學習方法包括模型的假設空間、模型選擇的準則以及模型學習的演算法。稱其為統計學習方法的三要素，簡稱為模型（model）、策略（strategy）和演算法（algorithm）。

實現統計學習方法的步驟如下：

（1）得到一個有限的訓練資料集合；
（2）確定包含所有可能的模型的假設空間，即學習模型的集合；
（3）確定模型選擇的準則，即學習的策略；

（4）實現求解最優模型的演算法，即學習的演算法；

（5）透過學習方法選擇最優模型；

（6）利用學習的最優模型對新資料進行預測或分析。

本書第 1 篇介紹監督學習方法，主要包括用於分類、標注與回歸問題的方法。這些方法在自然語言處理、資訊檢索、文字資料探勘等領域中有著極其廣泛的應用。

5. 統計學習的研究

統計學習研究一般包括統計學習方法、統計學習理論及統計學習應用三個方面。統計學習方法的研究旨在開發新的學習方法；統計學習理論的研究在於探求統計學習方法的有效性與效率，以及統計學習的基本理論問題；統計學習應用的研究主要考慮將統計學習方法應用到實際問題中去，解決實際問題。

6. 統計學習的重要性

近二十年來，統計學習無論是在理論還是在應用方面都獲得了巨大的發展，有許多重大突破，統計學習已被成功地應用到人工智慧、模式辨識、資料探勘、自然語言處理、語音處理、電腦視覺、資訊檢索、生物資訊等許多電腦應用領域中，並且成為這些領域的核心技術。人們確信，統計學習將會在今後的科學發展和技術應用中發揮越來越大的作用。

統計學習學科在科學技術中的重要性主要表現在以下幾個方面：

（1）統計學習是處理巨量資料的有效方法。我們處於一個資訊爆炸的時代，巨量資料的處理與利用是人們必然的需求。現實中的資料不但規模大，而且常常具有不確定性，統計學習往往是處理這類資料最強有力的工具。

（2）統計學習是電腦智慧化的有效手段。智慧化是電腦發展的必然趨勢，也是電腦技術研究與開發的主要目標。近幾十年來，人工智慧

等領域的研究證明，利用統計學習模仿人類智慧的方法，雖有一定的局限性，還是實現這一目標的最有效手段。

（3）統計學習是電腦科學發展的一個重要組成部分。可以認為電腦科學由三維組成：系統、計算、資訊。統計學習主要屬於資訊這一維，並在其中起著核心作用。

1.2 統計學習的分類

統計學習或機器學習是一個範圍寬闊、內容繁多、應用廣泛的領域，並不存在（至少現在不存在）一個統一的理論系統涵蓋所有內容。下面從幾個角度對統計學習方法進行分類。

1.2.1 基本分類

統計學習或機器學習一般包括監督學習、無監督學習、強化學習。有時還包括半監督學習、主動學習。

1. 監督學習

監督學習（supervised learning）是指從標注資料中學習預測模型的機器學習問題。標注資料表示輸入輸出的對應關係，預測模型對給定的輸入產生對應的輸出。監督學習的本質是學習輸入到輸出的映射的統計規律。

（1）輸入空間、特徵空間和輸出空間

在監督學習中，將輸入與輸出所有可能取值的集合分別稱為輸入空間（input space）與 輸出空間（output space）。輸入與輸出空間可以是有限元素的集合，也可以是整個歐氏空間。輸入空間與輸出空間可以是同一個空間，也可以是不同的空間；但通常輸出空間遠遠小於輸入空間。

每個具體的輸入是一個實例（instance），通常由特徵向量（feature vector）表示。這時，所有特徵向量存在的空間稱為特徵空間（feature space）。特

徵空間的每一維對應於一個特徵。有時假設輸入空間與特徵空間為相同的空間，對它們不予區分；有時假設輸入空間與特徵空間為不同的空間，將實例從輸入空間映射到特徵空間。模型實際上都是定義在特徵空間上的。

在監督學習中，將輸入與輸出看作是定義在輸入（特徵）空間與輸出空間上的隨機變數的取值。輸入輸出變數用大寫字母表示，習慣上輸入變數寫作 X，輸出變數寫作 Y。輸入輸出變數的取值用小寫字母表示，輸入變數的取值寫作 x，輸出變數的取值寫作 y。變數可以是純量或向量，都用相同類型字母表示。除特別宣告外，本書中向量均為列向量。輸入實例 x 的特徵向量記作

$$x = \left(x^{(1)}, x^{(2)}, \cdots, x^{(i)}, \cdots, x^{(n)} \right)^{\mathrm{T}}$$

$x^{(i)}$ 表示 x 的第 i 個特徵。注意 $x^{(i)}$ 與 x_i 不同，本書通常用 x_i 表示多個輸入變數中的第 i 個變數，即

$$x_i = \left(x_i^{(1)}, x_i^{(2)}, \cdots, x_i^{(n)} \right)^{\mathrm{T}}$$

監督學習從訓練資料（training data）集合中學習模型，對測試資料（test data）進行預測。訓練資料由輸入（或特徵向量）與輸出對組成，訓練集通常表示為

$$T = \{(x_1, y_1), (x_2, y_2), \cdots, (x_N, y_N)\}$$

測試資料也由輸入與輸出對組成。輸入與輸出對又稱為樣本（sample）或樣本點。

輸入變數 X 和輸出變數 Y 有不同的類型，可以是連續的，也可以是離散的。人們根據輸入輸出變數的不同類型，對預測任務給予不同的名稱：輸入變數與輸出變數均為連續變數的預測問題稱為回歸問題；輸出變數為有限個離散變數的預測問題稱為分類問題；輸入變數與輸出變數均為變數序列的預測問題稱為標注問題。

（2）聯合機率分佈

監督學習假設輸入與輸出的隨機變數 X 和 Y 遵循聯合機率分佈 $P(X,Y)$。$P(X,Y)$ 表示分佈函數，或分佈密度函數。注意在學習過程中，假設這一聯合機率分佈存在，但對學習系統來說，聯合機率分佈的具體定義是未知的。訓練資料與測試資料被看作是依聯合機率分佈 $P(X,Y)$ 獨立同分佈產生的。統計學習假設資料存在一定的統計規律，X 和 Y 具有聯合機率分佈就是監督學習關於資料的基本假設。

（3）假設空間

監督學習的目的在於學習一個由輸入到輸出的映射，這一映射由模型來表示。換句話說，學習的目的就在於找到最好的這樣的模型。模型屬於由輸入空間到輸出空間的映射的集合，這個集合就是假設空間（hypothesis space）。假設空間的確定意味著學習的範圍的確定。

監督學習的模型可以是機率模型或非機率模型，由條件機率分佈 $P(Y|X)$ 或決策函數（decision function） $Y = f(X)$ 表示，隨具體學習方法而定。對具體的輸入進行對應的輸出預測時，寫作 $P(y|x)$ 或 $y = f(x)$。

（4）問題的形式化

監督學習利用訓練資料集學習一個模型，再用模型對測試樣本集進行預測。由於在這個過程中需要標注的訓練資料集，而標注的訓練資料集往往是人工給出的，所以稱為監督學習。監督學習分為學習和預測兩個過程，由學習系統與預測系統完成，可用圖 1.1 來描述。

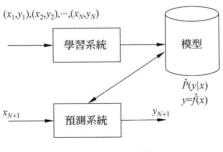

圖 1.1 監督學習

首先給定一個訓練資料集

$$T = \{(x_1, y_1), (x_2, y_2), \cdots, (x_N, y_N)\}$$

其中(x_i, y_i)，$i = 1, 2, \cdots, N$，稱為樣本或樣本點。$x_i \in \mathcal{X} \subseteq R^n$是輸入的觀測值，也稱為輸入或實例，$y_i \in \mathcal{Y}$是輸出的觀測值，也稱為輸出。

監督學習分為學習和預測兩個過程，由學習系統與預測系統完成。在學習過程中，學習系統利用給定的訓練資料集，透過學習（或訓練）得到一個模型，表示為條件機率分佈$\hat{P}(Y|X)$或決策函數$Y = \hat{f}(X)$。條件機率分佈$\hat{P}(Y|X)$或決策函數$Y = \hat{f}(X)$描述輸入與輸出隨機變數之間的映射關係。在預測過程中，預測系統對於給定的測試樣本集中的輸入x_{N+1}，由模型$y_{N+1} = \underset{y}{\mathrm{argmax}}\hat{P}(y|x_{N+1})$或$y_{N+1} = \hat{f}(x_{N+1})$舉出對應的輸出$y_{N+1}$。

在監督學習中，假設訓練資料與測試資料是依聯合機率分佈$P(X, Y)$獨立同分佈產生的。

學習系統（也就是學習演算法）試圖透過訓練資料集中的樣本(x_i, y_i)帶來的資訊學習模型。具體地說，對輸入x_i，一個具體的模型$y = f(x)$可以產生一個輸出$f(x_i)$，而訓練資料集中對應的輸出是y_i。如果這個模型有很好的預測能力，訓練樣本輸出y_i和模型輸出$f(x_i)$之間的差就應該足夠小。學習系統透過不斷地嘗試，選取最好的模型，以便對訓練資料集有足夠好的預測，同時對未知的測試資料集的預測也有盡可能好的推廣。

2. 無監督學習

無監督學習[1]（unsupervised learning）是指從無標注資料中學習預測模型的機器學習問題。無標注資料是自然得到的資料，預測模型表示資料的類別、轉換或機率。無監督學習的本質是學習資料中的統計規律或潛在結構。

---

[1] 也譯作非監督學習。

模型的輸入與輸出的所有可能取值的集合分別稱為輸入空間與輸出空間。輸入空間與輸出空間可以是有限元素集合，也可以是歐氏空間。每個輸入是一個實例，由特徵向量表示。每一個輸出是對輸入的分析結果，由輸入的類別、轉換或機率表示。模型可以實現對資料的聚類、降維或機率估計。

假設 $\mathcal{X}$ 是輸入空間，$\mathcal{Z}$ 是隱式結構空間。要學習的模型可以表示為函數 $z = g(x)$，條件機率分佈 $P(z|x)$，或者條件機率分佈 $P(x|z)$ 的形式，其中 $x \in \mathcal{X}$ 是輸入，$z \in \mathcal{Z}$ 是輸出。包含所有可能的模型的集合稱為假設空間。無監督學習旨在從假設空間中選出在給定評價標準下的最優模型。

無監督學習通常使用大量的無標注資料學習或訓練，每一個樣本是一個實例。訓練資料表示為 $U = \{x_1, x_2, \cdots, x_N\}$，其中 x_i，$i = 1,2,\cdots,N,$ 是樣本。

無監督學習可以用於對已有資料的分析，也可以用於對未來資料的預測。分析時使用學習得到的模型，即函數 $z = \hat{g}(x)$，條件機率分佈 $\hat{P}(z|x)$，或者條件機率分佈 $\hat{P}(x|z)$。預測時，和監督學習有類似的流程。由學習系統與預測系統完成，如圖 1.2 所示。在學習過程中，學習系統從訓練資料集學習，得到一個最優模型，表示為函數 $z = \hat{g}(x)$，條件機率分佈 $\hat{P}(z|x)$ 或者條件機率分佈 $\hat{P}(x|z)$。在預測過程中，預測系統對於給定的輸入 x_{N+1}，由模型 $z_{N+1} = \hat{g}(x_{N+1})$ 或 $z_{N+1} = \underset{z}{\arg\max}\hat{P}(z|x_{N+1})$ 舉出對應的輸出 z_{N+1}，進行聚類或降維，或者由模型 $\hat{P}(x|z)$ 舉出輸入的機率 $\hat{P}(x_{N+1}|z_{N+1})$，進行機率估計。

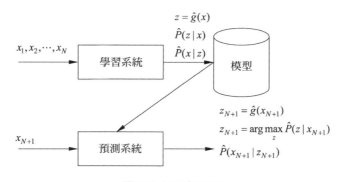

圖 1.2 無監督學習

3. 強化學習

強化學習（reinforcement learning）是指智慧系統在與環境的 連續互動中學習最優行為策略的機器學習問題。假設智慧系統與環境的互動基於馬可夫決策過程（Markov decision process），智慧系統能觀測到的是與環境互動得到的資料序列。強化學習的本質是學習最優的序貫決策。

智慧系統與環境的互動如圖 1.3 所示。在每一步 t，智慧系統從環境中觀測到一個狀態（state）s_t 與一個獎勵（reward）r_t，採取一個動作（action）a_t。環境根據智慧系統選擇的動作，決定下一步 $t+1$ 的狀態 s_{t+1} 與獎勵 r_{t+1}。要學習的策略表示為給定的狀態下採取的動作。智慧系統的目標不是短期獎勵的最大化，而是長期累積獎勵的最大化。強化學習過程中，系統不斷地試錯（trial and error），以達到學習最優策略的目的。

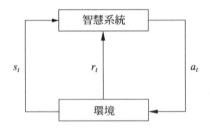

圖 1.3 智慧系統與環境的互動

強化學習的馬可夫決策過程是狀態、獎勵、動作序列上的隨機過程，由五元組 $\langle S, A, P, r, \gamma \rangle$ 組成。

- S 是有限狀態（state）的集合
- A 是有限動作（action）的集合
- P 是狀態轉移機率（transition probability）函數：

$$P(s'|s,a) = P(s_{t+1} = s'|s_t = s, a_t = a)$$

- r 是獎勵函數（reward function）：$r(s,a) = E(r_{t+1}|s_t = s, a_t = a)$
- γ 是衰減係數（discount factor）：$\gamma \in [0,1]$

馬可夫決策過程具有馬可夫性，下一個狀態只依賴於前一個狀態與動作，由狀態轉移機率函數$P(s'|s,a)$表示。下一個獎勵依賴於前一個狀態與動作，由獎勵函數$r(s,a)$表示。

策略π定義為給定狀態下動作的函數$a = f(s)$或者條件機率分佈$P(a|s)$。給定一個策略π，智慧系統與環境互動的行為就已確定（或者是確定性的或者是隨機性的）。

價值函數（value function）或狀態價值函數（state value function）定義為策略π從某一個狀態s開始的長期累積獎勵的數學期望：

$$v_\pi(s) = E_\pi[r_{t+1} + \gamma r_{t+2} + \gamma^2 r_{t+3} + \cdots | s_t = s] \qquad (1.1)$$

動作價值函數（action value function）定義為策略π的從某一個狀態s和動作a開始的長期累積獎勵的數學期望：

$$q_\pi(s,a) = E_\pi[r_{t+1} + \gamma r_{t+2} + \gamma^2 r_{t+3} + \cdots | s_t = s, a_t = a] \qquad (1.2)$$

強化學習的目標就是在所有可能的策略中選出價值函數最大的策略π^*，而在實際學習中往往從具體的策略出發，不斷最佳化已有策略。這裡γ表示未來的獎勵會有衰減。

強化學習方法中有基於策略的（policy-based）、基於價值的（value-based），這兩者屬於無模型的（model-free）方法，還有有模型的（model-based）方法。

有模型的方法試圖直接學習馬可夫決策過程的模型，包括轉移機率函數$P(s'|s,a)$和獎勵函數$r(s,a)$。這樣可以透過模型對環境的回饋進行預測，求出價值函數最大的策略π^*。

無模型的、基於策略的方法不直接學習模型，而是試圖求解最優策略π^*，表示為函數$a = f^*(s)$或者是條件機率分佈$P^*(a|s)$，這樣也能達到在環境中做出最優決策的目的。學習通常從一個具體策略開始，透過搜索更優的策略進行。

無模型的、基於價值的方法也不直接學習模型，而是試圖求解最優價值函數，特別是最優動作價值函數$q^*(s, a)$。這樣可以間接地學到最優策略，根據該策略在給定的狀態下做出對應的動作。學習通常從一個具體價值函數開始，透過搜索更優的價值函數進行。

4. 半監督學習與主動學習

半監督學習（semi-supervised learning）是指利用標注資料和未標注資料學習預測模型的機器學習問題。通常有少量標注資料、大量未標注資料，因為標注資料的建構往往需要人工，成本較高，未標注資料的收集不需太多成本。半監督學習旨在利用未標注資料中的資訊，輔助標注資料，進行監督學習，以較低的成本達到較好的學習效果。

主動學習（active learning）是指機器不斷主動舉出實例讓教師進行標注，然後利用標注資料學習預測模型的機器學習問題。通常的監督學習使用給定的標注資料，往往是隨機得到的，可以看作是「被動學習」，主動學習的目標是找出對學習最有幫助的實例讓教師標注，以較小的標注代價，達到較好的學習效果。

半監督學習和主動學習更接近監督學習。

1.2.2 按模型分類

統計學習或機器學習方法可以根據其模型的種類進行分類。

1. 機率模型與非機率模型

統計學習的模型可以分為機率模型（probabilistic model）和非機率模型（non-probabilistic model）或者確定性模型（deterministic model）。在監督學習中，機率模型取條件機率分佈形式$P(y|x)$，非機率模型取函數形式$y = f(x)$，其中x是輸入，y是輸出。在無監督學習中，機率模型取條件機率分佈形式$P(z|x)$或$P(x|z)$，非機率模型取函數形式 $z = g(x)$，其中x是輸入，z是輸出。

本書介紹的決策樹、單純貝氏、隱馬可夫模型、條件隨機場、機率潛在語義分析、潛在狄利克雷分配、高斯混合模型是機率模型。感知機、支持向量機、k近鄰、AdaBoost、k均值、潛在語義分析，以及神經網路是非機率模型。邏輯回歸既可看作是機率模型，又可看作是非機率模型。

條件機率分佈$P(y|x)$和函數$y = f(x)$可以相互轉化（條件機率分佈$P(z|x)$和函數$z = g(x)$同樣可以）。具體地，條件機率分佈最大化後得到函數，函數歸一化後得到條件機率分佈。所以，機率模型和非機率模型的區別不在於輸入與輸出之間的映射關係，而在於模型的內在結構。機率模型通常可以表示為聯合機率分佈的形式，其中的變數表示輸入、輸出、隱變數甚至參數。而非機率模型則不一定存在這樣的聯合機率分佈。

機率模型的代表是機率圖模型（probabilistic graphical model），機率圖模型是聯合機率分佈由有向圖或者無向圖表示的機率模型，而聯合機率分佈可以根據圖的結構分解為因數乘積的形式。貝氏網路、馬可夫隨機場、條件隨機場是機率圖模型。無論模型如何複雜，均可以用最基本的加法規則和乘法規則（參照圖 1.4）進行機率推理。

$$加法規則：P(x) = \sum_y P(x, y)$$

$$乘法規則：P(x, y) = P(x)P(y \mid x)$$

$$其中\ x\ 和\ y\ 是隨機變數$$

圖 1.4 基本機率公式

2. 線性模型與非線性模型

統計學習模型，特別是非機率模型，可以分為線性模型（linear model）和非線性模型（non-linear model）。如果函數$y = f(x)$ 或 $z = g(x)$是線性函數，則稱模型是線性模型，否則稱模型是非線性模型。

本書介紹的感知機、線性支持向量機、k近鄰、k均值、潛在語義分析是線性模型。核函數支持向量機、AdaBoost、神經網路是非線性模型。

深度學習（deep learning）實際是複雜神經網路的學習，也就是複雜的非線性模型的學習。

3. 參數化模型與非參數化模型

統計學習模型又可以分為參數化模型（parametric model）和非參數化模型（non-parametric model）。參數化模型假設模型參數的維度固定，模型可以由有限維參數完全刻畫；非參數化模型假設模型參數的維度不固定或者說無限大，隨著訓練資料量的增加而不斷增大。

本書介紹的感知機、單純貝氏、邏輯回歸、k均值、高斯混合模型、潛在語義分析、機率潛在語義分析、潛在狄利克雷分配是參數化模型。決策樹、支持向量機、AdaBoost、k近鄰是非參數化模型。

參數化模型適合問題簡單的情況，現實中問題往往比較複雜，非參數化模型更加有效。

1.2.3 按演算法分類

統計學習根據演算法，可以分為線上學習（online learning）與批次學習（batch learning）。線上學習是指每次接受一個樣本，進行預測，之後學習模型，並不斷重複該操作的機器學習。與之對應，批次學習一次接受所有資料，學習模型，之後進行預測。有些實際應用的場景要求學習必須是線上的。比如，資料依次達到無法儲存，系統需要及時做出處理；資料規模很大，不可能一次處理所有資料；資料的模式隨時間動態變化，需要演算法快速適應新的模式（不滿足獨立同分佈假設）。

線上學習可以是監督學習，也可以是無監督學習，強化學習本身就擁有線上學習的特點。以下只考慮線上的監督學習。

學習和預測在一個系統，每次接受一個輸入x_t，用已有模型舉出預測$\hat{f}(x_t)$，之後得到對應的回饋，即該輸入對應的輸出y_t；系統用損失函數計算兩者的差異，更新模型；並不斷重複以上操作。見圖1.5。

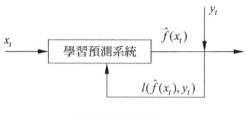

圖 1.5　線上學習

利用隨機梯度下降的感知機學習演算法就是線上學習演算法。

線上學習通常比批次學習更難，很難學到預測準確率更高的模型，因為每次模型更新中，可利用的資料有限。

1.2.4　按技巧分類

統計學習方法可以根據其使用的技巧進行分類。

1. 貝氏學習

貝氏學習（Bayesian learning），又稱為貝氏推理（Bayesian inference），是統計學、機器學習中重要的方法。其主要想法是，在機率模型的學習和推理中，利用貝氏定理，計算在給定資料條件下模型的條件機率，即後驗機率，並應用這個原理進行模型的估計，以及對資料的預測。將模型、未觀測要素及其參數用變數表示，使用模型的先驗分佈是貝氏學習的特點。貝氏學習中也使用基本機率公式（圖1.4）。

本書介紹的單純貝氏、潛在狄利克雷分配的學習屬於貝氏學習。

假設隨機變數D表示資料，隨機變數θ表示模型參數。根據貝氏定理，可以用以下公式計算後驗機率$P(\theta|D)$：

$$P(\theta|D) = \frac{P(\theta)P(D|\theta)}{P(D)} \qquad (1.3)$$

其中$P(\theta)$是先驗機率，$P(D|\theta)$是似然函數。

模型估計時，估計整個後驗機率分佈$P(\theta|D)$。如果需要舉出一個模型，通常取後驗機率最大的模型。

預測時，計算資料對後驗機率分佈的期望值：

$$P(x|D) = \int P(x|\theta,D)P(\theta|D)\mathrm{d}\theta \qquad (1.4)$$

這裡x是新樣本。

貝氏估計與極大似然估計在思想上有很大的不同，代表著統計學中貝氏學派和頻率學派對統計的不同認識。其實，可以簡單地把兩者聯繫起來，假設先驗分佈是均勻分佈，取後驗機率最大，就能從貝氏估計得到極大似然估計。圖 1.6 對貝氏估計和極大似然估計進行比較。

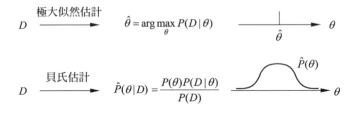

圖 1.6 貝氏估計與極大似然估計

2. 核方法

核方法（kernel method）是使用核函數表示和學習非線性模型的一種機器學習方法，可以用於監督學習和無監督學習。有一些線性模型的學習方法基於相似度計算，更具體地，向量內積計算。核方法可以把它們擴充到非線性模型的學習，使其應用範圍更廣泛。

本書介紹的核函數支持向量機，以及核 PCA、核k均值屬於核方法。

把線性模型擴充到非線性模型，直接的做法是顯性地定義從輸入空間（低維空間）到特徵空間（高維空間）的映射，在特徵空間中進行內積計算。比如，支持向量機，把輸入空間的線性不可分問題轉化為特徵空間的線性可分問題，如圖 1.7 所示。核方法的技巧在於不顯性地定義這個映射，而是直接定義核函數，即映射之後在特徵空間的內積。這樣可以簡化計算，達到同樣的效果。

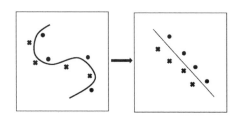

圖 1.7 輸入空間到特徵空間的映射

假設 x_1 和 x_2 是輸入空間的任意兩個實例（向量），其內積是 $\langle x_1, x_2 \rangle$。假設從輸入空間到特徵空間的映射是 φ，於是 x_1 和 x_2 在特徵空間的映像是 $\varphi(x_1)$ 和 $\varphi(x_2)$，其內積是 $\langle \varphi(x_1), \varphi(x_2) \rangle$。核方法直接在輸入空間中定義核函數 $K(x_1, x_2)$，使其滿足 $K(x_1, x_2) = \langle \varphi(x_1), \varphi(x_2) \rangle$。表示定理舉出核函數技巧成立的充要條件。

1.3 統計學習方法三要素

統計學習方法都是由模型、策略和演算法組成的，即統計學習方法由三要素組成，可以簡單地表示為：

$$方法＝模型＋策略＋演算法$$

下面論述監督學習中的統計學習三要素。非監督學習、強化學習也同樣擁有這三要素。可以說建構一種統計學習方法就是確定具體的統計學習三要素。

1.3.1 模型

統計學習首要考慮的問題是學習什麼樣的模型。在監督學習過程中,模型就是所要學習的條件機率分佈或決策函數。模型的假設空間(hypothesis space)包含所有可能的條件機率分佈或決策函數。例如,假設決策函數是輸入變數的線性函數,那麼模型的假設空間就是所有這些線性函數組成的函數集合。假設空間中的模型一般有無窮多個。

假設空間用F表示。假設空間可以定義為決策函數的集合:

$$F = \{f|Y = f(X)\} \tag{1.5}$$

其中,X和Y是定義在輸入空間X和輸出空間Y上的變數。這時F通常是由一個參數向量決定的函數族:

$$F = \{f|Y = f_\theta(X), \theta \in R^n\} \tag{1.6}$$

參數向量θ取值於n維歐氏空間R^n,稱為參數空間(parameter space)。

假設空間也可以定義為條件機率的集合:

$$F = \{P|P(Y|X)\} \tag{1.7}$$

其中,X和Y是定義在輸入空間X和輸出空間Y上的隨機變數。這時F通常是由一個參數向量決定的條件機率分佈族:

$$F = \{P|P_\theta(Y|X), \theta \in R^n\} \tag{1.8}$$

參數向量θ取值於n維歐氏空間R^n,也稱為參數空間。

本書中稱由決策函數表示的模型為非機率模型,由條件機率表示的模型為機率模型。為了簡便起見,當論及模型時,有時只用其中一種模型。

1.3.2 策略

有了模型的假設空間，統計學習接著需要考慮的是按照什麼樣的準則學習或選擇最優的模型。統計學習的目標在於從假設空間中選取最優模型。

首先引入損失函數與風險函數的概念。損失函數度量模型一次預測的好壞，風險函數度量平均意義下模型預測的好壞。

1. 損失函數和風險函數

監督學習問題是在假設空間 F 中選取模型 f 作為決策函數，對於給定的輸入 X，由 $f(X)$ 舉出對應的輸出 Y，這個輸出的預測值 $f(X)$ 與真實值 Y 可能一致也可能不一致，用一個損失函數（loss function）或 代價函數（cost function）來度量預測錯誤的程度。損失函數是 $f(X)$ 和 Y 的非負實值函數，記作 $L(Y, f(X))$。

統計學習常用的損失函數有以下幾種：

（1）0-1 損失函數（0-1 loss function）

$$L(Y, f(X)) = \begin{cases} 1, & Y \neq f(X) \\ 0, & Y = f(X) \end{cases} \tag{1.9}$$

（2）平方損失函數（quadratic loss function）

$$L(Y, f(X)) = (Y - f(X))^2 \tag{1.10}$$

（3）絕對損失函數（absolute loss function）

$$L(Y, f(X)) = |Y - f(X)| \tag{1.11}$$

（4）對數損失函數（logarithmic loss function）或 對數似然損失函數（log-likelihood loss function）

$$L(Y, P(Y|X)) = -\log P(Y|X) \tag{1.12}$$

損失函數值越小，模型就越好。由於模型的輸入、輸出 (X, Y) 是隨機變數，遵循聯合分佈 $P(X, Y)$，所以損失函數的期望是

$$R_{\exp}(f) = E_P[L(Y, f(X))]$$
$$= \int_{X \times Y} L(y, f(x)) P(x, y) \mathrm{d}x \mathrm{d}y \qquad (1.13)$$

這是理論上模型 $f(X)$ 關於聯合分佈 $P(X, Y)$ 的平均意義下的損失，稱為風險函數（risk function）或 期望損失（expected loss）。

學習的目標就是選擇期望風險最小的模型。由於聯合分佈 $P(X, Y)$ 是未知的，$R_{\exp}(f)$ 不能直接計算。實際上，如果知道聯合分佈 $P(X, Y)$，可以從聯合分佈直接求出條件機率分佈 $P(Y|X)$，也就不需要學習了。正因為不知道聯合機率分佈，所以才需要進行學習。這樣一來，一方面根據期望風險最小學習模型要用到聯合分佈，另一方面聯合分佈又是未知的，所以監督學習就成為一個病態問題（ill-formed problem）。

給定一個訓練資料集

$$T = \{(x_1, y_1), (x_2, y_2), \cdots, (x_N, y_N)\}$$

模型 $f(X)$ 關於訓練資料集的平均損失稱為經驗風險（empirical risk）或經驗損失（empirical loss），記作 R_{emp}：

$$R_{emp}(f) = \frac{1}{N} \sum_{i=1}^{N} L(y_i, f(x_i)) \qquad (1.14)$$

期望風險 $R_{exp}(f)$ 是模型關於聯合分佈的期望損失，經驗風險 $R_{emp}(f)$ 是模型關於訓練樣本集的平均損失。根據大數定律，當樣本容量 N 趨於無窮時，經驗風險 $R_{emp}(f)$ 趨於期望風險 $R_{exp}(f)$。所以一個很自然的想法是用經驗風險估計期望風險。但是，由於現實中訓練樣本數目有限，甚至很小，所以用經驗風險估計期望風險常常並不理想，要對經驗風險進行一定的矯正。這就關係到監督學習的兩個基本策略：經驗風險最小化和結構風險最小化。

2. 經驗風險最小化與結構風險最小化

在假設空間、損失函數以及訓練資料集確定的情況下,經驗風險函數式 (1.14)就可以確定。經驗風險最小化(empirical risk minimization,ERM) 的策略認為,經驗風險最小的模型是最優的模型。根據這一策略,按照經 驗風險最小化求最優模型就是求解最佳化問題:

$$\min_{f \in F} \frac{1}{N} \sum_{i=1}^{N} L(y_i, f(x_i)) \qquad (1.15)$$

其中,F是假設空間。

當樣本容量足夠大時,經驗風險最小化能保證有很好的學習效果,在現實 中被廣泛採用。比如,極大似然估計(maximum likelihood estimation)就 是經驗風險最小化的一個例子。當模型是條件機率分佈、損失函數是對數 損失函數時,經驗風險最小化就等值於極大似然估計。

但是,當樣本容量很小時,經驗風險最小化學習的效果就未必很好,會產 生「過擬合」(over-fitting)現象。

結構風險最小化(structural risk minimization,SRM)是為了防止過擬合 而提出來的策略。結構風險最小化等值於正則化(regularization)。結構 風險在經驗風險上加上表示模型複雜度的正則化項(regularizer)或罰項 (penalty term)。在假設空間、損失函數以及訓練資料集確定的情況下, 結構風險的定義是:

$$R_{srm}(f) = \frac{1}{N} \sum_{i=1}^{N} L(y_i, f(x_i)) + \lambda J(f) \qquad (1.16)$$

其中$J(f)$為模型的複雜度,是定義在假設空間F上的泛函。模型f越複雜, 複雜度$J(f)$就越大;反之,模型f越簡單,複雜度$J(f)$就越小。也就是説, 複雜度表示了對複雜模型的懲罰。$\lambda \geqslant 0$是係數,用以權衡經驗風險和模型 複雜度。結構風險小需要經驗風險與模型複雜度同時小。結構風險小的模 型往往對訓練資料以及未知的測試資料都有較好的預測。

比如，貝氏估計中的最大後驗機率估計（maximum posterior probability estimation，MAP）就是結構風險最小化的一個例子。當模型是條件機率分佈、損失函數是對數損失函數、模型複雜度由模型的先驗機率表示時，結構風險最小化就等值於最大後驗機率估計。

結構風險最小化的策略認為結構風險最小的模型是最優的模型。所以求最優模型，就是求解最佳化問題：

$$\min_{f \in F} \frac{1}{N} \sum_{i=1}^{N} L(y_i, f(x_i)) + \lambda J(f) \tag{1.17}$$

這樣，監督學習問題就變成了經驗風險或結構風險函數的最佳化問題(1.15)和(1.17)。這時經驗或結構風險函數是最佳化的目標函數。

1.3.3 演算法

演算法是指學習模型的具體計算方法。統計學習基於訓練資料集，根據學習策略，從假設空間中選擇最優模型，最後需要考慮用什麼樣的計算方法求解最優模型。

這時，統計學習問題歸結為最佳化問題，統計學習的演算法成為求解最佳化問題的演算法。如果最佳化問題有顯性的解析解，這個最佳化問題就比較簡單。但通常解析解不存在，這就需要用數值計算的方法求解。如何保證找到全域最優解，並使求解的過程非常高效，就成為一個重要問題。統計學習可以利用已有的最佳化演算法，有時也需要開發獨自的最佳化演算法。

統計學習方法之間的不同，主要來自其模型、策略、演算法的不同。確定了模型、策略、演算法，統計學習的方法也就確定了。這就是將其稱為統計學習方法三要素的原因。以下介紹監督學習的幾個重要概念。

1.4 模型評估與模型選擇

1.4.1 訓練誤差與測試誤差

統計學習的目的是使學到的模型不僅對已知資料而且對未知資料都能有很好的預測能力。不同的學習方法會舉出不同的模型。當損失函數給定時，基於損失函數的模型的訓練誤差（training error）和模型的測試誤差（test error）就自然成為學習方法評估的標準。注意，統計學習方法具體採用的損失函數未必是評估時使用的損失函數。當然，讓兩者一致是比較理想的。

假設學習到的模型是$Y = \hat{f}(X)$，訓練誤差是模型$Y = \hat{f}(X)$關於訓練資料集的平均損失：

$$R_{emp}(\hat{f}) = \frac{1}{N} \sum_{i=1}^{N} L(y_i, \hat{f}(x_i)) \tag{1.18}$$

其中N是訓練樣本容量。

測試誤差是模型$Y = \hat{f}(X)$關於測試資料集的平均損失：

$$e_{test} = \frac{1}{N'} \sum_{i=1}^{N'} L(y_i, \hat{f}(x_i)) \tag{1.19}$$

其中N'是測試樣本容量。

例如，當損失函數是 0-1 損失時，測試誤差就變成了常見的測試資料集上的誤差率（error rate）：

$$e_{test} = \frac{1}{N'} \sum_{i=1}^{N'} I(y_i \neq \hat{f}(x_i)) \tag{1.20}$$

這裡I是指示函數（indicator function），即$y \neq \hat{f}(x)$時為 1，否則為 0。

對應地,常見的測試資料集上的準確率(accuracy)為

$$r_{test} = \frac{1}{N'} \sum_{i=1}^{N'} I(y_i = \hat{f}(x_i)) \tag{1.21}$$

顯然,

$$r_{test} + e_{test} = 1$$

訓練誤差的大小,對判斷給定的問題是不是一個容易學習的問題是有意義的,但本質上不重要。測試誤差反映了學習方法對未知的測試資料集的預測能力,是學習中的重要概念。顯然,給定兩種學習方法,測試誤差小的方法具有更好的預測能力,是更有效的方法。通常將學習方法對未知資料的預測能力稱為泛化能力(generalization ability),這個問題將在 1.6 節繼續論述。

1.4.2 過擬合與模型選擇

當假設空間含有不同複雜度(例如,不同的參數個數)的模型時,就要面臨模型選擇(model selection)的問題。我們希望選擇或學習一個合適的模型。如果在假設空間中存在「真」模型,那麼所選擇的模型應該逼近真模型。具體地,所選擇的模型要與真模型的參數個數相同,所選擇的模型的參數向量與真模型的參數向量相近。

如果一味追求提高對訓練資料的預測能力,所選模型的複雜度則往往會比真模型更高。這種現象稱為過擬合(over-fitting)。過擬合是指學習時選擇的模型所包含的參數過多,以至出現這一模型對已知資料預測得很好,但對未知資料預測得很差的現象。可以說模型選擇旨在避免過擬合並提高模型的預測能力。

下面,以多項式函數擬合問題為例,說明過擬合與模型選擇。這是一個回歸問題。

【例 1.1】假設給定一個訓練資料集[2]：

$$T = \{(x_1, y_1), (x_2, y_2), \cdots, (x_N, y_N)\}$$

其中，$x_i \in R$ 是輸入 x 的觀測值，$y_i \in R$ 是對應的輸出 y 的觀測值，$i = 1,2,\cdots,N$。多項式函數擬合的任務是假設給定資料由 M 次多項式函數生成，選擇最有可能產生這些資料的 M 次多項式函數，即在 M 次多項式函數中選擇一個對已知資料以及未知資料都有很好預測能力的函數。

假設給定如圖 1.8 所示的 10 個資料點，用 0～9 次多項式函數對資料進行擬合。圖中畫出了需要用多項式函數曲線擬合的資料。

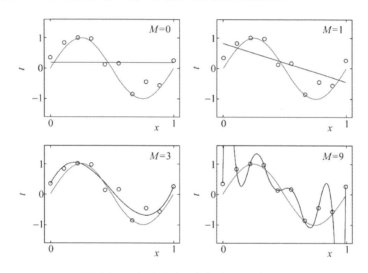

圖 1.8 M次多項式函數擬合問題的例子

設 M 次多項式為

$$f_M(x, w) = w_0 + w_1 x + w_2 x^2 + \cdots + w_M x^M = \sum_{j=0}^{M} w_j x^j \qquad (1.22)$$

---

[2] 本例來自參考文獻[2]。

式中x是單變數輸入，$w_0, w_1, \cdots, w_M$是$M + 1$個參數。

解決這一問題的方法可以是這樣的。首先確定模型的複雜度，即確定多項式的次數；然後在給定的模型複雜度下，按照經驗風險最小化的策略，求解參數，即多項式的係數。具體地，求以下經驗風險最小化：

$$L(w) = \frac{1}{2}\sum_{i=1}^{N}\left(f(x_i, w) - y_i\right)^2 \tag{1.23}$$

這時，損失函數為平方損失，係數$\frac{1}{2}$是為了計算方便。

這是一個簡單的最佳化問題。將模型與訓練資料代入式(1.23)中，有

$$L(w) = \frac{1}{2}\sum_{i=1}^{N}\left(\sum_{j=0}^{M} w_j x_i^j - y_i\right)^2$$

這一問題可用最小平方法求得擬合多項式係數的唯一解，記作w_0^*, w_1^*, $\cdots$, w_M^*。求解過程這裡不予敘述，讀者可參閱有關材料。

圖 1.8 舉出了$M = 0$，$M = 1$，$M = 3$及$M = 9$時多項式函數擬合的情況。如果$M = 0$，多項式曲線是一個常數，資料擬合效果很差。如果$M = 1$，多項式曲線是一條直線，資料擬合效果也很差。相反，如果$M = 9$，多項式曲線透過每個資料點，訓練誤差為 0。從對給定訓練資料擬合的角度來說，效果是最好的。但是，因為訓練資料本身存在雜訊，這種擬合曲線對未知資料的預測能力往往並不是最好的，在實際學習中並不可取。這時過擬合現象就會發生。這就是説，模型選擇時，不僅要考慮對已知資料的預測能力，而且還要考慮對未知資料的預測能力。當$M = 3$時，多項式曲線對訓練資料擬合效果足夠好，模型也比較簡單，是一個較好的選擇。

在多項式函數擬合中可以看到，隨著多項式次數（模型複雜度）的增加，訓練誤差會減小，直到趨向於 0，但是測試誤差卻不如此，它會隨著多項式次數（模型複雜度）的增加先減小而後增大。而最終的目的是使測試誤

差達到最小。這樣,在多項式函數擬合中,就要選擇合適的多項式次數,以達到這一目的。這一結論對一般的模型選擇也是成立的。

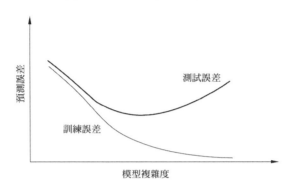

圖 1.9 訓練誤差和測試誤差與模型複雜度的關係

圖 1.9 描述了訓練誤差和測試誤差與模型的複雜度之間的關係。當模型的複雜度增大時,訓練誤差會逐漸減小並趨向於 0;而測試誤差會先減小,達到最小值後又增大。當選擇的模型複雜度過大時,過擬合現象就會發生。這樣,在學習時就要防止過擬合,進行最優的模型選擇,即選擇複雜度適當的模型,以達到使測試誤差最小的學習目的。下面介紹兩種常用的模型選擇方法:正則化與交叉驗證。

1.5 正則化與交叉驗證

1.5.1 正則化

模型選擇的典型方法是正則化(regularization)。正則化是結構風險最小化策略的實現,是在經驗風險上加一個正則化項(regularizer)或罰項(penalty term)。正則化項一般是模型複雜度的單調遞增函數,模型越複雜,正則化值就越大。比如,正則化項可以是模型參數向量的範數。

正則化一般具有如下形式：

$$\min_{f \in F} \frac{1}{N} \sum_{i=1}^{N} L(y_i, f(x_i)) + \lambda J(f) \qquad (1.24)$$

其中，第 1 項是經驗風險，第 2 項是正則化項，$\lambda \geqslant 0$為調整兩者之間關係的係數。

正則化項可以取不同的形式。例如，回歸問題中，損失函數是平方損失，正則化項可以是參數向量的L_2範數：

$$L(w) = \frac{1}{N} \sum_{i=1}^{N} (f(x_i; w) - y_i)^2 + \frac{\lambda}{2} \| w \|^2 \qquad (1.25)$$

這裡，$\| w \|$表示參數向量w的L_2範數。

正則化項也可以是參數向量的L_1範數：

$$L(w) = \frac{1}{N} \sum_{i=1}^{N} (f(x_i; w) - y_i)^2 + \lambda \| w \|_1 \qquad (1.26)$$

這裡，$\| w \|_1$表示參數向量w的L_1範數。

第 1 項的經驗風險較小的模型可能較複雜（有多個非零參數），這時第 2 項的模型複雜度會較大。正則化的作用是選擇經驗風險與模型複雜度同時較小的模型。

正則化符合奧卡姆剃刀（Occam's razor）原理。奧卡姆剃刀原理應用於模型選擇時變為以下想法：在所有可能選擇的模型中，能夠極佳地解釋已知資料並且十分簡單才是最好的模型，也就是應該選擇的模型。從貝氏估計的角度來看，正則化項對應於模型的先驗機率。可以假設複雜的模型有較小的先驗機率，簡單的模型有較大的先驗機率。

1.5.2 交叉驗證

另一種常用的模型選擇方法是交叉驗證（cross validation）。

如果給定的樣本資料充足，進行模型選擇的一種簡單方法是隨機地將資料集切分成三部分，分別為訓練集（training set）、驗證集（validation set）和測試集（test set）。訓練集用來訓練模型，驗證集用於模型的選擇，而測試集用於最終對學習方法的評估。在學習到的不同複雜度的模型中，選擇對驗證集有最小預測誤差的模型。由於驗證集有足夠多的資料，用它對模型進行選擇也是有效的。

但是，在許多實際應用中資料是不充足的。為了選擇好的模型，可以採用交叉驗證方法。交叉驗證的基本想法是重複地使用資料；把給定的資料進行切分，將切分的資料集組合為訓練集與測試集，在此基礎上反覆地進行訓練、測試以及模型選擇。

1. 簡單交叉驗證

簡單交叉驗證方法是：首先隨機地將已給資料分為兩部分，一部分作為訓練集，另一部分作為測試集（例如，70%的資料為訓練集，30%的資料為測試集）；然後用訓練集在各種條件下（例如，不同的參數個數）訓練模型，從而得到不同的模型；在測試集上評價各個模型的測試誤差，選出測試誤差最小的模型。

2. S折交叉驗證

應用最多的是S折交叉驗證（S-fold cross validation），方法如下：首先隨機地將已給資料切分為S個互不相交、大小相同的子集；然後利用$S-1$個子集的資料訓練模型，利用剩餘的子集測試模型；將這一過程對可能的S種選擇重複進行；最後選出S次評測中平均測試誤差最小的模型。

3. 留一交叉驗證

S折交叉驗證的特殊情形是$S=N$，稱為留一交叉驗證（leave-one-out cross

validation），往往在資料缺乏的情況下使用。這裡，N是給定資料集的容量。

1.6 泛化能力

1.6.1 泛化誤差

學習方法的泛化能力（generalization ability）是指由該方法學習到的模型對未知資料的預測能力，是學習方法本質上重要的性質。現實中採用最多的辦法是透過測試誤差來評價學習方法的泛化能力。但這種評價是依賴於測試資料集的。因為測試資料集是有限的，很有可能由此得到的評價結果是不可靠的。統計學習理論試圖從理論上對學習方法的泛化能力進行分析。

首先舉出泛化誤差的定義。如果學到的模型是$\hat{f}$，那麼用這個模型對未知資料預測的誤差即為泛化誤差（generalization error）：

$$
\begin{aligned}
R_{exp}(\hat{f}) &= E_P[L(Y, \hat{f}(X))] \\
&= \int_{X \times Y} L(y, \hat{f}(x)) P(x, y) \mathrm{d}x \mathrm{d}y
\end{aligned}
\tag{1.27}
$$

泛化誤差反映了學習方法的泛化能力，如果一種方法學習的模型比另一種方法學習的模型具有更小的泛化誤差，那麼這種方法就更有效。事實上，泛化誤差就是所學習到的模型的期望風險。

1.6.2 泛化誤差上界

學習方法的泛化能力分析往往是透過研究泛化誤差的機率上界進行的，簡稱為泛化誤差上界（generalization error bound）。具體來說，就是透過比較兩種學習方法的泛化誤差上界的大小來比較它們的優劣。泛化誤差上界

通常具有以下性質：它是樣本容量的函數，當樣本容量增加時，泛化上界趨於 0；它是假設空間容量（capacity）的函數，假設空間容量越大，模型就越難學，泛化誤差上界就越大。

下面舉出一個簡單的泛化誤差上界的例子：二類分類問題的泛化誤差上界。

考慮二類分類問題。已知訓練資料集 $T = \{(x_1, y_1), (x_2, y_2), \cdots, (x_N, y_N)\}$，$N$ 是樣本容量，T 是從聯合機率分佈 $P(X, Y)$ 獨立同分佈產生的，$X \in R^n$，$Y \in \{-1, +1\}$。假設空間是函數的有限集合 $F = \{f_1, f_2, \cdots, f_d\}$，$d$ 是函數個數。設 f 是從 F 中選取的函數。損失函數是 0-1 損失。關於 f 的期望風險和經驗風險分別是

$$R(f) = E[L(Y, f(X))] \tag{1.28}$$

$$\hat{R}(f) = \frac{1}{N} \sum_{i=1}^{N} L(y_i, f(x_i)) \tag{1.29}$$

經驗風險最小化函數是

$$f_N = \underset{f \in F}{\arg\min} \hat{R}(f) \tag{1.30}$$

f_N 依賴訓練資料集的樣本容量 N。人們更關心的是 f_N 的泛化能力

$$R(f_N) = E[L(Y, f_N(X))] \tag{1.31}$$

下面討論從有限集合 $F = \{f_1, f_2, \cdots, f_d\}$ 中任意選出的函數 f 的泛化誤差上界。

【定理 1.1】泛化誤差上界：對二類分類問題，當假設空間是有限個函數的集合 $F = \{f_1, f_2, \cdots, f_d\}$ 時，對任意一個函數 $f \in F$，至少以機率 $1 - \delta$，$0 < \delta < 1$，以下不等式成立：

$$R(f) \leqslant \hat{R}(f) + \varepsilon(d, N, \delta) \tag{1.32}$$

其中，

$$\varepsilon(d, N, \delta) = \sqrt{\frac{1}{2N}\left(\log d + \log\frac{1}{\delta}\right)} \tag{1.33}$$

不等式(1.32)左端$R(f)$是泛化誤差，右端即為泛化誤差上界。在泛化誤差上界中，第 1 項是訓練誤差，訓練誤差越小，泛化誤差也越小。第 2 項$\varepsilon(d, N, \delta)$是$N$的單調遞減函數，當$N$趨於無窮時趨於 0；同時它也是$\sqrt{\log d}$階的函數，假設空間$F$包含的函數越多，其值越大。

【證明】在證明中要用到 Hoeffding 不等式，先敘述如下。

設 $X_1, X_2, \cdots, X_N$ 是獨立隨機變數，且 $X_i \in [a_i, b_i]$，$i = 1, 2, \cdots, N$；$\bar{X}$ 是 $X_1, X_2, \cdots, X_N$ 的經驗均值，即 $\bar{X} = \frac{1}{N}\sum_{i=1}^{N} X_i$，則對任意$t > 0$，以下不等式成立：

$$P[\bar{X} - E(\bar{X}) \geqslant t] \leqslant \exp\left(-\frac{2N^2t^2}{\sum_{i=1}^{N}(b_i - a_i)^2}\right) \tag{1.34}$$

$$P[E(\bar{X}) - \bar{X} \geqslant t] \leqslant \exp\left(-\frac{2N^2t^2}{\sum_{i=1}^{N}(b_i - a_i)^2}\right) \tag{1.35}$$

Hoeffding 不等式的證明省略了，這裡用來推導泛化誤差上界。

對任意函數$f \in F$，$\hat{R}(f)$是N個獨立的隨機變數$L(Y, f(X))$的樣本均值，$R(f)$ 是隨機變數$L(Y, f(X))$的期望值。如果損失函數取值於區間$[0,1]$，即對所有i，$[a_i, b_i] = [0,1]$，那麼由 Hoeffding 不等式(1.35)不難得知，對$\varepsilon > 0$，以下不等式成立：

$$P(R(f) - \hat{R}(f) \geqslant \varepsilon) \leqslant \exp(-2N\varepsilon^2) \tag{1.36}$$

由於$F = \{f_1, f_2, \cdots, f_d\}$是一個有限集合，故

$$\begin{aligned}
P(\exists f \in F : R(f) - \hat{R}(f) \geqslant \varepsilon) &= P(\bigcup_{f \in F} \{R(f) - \hat{R}(f) \geqslant \varepsilon\}) \\
&\leqslant \sum_{f \in F} P(R(f) - \hat{R}(f) \geqslant \varepsilon) \\
&\leqslant d\exp(-2N\varepsilon^2)
\end{aligned}$$

或者等值的,對任意$f \in F$,有

$$P(R(f) - \hat{R}(f) < \varepsilon) \geqslant 1 - d\exp(-2N\varepsilon^2) \qquad (1.37)$$

令

$$\delta = d\exp(-2N\varepsilon^2) \qquad (1.38)$$

則

$$P(R(f) < \hat{R}(f) + \varepsilon) \geqslant 1 - \delta$$

即至少以機率$1 - \delta$有$R(f) < \hat{R}(f) + \varepsilon$,其中$\varepsilon$由式(1.38)得到,即為式(1.33)。

從泛化誤差上界可知,

$$R(f_N) \leqslant \hat{R}(f_N) + \varepsilon(d, N, \delta) \qquad (1.39)$$

其中,$\varepsilon(d, N, \delta)$由式(1.33)定義,$f_N$由式(1.30)定義。

以上討論的只是假設空間包含有限個函數情況下的泛化誤差上界,對一般的假設空間要找到泛化誤差界就沒有這麼簡單,這裡不作介紹。

1.7 生成模型與判別模型

監督學習的任務就是學習一個模型,應用這一模型,對給定的輸入預測對應的輸出。這個模型的一般形式為決策函數:

$$Y = f(X)$$

或者條件機率分佈:

$$P(Y|X)$$

監督學習方法又可以分為生成方法（generative approach）和判別方法（discriminative approach）。所學到的模型分別稱為生成模型（generative model）和判別模型（discriminative model）。

生成方法原理上由資料學習聯合機率分佈$P(X,Y)$，然後求出條件機率分佈$P(Y|X)$作為預測的模型，即生成模型：

$$P(Y|X) = \frac{P(X,Y)}{P(X)} \tag{1.40}$$

這樣的方法之所以稱為生成方法，是因為模型表示了給定輸入X產生輸出Y的生成關係。典型的生成模型有單純貝氏法和隱馬可夫模型，將在後面章節進行相關說明。

判別方法由資料直接學習決策函數$f(X)$或者條件機率分佈$P(Y|X)$作為預測的模型，即判別模型。判別方法關心的是對給定的輸入X，應該預測什麼樣的輸出Y。典型的判別模型包括：k近鄰法、感知機、邏輯回歸模型、最大熵模型、支持向量機、提升方法和條件隨機場等，將在後面章節說明。

在監督學習中，生成方法和判別方法各有優缺點，適合於不同條件下的學習問題。

生成方法的特點：生成方法可以還原出聯合機率分佈$P(X,Y)$，而判別方法則不能；生成方法的學習收斂速度更快，即當樣本容量增加的時候，學到的模型可以更快地收斂於真實模型；當存在隱變數時，仍可以用生成方法學習，此時判別方法就不能用。

判別方法的特點：判別方法直接學習的是條件機率$P(Y|X)$或決策函數$f(X)$，直接面對預測，往往學習的準確率更高；由於直接學習$P(Y|X)$或$f(X)$，可以對資料進行各種程度上的抽象、定義特徵並使用特徵，因此可以簡化學習問題。

1.8 監督學習應用

監督學習的應用主要在三個方面：分類問題、標注問題和回歸問題。

1.8.1 分類問題

分類是監督學習的一個核心問題。在監督學習中，當輸出變數Y取有限個離散值時，預測問題便成為分類問題。這時，輸入變數X可以是離散的，也可以是連續的。監督學習從資料中學習一個分類模型或分類決策函數，稱為分類器（classifier）。分類器對新的輸入進行輸出的預測，稱為分類（classification）。可能的輸出稱為類別（class）。分類的類別為多個時，稱為多類分類問題。本書主要討論二類分類問題。

分類問題包括學習和分類兩個過程。在學習過程中，根據已知的訓練資料集利用有效的學習方法學習一個分類器；在分類過程中，利用學習的分類器對新的輸入實例進行分類。分類問題可用圖 1.10 描述。圖中 $(x_1, y_1), (x_2, y_2), \cdots, (x_N, y_N)$ 是訓練資料集，學習系統由訓練資料學習一個分類器$P(Y|X)$或$Y = f(X)$；分類系統透過學到的分類器$P(Y|X)$或$Y = f(X)$對於新的輸入實例x_{N+1}進行分類，即預測其輸出的類標記y_{N+1}。

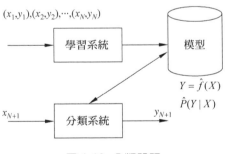

圖 1.10 分類問題

評價分類器性能的指標一般是分類準確率（accuracy），其定義是：對於給定的測試資料集，分類器正確分類的樣本數與總樣本數之比。也就是損失函數是 0-1 損失時測試資料集上的準確率（見式(1.21)）。

對於二類分類問題常用的評價指標是精確率（precision）與召回率（recall）。通常以關注的類為正類，其他類為負類，分類器在測試資料集上的預測或正確或不正確，4種情況出現的總數分別記作：

TP——將正類預測為正類數；
FN——將正類預測為負類數；
FP——將負類預測為正類數；
TN——將負類預測為負類數。

精確率定義為

$$P = \frac{TP}{TP+FP} \tag{1.41}$$

召回率定義為

$$R = \frac{TP}{TP+FN} \tag{1.42}$$

此外，還有F_1值，是精確率和召回率的調和均值，即

$$\frac{2}{F_1} = \frac{1}{P} + \frac{1}{R} \tag{1.43}$$

$$F_1 = \frac{2TP}{2TP+FP+FN} \tag{1.44}$$

精確率和召回率都高時，F_1值也會高。

許多統計學習方法可以用於分類，包括k近鄰法、感知機、單純貝氏法、決策樹、決策清單、邏輯回歸模型、支持向量機、提升方法、貝氏網路、神經網路、Winnow等。本書將說明其中一些主要方法。

分類在於根據其特性將資料「分門別類」，所以在許多領域都有廣泛的應用。例如，在銀行業務中，可以建構一個客戶分類模型，對客戶按照貸款風險的大小進行分類；在網路安全領域，可以利用日誌資料的分類對非法入侵進行檢測；在影像處理中，分類可以用來檢測影像中是否有人臉出現；在手寫辨識中，分類可以用於辨識手寫的數字；在網際網路搜索中，網頁的分類可以幫助網頁的抓取、索引與排序。

舉一個分類應用的例子——文字分類(text classification)。這裡的文字可以是新聞報導、網頁、電子郵件、學術論文等。類別往往是關於文字內容的，例如政治、經濟、體育等；也有關於文字特點的，如正面意見、反面意見；還可以根據應用確定，如垃圾郵件、非垃圾郵件等。文字分類是根據文字的特徵將其劃分到已有的類中。輸入是文字的特徵向量，輸出是文字的類別。通常把文字中的單字定義為特徵，每個單字對應一個特徵。單字的特徵可以是二值的，如果單字在文字中出現則取值是 1，否則是 0；也可以是多值的，表示單字在文字中出現的頻率。直觀地，如果「股票」、「銀行」、「貨幣」這些詞出現很多，這個文字可能屬於經濟類；如果「網球」、「比賽」、「運動員」這些詞頻繁出現，這個文字可能屬於體育類。

1.8.2 標注問題

標注（tagging）也是一個監督學習問題。可以認為標注問題是分類問題的一個推廣，標注問題又是更複雜的結構預測（structure prediction）問題的簡單形式。標注問題的輸入是一個觀測序列，輸出是一個標記序列或狀態序列。標注問題的目標在於學習一個模型，使它能夠對觀測序列舉出標記序列作為預測。注意，可能的標記個數是有限的，但其組合所成的標記序列的個數是依序列長度呈指數級增長的。

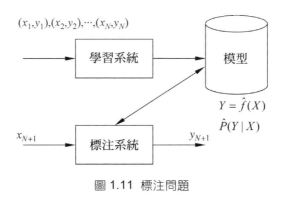

圖 1.11 標注問題

標注問題分為學習和標注兩個過程（如圖 1.11 所示）。首先給定一個訓練資料集

$$T = \{(x_1, y_1), (x_2, y_2), \cdots, (x_N, y_N)\}$$

這裡，$x_i = (x_i^{(1)}, x_i^{(2)}, \cdots, x_i^{(n)})^T$，$i = 1, 2, \cdots, N$，是輸入觀測序列；$y_i = (y_i^{(1)}, y_i^{(2)}, \cdots, y_i^{(n)})^T$是對應的輸出標記序列；$n$是序列的長度，對不同樣本可以有不同的值。學習系統基於訓練資料集建構一個模型，表示為條件機率分佈：

$$P(Y^{(1)}, Y^{(2)}, \cdots, Y^{(n)} | X^{(1)}, X^{(2)}, \cdots, X^{(n)})$$

這裡，每一個$X^{(i)}$（$i = 1, 2, \cdots, n$）取值為所有可能的觀測，每一個$Y^{(i)}$（$i = 1, 2, \cdots, n$）取值為所有可能的標記，一般$n \ll N$。標注系統按照學習得到的條件機率分佈模型，對新的輸入觀測序列找到對應的輸出標記序列。具體地，對一個觀測序列$x_{N+1} = (x_{N+1}^{(1)}, x_{N+1}^{(2)}, \cdots, x_{N+1}^{(n)})^T$找到使條件機率 $P((y_{N+1}^{(1)}, y_{N+1}^{(2)}, \cdots, y_{N+1}^{(n)})^T | (x_{N+1}^{(1)}, x_{N+1}^{(2)}, \cdots, x_{N+1}^{(n)})^T)$ 最大的標記序列 $y_{N+1} = (y_{N+1}^{(1)}, y_{N+1}^{(2)}, \cdots, y_{N+1}^{(n)})^T$。

評價標注模型的指標與評價分類模型的指標一樣，常用的有標注準確率、精確率和召回率。其定義與分類模型相同。

標注常用的統計學習方法有：隱馬可夫模型、條件隨機場。

標注問題在資訊取出、自然語言處理等領域被廣泛應用，是這些領域的基本問題。例如，自然語言處理中的詞性標注（part of speech tagging）就是一個典型的標注問題：給定一個由單字組成的句子，對這個句子中的每一個單字進行詞性標注，即對一個單字序列預測其對應的詞性標記序列。

舉一個資訊取出的例子。從英文文章中取出基本名詞子句（base noun phrase）。為此，要對文章進行標注。英文單字是一個觀測，英文句子是一個觀測序列，標記表示名詞子句的「開始」、「結束」或「其他」（分別以 B，E，O 表示），標記序列表示英文句子中基本名詞子句的所在位

置。資訊取出時,將標記「開始」到標記「結束」的單字作為名詞子句。例如,舉出以下的觀測序列,即英文句子,標注系統產生對應的標記序列,即舉出句子中的基本名詞子句。

輸入:At Microsoft Research, we have an insatiable curiosity and the desire to create new technology that will help define the computing experience.

輸出:At/O Microsoft/B Research/E, we/O have/O an/O insatiable/B curiosity/E and/O the/O desire/BE to/O create/O new/B technology/E that/O will/O help/O define/O the/O computing/B experience/E.

1.8.3 回歸問題

回歸(regression)是監督學習的另一個重要問題。回歸用於預測輸入變數(引數)和輸出變數(因變數)之間的關係,特別是當輸入變數的值發生變化時,輸出變數的值隨之發生的變化。回歸模型正是表示從輸入變數到輸出變數之間映射的函數。回歸問題的學習等值於函數擬合:選擇一條函數曲線使其極佳地擬合已知資料且極佳地預測未知資料(參照 1.4.2 節)。

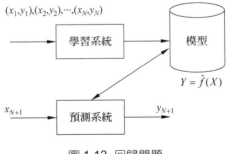

圖 1.12 回歸問題

回歸問題分為學習和預測兩個過程(如圖 1.12 所示)。首先給定一個訓練資料集:

$$T = \{(x_1, y_1), (x_2, y_2), \cdots, (x_N, y_N)\}$$

這裡，$x_i \in R^n$是輸入，$y \in R$是對應的輸出，$i = 1, 2, \cdots, N$。學習系統基於訓練資料建構一個模型，即函數$Y = f(X)$；對新的輸入x_{N+1}，預測系統根據學習的模型$Y = f(X)$確定對應的輸出y_{N+1}。

回歸問題按照輸入變數的個數，分為一元回歸和多元回歸；按照輸入變數和輸出變數之間關係的類型即模型的類型，分為線性回歸和非線性回歸。

回歸學習最常用的損失函數是平方損失函數，在此情況下，回歸問題可以由著名的最小平方法（least squares）求解。

許多領域的任務都可以形式化為回歸問題，比如，回歸可以用於商務領域，作為市場趨勢預測、產品品質管制、客戶滿意度調查、投資風險分析的工具。作為例子，簡單介紹股價預測問題。假設知道某一公司在過去不同時間點（比如，每天）的市場上的股票價格 （比如，股票平均價格），以及在各個時間點之前可能影響該公司股價的資訊（比如，該公司前一周的營業額、利潤）。目標是從過去的資料學習一個模型，使它可以基於當前的資訊預測該公司下一個時間點的股票價格。可以將這個問題作為回歸問題解決。具體地，將影響股價的資訊視為引數（輸入的特徵），而將股價視為因變數（輸出的值）。將過去的資料作為訓練資料就可以學習一個回歸模型，並對未來的股價進行預測。可以看出這是一個困難的預測問題，因為影響股價的因素非常多，我們未必能判斷到哪些資訊（輸入的特徵）有用並能得到這些資訊。

本章概要

1. 統計學習或機器學習是關於電腦基於資料建構機率統計模型並運用模型對資料進行分析與預測的一門學科。統計學習包括監督學習、無監督學習和強化學習。
2. 統計學習方法三要素——模型、策略、演算法，對理解統計學習方法起到提綱挈領的作用。

3. 本書第 1 篇主要討論監督學習，監督學習可以概括如下：從給定有限的訓練資料出發，假設資料是獨立同分佈的，而且假設模型屬於某個假設空間，應用某一評價準則，從假設空間中選取一個最優的模型，使它對已給訓練資料及未知測試資料在給定評價標準意義下有最準確的預測。

4. 統計學習中，進行模型選擇或者說提高學習的泛化能力是一個重要問題。如果只考慮減少訓練誤差，就可能產生過擬合現象。模型選擇的方法有正則化與交叉驗證。學習方法泛化能力的分析是統計學習理論研究的重要課題。

5. 分類問題、標注問題和回歸問題都是監督學習的重要問題。本書第 1 篇介紹的統計學習方法包括感知機、k近鄰法、單純貝氏法、決策樹、邏輯回歸與最大熵模型、支持向量機、提升方法、EM 演算法、隱馬可夫模型和條件隨機場。這些方法是主要的分類、標注以及回歸方法。它們又可以歸類為生成方法與判別方法。

繼續閱讀

關於統計學習或機器學習方法一般介紹的書籍可以參閱文獻[1-8]。

習題

1.1 說明伯努利模型的極大似然估計以及貝氏估計中的統計學習方法三要素。伯努利模型是定義在取值為 0 與 1 的隨機變數上的機率分佈。假設觀測到伯努利模型n次獨立的資料生成結果，其中k次的結果為 1，這時可以用極大似然估計或貝氏估計來估計結果為 1 的機率。

1.2 透過經驗風險最小化推導極大似然估計。證明模型是條件機率分佈，當損失函數是對數損失函數時，經驗風險最小化等值於極大似然估計。

參考文獻

[1] Hastie T, Tibshirani R, Friedman J. The elements of statistical learning: data mining, inference, and prediction. Springer. 2001. （中譯本：統計學習基礎——數據挖掘、推理與預測. 范明，柴玉梅，昝紅英等譯. 北京：電子工業出版社，2004.)

[2] Bishop M. Pattern recognition and machine learning. Springer, 2006.

[3] Daphne Koller, Nir Friedman. Probabilistic graphical models: principles and techniques. MIT Press, 2009.

[4] Ian Goodfellow, Yoshua Bengio, Aaron Courville, et al. Deep learning. MIT Press, 2016.

[5] Tom M. Michelle. Machine learning. McGraw-Hill Companies, Inc. 1997. （中譯本：機器學習. 北京：機械工業出版社，2003.）

[6] David Barber. Bayesian reasoning and machine learning. Cambridge University Press, 2012.

[7] Richard S Sutton, Andrew G Barto. Reinforcement learning: an introduction. MIT Press, 1998.

[8] 周志華. 機器學習. 北京：清華大學出版社，2017.

感知機

感知機（perceptron）是二類分類的線性分類模型，其輸入為實例的特徵向量，輸出為實例的類別，取 +1 和 −1 二值。感知機對應於輸入空間（特徵空間）中將實例劃分為正負兩類的分離超平面，屬於判別模型。感知機學習旨在求出將訓練資料進行線性劃分的分離超平面，為此，匯入基於誤分類的損失函數，利用梯度下降法對損失函數進行極小化，求得感知機模型。感知機學習演算法具有簡單而易於實現的優點，分為原始形式和對偶形式。感知機預測是用學習得到的感知機模型對新的輸入實例進行分類。感知機 1957 年由 Rosenblatt 提出，是神經網路與支持向量機的基礎。

本章首先介紹感知機模型；然後敘述感知機的學習策略，特別是損失函數；最後介紹感知機學習演算法，包括原始形式和對偶形式，並證明演算法的收斂性。

2.1 感知機模型

【定義 2.1】感知機：假設輸入空間（特徵空間）是 $X \subseteq R^n$，輸出空間是 $Y = \{+1, -1\}$。輸入 $x \in X$ 表示實例的特徵向量，對應於輸入空間（特徵空間）的點；輸出 $y \in Y$ 表示實例的類別。由輸入空間到輸出空間的如下函數：

$$f(x) = sign(w \cdot x + b) \tag{2.1}$$

稱為感知機。其中，w和b為感知機模型參數，$w \in R^n$叫作權值（weight）或權值向量（weight vector），$b \in R$叫作偏置（bias），$w \cdot x$表示w和x的內積。$sign$是符號函數，即

$$sign(x) = \begin{cases} +1, & x \geqslant 0 \\ -1, & x < 0 \end{cases} \tag{2.2}$$

感知機是一種線性分類模型，屬於判別模型。感知機模型的假設空間是定義在特徵空間中的所有線性分類模型（linear classification model）或 線性分類器（linear classifier），即函數集合$\{f | f(x) = w \cdot x + b\}$。

感知機有如下幾何解釋：線性方程

$$w \cdot x + b = 0 \tag{2.3}$$

對應於特徵空間R^n中的一個超平面S，其中w是超平面的法向量，b是超平面的截距。這個超平面將特徵空間劃分為兩個部分。位於兩部分的點（特徵向量）分別被分為正、負兩類。因此，超平面S 稱為分離超平面（separating hyperplane），如圖 2.1 所示。

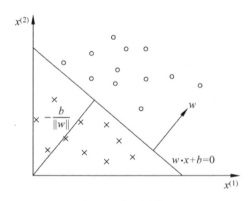

圖 2.1 感知機模型

感知機學習，由訓練資料集（實例的特徵向量及類別）

$$T = \{(x_1, y_1), (x_2, y_2), \cdots, (x_N, y_N)\}$$

其中，$x_i \in X = R^n$，$y_i \in Y = \{+1, -1\}$，$i = 1,2,\cdots,N$，求得感知機模型（2.1），即求得模型參數 w, b。感知機預測，透過學習得到的感知機模型，對於新的輸入實例舉出其對應的輸出類別。

2.2 感知機學習策略

2.2.1 資料集的線性可分性

【定義 2.2】資料集的線性可分性：給定一個資料集

$$T = \{(x_1, y_1), (x_2, y_2), \cdots, (x_N, y_N)\}$$

其中，$x_i \in X = R^n$，$y_i \in Y = \{+1, -1\}$，$i = 1,2,\cdots,N$，如果存在某個超平面 S

$$w \cdot x + b = 0$$

能夠將資料集的正實例點和負實例點完全正確地劃分到超平面的兩側，即對所有 $y_i = +1$ 的實例 i，有 $w \cdot x_i + b > 0$，對所有 $y_i = -1$ 的實例 i，有 $w \cdot x_i + b < 0$，則稱資料集 T 為線性可分資料集（linearly separable data set）；否則，稱資料集 T 線性不可分。

2.2.2 感知機學習策略

假設訓練資料集是線性可分的，感知機學習的目標是求得一個能夠將訓練集正實例點和負實例點完全正確分開的分離超平面。為了找出這樣的超平面，即確定感知機模型參數 w, b，需要確定一個學習策略，即定義（經驗）損失函數並將損失函數極小化。

損失函數的一個自然選擇是誤分類點的總數。但是，這樣的損失函數不是參數 w, b 的連續可導函數，不易最佳化。損失函數的另一個選擇是誤分類

點到超平面S的總距離,這是感知機所採用的。為此,首先寫出輸入空間R^n中任一點x_0到超平面S的距離:

$$\frac{1}{\parallel w \parallel} |w \cdot x_0 + b|$$

這裡,$\parallel w \parallel$是w的L_2範數。

其次,對於誤分類的資料(x_i, y_i)來說,

$$-y_i(w \cdot x_i + b) > 0$$

成立。因為當$w \cdot x_i + b > 0$時,$y_i = -1$;而當$w \cdot x_i + b < 0$時,$y_i = +1$。因此,誤分類點x_i到超平面S的距離是

$$-\frac{1}{\parallel w \parallel} y_i(w \cdot x_i + b)$$

這樣,假設超平面S的誤分類點集合為M,那麼所有誤分類點到超平面S的總距離為

$$-\frac{1}{\parallel w \parallel} \sum_{x_i \in M} y_i(w \cdot x_i + b)$$

不考慮$\frac{1}{\parallel w \parallel}$,就得到感知機學習的損失函數[1]。

給定訓練資料集

$$T = \{(x_1, y_1), (x_2, y_2), \cdots, (x_N, y_N)\}$$

其中,$x_i \in X = R^n$,$y_i \in Y = \{+1, -1\}$,$i = 1, 2, \cdots, N$。感知機$sign(w \cdot x + b)$ 學習的損失函式定義為

---

[1] 第 7 章中會介紹$y(w \cdot x + b)$稱為樣本點的函數間隔。

$$L(w, b) = -\sum_{x_i \in M} y_i(w \cdot x_i + b)$$

(2.4)

其中 M 為誤分類點的集合。這個損失函數就是感知機學習的經驗風險函數。

顯然，損失函數 $L(w, b)$ 是非負的。如果沒有誤分類點，損失函數值是 0。而且，誤分類點越少，誤分類點離超平面越近，損失函數值就越小。一個特定的樣本點的損失函數：在誤分類時是參數 w, b 的線性函數，在正確分類時是 0。因此，給定訓練資料集 T，損失函數 $L(w, b)$ 是 w, b 的連續可導函數。

感知機學習的策略是在假設空間中選取使損失函數式（2.4）最小的模型參數 w, b,即感知機模型。

2.3 感知機學習演算法

感知機學習問題轉化為求解損失函數式（2.4）的最佳化問題，最佳化的方法是隨機梯度下降法。本節敘述感知機學習的具體演算法，包括原始形式和對偶形式，並證明在訓練資料線性可分條件下感知機學習演算法的收斂性。

2.3.1 感知機學習演算法的原始形式

感知機學習演算法是對以下最佳化問題的演算法。給定一個訓練資料集

$$T = \{(x_1, y_1), (x_2, y_2), \cdots, (x_N, y_N)\}$$

其中，$x_i \in X = R^n$，$y_i \in Y = \{-1, 1\}$，$i = 1, 2, \cdots, N$，求參數 w, b，使其為以下損失函數極小化問題的解

$$\min_{w,b} L(w,b) = -\sum_{x_i \in M} y_i(w \cdot x_i + b) \tag{2.5}$$

其中M為誤分類點的集合。

感知機學習演算法是誤分類驅動的，具體採用隨機梯度下降法（stochastic gradient descent）。首先，任意選取一個超平面w_0, b_0，然後用梯度下降法不斷地極小化目標函數（2.5）。極小化過程中不是一次使M中所有誤分類點的梯度下降，而是一次隨機選取一個誤分類點使其梯度下降。

假設誤分類點集合M是固定的，那麼損失函數$L(w,b)$的梯度由

$$\nabla_w L(w,b) = -\sum_{x_i \in M} y_i x_i$$

$$\nabla_b L(w,b) = -\sum_{x_i \in M} y_i$$

舉出。

隨機選取一個誤分類點(x_i, y_i)，對w,b進行更新：

$$w \leftarrow w + \eta y_i x_i \tag{2.6}$$

$$b \leftarrow b + \eta y_i \tag{2.7}$$

式中$\eta\,(0 < \eta \leqslant 1)$是步進值，在統計學習中又稱為學習率（learning rate）。這樣，透過迭代可以期待損失函數$L(w,b)$不斷減小，直到為 0。綜上所述，得到如下演算法：

【演算法 2.1】感知機學習演算法的原始形式

輸入：訓練資料集$T = \{(x_1, y_1), (x_2, y_2), \cdots, (x_N, y_N)\}$，其中$x_i \in X = R^n$，$y_i \in Y = \{-1, +1\}$，$i = 1, 2, \cdots, N$；學習率$\eta\,(0 < \eta \leqslant 1)$；

輸出：w,b；感知機模型$f(x) = sign(w \cdot x + b)$。

（1）選取初值w_0, b_0；

（2）在訓練集中選取資料(x_i, y_i)；

（3）如果$y_i(w \cdot x_i + b) \leqslant 0$，

$$w \leftarrow w + \eta y_i x_i$$
$$b \leftarrow b + \eta y_i$$

（4）轉至（2），直到訓練集中沒有誤分類點。

這種學習演算法直觀上有如下解釋：當一個實例點被誤分類，即位於分離超平面的錯誤一側時，則調整w, b的值，使分離超平面向該誤分類點的一側移動，以減少該誤分類點與超平面間的距離，直到超平面越過該誤分類點使其被正確分類。

演算法 2.1 是感知機學習的基本演算法，對應於後面的對偶形式，稱為原始形式。感知機學習演算法簡單且易於實現。

【例 2.1】如圖 2.2 所示的訓練資料集，其正實例點是$x_1 = (3,3)^T$，$x_2 = (4,3)^T$，負實例點是$x_3 = (1,1)^T$，試用感知機學習演算法的原始形式求感知機模型$f(x) = sign(w \cdot x + b)$。這裡，$w = (w^{(1)}, w^{(2)})^T$，$x = (x^{(1)}, x^{(2)})^T$。

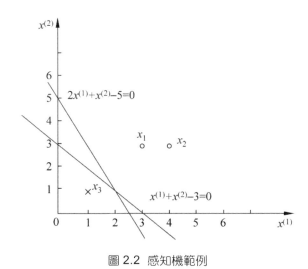

圖 2.2 感知機範例

【解】建構最佳化問題：

$$\min_{w,b} L(w,b) = -\sum_{x_i \in M} y_i(w \cdot x_i + b)$$

按照演算法 2.1 求解 w, b。$\eta = 1$。

（1）取初值 $w_0 = 0$，$b_0 = 0$

（2）對 $x_1 = (3,3)^{\mathrm{T}}$，$y_1(w_0 \cdot x_1 + b_0) = 0$，未能被正確分類，更新 w, b

$$w_1 = w_0 + y_1 x_1 = (3,3)^{\mathrm{T}}, \qquad b_1 = b_0 + y_1 = 1$$

得到線性模型

$$w_1 \cdot x + b_1 = 3x^{(1)} + 3x^{(2)} + 1$$

（3）對 x_1, x_2，顯然，$y_i(w_1 \cdot x_i + b_1) > 0$，被正確分類，不修改 w, b；
對 $x_3 = (1,1)^{\mathrm{T}}$，$y_3(w_1 \cdot x_3 + b_1) < 0$，被誤分類，更新 w, b。

$$w_2 = w_1 + y_3 x_3 = (2,2)^{\mathrm{T}}, \qquad b_2 = b_1 + y_3 = 0$$

得到線性模型

$$w_2 \cdot x + b_2 = 2x^{(1)} + 2x^{(2)}$$

如此繼續下去，直到

$$w_7 = (1,1)^{\mathrm{T}}, \qquad b_7 = -3$$

$$w_7 \cdot x + b_7 = x^{(1)} + x^{(2)} - 3$$

對所有資料點 $y_i(w_7 \cdot x_i + b_7) > 0$，沒有誤分類點，損失函數達到極小。
分離超平面為：$x^{(1)} + x^{(2)} - 3 = 0$
感知機模型為：$f(x) = sign(x^{(1)} + x^{(2)} - 3)$
迭代過程見表 2.1。

表 2.1 例 2.1 求解的迭代過程

迭代次數	誤分類點	w	b	$w \cdot x + b$
0		0	0	0
1	x_1	$(3,3)^{\mathrm{T}}$	1	$3x^{(1)} + 3x^{(2)} + 1$
2	x_3	$(2,2)^{\mathrm{T}}$	0	$2x^{(1)} + 2x^{(2)}$
3	x_3	$(1,1)^{\mathrm{T}}$	-1	$x^{(1)} + x^{(2)} - 1$
4	x_3	$(0,0)^{\mathrm{T}}$	-2	-2
5	x_1	$(3,3)^{\mathrm{T}}$	-1	$3x^{(1)} + 3x^{(2)} - 1$
6	x_3	$(2,2)^{\mathrm{T}}$	-2	$2x^{(1)} + 2x^{(2)} - 2$
7	x_3	$(1,1)^{\mathrm{T}}$	-3	$x^{(1)} + x^{(2)} - 3$
8	0	$(1,1)^{\mathrm{T}}$	-3	$x^{(1)} + x^{(2)} - 3$

這是在計算中誤分類點先後取$x_1, x_3, x_3, x_3, x_1, x_3, x_3$得到的分離超平面和感知機模型。如果在計算中誤分類點依次取$x_1, x_3, x_3, x_3, x_2, x_3, x_3, x_3, x_1, x_3, x_3$，那麼得到的分離超平面是$2x^{(1)} + x^{(2)} - 5 = 0$。

可見，感知機學習演算法由於採用不同的初值或選取不同的誤分類點，解可以不同。

2.3.2 演算法的收斂性

現在證明，對於線性可分資料集感知機學習演算法原始形式收斂，即經過有限次迭代可以得到一個將訓練資料集完全正確劃分的分離超平面及感知機模型。

為了便於敘述與推導，將偏置b併入權重向量w，記作$\hat{w} = (w^{\mathrm{T}}, b)^{\mathrm{T}}$，同樣也將輸入向量加以擴充，加進常數 1，記作$\hat{x} = (x^{\mathrm{T}}, 1)^{\mathrm{T}}$。這樣，$\hat{x} \in R^{n+1}$，$\hat{w} \in R^{n+1}$。顯然，$\hat{w} \cdot \hat{x} = w \cdot x + b$。

【定理 2.1】Novikoff：設訓練資料集$T = \{(x_1, y_1), (x_2, y_2), \cdots, (x_N, y_N)\}$是線性可分的，其中$x_i \in X = R^n$，$y_i \in Y = \{-1, +1\}$，$i = 1, 2, \cdots, N$，則

（1）存在滿足條件$\|\hat{w}_{opt}\| = 1$的超平面$\hat{w}_{opt} \cdot \hat{x} = w_{opt} \cdot x + b_{opt} = 0$將訓

練資料集完全正確分開;且存在$\gamma > 0$,對所有$i = 1, 2, \cdots, N$

$$y_i(\widehat{w}_{opt} \cdot \widehat{x}_i) = y_i(w_{opt} \cdot x_i + b_{opt}) \geqslant \gamma \qquad (2.8)$$

(2)令$R = \max_{1 \leqslant i \leqslant N} \|\widehat{x}_i\|$,則感知機演算法 2.1 在訓練資料集上的誤分類次數k滿足不等式

$$k \leqslant \left(\frac{R}{\gamma}\right)^2 \qquad (2.9)$$

【證明】

(1)由於訓練資料集是線性可分的,按照定義 2.2,存在超平面可將訓練資料集完全正確分開,取此超平面為$\widehat{w}_{opt} \cdot \widehat{x} = w_{opt} \cdot x + b_{opt} = 0$,使$\|\widehat{w}_{opt}\| = 1$。由於對有限的$i = 1, 2, \cdots, N$,均有

$$y_i(\widehat{w}_{opt} \cdot \widehat{x}_i) = y_i(w_{opt} \cdot x_i + b_{opt}) > 0$$

所以存在

$$\gamma = \min_i \{y_i(w_{opt} \cdot x_i + b_{opt})\}$$

使

$$y_i(\widehat{w}_{opt} \cdot \widehat{x}_i) = y_i(w_{opt} \cdot x_i + b_{opt}) \geqslant \gamma$$

(2)感知機演算法從$\widehat{w}_0 = 0$開始,如果實例被誤分類,則更新權重。令$\widehat{w}_{k-1}$是第k個誤分類實例之前的擴充權重向量,即

$$\widehat{w}_{k-1} = (w_{k-1}^{\mathrm{T}}, b_{k-1})^{\mathrm{T}}$$

則第k個誤分類實例的條件是

$$y_i(\widehat{w}_{k-1} \cdot \widehat{x}_i) = y_i(w_{k-1} \cdot x_i + b_{k-1}) \leqslant 0 \qquad (2.10)$$

若(x_i, y_i)是被$\widehat{w}_{k-1} = (w_{k-1}^{\mathrm{T}}, b_{k-1})^{\mathrm{T}}$誤分類的資料,則$w$和$b$的更新是

$$w_k \leftarrow w_{k-1} + \eta y_i x_i$$
$$b_k \leftarrow b_{k-1} + \eta y_i$$

即

$$\widehat{w}_k = \widehat{w}_{k-1} + \eta y_i \hat{x}_i \tag{2.11}$$

下面推導兩個不等式(2.12)及(2.13)：

$$\widehat{w}_k \cdot \widehat{w}_{\text{opt}} \geqslant k\eta\gamma \tag{2.12}$$

由式(2.11)及式(2.8)得

$$
\begin{aligned}
\widehat{w}_k \cdot \widehat{w}_{\text{opt}} &= \widehat{w}_{k-1} \cdot \widehat{w}_{\text{opt}} + \eta y_i \widehat{w}_{\text{opt}} \cdot \hat{x}_i \\
&\geqslant \widehat{w}_{k-1} \cdot \widehat{w}_{\text{opt}} + \eta\gamma
\end{aligned}
$$

由此遞推即得不等式(2.12)

$$\widehat{w}_k \cdot \widehat{w}_{\text{opt}} \geqslant \widehat{w}_{k-1} \cdot \widehat{w}_{\text{opt}} + \eta\gamma \geqslant \widehat{w}_{k-2} \cdot \widehat{w}_{\text{opt}} + 2\eta\gamma \geqslant \cdots \geqslant k\eta\gamma$$

$$\|\widehat{w}_k\|^2 \leqslant k\eta^2 R^2 \tag{2.13}$$

由式(2.11)及式(2.10)得

$$
\begin{aligned}
\|\widehat{w}_k\|^2 &= \|\widehat{w}_{k-1}\|^2 + 2\eta y_i \widehat{w}_{k-1} \cdot \hat{x}_i + \eta^2 \|\hat{x}_i\|^2 \\
&\leqslant \|\widehat{w}_{k-1}\|^2 + \eta^2 \|\hat{x}_i\|^2 \\
&\leqslant \|\widehat{w}_{k-1}\|^2 + \eta^2 R^2 \\
&\leqslant \|\widehat{w}_{k-2}\|^2 + 2\eta^2 R^2 \leqslant \cdots \\
&\leqslant k\eta^2 R^2
\end{aligned}
$$

結合不等式(2.12)及式(2.13)即得

$$k\eta\gamma \leqslant \widehat{w}_k \cdot \widehat{w}_{\text{opt}} \leqslant \|\widehat{w}_k\| \|\widehat{w}_{\text{opt}}\| \leqslant \sqrt{k}\eta R$$
$$k^2\gamma^2 \leqslant kR^2$$

於是

$$k \leqslant \left(\frac{R}{\gamma}\right)^2$$

定理表明，誤分類的次數k是有上界的，經過有限次搜索可以找到將訓練

資料完全正確分開的分離超平面。也就是説,當訓練資料集線性可分時,感知機學習演算法原始形式迭代是收斂的。但是例 2.1 説明,感知機學習演算法存在許多解,這些解既依賴於初值的選擇,也依賴於迭代過程中誤分類點的選擇順序。為了得到唯一的超平面,需要對分離超平面增加限制條件。這就是第 7 章將要説明的線性支持向量機的想法。當訓練集線性不可分時,感知機學習演算法不收斂,迭代結果會發生振盪。

2.3.3 感知機學習演算法的對偶形式

現在考慮感知機學習演算法的對偶形式。感知機學習演算法的原始形式和對偶形式與第 7 章中支持向量機學習演算法的原始形式和對偶形式相對應。

對偶形式的基本想法是,將w和b表示為實例x_i和標記y_i的線性組合的形式,透過求解其係數而求得w和b。不失一般性,在演算法 2.1 中可假設初值w_0, b_0均為 0。對誤分類點(x_i, y_i)透過

$$w \leftarrow w + \eta y_i x_i$$
$$b \leftarrow b + \eta y_i$$

逐步修改w, b, 設修改n次, 則w, b關於(x_i, y_i)的增量分別是$\alpha_i y_i x_i$和$\alpha_i y_i$, 這裡$\alpha_i = n_i \eta, n_i$是點(x_i, y_i)被誤分類的次數。這樣,從學習過程不難看出,最後學習到的w, b可以分別表示為

$$w = \sum_{i=1}^{N} \alpha_i y_i x_i \tag{2.14}$$

$$b = \sum_{i=1}^{N} \alpha_i y_i \tag{2.15}$$

這裡,$\alpha_i \geqslant 0$,$i = 1, 2, \cdots, N$,當$\eta = 1$時,表示第i個實例點由於誤分而進行更新的次數。實例點更新次數越多,意味著它距離分離超平面越近,也就越難正確分類。換句話説,這樣的實例對學習結果影響最大。

下面對照原始形式來敘述感知機學習演算法的對偶形式。

【演算法 2.2】感知機學習演算法的對偶形式

輸入：線性可分的資料集$T = \{(x_1, y_1), (x_2, y_2), \cdots, (x_N, y_N)\}$，其中
$x_i \in R^n$，$y_i \in \{-1, +1\}$，$i = 1, 2, \cdots, N$；學習率η（$0 < \eta \leqslant 1$）；

輸出：α, b；感知機模型$f(x) = sign\left(\sum_{j=1}^{N} \alpha_j y_j x_j \cdot x + b\right)$，其中
$\alpha = (\alpha_1, \alpha_2, \cdots, \alpha_N)^{\mathrm{T}}$。

（1）$\alpha \leftarrow 0$，$b \leftarrow 0$；
（2）在訓練集中選取資料(x_i, y_i)；
（3）如果$y_i\left(\sum_{j=1}^{N} \alpha_j y_j x_j \cdot x_i + b\right) \leqslant 0$，

$$\alpha_i \leftarrow \alpha_i + \eta$$
$$b \leftarrow b + \eta y_i$$

（4）轉至（2）直到沒有誤分類資料。

對偶形式中訓練實例僅以內積的形式出現。為了方便，可以預先將訓練集中實例間的內積計算出來並以矩陣的形式儲存，這個矩陣就是所謂的 Gram 矩陣（Gram matrix）

$$\mathbf{G} = [x_i \cdot x_j]_{N \times N}$$

【例 2.2】 資料同例 2.1，正樣本點是$x_1 = (3,3)^{\mathrm{T}}$，$x_2 = (4,3)^{\mathrm{T}}$，負樣本點是$x_3 = (1,1)^{\mathrm{T}}$，試用感知機學習演算法對偶形式求感知機模型。

【解】 按照演算法 2.2，

（1）取$\alpha_i = 0$，$i = 1, 2, 3$，$b = 0$，$\eta = 1$；
（2）計算 Gram 矩陣

$$\mathbf{G} = \begin{bmatrix} 18 & 21 & 6 \\ 21 & 25 & 7 \\ 6 & 7 & 2 \end{bmatrix}$$

（3）誤分條件

$$y_i \left(\sum_{j=1}^{N} \alpha_j y_j x_j \cdot x_i + b \right) \leqslant 0$$

參數更新

$$\alpha_i \leftarrow \alpha_i + 1, \qquad b \leftarrow b + y_i$$

（4）迭代。過程從略，結果列於表 2.2；

（5）

$$w = 2x_1 + 0x_2 - 5x_3 = (1,1)^{\mathrm{T}}$$
$$b = -3$$

分離超平面

$$x^{(1)} + x^{(2)} - 3 = 0$$

感知機模型

$$f(x) = sign(x^{(1)} + x^{(2)} - 3)$$

表 2.2 例 2.2 求解的迭代過程

k	0	1	2	3	4	5	6	7
		x_1	x_3	x_3	x_3	x_1	x_3	x_3
α_1	0	1	1	1	1	2	2	2
α_2	0	0	0	0	0	0	0	0
α_3	0	0	1	2	3	3	4	5
b	0	1	0	-1	-2	-1	-2	-3

對照例 2.1，結果一致，迭代步驟也是互相對應的。

與原始形式一樣，感知機學習演算法的對偶形式迭代是收斂的，存在多個解。

本章概要

1. 感知機是根據輸入實例的特徵向量x對其進行二類分類的線性分類模型：

$$f(x) = sign(w \cdot x + b)$$

感知機模型對應於輸入空間（特徵空間）中的分離超平面$w \cdot x + b = 0$。

2. 感知機學習的策略是極小化損失函數：

$$\min_{w,b} L(w,b) = - \sum_{x_i \in M} y_i(w \cdot x_i + b)$$

損失函數對應於誤分類點到分離超平面的總距離。

3. 感知機學習演算法是基於隨機梯度下降法的對損失函數的最佳化演算法，有原始形式和對偶形式。演算法簡單且易於實現。原始形式中，首先任意選取一個超平面，然後用梯度下降法不斷極小化目標函數。在這個過程中一次隨機選取一個誤分類點使其梯度下降。

4. 當訓練資料集線性可分時，感知機學習演算法是收斂的。感知機演算法在訓練資料集上的誤分類次數k滿足不等式：

$$k \leqslant \left(\frac{R}{\gamma}\right)^2$$

當訓練資料集線性可分時，感知機學習演算法存在無窮多個解，其解由於不同的初值或不同的迭代順序而可能有所不同。

繼續閱讀

感知機最早在 1957 年由 Rosenblatt 提出 [1]。Novikoff [2]，Minsky 與 Papert [3]等人對感知機進行了一系列理論研究。感知機的擴充學習方法包括口袋演算法（pocket algorithm）[4]、表決感知機（voted perceptron）

[5]、帶邊緣感知機 （perceptron with margin） [6]。關於感知機的介紹可進一步參考文獻[7, 8]。

習題

2.1 Minsky 與 Papert 指出：感知機因為是線性模型，所以不能表示複雜的函數，如互斥或（XOR）。驗證感知機為什麼不能表示互斥或。

2.2 模仿例題 2.1，建構從訓練資料集求解感知機模型的例子。

2.3 證明以下定理：樣本集線性可分的充分必要條件是正實例點集所組成的凸殼[2]與負實例點集所組成的凸殼互不相交。

參考文獻

[1]　Rosenblatt F. The Perceptron: a probabilistic model for information storage and organization in the Brain. Cornell Aeronautical Laboratory. Psychological Review, 1958, 65 (6): 386–408.

[2]　Novikoff A B. On convergence proofs on perceptrons. Symposium on the Mathematical Theory of Automata, Polytechnic Institute of Brooklyn, 1962, 12, 615–622.

[3]　Minsky M L, Papert S A. *Perceptrons*. Cambridge, MA: MIT Press. 1969.

[4]　Gallant SI. Perceptron-based learning algorithms. IEEE Transactions on Neural Networks, 1990, 1(2): 179–191.

[5]　Freund Y, Schapire R E. Large margin classification using the perceptron algorithm. In: Proceedings of the 11th Annual Conference on Computational Learning Theory (COLT' 98). ACM Press, 1998.

---

[2] 設集合 $S \subset R^n$ 是由 R^n 中的 k 個點所組成的集合，即 $S = \{x_1, x_2, \cdots, x_k\}$. 定義 S 的凸殼 conv(S) 為

$$conv(S) = \left\{ x = \sum_{i=1}^{k} \lambda_i x_i \,\middle|\, \sum_{i=1}^{k} \lambda_i = 1, \lambda_i \geqslant 0, i = 1, 2, \cdots, k \right\}$$

[6]   Li Y Y, Zaragoza H, Herbrich R, et al. The Perceptron algorithm with uneven margins. In: Proceedings of the 19th International Conference on Machine Learning. 2002, 379–386.

[7]   Widrow B, Lehr M A. 30 years of adaptive neural networks: perceptron, madaline, and backpropagation. *Proc. IEEE*, 1990, 78(9): 1415–1442.

[8]   Cristianini N, Shawe-Taylor J. An introduction to support vector machines and other kernel-based learning methods. Cambridge University Press, 2000.

2.3 感知機學習演算法

k 近鄰法

k 近鄰法（k-nearest neighbor，k-NN）是一種基本分類與回歸方法。本書只討論分類問題中的 k 近鄰法。k 近鄰法的輸入為實例的特徵向量，對應於特徵空間的點；輸出為實例的類別，可以取多類。k 近鄰法假設給定一個訓練資料集，其中的實例類別已定。分類時，對新的實例，根據其 k 個最近鄰的訓練實例的類別，透過多數表決等方式進行預測。因此，k 近鄰法不具有顯性的學習過程。k 近鄰法實際上利用訓練資料集對特徵向量空間進行劃分，並作為其分類的「模型」。k 值的選擇、距離度量及分類決策規則是 k 近鄰法的三個基本要素。k 近鄰法 1968 年由 Cover 和 Hart 提出。

本章首先敘述 k 近鄰演算法，然後討論 k 近鄰法的模型及三個基本要素，最後說明 k 近鄰法的一個實現方法——kd 樹，介紹構造 kd 樹和搜索 kd 樹的演算法。

3.1 k 近鄰演算法

k 近鄰演算法簡單、直觀：給定一個訓練資料集，對新的輸入實例，在訓練資料集中找到與該實例最鄰近的 k 個實例，這 k 個實例的多數屬於某個類，就把該輸入實例分為這個類。下面先敘述 k 近鄰演算法，然後再討論其細節。

【演算法 3.1】k近鄰法

輸入：訓練資料集

$$T = \{(x_1, y_1), (x_2, y_2), \cdots, (x_N, y_N)\}$$

其中，$x_i \in X \subseteq R^n$為實例的特徵向量，$y_i \in Y = \{c_1, c_2, \cdots, c_K\}$為實例的類別，$i = 1,2,\cdots,N$；實例特徵向量$x$；

輸出：實例x所屬的類y。

（1）根據給定的距離度量，在訓練集T中找出與x最鄰近的k個點，涵蓋這k個點的x的鄰域記作$N_k(x)$；

（2）在$N_k(x)$中根據分類決策規則（如多數表決）決定x的類別y：

$$y = \underset{c_j}{\text{argmax}} \sum_{x_i \in N_k(x)} I(y_i = c_j), \quad i = 1,2,\cdots,N; j = 1,2,\cdots,K \tag{3.1}$$

式(3.1)中，I為指示函數，即當$y_i = c_j$時I為 1，否則I為 0。

k近鄰法的特殊情況是$k = 1$的情形，稱為最近鄰演算法。對於輸入的實例點（特徵向量）x，最近鄰法將訓練資料集中與x最鄰近點的類作為x的類。

k近鄰法沒有顯性的學習過程。

3.2　k 近鄰模型

k近鄰法使用的模型實際上對應於對特徵空間的劃分。模型由三個基本要素——距離度量、k值的選擇和分類決策規則決定。

3.2.1　模型

k近鄰法中，當訓練集、距離度量（如歐氏距離）、k值及分類決策規則（如多數表決）確定後，對於任何一個新的輸入實例，它所屬的類唯一地

確定。這相當於根據上述要素將特徵空間劃分為一些子空間，確定子空間裡的每個點所屬的類。這一事實從最近鄰演算法中可以看得很清楚。

特徵空間中，對每個訓練實例點x_i，距離該點比其他點更近的所有點組成一個區域，叫作單元（cell）。每個訓練實例點擁有一個單元，所有訓練實例點的單元組成對特徵空間的一個劃分。最近鄰法將實例x_i的類y_i作為其單元中所有點的類標記（class label）。這樣，每個單元的實例點的類別是確定的。圖 3.1 是二維特徵空間劃分的一個例子。

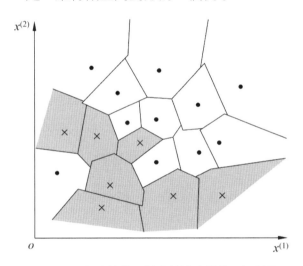

圖 3.1　k 近鄰法的模型對應特徵空間的一個劃分

3.2.2 距離度量

特徵空間中兩個實例點的距離是兩個實例點相似程度的反映。k 近鄰模型的特徵空間一般是 n 維實數向量空間 R^n。使用的距離是歐氏距離，但也可以是其他距離，如更一般的 L_p 距離（L_p distance）或 Minkowski 距離（Minkowski distance）。

設特徵空間 X 是 n 維實數向量空間 R^n，$x_i, x_j \in X$，$x_i = (x_i^{(1)}, x_i^{(2)}, \cdots, x_i^{(n)})^{\mathrm{T}}$，$x_j = (x_j^{(1)}, x_j^{(2)}, \cdots, x_j^{(n)})^{\mathrm{T}}$，$x_i, x_j$ 的 L_p 距離定義為

$$L_p(x_i, x_j) = \left(\sum_{l=1}^{n} |x_i^{(l)} - x_j^{(l)}|^p \right)^{\frac{1}{p}} \tag{3.2}$$

這裡 $p \geqslant 1$。當 $p = 2$ 時，稱為歐氏距離（Euclidean distance），即

$$L_2(x_i, x_j) = \left(\sum_{l=1}^{n} |x_i^{(l)} - x_j^{(l)}|^2 \right)^{\frac{1}{2}} \tag{3.3}$$

當 $p = 1$ 時，稱為曼哈頓距離（Manhattan distance），即

$$L_1(x_i, x_j) = \sum_{l=1}^{n} |x_i^{(l)} - x_j^{(l)}| \tag{3.4}$$

當 $p = \infty$ 時，它是各個座標距離的最大值，即

$$L_\infty(x_i, x_j) = \max_l |x_i^{(l)} - x_j^{(l)}| \tag{3.5}$$

圖 3.2 舉出了二維空間中 p 取不同值時，與原點的 L_p 距離為 1（$L_p = 1$）的點的圖形。

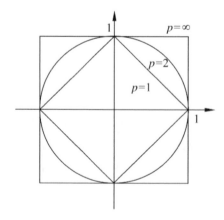

圖 3.2 L_p 距離間的關係

下面的例子說明，由不同的距離度量所確定的最近鄰點是不同的。

【例 3.1】已知二維空間的 3 個點 $x_1 = (1,1)^\mathrm{T}$, $x_2 = (5,1)^\mathrm{T}$, $x_3 = (4,4)^\mathrm{T}$，試求在 p 取不同值時，L_p 距離下 x_1 的最近鄰點。

【解】因為 x_1 和 x_2 只有第一維的值不同，所以 p 為任何值時，$L_p(x_1, x_2) = 4$。而

$$L_1(x_1, x_3) = 6, \quad L_2(x_1, x_3) = 4.24, \quad L_3(x_1, x_3) = 3.78, \quad L_4(x_1, x_3) = 3.57$$

於是得到：p 等於 1 或 2 時，x_2 是 x_1 的最近鄰點；p 大於等於 3 時，x_3 是 x_1 的最近鄰點。

3.2.3 k 值的選擇

k 值的選擇會對 k 近鄰法的結果產生重大影響。

如果選擇較小的 k 值，就相當於用較小的鄰域中的訓練實例進行預測，「學習」的近似誤差（approximation error）會減小，只有與輸入實例較近的（相似的）訓練實例才會對預測結果起作用。但缺點是「學習」的估計誤差（estimation error）會增大，預測結果會對近鄰的實例點非常敏感 [2]。如果鄰近的實例點恰巧是雜訊，預測就會出錯。換句話說，k 值的減小就意味著整體模型變得複雜，容易發生過擬合。

如果選擇較大的 k 值，就相當於用較大鄰域中的訓練實例進行預測。其優點是可以減少學習的估計誤差，但缺點是學習的近似誤差會增大。這時與輸入實例較遠的（不相似的）訓練實例也會對預測起作用，使預測發生錯誤。k 值的增大就意味著整體的模型變得簡單。

如果 $k = N$，那麼無論輸入實例是什麼，都將簡單地預測它屬於在訓練實例中最多的類。這時，模型過於簡單，完全忽略訓練實例中的大量有用資訊，是不可取的。

在應用中，k 值一般取一個比較小的數值。通常採用交叉驗證法來選取最優的 k 值。

3.2.4 分類決策規則

k近鄰法中的分類決策規則往往是多數表決，即由輸入實例的k個鄰近的訓練實例中的多數類決定輸入實例的類。

多數表決規則（majority voting rule）有如下解釋：如果分類的損失函數為 0-1 損失函數，分類函數為

$$f: R^n \to \{c_1, c_2, \cdots, c_K\}$$

那麼誤分類的機率是

$$P(Y \neq f(X)) = 1 - P(Y = f(X))$$

對給定的實例$x \in X$，其最近鄰的k個訓練實例點組成集合$N_k(x)$。如果涵蓋$N_k(x)$的區域的類別是c_j，那麼誤分類率是

$$\frac{1}{k} \sum_{x_i \in N_k(x)} I(y_i \neq c_j) = 1 - \frac{1}{k} \sum_{x_i \in N_k(x)} I(y_i = c_j)$$

要使誤分類率最小即經驗風險最小，就要使$\sum_{x_i \in N_k(x)} I(y_i = c_j)$最大，所以多數表決規則等值於經驗風險最小化。

3.3 k 近鄰法的實現：kd 樹

實現k近鄰法時，主要考慮的問題是如何對訓練資料進行快速k近鄰搜索。這點在特徵空間的維數大及訓練資料容量大時尤其必要。

k近鄰法最簡單的實現方法是線性掃描（linear scan）。這時要計算輸入實例與每一個訓練實例的距離。當訓練集很大時，計算非常耗時，這種方法是不可行的。

為了提高k近鄰搜索的效率，可以考慮使用特殊的結構儲存訓練資料，以減少計算距離的次數。具體方法很多，下面介紹其中的kd樹（kd tree）方法[1]。

3.3.1 構造 kd 樹

kd樹是一種對k維空間中的實例點進行儲存以便對其進行快速檢索的樹形資料結構。kd樹是二元樹，表示對k維空間的一個劃分（partition）。構造kd樹相當於不斷地用垂直於坐標軸的超平面將k維空間切分，組成一系列的k維超矩形區域。kd樹的每個節點對應於一個k維超矩形區域。

構造kd樹的方法如下：構造根節點，使根節點對應於k維空間中包含所有實例點的超矩形區域；透過下面的遞迴方法，不斷地對k維空間進行切分，生成子節點。在超矩形區域（節點）上選擇一個坐標軸和在此坐標軸上的一個切分點，確定一個超平面，這個超平面透過選定的切分點並垂直於選定的坐標軸，將當前超矩形區域切分為左右兩個子區域（子節點）；這時，實例被分到兩個子區域。這個過程直到子區域內沒有實例時終止（終止時的節點為葉節點）。在此過程中，將實例保存在對應的節點上。

通常，依次選擇坐標軸對空間切分，選擇訓練實例點在選定坐標軸上的中位數（median）[2]為切分點，這樣得到的kd樹是平衡的。注意，平衡的kd樹搜索時的效率未必是最優的。

下面舉出構造kd樹的演算法。

---

[1] kd樹是儲存k維空間資料的樹結構，這裡的k與k近鄰法的k意義不同，為了與習慣一致，本書仍用 kd 樹的名稱。

[2] 一組資料按大小順序排列起來，處在中間位置的一個數或最中間兩個數的平均值。

【演算法 3.2】構造平衡 **kd** 樹

輸入：k維空間資料集$T = \{x_1, x_2, \cdots, x_N\}$，其中$x_i = (x_i^{(1)}, x_i^{(2)}, \cdots, x_i^{(k)})^{\mathrm{T}}$，$i = 1,2,\cdots,N$；

輸出：kd樹。

（1）開始：構造根節點，根節點對應於包含T的k維空間的超矩形區域。
選擇$x^{(1)}$為坐標軸，以T中所有實例的$x^{(1)}$座標的中位數為切分點，將根節點對應的超矩形區域切分為兩個子區域。切分由透過切分點並與坐標軸$x^{(1)}$垂直的超平面實現。
由根節點生成深度為 1 的左、右子節點：左子節點對應座標$x^{(1)}$小於切分點的子區域，右子節點對應於座標$x^{(1)}$大於切分點的子區域。
將落在切分超平面上的實例點保存在根節點。

（2）重複：對深度為j的節點，選擇$x^{(l)}$為切分的坐標軸，$l = j(\bmod k) + 1$，以該節點的區域中所有實例的$x^{(l)}$座標的中位數為切分點，將該節點對應的超矩形區域切分為兩個子區域。切分由透過切分點並與坐標軸$x^{(l)}$垂直的超平面實現。
由該節點生成深度為$j + 1$的左、右子節點：左子節點對應座標$x^{(l)}$小於切分點的子區域，右子節點對應座標$x^{(l)}$大於切分點的子區域。
將落在切分超平面上的實例點保存在該節點。

（3）直到兩個子區域沒有實例存在時停止。從而形成kd樹的區域劃分

【例 3.2】給定一個二維空間的資料集：

$$T = \{(2,3)^{\mathrm{T}}, (5,4)^{\mathrm{T}}, (9,6)^{\mathrm{T}}, (4,7)^{\mathrm{T}}, (8,1)^{\mathrm{T}}, (7,2)^{\mathrm{T}}\}$$

構造一個平衡kd樹[3]。

---

[3] 取自 Wikipedia。

【解】根節點對應包含資料集T的矩形，選擇$x^{(1)}$軸，6 個資料點的$x^{(1)}$座標的中位數是 7 [4]，以平面$x^{(1)} = 7$將空間分為左、右兩個子矩形（子節點）；接著，左矩形以$x^{(2)} = 4$分為兩個子矩形，右矩形以$x^{(2)} = 6$分為兩個子矩形，如此遞迴，最後得到如圖 3.3 所示的特徵空間劃分和如圖 3.4 所示的kd樹。

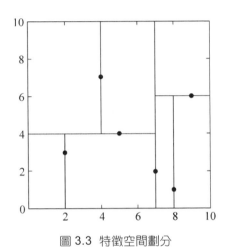

圖 3.3 特徵空間劃分

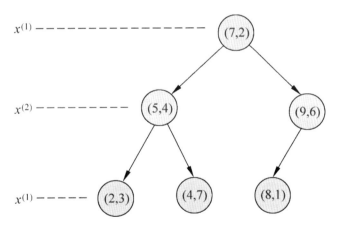

圖 3.4 kd樹範例

---

[4] $x^{(1)} = 6$是中位數，但$x^{(1)} = 6$上沒有資料點，故選$x^{(1)} = 7$。

3.3.2 搜索*kd*樹

下面介紹如何利用*kd*樹進行*k*近鄰搜索。可以看到，利用*kd*樹可以省去對大部分資料點的搜索，從而減少搜索的計算量。這裡以最近鄰為例加以敘述，同樣的方法可以應用到*k*近鄰。

給定一個目標點，搜索其最近鄰。首先找到包含目標點的葉節點；然後從該葉節點出發，依次回退到父節點；不斷查詢與目標點最鄰近的節點，當確定不可能存在更近的節點時終止。這樣搜索就被限制在空間的局部區域上，效率大為提高。

包含目標點的葉節點對應包含目標點的最小超矩形區域。以此葉節點的實例點作為當前最近點。目標點的最近鄰一定在以目標點為中心並透過當前最近點的超球體的內部（參閱圖 3.5）。然後返回當前節點的父節點，如果父節點的另一子節點的超矩形區域與超球體相交，那麼在相交的區域內尋找與目標點更近的實例點。如果存在這樣的點，將此點作為新的當前最近點。演算法轉到更上一級的父節點，繼續上述過程。如果父節點的另一子節點的超矩形區域與超球體不相交，或不存在比當前最近點更近的點，則停止搜索。

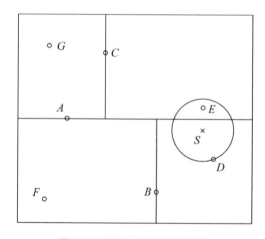

圖 3.5 透過*kd*樹搜索最近鄰

下面敘述用kd樹的最近鄰搜索演算法。

【演算法 3.3】用 kd 樹的最近鄰搜索

輸入：已構造的kd樹，目標點x；

輸出：x的最近鄰。

（1） 在kd樹中找出包含目標點x的葉節點：從根節點出發，遞迴地向下存取kd樹。若目標點x當前維的座標小於切分點的座標，則移動到左子節點，否則移動到右子節點。直到子節點為葉節點為止。

（2） 以此葉節點為「當前最近點」。

（3） 遞迴地向上回退，在每個節點進行以下操作：

(a) 如果該節點保存的實例點比當前最近點距離目標點更近，則以該實例點為「當前最近點」。

(b) 當前最近點一定存在於該節點一個子節點對應的區域。檢查該子節點的父節點的另一子節點對應的區域是否有更近的點。具體地，檢查另一子節點對應的區域是否與以目標點為球心、以目標點與「當前最近點」間的距離為半徑的超球體相交。

如果相交，可能在另一個子節點對應的區域內存在距目標點更近的點，移動到另一個子節點。接著，遞迴地進行最近鄰搜索；

如果不相交，向上回退。

（4） 當回退到根節點時，搜索結束。最後的「當前最近點」即為x的最近鄰點。

如果實例點是隨機分佈的，kd樹搜索的平均計算複雜度是$O(\log N)$，這裡N是訓練實例數。kd樹更適用於訓練實例數遠大於空間維數時的k近鄰搜索。當空間維數接近訓練實例數時，它的效率會迅速下降，幾乎接近線性掃描。

下面透過一個例題來說明搜索方法。

【例 3.3】給定一個如圖 3.5 所示的 kd 樹，根節點為 A，其子節點為 B，C 等。樹上共儲存 7 個實例點；另有一個輸入目標實例點 S，求 S 的最近鄰。

【解】首先在 kd 樹中找到包含點 S 的葉節點 D（圖中的右下區域），以點 D 作為近似最近鄰。真正最近鄰一定在以點 S 為中心透過點 D 的圓的內部。然後返回節點 D 的父節點 B，在節點 B 的另一子節點 F 的區域內搜索最近鄰。節點 F 的區域與圓不相交，不可能有最近鄰點。繼續返回上一級父節點 A，在節點 A 的另一子節點 C 的區域內搜索最近鄰。節點 C 的區域與圓相交；該區域在圓內的實例點有點 E，點 E 比點 D 更近，成為新的最近鄰近似。最後得到點 E 是點 S 的最近鄰。

本章概要

1. k 近鄰法是基本且簡單的分類與回歸方法。k 近鄰法的基本做法是：對給定的訓練實例點和輸入實例點，首先確定輸入實例點的 k 個最近鄰訓練實例點，然後利用這 k 個訓練實例點的類的多數來預測輸入實例點的類。

2. k 近鄰模型對應於基於訓練資料集對特徵空間的一個劃分。k 近鄰法中，當訓練集、距離度量、k 值及分類決策規則確定後，其結果唯一確定。

3. k 近鄰法三要素：距離度量、k 值的選擇和分類決策規則。常用的距離度量是歐氏距離及更一般的 L_p 距離。k 值小時，k 近鄰模型更複雜；k 值大時，k 近鄰模型更簡單。k 值的選擇反映了對近似誤差與估計誤差之間的權衡，通常由交叉驗證選擇最優的 k。常用的分類決策規則是多數表決，對應於經驗風險最小化。

4. k 近鄰法的實現需要考慮如何快速搜索 k 個最近鄰點。kd 樹是一種便於對 k 維空間中的資料進行快速檢索的資料結構。kd 樹是二元樹，表示對 k 維空間的一個劃分，其每個節點對應於 k 維空間劃分中的一個超矩形區域。利用 kd 樹可以省去對大部分資料點的搜索，從而減少搜索的計算量。

繼續閱讀

k近鄰法由 Cover 與 Hart 提出 [1]。k近鄰法相關的理論在文獻[2, 3]中已有論述。k近鄰法的擴充可參考文獻[4]。kd樹及其他快速搜索演算法可參見文獻[5]。關於k近鄰法的介紹可參考文獻[2]。

習題

3.1 參照圖 3.1，在二維空間中舉出實例點，畫出k為 1 和 2 時的k近鄰法組成的空間劃分，並對其進行比較，體會k值選擇與模型複雜度及預測準確率的關係。

3.2 利用例題 3.2 構造的kd樹求點$x = (3,4.5)^{\mathrm{T}}$的最近鄰點。

3.3 參照演算法 3.3，寫出輸出為x的k近鄰的演算法。

參考文獻

[1] Cover T, Hart P. Nearest neighbor pattern classification. IEEE Transactions on Information Theory, 1967, 13(1): 21–27.

[2] Hastie T, Tibshirani R, Friedman J. The elements of statistical learning: data mining, inference, and prediction, 2001.（中譯本：統計學習基礎——數據挖掘、推理與預測. 范明，柴玉梅，昝紅英等譯. 北京：電子工業出版社，2004.)

[3] Friedman J. Flexible metric nearest neighbor classification. Technical Report, 1994.

[4] Weinberger K Q, Blitzer J, Saul L K. Distance metric learning for large margin nearest neighbor classification. In: Proceedings of the NIPS. 2005.

[5] Samet H. The design and analysis of spatial data structures. Reading, MA: Addison-Wesley, 1990.

3.3 k 近鄰法的實現：kd 樹

單純貝氏法

單純貝氏（naive Bayes）法是基於貝氏定理與特徵條件獨立假設的分類方法[1]。對於給定的訓練資料集，首先基於特徵條件獨立假設學習輸入輸出的聯合機率分佈；然後基於此模型，對給定的輸入x，利用貝氏定理求出後驗機率最大的輸出y。單純貝氏法實現簡單，學習與預測的效率都很高，是一種常用的方法。

本章敘述單純貝氏法，包括單純貝氏法的學習與分類、單純貝氏法的參數估計演算法。

4.1 單純貝氏法的學習與分類

4.1.1 基本方法

設輸入空間$X \subseteq R^n$為n維向量的集合，輸出空間為類標記集合$Y = \{c_1, c_2, \cdots, c_K\}$。輸入為特徵向量$x \in X$，輸出為類標記（class label）$y \in Y$。$X$是定義在輸入空間$X$上的隨機向量，$Y$是定義在輸出空間$Y$上的隨機變

---

[1] 注意：單純貝式法與貝氏估計（Bayesian estimation）是不同的概念。

數。$P(X,Y)$是X和Y的聯合機率分佈。訓練資料集

$$T = \{(x_1, y_1), (x_2, y_2), \cdots, (x_N, y_N)\}$$

由$P(X,Y)$獨立同分佈產生。

單純貝氏法透過訓練資料集學習聯合機率分佈$P(X,Y)$。具體地,學習以下先驗機率分佈及條件機率分佈。先驗機率分佈

$$P(Y = c_k), \quad k = 1, 2, \cdots, K \tag{4.1}$$

條件機率分佈

$$P(X = x | Y = c_k) = P(X^{(1)} = x^{(1)}, \cdots, X^{(n)} = x^{(n)} | Y = c_k), \quad k = 1, 2, \cdots, K \tag{4.2}$$

於是學習到聯合機率分佈$P(X,Y)$。

條件機率分佈$P(X = x | Y = c_k)$有指數級數量的參數,其估計實際是不可行的。事實上,假設$x^{(j)}$參數有S_j個,$j = 1, 2, \cdots, n$,Y參數有K個,那麼參數個數為$K \prod_{j=1}^{n} S_j$。

單純貝氏法對條件機率分佈作了條件獨立性的假設。由於這是一個較強的假設,單純貝氏法也由此得名。具體地,條件獨立性假設是

$$P(X = x | Y = c_k) = P(X^{(1)} = x^{(1)}, \cdots, X^{(n)} = x^{(n)} | Y = c_k)$$

$$= \prod_{j=1}^{n} P(X^{(j)} = x^{(j)} | Y = c_k) \tag{4.3}$$

單純貝氏法實際上學習到生成資料的機制,所以屬於生成模型。條件獨立假設等於是說用於分類的特徵在類確定的條件下都是條件獨立的。這一假設使單純貝氏法變得簡單,但有時會犧牲一定的分類準確率。

單純貝氏法分類時,對給定的輸入x,透過學習到的模型計算後驗機率分佈 $P(Y = c_k | X = x)$,將後驗機率最大的類作為x的類輸出。後驗機率計算根據貝氏定理進行:

$$P(Y = c_k | X = x) = \frac{P(X = x | Y = c_k)P(Y = c_k)}{\sum_k P(X = x | Y = c_k)P(Y = c_k)} \tag{4.4}$$

將式(4.3)代入式(4.4)，有

$$P(Y = c_k | X = x) = \frac{P(Y=c_k)\prod_j P(X^{(j)}=x^{(j)}|Y=c_k)}{\sum_k P(Y=c_k)\prod_j P(X^{(j)}=x^{(j)}|Y=c_k)}, \quad k = 1,2,\cdots,K \tag{4.5}$$

這是單純貝氏法分類的基本公式。於是，單純貝氏分類器可表示為

$$y = f(x) = \underset{c_k}{\arg\max} \frac{P(Y = c_k)\prod_j P(X^{(j)} = x^{(j)}|Y = c_k)}{\sum_k P(Y = c_k)\prod_j P(X^{(j)} = x^{(j)}|Y = c_k)} \tag{4.6}$$

注意到，在式(4.6)中分母對所有c_k都是相同的，所以，

$$y = \underset{c_k}{\arg\max} P(Y = c_k)\prod_j P(X^{(j)} = x^{(j)}|Y = c_k) \tag{4.7}$$

4.1.2 後驗機率最大化的含義

單純貝氏法將實例分到後驗機率最大的類中。這等值於期望風險最小化。假設選擇 0-1 損失函數：

$$L(Y, f(X)) = \begin{cases} 1, & Y \neq f(X) \\ 0, & Y = f(X) \end{cases}$$

式中$f(X)$是分類決策函數。這時，期望風險函數為

$$R_{\exp}(f) = E[L(Y, f(X))]$$

期望是對聯合分佈$P(X, Y)$取的。由此取條件期望

$$R_{\exp}(f) = E_X \sum_{k=1}^{K} [L(c_k, f(X))]P(c_k|X)$$

為了使期望風險最小化，只需對$X = x$一個一個極小化，由此得到：

$$\begin{aligned}
f(x) &= \underset{y \in Y}{\operatorname{argmin}} \sum_{k=1}^{K} L(c_k, y) P(c_k | X = x) \\
&= \underset{y \in Y}{\operatorname{argmin}} \sum_{k=1}^{K} P(y \neq c_k | X = x) \\
&= \underset{y \in Y}{\operatorname{argmin}} (1 - P(y = c_k | X = x)) \\
&= \underset{y \in Y}{\operatorname{argmax}} P(y = c_k | X = x)
\end{aligned}$$

這樣一來，根據期望風險最小化準則就獲得了後驗機率最大化準則：

$$f(x) = \underset{c_k}{\operatorname{argmax}} P(c_k | X = x)$$

即單純貝氏法所採用的原理。

4.2 單純貝氏法的參數估計

4.2.1 極大似然估計

在單純貝氏法中，學習意味著估計 $P(Y = c_k)$ 和 $P(X^{(j)} = x^{(j)} | Y = c_k)$。可以應用極大似然估計法估計對應的機率。先驗機率 $P(Y = c_k)$ 的極大似然估計是

$$P(Y = c_k) = \frac{\sum_{i=1}^{N} I(y_i = c_k)}{N}, \quad k = 1, 2, \cdots, K \qquad (4.8)$$

設第 j 個特徵 $x^{(j)}$ 可能取值的集合為 $\{a_{j1}, a_{j2}, \cdots, a_{jS_j}\}$，條件機率 $P(X^{(j)} = a_{jl} | Y = c_k)$ 的極大似然估計是

$$P(X^{(j)} = a_{jl} | Y = c_k) = \frac{\sum_{i=1}^{N} I(x_i^{(j)} = a_{jl}, y_i = c_k)}{\sum_{i=1}^{N} I(y_i = c_k)}$$

$$j = 1, 2, \cdots, n; \quad l = 1, 2, \cdots, S_j; \quad k = 1, 2, \cdots, K \qquad (4.9)$$

式中，$x_i^{(j)}$ 是第 i 個樣本的第 j 個特徵；a_{jl} 是第 j 個特徵可能取的第 l 個值；I 為指示函數。

4.2.2 學習與分類演算法

下面舉出單純貝氏法的學習與分類演算法。

【演算法 4.1】單純貝氏演算法（naive Bayes algorithm）

輸入：訓練資料 $T = \{(x_1, y_1), (x_2, y_2), \cdots, (x_N, y_N)\}$，其中 $x_i = (x_i^{(1)}, x_i^{(2)}, \cdots, x_i^{(n)})^T$，$x_i^{(j)}$ 是第 i 個樣本的第 j 個特徵，$x_i^{(j)} \in \{a_{j1}, a_{j2}, \cdots, a_{jS_j}\}$，$a_{jl}$ 是第 j 個特徵可能取的第 l 個值，$j = 1, 2, \cdots, n$，$l = 1, 2, \cdots, S_j$，$y_i \in \{c_1, c_2, \cdots, c_K\}$；實例 x；

輸出：實例 x 的分類。

（1）計算先驗機率及條件機率

$$P(Y = c_k) = \frac{\sum_{i=1}^{N} I(y_i = c_k)}{N}, \quad k = 1, 2, \cdots, K$$

$$P(X^{(j)} = a_{jl} | Y = c_k) = \frac{\sum_{i=1}^{N} I(x_i^{(j)} = a_{jl}, y_i = c_k)}{\sum_{i=1}^{N} I(y_i = c_k)}$$

$$j = 1, 2, \cdots, n; \quad l = 1, 2, \cdots, S_j; \quad k = 1, 2, \cdots, K$$

（2）對於給定的實例 $x = (x^{(1)}, x^{(2)}, \cdots, x^{(n)})^T$，計算

$$P(Y = c_k) \prod_{j=1}^{n} P(X^{(j)} = x^{(j)} | Y = c_k), \quad k = 1, 2, \cdots, K$$

（3）確定實例 x 的類

$$y = \underset{c_k}{\mathrm{argmax}} P(Y = c_k) \prod_{j=1}^{n} P(X^{(j)} = x^{(j)} | Y = c_k)$$

【例 4.1】試由表 4.1 的訓練資料學習一個單純貝氏分類器並確定 $x = (2, S)^T$ 的類標記 y。表中 $X^{(1)}$，$X^{(2)}$ 為特徵，取值的集合分別為 $A_1 = \{1,2,3\}$，$A_2 = \{S, M, L\}$，Y 為類標記，$Y \in C = \{1, -1\}$。

表 4.1 訓練資料

	1	2	3	4	5	6	7	8	9	10	11	12	13	14	15
$X^{(1)}$	1	1	1	1	1	2	2	2	2	2	3	3	3	3	3
$X^{(2)}$	S	M	M	S	S	S	M	M	L	L	L	M	M	L	L
Y	-1	-1	1	1	-1	-1	-1	1	1	1	1	1	1	1	-1

【解】根據演算法 4.1，由表 4.1，容易計算下列機率：

$$P(Y = 1) = \frac{9}{15},\ P(Y = -1) = \frac{6}{15}$$

$$P(X^{(1)} = 1|Y = 1) = \frac{2}{9},\ P(X^{(1)} = 2|Y = 1) = \frac{3}{9},\ P(X^{(1)} = 3|Y = 1) = \frac{4}{9}$$

$$P(X^{(2)} = S|Y = 1) = \frac{1}{9},\ P(X^{(2)} = M|Y = 1) = \frac{4}{9},\ P(X^{(2)} = L|Y = 1) = \frac{4}{9}$$

$$P(X^{(1)} = 1|Y = -1) = \frac{3}{6},\ P(X^{(1)} = 2|Y = -1) = \frac{2}{6},\ P(X^{(1)} = 3|Y = -1) = \frac{1}{6}$$

$$P(X^{(2)} = S|Y = -1) = \frac{3}{6},\ P(X^{(2)} = M|Y = -1) = \frac{2}{6},\ P(X^{(2)} = L|Y = -1) = \frac{1}{6}$$

對於給定的 $x = (2, S)^T$ 計算：

$$P(Y = 1)P(X^{(1)} = 2|Y = 1)P(X^{(2)} = S|Y = 1) = \frac{9}{15} \cdot \frac{3}{9} \cdot \frac{1}{9} = \frac{1}{45}$$

$$P(Y = -1)P(X^{(1)} = 2|Y = -1)P(X^{(2)} = S|Y = -1) = \frac{6}{15} \cdot \frac{2}{6} \cdot \frac{3}{6} = \frac{1}{15}$$

因為 $P(Y = -1)P(X^{(1)} = 2|Y = -1)P(X^{(2)} = S|Y = -1)$ 最大，所以 $y = -1$。

4.2.3 貝氏估計

用極大似然估計可能會出現所要估計的機率值為0的情況。這時會影響到後驗機率的計算結果，使分類產生偏差。解決這一問題的方法是採用貝氏估計。具體地，條件機率的貝氏估計是

$$P_\lambda(X^{(j)} = a_{jl}|Y = c_k) = \frac{\sum_{i=1}^{N} I(x_i^{(j)} = a_{jl}, y_i = c_k) + \lambda}{\sum_{i=1}^{N} I(y_i = c_k) + S_j\lambda} \tag{4.10}$$

式中$\lambda \geqslant 0$。等值於在隨機變數各個取值的頻數上指定一個正數$\lambda > 0$。當$\lambda = 0$時就是極大似然估計。常取$\lambda = 1$，這時稱為拉普拉斯平滑（Laplacian smoothing）。顯然，對任何$l = 1,2,\cdots,S_j$，$k = 1,2,\cdots,K$，有

$$P_\lambda(X^{(j)} = a_{jl}|Y = c_k) > 0$$

$$\sum_{l=1}^{S_j} P_\lambda(X^{(j)} = a_{jl}|Y = c_k) = 1$$

表明式 (4.10) 確為一種機率分佈。同樣，先驗機率的貝氏估計是

$$P_\lambda(Y = c_k) = \frac{\sum_{i=1}^{N} I(y_i = c_k) + \lambda}{N + K\lambda} \tag{4.11}$$

【例 4.2】問題同例 4.1，按照拉普拉斯平滑估計機率，即取$\lambda = 1$。

【解】$A_1 = \{1,2,3\}$，$A_2 = \{S,M,L\}$，$C = \{1,-1\}$。按照式(4.10)和式(4.11)計算下列機率：

$$P(Y = 1) = \frac{10}{17}, \ P(Y = -1) = \frac{7}{17}$$

$$P(X^{(1)} = 1|Y = 1) = \frac{3}{12}, \ P(X^{(1)} = 2|Y = 1) = \frac{4}{12}, \ P(X^{(1)} = 3|Y = 1) = \frac{5}{12}$$

$$P(X^{(2)} = S|Y = 1) = \frac{2}{12}, \ P(X^{(2)} = M|Y = 1) = \frac{5}{12}, \ P(X^{(2)} = L|Y = 1) = \frac{5}{12}$$

$$P(X^{(1)} = 1|Y = -1) = \frac{4}{9}, \ P(X^{(1)} = 2|Y = -1) = \frac{3}{9}, \ P(X^{(1)} = 3|Y = -1) = \frac{2}{9}$$

$$P(X^{(2)} = S|Y = -1) = \frac{4}{9}, \ P(X^{(2)} = M|Y = -1) = \frac{3}{9}, \ P(X^{(2)} = L|Y = -1) = \frac{2}{9}$$

對於給定的 $x = (2, S)^{\mathrm{T}}$，計算：

$$P(Y = 1)P(X^{(1)} = 2|Y = 1)P(X^{(2)} = S|Y = 1) = \frac{10}{17} \cdot \frac{4}{12} \cdot \frac{2}{12} = \frac{5}{153} = 0.0327$$

$$P(Y = -1)P(X^{(1)} = 2|Y = -1)P(X^{(2)} = S|Y = -1) = \frac{7}{17} \cdot \frac{3}{9} \cdot \frac{4}{9} = \frac{28}{459} = 0.0610$$

由於 $P(Y = -1)P(X^{(1)} = 2|Y = -1)P(X^{(2)} = S|Y = -1)$ 最 大 ， 所 以 $y = -1$。

本章概要

1. 單純貝氏法是典型的生成學習方法。生成方法由訓練資料學習聯合機率分佈 $P(X, Y)$，然後求得後驗機率分佈 $P(Y|X)$。具體來說，利用訓練資料學習 $P(X|Y)$ 和 $P(Y)$ 的估計，得到聯合機率分佈：

$$P(X, Y) = P(Y)P(X|Y)$$

   機率估計方法可以是極大似然估計或貝氏估計。

2. 單純貝氏法的基本假設是條件獨立性，

$$
\begin{aligned}
P(X = x|Y = c_k) &= P(X^{(1)} = x^{(1)}, \cdots, X^{(n)} = x^{(n)}|Y = c_k) \\
&= \prod_{j=1}^{n} P(X^{(j)} = x^{(j)}|Y = c_k)
\end{aligned}
$$

   這是一個較強的假設。由於這一假設，模型包含的條件機率的數量大為減少，單純貝氏法的學習與預測大為簡化。因而單純貝氏法高效，且易於實現。其缺點是分類的性能不一定很高。

3. 單純貝氏法利用貝氏定理與學到的聯合機率模型進行分類預測。

$$P(Y|X) = \frac{P(X, Y)}{P(X)} = \frac{P(Y)P(X|Y)}{\sum_Y P(Y)P(X|Y)}$$

將輸入x分到後驗機率最大的類y。

$$y = \underset{c_k}{\mathrm{argmax}} P(Y = c_k) \prod_{j=1}^{n} P(X_j = x^{(j)}|Y = c_k)$$

後驗機率最大等值於 0-1 損失函數時的期望風險最小化。

繼續閱讀

單純貝氏法的介紹可見文獻[1, 2]。單純貝氏法中假設輸入變數都是條件獨立的，如果假設它們之間存在機率依存關係，模型就變成了貝氏網路，參見文獻[3]。

習題

4.1 用極大似然估計法推出單純貝氏法中的機率估計公式(4.8)及公式(4.9)。

4.2 用貝氏估計法推出單純貝氏法中的機率估計公式(4.10)及公式(4.11)。

參考文獻

[1] Mitchell T M. Chapter 3: Generative and discriminative classifiers: Naive Bayes and logistic regression. In: Machine Learning. Draft, 2005. http://www.cs.cmu.edu/~tom/mlbook/NBayesLogReg.pdf.

[2] Hastie T, Tibshirani R, Friedman J. The elements of statistical learning: data mining, inference, and prediction. Springer-Verlag, 2001.（中譯本：統計學習基礎——數據挖掘、推理與預測. 范明，柴玉梅，昝紅英等譯. 北京：電子工業出版社，2004.)

[3] Bishop C. pattern recognition and machine learning, Springer, 2006.

4.2 單純貝氏法的參數估計

決策樹

決策樹（decision tree）是一種基本的分類與回歸方法。本章主要討論用於分類的決策樹。決策樹模型呈樹形結構，在分類問題中，表示基於特徵對實例進行分類的過程。它可以認為是 if-then 規則的集合，也可以認為是定義在特徵空間與類空間上的條件機率分佈。其主要優點是模型具有可讀性，分類速度快。學習時，利用訓練資料，根據損失函數最小化的原則建立決策樹模型。預測時，對新的資料，利用決策樹模型進行分類。決策樹學習通常包括 3 個步驟：特徵選擇、決策樹的生成和決策樹的修剪。這些決策樹學習的思想主要來自由 Quinlan 在 1986 年提出的 ID3 演算法和 1993 年提出的 C4.5 演算法，以及由 Breiman 等人在 1984 年提出的 CART 演算法。

本章首先介紹決策樹的基本概念，然後透過 ID3 和 C4.5 介紹特徵的選擇、決策樹的生成以及決策樹的修剪，最後介紹 CART 演算法。

5.1 決策樹模型與學習

5.1.1 決策樹模型

【定義 5.1】決策樹：分類決策樹模型是一種描述對實例進行分類的樹形結構。決策樹由節點（node）和有向邊（directed edge）組成。節點有兩種類型：內部節點（internal node）和葉節點（leaf node）。內部節點表示一個特徵或屬性，葉節點表示一個類。

用決策樹分類，從根節點開始，對實例的某一特徵進行測試，根據測試結果，將實例分配到其子節點；這時，每一個子節點對應著該特徵的一個取值。如此遞迴地對實例進行測試並分配，直到達到葉節點。最後將實例分到葉節點的類中。

圖 5.1 是一個決策樹的示意圖。圖中圓和方框分別表示內部節點和葉節點。

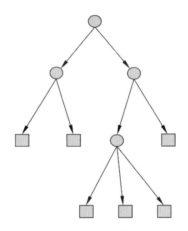

圖 5.1　決策樹模型

5.1.2 決策樹與 if-then 規則

可以將決策樹看成一個 if-then 規則的集合。將決策樹轉換成 if-then 規則的過程是這樣的：由決策樹的根節點到葉節點的每一條路徑建構一條規則；

路徑上內部節點的特徵對應著規則的條件，而葉節點的類對應著規則的結論。決策樹的路徑或其對應的 if-then 規則集合具有一個重要的性質：互斥並且完備。這就是説，每一個實例都被一條路徑或一條規則所覆蓋，而且只被一條路徑或一條規則所覆蓋。這裡所謂覆蓋是指實例的特徵與路徑上的特徵一致或實例滿足規則的條件。

5.1.3 決策樹與條件機率分佈

決策樹還表示給定特徵條件下類的條件機率分佈。這一條件機率分佈定義在特徵空間的一個劃分（partition）上。將特徵空間劃分為互不相交的單元（cell）或區域（region），並在每個單元定義一個類的機率分佈就組成了一個條件機率分佈。決策樹的一條路徑對應於劃分中的一個單元。決策樹所表示的條件機率分佈由各個單元給定條件下類的條件機率分佈組成。假設 X 為表示特徵的隨機變數，Y 為表示類的隨機變數，那麼這個條件機率分佈可以表示為 $P(Y|X)$。X 取值於給定劃分下單元的集合，Y 取值於類的集合。各葉節點（單元）上的條件機率往往偏向某一個類，即屬於某一類的機率較大。決策樹分類時將該節點的實例強行分到條件機率大的那一類去。

圖 5.2（a）示意地表示了特徵空間的一個劃分。圖中的大正方形表示特徵空間。這個大正方形被若干個小矩形分割，每個小矩形表示一個單元。特徵空間劃分上的單元組成了一個集合，X 取值為單元的集合。為簡單起見，假設只有兩類：正類和負類，即 Y 取值為 +1 和 –1。小矩形中的數字表示單元的類。圖 5.2（b）示意地表示特徵空間劃分確定時，特徵（單元）給定條件下類的條件機率分佈。圖 5.2（b）中條件機率分佈對應於圖 5.2（a）的劃分。當某個單元 c 的條件機率滿足 $P(Y = +1|X = c) > 0.5$ 時，則認為這個單元屬於正類，即落在這個單元的實例都被視為正例。圖 5.2（c）為對應於圖 5.2（b）中條件機率分佈的決策樹。

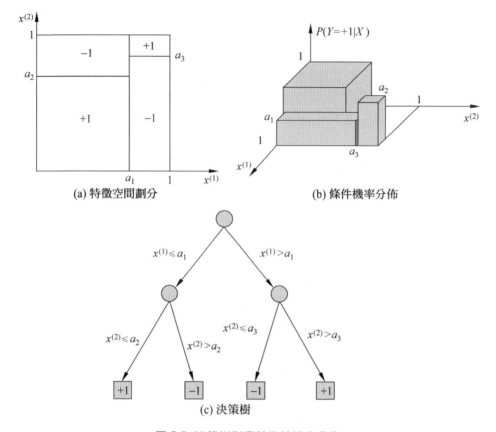

(a) 特徵空間劃分　　　　　　　(b) 條件機率分佈

(c) 決策樹

圖 5.2　決策樹對應於條件機率分佈

5.1.4 決策樹學習

假設給定訓練資料集

$$D = \{(x_1, y_1), (x_2, y_2), \cdots, (x_N, y_N)\}$$

其中，$x_i = (x_i^{(1)}, x_i^{(2)}, \cdots, x_i^{(n)})^{\mathrm{T}}$為輸入實例（特徵向量），$n$為特徵個數，$y_i \in \{1, 2, \cdots, K\}$為類標記，$i = 1, 2, \cdots, N$，$N$為樣本容量。決策樹學習的目標是根據給定的訓練資料集建構一個決策樹模型，使它能夠對實例進行正確的分類。

決策樹學習本質上是從訓練資料集中歸納出一組分類規則。與訓練資料集不相矛盾的決策樹（即能對訓練資料進行正確分類的決策樹）可能有多個，也可能一個都沒有。我們需要的是一個與訓練資料矛盾較小的決策樹，同時具有很好的泛化能力。從另一個角度看，決策樹學習是由訓練資料集估計條件機率模型。基於特徵空間劃分的類的條件機率模型有無窮多個。我們選擇的條件機率模型應該不僅對訓練資料有很好的擬合，而且對未知資料有很好的預測。

決策樹學習用損失函數表示這一目標。如下所述，決策樹學習的損失函數通常是正則化的極大似然函數。決策樹學習的策略是以損失函數為目標函數的最小化。

當損失函數確定以後，學習問題就變為在損失函數意義下選擇最優決策樹的問題。因為從所有可能的決策樹中選取最優決策樹是 NP 完全問題，所以現實中決策樹學習演算法通常採用啟發式方法，近似求解這一最佳化問題。這樣得到的決策樹是次最優（sub-optimal）的。

決策樹學習的演算法通常是一個遞迴地選擇最優特徵，並根據該特徵對訓練資料進行分割，使得對各個子資料集有一個最好的分類的過程。這一過程對應著對特徵空間的劃分，也對應著決策樹的建構。開始，建構根節點，將所有訓練資料都放在根節點。選擇一個最優特徵，按照這一特徵將訓練資料集分割成子集，使得各個子集有一個在當前條件下最好的分類。如果這些子集已經能夠被基本正確分類，那麼建構葉節點，並將這些子集分到所對應的葉節點中去；如果還有子集不能被基本正確分類，那麼就對這些子集選擇新的最優特徵，繼續對其進行分割，建構對應的節點。如此遞迴地進行下去，直到所有訓練資料子集被基本正確分類，或者沒有合適的特徵為止。最後每個子集都被分到葉節點上，即都有了明確的類。這就生成了一棵決策樹。

以上方法生成的決策樹可能對訓練資料有很好的分類能力，但對未知的測試資料卻未必有很好的分類能力，即可能發生過擬合現象。我們需要對已

生成的樹自下而上進行剪枝,將樹變得更簡單,從而使它具有更好的泛化能力。具體地,就是去掉過於細分的葉節點,使其回退到父節點,甚至更高的節點,然後將父節點或更高的節點改為新的葉節點。

如果特徵數量很多,也可以在決策樹學習開始的時候,對特徵進行選擇,只留下對訓練資料有足夠分類能力的特徵。

可以看出,決策樹學習演算法包含特徵選擇、決策樹的生成與決策樹的剪枝過程。由於決策樹表示一個條件機率分佈,所以深淺不同的決策樹對應著不同複雜度的機率模型。決策樹的生成對應於模型的局部選擇,決策樹的剪枝對應於模型的全域選擇。決策樹的生成只考慮局部最優,相對地,決策樹的剪枝則考慮全域最優。

決策樹學習常用的演算法有 ID3、C4.5 與 CART,下面結合這些演算法分別敘述決策樹學習的特徵選擇、決策樹的生成和剪枝過程。

5.2 特徵選擇

5.2.1 特徵選擇問題

特徵選擇在於選取對訓練資料具有分類能力的特徵。這樣可以提高決策樹學習的效率。如果利用一個特徵進行分類的結果與隨機分類的結果沒有很大差別,則稱這個特徵是沒有分類能力的。經驗上扔掉這樣的特徵對決策樹學習的精度影響不大。通常特徵選擇的準則是資訊增益或資訊增益比。

首先透過一個例子來說明特徵選擇問題。

【例 5.1[1]】 表 5.1 是一個由 15 個樣本組成的貸款申請訓練資料。資料包括貸款申請人的 4 個特徵(屬性):第 1 個特徵是年齡,有 3 個可能值:青

---

[1] 此例取自參考文獻[5]。

年，中年，老年；第 2 個特徵是有工作，有 2 個可能值：是，否；第 3 個特徵是有自己的房子，有 2 個可能值：是，否；第 4 個特徵是信貸情況，有 3 個可能值：非常好，好，一般。表的最後一列是類別，是否同意貸款，取 2 個值：是，否。

表 5.1　貸款申請樣本資料表

ID	年齡	有工作	有自己的房子	信貸情況	類別
1	青年	否	否	一般	否
2	青年	否	否	好	否
3	青年	是	否	好	是
4	青年	是	是	一般	是
5	青年	否	否	一般	否
6	中年	否	否	一般	否
7	中年	否	否	好	否
8	中年	是	是	好	是
9	中年	否	是	非常好	是
10	中年	否	是	非常好	是
11	老年	否	是	非常好	是
12	老年	否	是	好	是
13	老年	是	否	好	是
14	老年	是	否	非常好	是
15	老年	否	否	一般	否

希望透過所給的訓練資料學習一個貸款申請的決策樹，用以對未來的貸款申請進行分類，即當新的客戶提出貸款申請時，根據申請人的特徵利用決策樹決定是否批准貸款申請。

特徵選擇是決定用哪個特徵來劃分特徵空間。

圖 5.3 表示從表 5.1 資料學習到的兩個可能的決策樹，分別由兩個不同特徵的根節點組成。圖 5.3（a）所示的根節點的特徵是年齡，有 3 個取值，

對應於不同的取值有不同的子節點。圖 5.3（b）所示的根節點的特徵是有工作，有 2 個取值，對應於不同的取值有不同的子節點。兩個決策樹都可以從此延續下去。問題是：究竟選擇哪個特徵更好些？ 這就要求確定選擇特徵的準則。直觀上，如果一個特徵具有更好的分類能力，或者説，按照這一特徵將訓練資料集分割成子集，使得各個子集在當前條件下有最好的分類，那麼就更應該選擇這個特徵。資訊增益（information gain）就能夠極佳地表示這一直觀的準則。

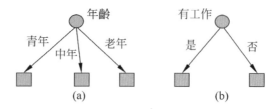

圖 5.3 不同特徵決定的不同決策樹

5.2.2 資訊增益

為了便於説明，先舉出熵與條件熵的定義。

在資訊理論與機率統計中，熵（entropy）是表示隨機變數不確定性的度量。設X是一個取有限個值的離散隨機變數，其機率分佈為

$$P(X = x_i) = p_i, \quad i = 1, 2, \cdots, n$$

則隨機變數X的熵定義為

$$H(X) = -\sum_{i=1}^{n} p_i \log p_i \tag{5.1}$$

在式(5.1)中，若$p_i = 0$，則定義$0 \log 0 = 0$。通常，式(5.1)中的對數以 2 為底或以 e 為底（自然對數），這時熵的單位分別稱作位元（bit）或納特（nat）。由定義可知，熵只依賴於X的分佈，而與X的取值無關，所以也可將X的熵記作$H(p)$，即

$$H(p) = -\sum_{i=1}^{n} p_i \log p_i \tag{5.2}$$

熵越大，隨機變數的不確定性就越大。從定義可驗證

$$0 \leqslant H(p) \leqslant \log n \tag{5.3}$$

當隨機變數只取兩個值，例如 1，0 時，即 X 的分佈為

$$P(X = 1) = p, \quad P(X = 0) = 1 - p, \quad 0 \leqslant p \leqslant 1$$

熵為

$$H(p) = -p\log_2 p - (1 - p)\log_2(1 - p) \tag{5.4}$$

這時，熵 $H(p)$ 隨機率 p 變化的曲線如圖 5.4 所示（單位為位元）。

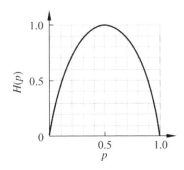

圖 5.4 分佈為伯努利分佈時熵與機率的關係

當 $p = 0$ 或 $p = 1$ 時 $H(p) = 0$，隨機變數完全沒有不確定性。當 $p = 0.5$ 時，$H(p) = 1$，熵取值最大，隨機變數不確定性最大。

設有隨機變數 (X, Y)，其聯合機率分佈為

$$P(X = x_i, Y = y_j) = p_{ij}, \quad i = 1, 2, \cdots, n; \quad j = 1, 2, \cdots, m$$

條件熵 $H(Y|X)$ 表示在已知隨機變數 X 的條件下隨機變數 Y 的不確定性。隨機變數 X 給定的條件下隨機變數 Y 的條件熵（conditional entropy）

$H(Y|X)$，定義為X給定條件下Y的條件機率分佈的熵對X的數學期望

$$H(Y|X) = \sum_{i=1}^{n} p_i H(Y|X = x_i) \qquad (5.5)$$

這裡，$p_i = P(X = x_i)$，$i = 1,2,\cdots,n$。

當熵和條件熵中的機率由資料估計（特別是極大似然估計）得到時，所對應的熵與條件熵分別稱為經驗熵（empirical entropy）和經驗條件熵（empirical conditional entropy）。此時，如果有 0 機率，令$0\log 0 = 0$。

資訊增益（information gain）表示得知特徵X的資訊而使得類Y的資訊的不確定性減少的程度。

【定義 5.2】資訊增益：特徵A對訓練資料集D的資訊增益$g(D,A)$，定義為集合D的經驗熵$H(D)$ 與特徵A給定條件下D的經驗條件熵$H(D|A)$之差，即

$$g(D,A) = H(D) - H(D|A) \qquad (5.6)$$

一般地，熵$H(Y)$與條件熵$H(Y|X)$之差稱為互資訊（mutual information）。決策樹學習中的資訊增益等值於訓練資料集中類與特徵的互資訊。

決策樹學習應用資訊增益準則選擇特徵。給定訓練資料集D和特徵A，經驗熵$H(D)$表示對資料集D進行分類的不確定性。而經驗條件熵$H(D|A)$表示在特徵A給定的條件下對資料集D進行分類的不確定性。那麼它們的差，即資訊增益，就表示由於特徵A而使得對資料集D的分類的不確定性減少的程度。顯然，對於資料集D而言，資訊增益依賴於特徵，不同的特徵往往具有不同的資訊增益。資訊增益大的特徵具有更強的分類能力。

根據資訊增益準則的特徵選擇方法是：對訓練資料集（或子集）D，計算其每個特徵的資訊增益，並比較它們的大小，選擇資訊增益最大的特徵。

設訓練資料集為D，$|D|$表示其樣本容量，即樣本個數。設有 K 個類 C_k，$k = 1,2,\cdots,K$，$|C_k|$為屬於類C_k的樣本個數，$\sum_{k=1}^{K} |C_k| = |D|$。設特徵$A$有 n

個不同的取值 $\{a_1, a_2, \cdots, a_n\}$，根據特徵 A 的取值將 D 劃分為 n 個子集 $D_1, D_2, \cdots, D_n$，$|D_i|$ 為 D_i 的樣本個數，$\sum_{i=1}^{n} |D_i| = |D|$。記子集 D_i 中屬於類 C_k 的樣本的集合為 D_{ik}，即 $D_{ik} = D_i \cap C_k$，$|D_{ik}|$ 為 D_{ik} 的樣本個數。於是資訊增益的演算法如下。

【演算法 5.1】資訊增益的演算法

輸入：訓練資料集 D 和特徵 A；

輸出：特徵 A 對訓練資料集 D 的資訊增益 $g(D, A)$。

（1）計算資料集 D 的經驗熵 $H(D)$

$$H(D) = -\sum_{k=1}^{K} \frac{|C_k|}{|D|} \log_2 \frac{|C_k|}{|D|} \tag{5.7}$$

（2）計算特徵 A 對資料集 D 的經驗條件熵 $H(D|A)$

$$H(D|A) = \sum_{i=1}^{n} \frac{|D_i|}{|D|} H(D_i) = -\sum_{i=1}^{n} \frac{|D_i|}{|D|} \sum_{k=1}^{K} \frac{|D_{ik}|}{|D_i|} \log_2 \frac{|D_{ik}|}{|D_i|} \tag{5.8}$$

（3）計算資訊增益

$$g(D, A) = H(D) - H(D|A) \tag{5.9}$$

【例 5.2】對表 5.1 所給的訓練資料集 D，根據資訊增益準則選擇最優特徵。

【解】首先計算經驗熵 $H(D)$。

$$H(D) = -\frac{9}{15} \log_2 \frac{9}{15} - \frac{6}{15} \log_2 \frac{6}{15} = 0.971$$

然後計算各特徵對資料集 D 的資訊增益。分別以 A_1，A_2，A_3，A_4 表示年齡、有工作、有自己的房子和信貸情況 4 個特徵，則

（1）

$$
\begin{aligned}
g(D, A_1) &= H(D) - \left[\frac{5}{15} H(D_1) + \frac{5}{15} H(D_2) + \frac{5}{15} H(D_3) \right] \\
&= 0.971 - \left[\frac{5}{15} \left(-\frac{2}{5} \log_2 \frac{2}{5} - \frac{3}{5} \log_2 \frac{3}{5} \right) + \right. \\
&\qquad \left. \frac{5}{15} \left(-\frac{3}{5} \log_2 \frac{3}{5} - \frac{2}{5} \log_2 \frac{2}{5} \right) + \frac{5}{15} \left(-\frac{4}{5} \log_2 \frac{4}{5} - \frac{1}{5} \log_2 \frac{1}{5} \right) \right] \\
&= 0.971 - 0.888 = 0.083
\end{aligned}
$$

這裡 D_1，D_2，D_3 分別是 D 中 A_1（年齡）取值為青年、中年和老年的樣本子集。類似地，

（2）

$$
\begin{aligned}
g(D, A_2) &= H(D) - \left[\frac{5}{15} H(D_1) + \frac{10}{15} H(D_2) \right] \\
&= 0.971 - \left[\frac{5}{15} \times 0 + \frac{10}{15} \left(-\frac{4}{10} \log_2 \frac{4}{10} - \frac{6}{10} \log_2 \frac{6}{10} \right) \right] = 0.324
\end{aligned}
$$

（3）

$$
\begin{aligned}
g(D, A_3) &= 0.971 - \left[\frac{6}{15} \times 0 + \frac{9}{15} \left(-\frac{3}{9} \log_2 \frac{3}{9} - \frac{6}{9} \log_2 \frac{6}{9} \right) \right] \\
&= 0.971 - 0.551 = 0.420
\end{aligned}
$$

（4）

$$
g(D, A_4) = 0.971 - 0.608 = 0.363
$$

最後，比較各特徵的資訊增益值。由於特徵 A_3（有自己的房子）的資訊增益值最大，所以選擇特徵 A_3 作為最優特徵。

5.2.3 資訊增益比

以資訊增益作為劃分訓練資料集的特徵，存在偏向於選擇取值較多的特徵的問題。使用資訊增益比（information gain ratio）可以對這一問題進行校正。這是特徵選擇的另一準則。

【定義 5.3】資訊增益比：特徵 A 對訓練資料集 D 的資訊增益比 $g_R(D, A)$ 定義為其資訊增益 $g(D, A)$ 與訓練資料集 D 關於特徵 A 的值的熵 $H_A(D)$ 之比，即

$$g_R(D, A) = \frac{g(D, A)}{H_A(D)} \tag{5.10}$$

其中，$H_A(D) = -\sum_{i=1}^{n} \frac{|D_i|}{|D|} \log_2 \frac{|D_i|}{|D|}$，$n$ 是特徵 A 取值的個數。

5.3 決策樹的生成

本節將介紹決策樹學習的生成演算法。首先介紹 ID3 的生成演算法，然後再介紹 C4.5 中的生成演算法。這些都是決策樹學習的經典演算法。

5.3.1 ID3 演算法

ID3 演算法的核心是在決策樹各個節點上應用資訊增益準則選擇特徵，遞迴地建構決策樹。具體方法是：從根節點（root node）開始，對節點計算所有可能的特徵的資訊增益，選擇資訊增益最大的特徵作為節點的特徵，由該特徵的不同取值建立子節點；再對子節點遞迴地呼叫以上方法，建構決策樹；直到所有特徵的資訊增益均很小或沒有特徵可以選擇為止。最後得到一棵決策樹。ID3 相當於用極大似然法進行機率模型的選擇。

【演算法 5.2】ID3 演算法

輸入：訓練資料集 D，特徵集 A，設定值 ε；

輸出：決策樹 T。

（1）若 D 中所有實例屬於同一類 C_k，則 T 為單節點樹，並將類 C_k 作為該節點的類標記，返回 T；

（2）若 $A = \varnothing$，則 T 為單節點樹，並將 D 中實例數最大的類 C_k 作為該節點的類標記，返回 T；

（3）否則，按演算法 5.1 計算A中各特徵對D的資訊增益，選擇資訊增益最大的特徵A_g；

（4）如果A_g的資訊增益小於設定值ε，則置T為單節點樹，並將D中實例數最大的類C_k作為該節點的類標記，返回T；

（5）否則，對A_g的每一可能值a_i，依$A_g = a_i$將D分割為若干非空子集D_i，將D_i中實例數最大的類作為標記，建構子節點，由節點及其子節點組成樹T，返回T；

（6）對第i 個子節點，以D_i 為訓練集，以$A - \{A_g\}$為特徵集，遞迴地呼叫步(1)～步(5)，得到子樹T_i，返回T_i。

【例 5.3】對表 5.1 的訓練資料集，利用 ID3 演算法建立決策樹。

【解】利用案例 5.2 的結果，由於特徵A_3（有自己的房子）的資訊增益值最大，所以選擇特徵A_3作為根節點的特徵。它將訓練資料集D劃分為兩個子集D_1（A_3取值為「是」）和D_2（A_3取值為「否」）。由於D_1只有同一類的樣本點，所以它成為一個葉節點，節點的類標記為「是」。

對D_2則需從特徵A_1（年齡），A_2（有工作）和A_4（信貸情況）中選擇新的特徵。計算各個特徵的資訊增益：

$$g(D_2, A_1) = H(D_2) - H(D_2|A_1) = 0.918 - 0.667 = 0.251$$
$$g(D_2, A_2) = H(D_2) - H(D_2|A_2) = 0.918$$
$$g(D_2, A_4) = H(D_2) - H(D_2|A_4) = 0.474$$

選擇資訊增益最大的特徵A_2（有工作）作為節點的特徵。由於A_2有兩個可能取值，從這一節點引出兩個子節點：一個對應「是」（有工作）的子節點，包含 3 個樣本，它們屬於同一類，所以這是一個葉節點，類標記為「是」；另一個是對應「否」（無工作）的子節點，包含 6 個樣本，它們也屬於同一類，所以這也是一個葉節點，類標記為「否」。

這樣生成一棵如圖 5.5 所示的決策樹。該決策樹只用了兩個特徵（有兩個內部節點）。

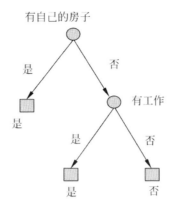

圖 5.5　決策樹的生成

ID3 演算法只有樹的生成，所以該演算法生成的樹容易產生過擬合。

5.3.2　C4.5 的生成演算法

C4.5 演算法與 ID3 演算法相似，C4.5 演算法對 ID3 演算法進行了改進。C4.5 在生成的過程中，用資訊增益比來選擇特徵。

【演算法 5.3】C4.5 的生成演算法

輸入：訓練資料集D，特徵集A，設定值ε；

輸出：決策樹T。

（1）如果D中所有實例屬於同一類C_k，則置T為單節點樹，並將C_k作為該節點的類，返回T；

（2）如果$A = \varnothing$，則置T為單節點樹，並將D中實例數最大的類C_k作為該節點的類，返回T；

（3）否則，按式(5.10)計算A中各特徵對D的資訊增益比，選擇資訊增益比最大的特徵A_g；

（4）如果A_g的資訊增益比小於設定值ε，則置T為單節點樹，並將D中實例數最大的類C_k作為該節點的類，返回T；

（5）否則，對A_g的每一可能值a_i，依$A_g = a_i$將D分割為子集若干非空 D_i，將D_i中實例數最大的類作為標記，建構子節點，由節點及其子 節點組成樹T，返回T；

（6）對節點i，以D_i為訓練集，以$A - \{A_g\}$為特徵集，遞迴地呼叫步(1) ～ 步(5)，得到子樹T_i，返回T_i。

5.4 決策樹的剪枝

決策樹生成演算法遞迴地產生決策樹，直到不能繼續下去為止。這樣產生 的樹往往對訓練資料的分類很準確，但對未知的測試資料的分類卻沒有那 麼準確，即出現過擬合現象。過擬合的原因在於學習時過多地考慮如何提 高對訓練資料的正確分類，從而建構出過於複雜的決策樹。解決這個問題 的辦法是考慮決策樹的複雜度，對已生成的決策樹進行簡化。

在決策樹學習中將已生成的樹進行簡化的過程稱為剪枝（pruning）。具體 地，剪枝從已生成的樹上裁掉一些子樹或葉節點，並將其根節點或父節點 作為新的葉節點，從而簡化分類樹模型。

本節介紹一種簡單的決策樹學習的剪枝演算法。

決策樹的剪枝往往透過極小化決策樹整體的損失函數（loss function）或 代價函數（cost function）來實現。設樹T的葉節點個數為$|T|$，t是樹T的葉 節點，該葉節點有N_t個樣本點，其中k類的樣本點有N_{tk}個，$k = 1,2,\cdots,K$，$H_t(T)$為葉節點t上的經驗熵，$\alpha \geqslant 0$為參數，則決策樹學習的損 失函數可以定義為

$$C_\alpha(T) = \sum_{t=1}^{|T|} N_t H_t(T) + \alpha|T| \tag{5.11}$$

其中經驗熵為

$$H_t(T) = -\sum_k \frac{N_{tk}}{N_t} \log \frac{N_{tk}}{N_t} \qquad (5.12)$$

在損失函數中，將式(5.11)右端的第 1 項記作

$$C(T) = \sum_{t=1}^{|T|} N_t H_t(T) = -\sum_{t=1}^{|T|} \sum_{k=1}^{K} N_{tk} \log \frac{N_{tk}}{N_t} \qquad (5.13)$$

這時有

$$C_\alpha(T) = C(T) + \alpha|T| \qquad (5.14)$$

式(5.14)中，$C(T)$表示模型對訓練資料的預測誤差，即模型與訓練資料的擬合程度，$|T|$表示模型複雜度，參數$\alpha \geqslant 0$控制兩者之間的影響。較大的α促使選擇較簡單的模型（樹），較小的α促使選擇較複雜的模型（樹）。$\alpha = 0$意味著只考慮模型與訓練資料的擬合程度，不考慮模型的複雜度。

剪枝，就是當α確定時，選擇損失函數最小的模型，即損失函數最小的子樹。當α值確定時，子樹越大，往往與訓練資料的擬合越好，但是模型的複雜度就越高；相反，子樹越小，模型的複雜度就越低，但是往往與訓練資料的擬合不好。損失函數正好表示了對兩者的平衡。

可以看出，決策樹生成只考慮了透過提高資訊增益（或資訊增益比）對訓練資料進行更好的擬合。而決策樹剪枝透過最佳化損失函數還考慮了減小模型複雜度。決策樹生成學習局部的模型，而決策樹剪枝學習整體的模型。

式（5.11）或式（5.14）定義的損失函數的極小化等值於正則化的極大似然估計。所以，利用損失函數最小原則進行剪枝就是用正則化的極大似然估計進行模型選擇。

圖 5.6 是決策樹剪枝過程的示意圖。下面介紹剪枝演算法。

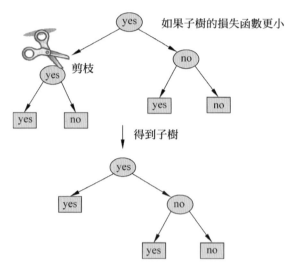

圖 5.6 決策樹的剪枝

【演算法 5.4】樹的剪枝演算法

輸入：生成演算法產生的整個樹T，參數α；

輸出：修剪後的子樹T_α。

（1）計算每個節點的經驗熵。

（2）遞迴地從樹的葉節點向上回縮。

設一組葉節點回縮到其父節點之前與之後的整體樹分別為T_B與T_A，其對應的損失函數值分別是$C_\alpha(T_B)$與$C_\alpha(T_A)$，如果

$$C_\alpha(T_A) \leqslant C_\alpha(T_B) \tag{5.15}$$

則進行剪枝，即將父節點變為新的葉節點。

（3）返回（2），直到不能繼續為止，得到損失函數最小的子樹T_α。

注意，式（5.15）只需考慮兩個樹的損失函數的差，其計算可以在局部進行。所以，決策樹的剪枝演算法可以由一種動態規劃的演算法實現。類似的動態規劃演算法可參見文獻[10]。

5.5 CART 演算法

分類與回歸樹（classification and regression tree，CART）模型由 Breiman 等人在 1984 年提出，是應用廣泛的決策樹學習方法。CART 同樣由特徵選擇、樹的生成及剪枝組成，既可以用於分類也可以用於回歸。以下將用於分類與回歸的樹統稱為決策樹。

CART 是在給定輸入隨機變數 X 條件下輸出隨機變數 Y 的條件機率分佈的學習方法。CART 假設決策樹是二元樹，內部節點特徵的取值為「是」和「否」，左分支是取值為「是」的分支，右分支是取值為「否」的分支。這樣的決策樹等值於遞迴地二分每個特徵，將輸入空間即特徵空間劃分為有限個單元，並在這些單元上確定預測的機率分佈，也就是仕輸入給定的條件下輸出的條件機率分佈。

CART 演算法由以下兩步組成：

（1）決策樹生成：基於訓練資料集生成決策樹，生成的決策樹要儘量大；
（2）決策樹剪枝：用驗證資料集對已生成的樹進行剪枝並選擇最優子樹，這時用損失函數最小作為剪枝的標準。

5.5.1 CART 生成

決策樹的生成就是遞迴地建構二元決策樹的過程。對回歸樹用平方誤差最小化準則，對分類樹用基尼指數 （Gini index）最小化準則，進行特徵選擇，生成二元樹。

1. 回歸樹的生成

假設 X 與 Y 分別為輸入和輸出變數，並且 Y 是連續變數，給定訓練資料集

$$D = \{(x_1, y_1), (x_2, y_2), \cdots, (x_N, y_N)\}$$

考慮如何生成回歸樹。

一棵回歸樹對應著輸入空間（即特徵空間）的一個劃分以及在劃分的單元上的輸出值。假設已將輸入空間劃分為M個單元$R_1, R_2, \cdots, R_M$，並且在每個單元R_m上有一個固定的輸出值c_m，於是回歸樹模型可表示為

$$f(x) = \sum_{m=1}^{M} c_m I(x \in R_m) \tag{5.16}$$

當輸入空間的劃分確定時，可以用平方誤差$\sum_{x_i \in R_m} (y_i - f(x_i))^2$ 來表示回歸樹對於訓練資料的預測誤差，用平方誤差最小的準則求解每個單元上的最優輸出值。易知，單元R_m上的c_m的最優值$\hat{c}_m$是R_m上的所有輸入實例x_i對應的輸出y_i的均值，即

$$\hat{c}_m = ave(y_i | x_i \in R_m) \tag{5.17}$$

問題是怎樣對輸入空間進行劃分。這裡採用啟發式的方法，選擇第j個變數$x^{(j)}$和它取的值s，作為切分變數（splitting variable）和切分點（splitting point），並定義兩個區域：

$$R_1(j, s) = \left\{ x | x^{(j)} \leqslant s \right\} \text{和} R_2(j, s) = \left\{ x | x^{(j)} > s \right\} \tag{5.18}$$

然後尋找最優切分變數j和最優切分點s。具體地，求解

$$\min_{j,s} \left[\min_{c_1} \sum_{x_i \in R_1(j,s)} (y_i - c_1)^2 + \min_{c_2} \sum_{x_i \in R_2(j,s)} (y_i - c_2)^2 \right] \tag{5.19}$$

對固定輸入變數j可以找到最優切分點s。

$$\hat{c}_1 = ave(y_i | x_i \in R_1(j, s)) \text{和} \hat{c}_2 = ave(y_i | x_i \in R_2(j, s)) \tag{5.20}$$

遍歷所有輸入變數，找到最優的切分變數j，組成一個對(j, s)。依此將輸入空間劃分為兩個區域。接著，對每個區域重複上述劃分過程，直到滿足停止條件為止。這樣就生成一棵回歸樹。這樣的回歸樹通常稱為最小平方回歸樹（least squares regression tree），現將演算法敘述如下。

【演算法 5.5】最小平方回歸樹生成演算法

輸入：訓練資料集D；

輸出：回歸樹$f(x)$。

在訓練資料集所在的輸入空間中，遞迴地將每個區域劃分為兩個子區域並決定每個子區域上的輸出值，建構二元決策樹：

（1）選擇最優切分變數j與切分點s，求解

$$\min_{j,s}\left[\min_{c_1}\sum_{x_i\in R_1(j,s)}(y_i-c_1)^2+\min_{c_2}\sum_{x_i\in R_2(j,s)}(y_i-c_2)^2\right] \quad (5.21)$$

遍歷變數j，對固定的切分變數j掃描切分點s，選擇使式(5.21)達到最小值的對(j,s)。

（2）用選定的對(j,s)劃分區域並決定對應的輸出值：

$$R_1(j,s)=\{x|x^{(j)}\leqslant s\}, \quad R_2(j,s)=\{x|x^{(j)}>s\}$$

$$\hat{c}_m=\frac{1}{N_m}\sum_{x_i\in R_m(j,s)}y_i, \quad x\in R_m, \quad m=1,2$$

（3）繼續對兩個子區域呼叫步驟(1)，(2)，直到滿足停止條件。

（4）將輸入空間劃分為M個區域$R_1,R_2,\cdots,R_M$，生成決策樹：

$$f(x)=\sum_{m=1}^{M}\hat{c}_m I(x\in R_m)$$

2. 分類樹的生成

分類樹用基尼指數選擇最優特徵，同時決定該特徵的最優二值切分點。

【定義 5.4】基尼指數：分類問題中，假設有K個類，樣本點屬於第k類的機率為p_k，則機率分佈的基尼指數定義為

$$Gini(p) = \sum_{k=1}^{K} p_k(1 - p_k) = 1 - \sum_{k=1}^{K} p_k^2 \qquad (5.22)$$

對於二類分類問題，若樣本點屬於第 1 個類的機率是p，則機率分佈的基尼指數為

$$Gini(p) = 2p(1 - p) \qquad (5.23)$$

對於給定的樣本集合D，其基尼指數為

$$Gini(D) = 1 - \sum_{k=1}^{K} \left(\frac{|C_k|}{|D|}\right)^2 \qquad (5.24)$$

這裡，C_k是D中屬於第k類的樣本子集，K是類的個數。

如果樣本集合D根據特徵A是否取某一可能值a被分割成D_1和D_2兩部分，即

$$D_1 = \{(x, y) \in D | A(x) = a\}, \quad D_2 = D - D_1$$

則在特徵A的條件下，集合D的基尼指數定義為

$$Gini(D, A) = \frac{|D_1|}{|D|} Gini(D_1) + \frac{|D_2|}{|D|} Gini(D_2) \qquad (5.25)$$

基尼指數$Gini(D)$表示集合D的不確定性，基尼指數$Gini(D, A)$表示經$A = a$分割後集合D的不確定性。基尼指數值越大，樣本集合的不確定性也就越大，這一點與熵相似。

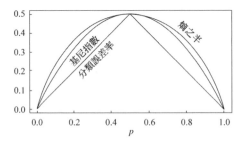

圖 5.7 二類分類中基尼指數、熵之半和分類誤差率的關係

圖 5.7 顯示二類分類問題中基尼指數$Gini(p)$、熵（單位位元）之半$H(p)/2$和分類誤差率的關係。水平座標表示機率p，垂直座標表示損失。可以看出基尼指數和熵之半的曲線很接近，都可以近似地代表分類誤差率。

【演算法 5.6】CART 生成演算法

輸入：訓練資料集D，停止計算的條件；
輸出：CART 決策樹。

根據訓練資料集，從根節點開始，遞迴地對每個節點進行以下操作，建構二元決策樹：

（1）設節點的訓練資料集為D，計算現有特徵對該資料集的基尼指數。此時，對每一個特徵A，對其可能取的每個值a，根據樣本點對$A = a$的測試為「是」或「否」將D分割成D_1和D_2兩部分，利用式（5.25）計算$A = a$時的基尼指數。

（2）在所有可能的特徵A以及它們所有可能的切分點a中，選擇基尼指數最小的特徵及其對應的切分點作為最優特徵與最優切分點。依最優特徵與最優切分點，從現節點生成兩個子節點，將訓練資料集依特徵分配到兩個子節點中去。

（3）對兩個子節點遞迴地呼叫（1），（2），直到滿足停止條件。

（4）生成 CART 決策樹。

演算法停止計算的條件是節點中的樣本個數小於預定設定值，或樣本集的基尼指數小於預定設定值（樣本基本屬於同一類），或者沒有更多特徵。

【例 5.4】根據表 5.1 所給訓練資料集，應用 CART 演算法生成決策樹。

【解】首先計算各特徵的基尼指數，選擇最優特徵以及其最優切分點。仍採用例 5.2 的記號，分別以A_1，A_2，A_3，A_4表示年齡、有工作、有自己的房子和信貸情況 4 個特徵，並以 1，2，3 表示年齡的值為青年、中年和老年，以 1，2 表示有工作和有自己的房子的值為是和否，以 1，2，3 表示信貸情況的值為非常好、好和一般。

求特徵A_1的基尼指數：

$$Gini(D, A_1 = 1) = \frac{5}{15}\left(2 \times \frac{2}{5} \times \left(1 - \frac{2}{5}\right)\right) + \frac{10}{15}\left(2 \times \frac{7}{10} \times \left(1 - \frac{7}{10}\right)\right) = 0.44$$
$$Gini(D, A_1 = 2) = 0.48$$
$$Gini(D, A_1 = 3) = 0.44$$

由於$Gini(D, A_1 = 1)$和$Gini(D, A_1 = 3)$相等，且最小，所以$A_1 = 1$和$A_1 = 3$都可以選作A_1的最優切分點。

求特徵A_2和A_3的基尼指數：

$$Gini(D, A_2 = 1) = 0.32$$
$$Gini(D, A_3 = 1) = 0.27$$

由於A_2和A_3只有一個切分點，所以它們就是最優切分點。

求特徵A_4的基尼指數：

$$Gini(D, A_4 = 1) = 0.36$$
$$Gini(D, A_4 = 2) = 0.47$$
$$Gini(D, A_4 = 3) = 0.32$$

$Gini(D, A_4 = 3)$最小，所以$A_4 = 3$為A_4的最優切分點。

在A_1，A_2，A_3，A_4幾個特徵中，$Gini(D, A_3 = 1) = 0.27$最小，所以選擇特徵A_3為最優特徵，$A_3 = 1$為其最優切分點。於是根節點生成兩個子節點，一個是葉節點。對另一個節點繼續使用以上方法在A_1，A_2，A_4中選擇最優特徵及其最優切分點，結果是$A_2 = 1$。依此計算得知，所得節點都是葉節點。

對於本問題，按照 CART 演算法所生成的決策樹與按照 ID3 演算法所生成的決策樹完全一致。

5.5.2 CART 剪枝

CART 剪枝演算法從「完全生長」的決策樹的底端剪去一些子樹，使決策樹變小（模型變簡單），從而能夠對未知資料有更準確的預測。CART 剪枝演算法由兩步組成：首先從生成演算法產生的決策樹T_0底端開始不斷剪枝，直到T_0的根節點，形成一個子樹序列$\{T_0, T_1, \cdots, T_n\}$；然後透過交叉驗證法在獨立的驗證資料集上對子樹序列進行測試，從中選擇最優子樹。

1. 剪枝，形成一個子樹序列

在剪枝過程中，計算子樹的損失函數：

$$C_\alpha(T) = C(T) + \alpha|T| \tag{5.26}$$

其中，T為任意子樹，$C(T)$為對訓練資料的預測誤差（如基尼指數），$|T|$為子樹的葉節點個數，$\alpha \geqslant 0$為參數，$C_\alpha(T)$為參數是α時的子樹T的整體損失。參數α權衡訓練資料的擬合程度與模型的複雜度。

對固定的α，一定存在使損失函數$C_\alpha(T)$最小的子樹，將其表示為T_α。T_α在損失函數 $C_\alpha(T)$最小的意義下是最優的。容易驗證這樣的最優子樹是唯一的。當α大的時候，最優子樹T_α偏小；當α小的時候，最優子樹T_α偏大。極端情況，當$\alpha = 0$時，整體樹是最優的。當$\alpha \to \infty$時，根節點組成的單節點樹是最優的。

Breiman 等人證明：可以用遞迴的方法對樹進行剪枝。將α從小增大，$0 = \alpha_0 < \alpha_1 < \cdots < \alpha_n < +\infty$，產生一系列的區間$[\alpha_i, \alpha_{i+1}), i = 0, 1, \cdots, n$；剪枝得到的子樹序列對應著區間$\alpha \in [\alpha_i, \alpha_{i+1}), i = 0, 1, \cdots, n$的最優子樹序列 $\{T_0, T_1, \cdots, T_n\}$，序列中的子樹是嵌套的。

具體地，從整體樹T_0開始剪枝。對T_0的任意內部節點t，以t為單節點樹的損失函數是

$$C_\alpha(t) = C(t) + \alpha \tag{5.27}$$

以t為根節點的子樹T_t的損失函數是

$$C_\alpha(T_t) = C(T_t) + \alpha|T_t| \qquad (5.28)$$

當$\alpha = 0$及α充分小時，有不等式

$$C_\alpha(T_t) < C_\alpha(t) \qquad (5.29)$$

當α增大時，在某一α有

$$C_\alpha(T_t) = C_\alpha(t) \qquad (5.30)$$

當α再增大時，不等式(5.29)反向。只要$\alpha = \frac{C(t)-C(T_t)}{|T_t|-1}$，$T_t$與$t$有相同的損失函數值，而$t$的節點少，因此$t$比$T_t$更可取，對$T_t$進行剪枝。

為此，對T_0中每一內部節點t，計算

$$g(t) = \frac{C(t)-C(T_t)}{|T_t|-1} \qquad (5.31)$$

它表示剪枝後整體損失函數減少的程度。在T_0中剪去$g(t)$最小的T_t，將得到的子樹作為T_1，同時將最小的$g(t)$設為α_1。T_1為區間$[\alpha_1, \alpha_2)$的最優子樹。

如此剪枝下去，直到得到根節點。在這一過程中，不斷地增加α的值，產生新的區間。

2. 在剪枝得到的子樹序列$T_0, T_1, \cdots, T_n$中透過交叉驗證選取最優子樹 T_α

具體地，利用獨立的驗證資料集，測試子樹序列$T_0, T_1, \cdots, T_n$中各棵子樹的平方誤差或基尼指數。平方誤差或基尼指數最小的決策樹被認為是最優的決策樹。在子樹序列中，每棵子樹$T_1, T_2, \cdots, T_n$ 都對應於一個參數$\alpha_1, \alpha_2, \cdots, \alpha_n$。所以，當最優子樹$T_k$確定時，對應的$\alpha_k$也確定了，即得到最優決策樹$T_\alpha$。

現在寫出 CART 剪枝演算法。

【演算法 5.7】CART 剪枝演算法

輸入：CART 演算法生成的決策樹T_0；

輸出：最優決策樹T_α。

（1）設$k = 0$，$T = T_0$。

（2）設$\alpha = +\infty$。

（3）自下而上地對各內部節點t計算$C(T_t)$，$|T_t|$以及

$$g(t) = \frac{C(t) - C(T_t)}{|T_t| - 1}$$
$$\alpha = \min(\alpha, g(t))$$

這裡，T_t表示以t為根節點的子樹，$C(T_t)$是對訓練資料的預測誤差，$|T_t|$是T_t的葉節點個數。

（4）對$g(t) = \alpha$的內部節點t進行剪枝，並對葉節點t以多數表決法決定其類，得到樹T。

（5）設$k = k + 1$，$\alpha_k = \alpha$，$T_k = T$。

（6）如果T_k不是由根節點及兩個葉節點組成的樹，則回到步驟（2）；否則令$T_k = T_n$。

（7）採用交叉驗證法在子樹序列$T_0, T_1, \cdots, T_n$中選取最優子樹T_α。

本章概要

1. 分類決策樹模型是表示基於特徵對實例進行分類的樹形結構。決策樹可以轉換成一個 if-then 規則的集合，也可以看作是定義在特徵空間劃分上的類的條件機率分佈。

2. 決策樹學習旨在建構一個與訓練資料擬合很好，並且複雜度小的決策樹。因為從可能的決策樹中直接選取最優決策樹是 NP 完全問題。現實中採用啟發式方法學習次優的決策樹。

   決策樹學習演算法包括 3 部分：特徵選擇、樹的生成和樹的剪枝。常用的演算法有 ID3、C4.5 和 CART。

3. 特徵選擇的目的在於選取對訓練資料能夠分類的特徵。特徵選擇的關鍵是其準則。常用的準則如下：

(1) 樣本集合D對特徵A的資訊增益（ID3）

$$g(D, A) = H(D) - H(D|A)$$

$$H(D) = -\sum_{k=1}^{K} \frac{|C_k|}{|D|} \log_2 \frac{|C_k|}{|D|}$$

$$H(D|A) = \sum_{i=1}^{n} \frac{|D_i|}{|D|} H(D_i)$$

其中，$H(D)$是資料集D的熵，$H(D_i)$是資料集D_i的熵，$H(D|A)$是資料集D對特徵A的條件熵。D_i是D中特徵A取第i個值的樣本子集，C_k是D中屬於第k類的樣本子集。n是特徵A取值的個數，K是類的個數。

(2) 樣本集合D對特徵A的資訊增益比（C4.5）

$$g_R(D, A) = \frac{g(D, A)}{H_A(D)}$$

其中，$g(D, A)$是資訊增益，$H_A(D)$是D關於特徵A的值的熵。

(3) 樣本集合D的基尼指數（CART）

$$Gini(D) = 1 - \sum_{k=1}^{K} \left(\frac{|C_k|}{|D|} \right)^2$$

特徵A條件下集合D的基尼指數：

$$Gini(D, A) = \frac{|D_1|}{|D|} Gini(D_1) + \frac{|D_2|}{|D|} Gini(D_2)$$

4. 決策樹的生成。通常使用資訊增益最大、資訊增益比最大或基尼指數最小作為特徵選擇的準則。決策樹的生成往往透過計算資訊增益或其

他指標，從根節點開始，遞迴地產生決策樹。這相當於用資訊增益或其他準則不斷地選取局部最優的特徵，或將訓練集分割為能夠基本正確分類的子集。

5. 決策樹的剪枝。由於生成的決策樹存在過擬合問題，需要對它進行剪枝，以簡化學到的決策樹。決策樹的剪枝，往往從已生成的樹上剪掉一些葉節點或葉節點以上的子樹，並將其父節點或根節點作為新的葉節點，從而簡化生成的決策樹。

繼續閱讀

介紹決策樹學習方法的文獻很多，關於 ID3 可見文獻[1]，C4.5 可見文獻[2]，CART 可見文獻[3,4]。決策樹學習一般性介紹可見文獻[5~7]。與決策樹類似的分類方法還有決策列表（decision list）。決策列表與決策樹可以相互轉換 [8]，決策列表的學習方法可參見文獻[9]。

習題

5.1 根據表 5.1 所給的訓練資料集，利用資訊增益比（C4.5 演算法）生成決策樹。

5.2 已知如表 5.2 所示的訓練資料，試用平方誤差損失準則生成一個二元回歸樹。

表 5.2 訓練資料表

x_i	1	2	3	4	5	6	7	8	9	10
y_i	4.50	4.75	4.91	5.34	5.80	7.05	7.90	8.23	8.70	9.00

5.3 證明 CART 剪枝演算法中，當 α 確定時，存在唯一的最小子樹 T_α 使損失函數 $C_\alpha(T)$ 最小。

5.4 證明 CART 剪枝演算法中求出的子樹序列 $\{T_0, T_1, \cdots, T_n\}$ 分別是區間 $\alpha \in [\alpha_i, \alpha_{i+1})$ 的最優子樹 T_α，這裡 $i = 0,1,\cdots,n$，$0 = \alpha_0 < \alpha_1 < \cdots < \alpha_n < +\infty$。

參考文獻

[1] Olshen R A, Quinlan J R. Induction of decision trees. Machine Learning, 1986, 1(1): 81–106.

[2] Olshen R A, Quinlan J R. C4. 5: programs for machine learning. Morgan Kaufmann, 1992.

[3] Olshen R A, Breiman L, Friedman J, Stone C. Classification and regression trees. Wadsworth, 1984.

[4] Ripley B. Pattern recognition and neural networks. Cambridge University Press, 1996.

[5] Liu B. Web data mining: exploring hyperlinks, contents and usage data. Springer-Verlag, 2006.

[6] Hyafil L, Rivest R L. Constructing optimal binary decision trees is NP-complete. Information Processing Letters, 1976, 5(1): 15–17.

[7] Hastie T, Tibshirani R, Friedman J. The elements of statistical learning: data mining, inference, and prediction. Springer-Verlag, 2001. （中譯本：統計學習基礎——數據挖掘、推理與預測. 范明，柴玉梅，昝紅英等譯，北京：電子工業出版社，2004.)

[8] Yamanishi K. A learning criterion for stochastic rules. Machine Learning, 1992, 9(2–3): 165–203.

[9] Li H, Yamanishi K. Text classification using ESC-based stochastic decision lists. Information Processing & Management, 2002, 38(3): 343–361.

邏輯回歸與最大熵模型

邏輯回歸（logistic regression）是統計學習中的經典分類方法。最大熵是機率模型學習的一個準則，將其推廣到分類問題得到最大熵模型（maximum entropy model）。邏輯回歸模型與最大熵模型都屬於對數線性模型。本章首先介紹邏輯回歸模型，然後介紹最大熵模型，最後說明邏輯回歸與最大熵模型的學習演算法，包括改進的迭代尺度演算法和擬牛頓法。

6.1 邏輯回歸模型

6.1.1 邏輯分佈

首先介紹邏輯分佈（logistic distribution）。

【定義 6.1】邏輯分佈：X是連續隨機變數，X服從邏輯分佈是指X具有下列分佈函數和密度函數：

$$F(x) = P(X \leqslant x) = \frac{1}{1+e^{-(x-\mu)/\gamma}} \tag{6.1}$$

$$f(x) = F'(x) = \frac{e^{-(x-\mu)/\gamma}}{\gamma(1+e^{-(x-\mu)/\gamma})^2} \tag{6.2}$$

式中，μ為位置參數，$\gamma > 0$為形狀參數。

邏輯分佈的密度函數$f(x)$和分佈函數$F(x)$的圖形如圖 6.1 所示。分佈函數屬於邏輯函數，其圖形是一條 S 形曲線（sigmoid curve）。該曲線以點$\left(\mu, \frac{1}{2}\right)$為中心對稱，即滿足

$$F(-x + \mu) - \frac{1}{2} = -F(x + \mu) + \frac{1}{2}$$

曲線在中心附近增長速度較快，在兩端增長速度較慢。形狀參數γ的值越小，曲線在中心附近增長得越快。

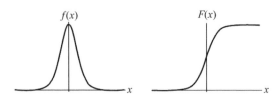

圖 6.1 邏輯分佈的密度函數與分佈函數

6.1.2 二項邏輯回歸模型

二項邏輯回歸模型（binomial logistic regression model）是一種分類模型，由條件機率分佈$P(Y|X)$表示，形式為參數化的邏輯分佈。這裡，隨機變數X取值為實數，隨機變數Y取值為 1 或 0。我們透過監督學習的方法來估計模型參數。

【定義 6.2】邏輯回歸模型：二項邏輯回歸模型是如下的條件機率分佈：

$$P(Y = 1|x) = \frac{\exp(w \cdot x + b)}{1 + \exp(w \cdot x + b)} \tag{6.3}$$

$$P(Y = 0|x) = \frac{1}{1 + \exp(w \cdot x + b)} \tag{6.4}$$

這裡，$x \in R^n$是輸入，$Y \in \{0,1\}$是輸出，$w \in R^n$和$b \in R$是參數，w稱為權值向量，b稱為偏置，$w \cdot x$為w和x的內積。

對於給定的輸入實例 x，按照式 (6.3) 和式 (6.4) 可以求得 $P(Y = 1|x)$ 和 $P(Y = 0|x)$。邏輯回歸比較兩個條件機率值的大小，將實例 x 分到機率值較大的那一類。

有時為了方便，將權值向量和輸入向量加以擴充，仍記作 w，x，即 $w = (w^{(1)}, w^{(2)}, \cdots, w^{(n)}, b)^{\mathrm{T}}$，$x = (x^{(1)}, x^{(2)}, \cdots, x^{(n)}, 1)^{\mathrm{T}}$。這時，邏輯回歸模型如下：

$$P(Y = 1|x) = \frac{\exp(w \cdot x)}{1 + \exp(w \cdot x)} \tag{6.5}$$

$$P(Y = 0|x) = \frac{1}{1 + \exp(w \cdot x)} \tag{6.6}$$

現在考查邏輯回歸模型的特點。一個事件的機率（odds）是指該事件發生的機率與該事件不發生的機率的比值。如果事件發生的機率是 p，那麼該事件的機率是 $\frac{p}{1-p}$，該事件的對數機率（log odds）或 logit 函數是

$$logit(p) = \log \frac{p}{1 - p}$$

對邏輯回歸而言，由式 (6.5) 與式 (6.6) 得

$$\log \frac{P(Y = 1|x)}{1 - P(Y = 1|x)} = w \cdot x$$

這就是說，在邏輯回歸模型中，輸出 $Y = 1$ 的對數機率是輸入 x 的線性函數。或者說，輸出 $Y = 1$ 的對數機率是由輸入 x 的線性函數表示的模型，即邏輯回歸模型。

換一個角度看，考慮對輸入 x 進行分類的線性函數 $w \cdot x$，其值域為實數域。注意，這裡 $x \in R^{n+1}$，$w \in R^{n+1}$。透過邏輯回歸模型定義式 (6.5) 可以將線性函數 $w \cdot x$ 轉換為機率：

$$P(Y = 1|x) = \frac{\exp(w \cdot x)}{1 + \exp(w \cdot x)}$$

這時，線性函數的值越接近正無限大，機率值就越接近 1；線性函數的值越接近負無限大，機率值就越接近 0（如圖 6.1 所示）。這樣的模型就是邏輯回歸模型。

6.1.3 模型參數估計

邏輯回歸模型學習時，對於給定的訓練資料集 $T = \{(x_1, y_1), (x_2, y_2), \cdots, (x_N, y_N)\}$，其中，$x_i \in R^n$，$y_i \in \{0,1\}$，可以應用極大似然估計法估計模型參數，從而得到邏輯回歸模型。

設：

$$P(Y = 1|x) = \pi(x), \quad P(Y = 0|x) = 1 - \pi(x)$$

似然函數為

$$\prod_{i=1}^{N} [\pi(x_i)]^{y_i} [1 - \pi(x_i)]^{1-y_i}$$

對數似然函數為

$$
\begin{aligned}
L(w) &= \sum_{i=1}^{N} [y_i \log \pi(x_i) + (1 - y_i) \log(1 - \pi(x_i))] \\
&= \sum_{i=1}^{N} \left[y_i \log \frac{\pi(x_i)}{1 - \pi(x_i)} + \log(1 - \pi(x_i)) \right] \\
&= \sum_{i=1}^{N} [y_i (w \cdot x_i) - \log(1 + \exp(w \cdot x_i))]
\end{aligned}
$$

對 $L(w)$ 求極大值，得到 w 的估計值。

這樣，問題就變成了以對數似然函數為目標函數的最佳化問題。邏輯回歸學習中通常採用的方法是梯度下降法及擬牛頓法。

假設 w 的極大似然估計值是 $\hat{w}$，那麼學到的邏輯回歸模型為

$$P(Y = 1|x) = \frac{\exp(\widehat{w} \cdot x)}{1 + \exp(\widehat{w} \cdot x)}$$

$$P(Y = 0|x) = \frac{1}{1 + \exp(\widehat{w} \cdot x)}$$

6.1.4 多項邏輯回歸

上面介紹的邏輯回歸模型是二項分類模型，用於二類分類。可以將其推廣為多項邏輯回歸模型 （multi-nominal logistic regression model），用於多類分類。假設離散型隨機變數Y的取值集合是$\{1, 2, \cdots, K\}$，那麼多項邏輯回歸模型是

$$P(Y = k|x) = \frac{\exp(w_k \cdot x)}{1 + \sum_{k=1}^{K-1} \exp(w_k \cdot x)}, \quad k = 1, 2, \cdots, K - 1 \qquad (6.7)$$

$$P(Y = K|x) = \frac{1}{1 + \sum_{k=1}^{K-1} \exp(w_k \cdot x)} \qquad (6.8)$$

這裡，$x \in R^{n+1}, w_k \in R^{n+1}$。

二項邏輯回歸的參數估計法也可以推廣到多項邏輯回歸。

▍**6.2 最大熵模型**

最大熵模型（maximum entropy model）由最大熵原理推導實現。這裡首先敘述一般的最大熵原理，然後講解最大熵模型的推導，最後舉出最大熵模型學習的形式。

6.2.1 最大熵原理

最大熵原理是機率模型學習的一個準則。最大熵原理認為，學習機率模型時，在所有可能的機率模型（分佈）中，熵最大的模型是最好的模型。通

常用限制條件來確定機率模型的集合,所以,最大熵原理也可以表述為在滿足限制條件的模型集合中選取熵最大的模型。

假設離散隨機變數X的機率分佈是$P(X)$,則其熵(參照 5.2.2 節)是

$$H(P) = -\sum_x P(x)\log P(x) \tag{6.9}$$

熵滿足下列不等式:

$$0 \leqslant H(P) \leqslant \log|X|$$

式中,$|X|$是X的取值個數,當且僅當X的分佈是均勻分佈時右邊的等號成立。這就是說,當X服從均勻分佈時,熵最大。

直觀地,最大熵原理認為要選擇的機率模型首先必須滿足已有的事實,即限制條件。在沒有更多資訊的情況下,那些不確定的部分都是「等可能的」。最大熵原理透過熵的最大化來表示等可能性。「等可能」不容易操作,而熵則是一個可最佳化的數值指標。

首先,透過一個簡單的例子來介紹一下最大熵原理[1]。

【例 6.1】假設隨機變數X有 5 個取值$\{A, B, C, D, E\}$,要估計取各個值的機率$P(A), P(B), P(C), P(D), P(E)$。

【解】這些機率值滿足以下限制條件:

$$P(A) + P(B) + P(C) + P(D) + P(E) = 1$$

滿足這個限制條件的機率分佈有無窮多個。如果沒有任何其他資訊,仍要對機率分佈進行估計,一個辦法就是認為這個分佈中取各個值的機率是相等的:

---

[1] 此例來自參考文獻[1]。

$$P(A) = P(B) = P(C) = P(D) = P(E) = \frac{1}{5}$$

等機率表示了對事實的無知。因為沒有更多的資訊，這種判斷是合理的。

有時，能從一些先驗知識中得到一些對機率值的限制條件，例如：

$$P(A) + P(B) = \frac{3}{10}$$
$$P(A) + P(B) + P(C) + P(D) + P(E) = 1$$

滿足這兩個限制條件的機率分佈仍然有無窮多個。在缺少其他資訊的情況下，可以認為A與B是等機率的，C，D與E是等機率的，於是，

$$P(A) = P(B) = \frac{3}{20}$$
$$P(C) = P(D) = P(E) = \frac{7}{30}$$

如果還有第 3 個限制條件：

$$P(A) + P(C) = \frac{1}{2}$$
$$P(A) + P(B) = \frac{3}{10}$$
$$P(A) + P(B) + P(C) + P(D) + P(E) = 1$$

可以繼續按照滿足限制條件下求等機率的方法估計機率分佈。這裡不再繼續討論。以上機率模型學習的方法正是遵循了最大熵原理。

圖 6.2 提供了用最大熵原理進行機率模型選擇的幾何解釋。機率模型集合 $\mathcal{P}$可由歐氏空間中的單純形（simplex）[2]表示，如左圖的三角形（2- 單純形）。一個點代表一個模型，整個單純形代表模型集合。右圖上的一條直線對應於一個限制條件，直線的交集對應於滿足所有限制條件的模型集

---

[2] 單純形是在n維歐氏空間中的$n+1$個仿射無關的點的集合的凸包。

合。一般地，這樣的模型仍有無窮多個。學習的目的是在可能的模型集合中選擇最優模型，而最大熵原理則舉出最優模型選擇的一個準則。

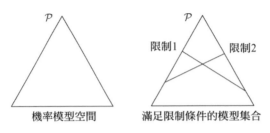

圖 6.2 機率模型集合

6.2.2 最大熵模型的定義

最大熵原理是統計學習的一般原理，將它應用到分類得到最大熵模型。

假設分類模型是一個條件機率分佈$P(Y|X)$，$X \in X \subseteq R^n$表示輸入，$Y \in Y$表示輸出，X和Y分別是輸入和輸出的集合。這個模型表示的是對於給定的輸入X，以條件機率$P(Y|X)$輸出Y。

給定一個訓練資料集

$$T = \{(x_1, y_1), (x_2, y_2), \cdots, (x_N, y_N)\}$$

學習的目標是用最大熵原理選擇最好的分類模型。

首先考慮模型應該滿足的條件。給定訓練資料集，可以確定聯合分佈$P(X,Y)$的經驗分佈和邊緣分佈$P(X)$的經驗分佈，分別以$\tilde{P}(X,Y)$和$\tilde{P}(X)$表示。這裡，

$$\tilde{P}(X = x, Y = y) = \frac{v(X = x, Y = y)}{N}$$

$$\tilde{P}(X = x) = \frac{v(X = x)}{N}$$

其中，$v(X = x, Y = y)$表示訓練資料中樣本(x, y)出現的頻數，$v(X = x)$表示訓練資料中輸入x出現的頻數，N表示訓練樣本容量。

用特徵函數（feature function）$f(x,y)$描述輸入x和輸出y之間的某一個事實。其定義是

$$f(x,y) = \begin{cases} 1, & x \text{ 與 } y \text{ 滿足某一事實} \\ 0, & \text{否則} \end{cases}$$

它是一個二值函數[3]，當x和y滿足這個事實時取值為 1，否則取值為 0。

特徵函數$f(x,y)$關於經驗分佈$\tilde{P}(X,Y)$的期望值，用$E_{\tilde{P}}(f)$表示：

$$E_{\tilde{P}}(f) = \sum_{x,y} \tilde{P}(x,y)f(x,y)$$

特徵函數$f(x,y)$關於模型$P(Y|X)$與經驗分佈$\tilde{P}(X)$的期望值，用$E_P(f)$表示：

$$E_P(f) = \sum_{x,y} \tilde{P}(x)P(y|x)f(x,y)$$

如果模型能夠獲取訓練資料中的資訊，那麼就可以假設這兩個期望值相等，即

$$E_P(f) = E_{\tilde{P}}(f) \tag{6.10}$$

或

$$\sum_{x,y} \tilde{P}(x)P(y|x)f(x,y) = \sum_{x,y} \tilde{P}(x,y)f(x,y) \tag{6.11}$$

我們將式(6.10)或式(6.11)作為模型學習的限制條件。假如有n個特徵函數$f_i(x,y)$，$i = 1,2,\cdots,n$，那麼就有n個限制條件。

---

[3] 一般地，特徵函數可以是任意實值函數。

【定義 6.3】最大熵模型：假設滿足所有限制條件的模型集合為

$$C \equiv \{P \in P | E_P(f_i) = E_{\tilde{P}}(f_i), \quad i = 1,2,\cdots,n\} \tag{6.12}$$

定義在條件機率分佈$P(Y|X)$上的條件熵為

$$H(P) = -\sum_{x,y} \tilde{P}(x)P(y|x)\log P(y|x) \tag{6.13}$$

則模型集合C中條件熵$H(P)$最大的模型稱為最大熵模型。式中的對數為自然對數。

6.2.3 最大熵模型的學習

最大熵模型的學習過程就是求解最大熵模型的過程。最大熵模型的學習可以形式化為約束最佳化問題。

對於給定的訓練資料集$T = \{(x_1, y_1), (x_2, y_2), \cdots, (x_N, y_N)\}$以及特徵函數$f_i(x,y)$，$i = 1,2,\cdots,n$，最大熵模型的學習等值於約束最佳化問題：

$$\max_{P \in C} \quad H(P) = -\sum_{x,y} \tilde{P}(x)P(y|x)\log P(y|x)$$

$$\text{s.t.} \quad E_P(f_i) = E_{\tilde{P}}(f_i), \quad i = 1,2,\cdots,n$$

$$\sum_y P(y|x) = 1$$

按照最佳化問題的習慣，將求最大值問題改寫為等值的求最小值問題：

$$\min_{P \in C} -H(P) = \sum_{x,y} \tilde{P}(x)P(y|x)\log P(y|x) \tag{6.14}$$

$$\text{s.t.} E_P(f_i) - E_{\tilde{P}}(f_i) = 0, \quad i = 1,2,\cdots,n \tag{6.15}$$

$$\sum_y P(y|x) = 1 \tag{6.16}$$

求解約束最佳化問題(6.14)~(6.16)，所得出的解，就是最大熵模型學習的解。下面舉出具體推導。

這裡，將約束最佳化的原始問題轉換為無約束最佳化的對偶問題[4]。透過求解對偶問題求解原始問題。

首先，引進拉格朗日乘子$w_0, w_1, w_2, \cdots, w_n$，定義拉格朗日函數$L(P, w)$：

$$
\begin{aligned}
L(P, w) &\equiv -H(P) + w_0 \left(1 - \sum_y P(y|x)\right) + \sum_{i=1}^{n} w_i (E_{\tilde{P}}(f_i) - E_P(f_i)) \\
&= \sum_{x,y} \tilde{P}(x) P(y|x) \log P(y|x) + w_0 \left(1 - \sum_y P(y|x)\right) + \\
&\quad \sum_{i=1}^{n} w_i \left(\sum_{x,y} \tilde{P}(x,y) f_i(x,y) - \sum_{x,y} \tilde{P}(x) P(y|x) f_i(x,y)\right)
\end{aligned} \tag{6.17}
$$

最佳化的原始問題是

$$
\min_{P \in C} \max_w L(P, w) \tag{6.18}
$$

對偶問題是

$$
\max_w \min_{P \in C} L(P, w) \tag{6.19}
$$

由於拉格朗日函數$L(P, w)$是P的凸函數，原始問題(6.18)的解與對偶問題(6.19)的解是等值的。這樣，可以透過求解對偶問題(6.19)來求解原始問題(6.18)。

首先，求解對偶問題 (6.19) 內部的極小化問題$\min_{P \in C} L(P, w)$。$\min_{P \in C} L(P, w)$是w的函數，將其記作

$$
\Psi(w) = \min_{P \in C} L(P, w) = L(P_w, w) \tag{6.20}
$$

---

[4] 參閱附錄 C。

$\Psi(w)$稱為對偶函數。同時，將其解記作

$$P_w = \underset{P \in C}{\operatorname{argmin}} L(P, w) = P_w(y|x) \tag{6.21}$$

具體地，求$L(P, w)$對$P(y|x)$的偏導數

$$
\begin{aligned}
\frac{\partial L(P, w)}{\partial P(y|x)} &= \sum_{x,y} \tilde{P}(x)(\log P(y|x) + 1) - \sum_y w_0 - \sum_{x,y}\left(\tilde{P}(x)\sum_{i=1}^n w_i f_i(x, y)\right) \\
&= \sum_{x,y} \tilde{P}(x)\left(\log P(y|x) + 1 - w_0 - \sum_{i=1}^n w_i f_i(x, y)\right)
\end{aligned}
$$

令偏導數等於 0，在$\tilde{P}(x) > 0$的情況下，解得

$$P(y|x) = \exp\left(\sum_{i=1}^n w_i f_i(x, y) + w_0 - 1\right) = \frac{\exp(\sum_{i=1}^n w_i f_i(x, y))}{\exp(1 - w_0)}$$

由於$\sum_y P(y|x) = 1$，得

$$P_w(y|x) = \frac{1}{Z_w(x)} \exp\left(\sum_{i=1}^n w_i f_i(x, y)\right) \tag{6.22}$$

其中，

$$Z_w(x) = \sum_y \exp\left(\sum_{i=1}^n w_i f_i(x, y)\right) \tag{6.23}$$

$Z_w(x)$稱為規範化因數；$f_i(x, y)$是特徵函數；w_i是特徵的權值。由式 (6.22)、式(6.23)表示的模型 $P_w = P_w(y|x)$就是最大熵模型。這裡，w是最大熵模型中的參數向量。

之後，求解對偶問題外部的極大化問題

$$\max_w \Psi(w) \tag{6.24}$$

將其解記為w^*，即

$$w^* = \underset{w}{\mathrm{argmax}}\,\Psi(w) \tag{6.25}$$

這就是説，可以應用最佳化演算法求對偶函數$\Psi(w)$的極大化，得到w^*，用來表示$P^* \in C$。這裡，$P^* = P_{w^*} = P_{w^*}(y|x)$是學習到的最優模型（最大熵模型）。也就是説，最大熵模型的學習歸結為對偶函數$\Psi(w)$的極大化。

【**例 6.2**】學習例 6.1 中的最大熵模型。

【**解**】為了方便，分別以y_1, y_2, y_3, y_4, y_5表示A，B，C，D和E，於是最大熵模型學習的最佳化問題是

$$\min \quad -H(P) = \sum_{i=1}^{5} P(y_i)\log P(y_i)$$

$$s.t. \quad P(y_1) + P(y_2) = \tilde{P}(y_1) + \tilde{P}(y_2) = \frac{3}{10}$$

$$\sum_{i=1}^{5} P(y_i) = \sum_{i=1}^{5} \tilde{P}(y_i) = 1$$

引進拉格朗日乘子$w_0,\ w_1$，定義拉格朗日函數

$$L(P,w) = \sum_{i=1}^{5} P(y_i)\log P(y_i) + w_1\left(P(y_1) + P(y_2) - \frac{3}{10}\right) + w_0\left(\sum_{i=1}^{5} P(y_i) - 1\right)$$

根據拉格朗日對偶性，可以透過求解對偶最佳化問題得到原始最佳化問題的解，所以求解

$$\underset{w}{\max}\,\underset{P}{\min}\,L(P,w)$$

首先求解$L(P,w)$關於P的極小化問題。為此，固定$w_0,\ w_1$，求偏導數：

$$\frac{\partial L(P,w)}{\partial P(y_1)} = 1 + \log P(y_1) + w_1 + w_0$$

$$\frac{\partial L(P,w)}{\partial P(y_2)} = 1 + \log P(y_2) + w_1 + w_0$$

$$\frac{\partial L(P,w)}{\partial P(y_3)} = 1 + \log P(y_3) + w_0$$

$$\frac{\partial L(P,w)}{\partial P(y_4)} = 1 + \log P(y_4) + w_0$$

$$\frac{\partial L(P,w)}{\partial P(y_5)} = 1 + \log P(y_5) + w_0$$

令各偏導數等於 0，解得

$$P(y_1) = P(y_2) = e^{-w_1-w_0-1}$$
$$P(y_3) = P(y_4) = P(y_5) = e^{-w_0-1}$$

於是，

$$\min_P L(P,w) = L(P_w,w) = -2e^{-w_1-w_0-1} - 3e^{-w_0-1} - \frac{3}{10}w_1 - w_0$$

再求解 $L(P_w,w)$ 關於 w 的極大化問題：

$$\max_w L(P_w,w) = -2e^{-w_1-w_0-1} - 3e^{-w_0-1} - \frac{3}{10}w_1 - w_0$$

分別求 $L(P_w,w)$ 對 w_0, w_1 的偏導數並令其為 0，得到

$$e^{-w_1-w_0-1} = \frac{3}{20}$$

$$e^{-w_0-1} = \frac{7}{30}$$

於是得到所要求的機率分佈為

$$P(y_1) = P(y_2) = \frac{3}{20}$$

$$P(y_3) = P(y_4) = P(y_5) = \frac{7}{30}$$

6.2.4 極大似然估計

從以上最大熵模型學習中可以看出，最大熵模型是由式(6.22)、式(6.23)表示的條件機率分佈。下面證明對偶函數的極大化等值於最大熵模型的極大似然估計。

已知訓練資料的經驗機率分佈$\tilde{P}(X,Y)$，條件機率分佈$P(Y|X)$的對數似然函數表示為

$$L_{\tilde{P}}(P_w) = \log \prod_{x,y} P(y|x)^{\tilde{P}(x,y)} = \sum_{x,y} \tilde{P}(x,y)\log P(y|x)$$

當條件機率分佈$P(y|x)$是最大熵模型(6.22)和(6.23)時，對數似然函數$L_{\tilde{P}}(P_w)$為

$$
\begin{aligned}
L_{\tilde{P}}(P_w) &= \sum_{x,y} \tilde{P}(x,y)\log P(y|x) \\
&= \sum_{x,y} \tilde{P}(x,y) \sum_{i=1}^{n} w_i f_i(x,y) - \sum_{x,y} \tilde{P}(x,y)\log Z_w(x) \\
&= \sum_{x,y} \tilde{P}(x,y) \sum_{i=1}^{n} w_i f_i(x,y) - \sum_{x} \tilde{P}(x)\log Z_w(x) \quad (6.26)
\end{aligned}
$$

再看對偶函數$\Psi(w)$。由式(6.17)及式(6.20)可得

$$
\begin{aligned}
\Psi(w) &= \sum_{x,y} \tilde{P}(x)P_w(y|x)\log P_w(y|x) + \\
&\quad \sum_{i=1}^{n} w_i \left(\sum_{x,y} \tilde{P}(x,y)f_i(x,y) - \sum_{x,y} \tilde{P}(x)P_w(y|x)f_i(x,y) \right) \\
&= \sum_{x,y} \tilde{P}(x,y) \sum_{i=1}^{n} w_i f_i(x,y) + \sum_{x,y} \tilde{P}(x)P_w(y|x)\left(\log P_w(y|x) - \sum_{i=1}^{n} w_i f_i(x,y) \right) \\
&= \sum_{x,y} \tilde{P}(x,y) \sum_{i=1}^{n} w_i f_i(x,y) - \sum_{x,y} \tilde{P}(x)P_w(y|x)\log Z_w(x)
\end{aligned}
$$

$$= \sum_{x,y} \tilde{P}(x,y) \sum_{i=1}^{n} w_i f_i(x,y) - \sum_{x} \tilde{P}(x) \log Z_w(x) \tag{6.27}$$

最後一步用到$\sum_y P(y|x) = 1$。

比較式(6.26)和式(6.27)，可得

$$\Psi(w) = L_{\tilde{P}}(P_w)$$

既然對偶函數$\Psi(w)$等值於對數似然函數$L_{\tilde{P}}(P_w)$，於是證明了最大熵模型學習中的對偶函數極大化等值於最大熵模型的極大似然估計這一事實。

這樣，最大熵模型的學習問題就轉換為具體求解對數似然函數極大化或對偶函數極大化的問題。

可以將最大熵模型寫成更一般的形式。

$$P_w(y|x) = \frac{1}{Z_w(x)} \exp \left(\sum_{i=1}^{n} w_i f_i(x,y) \right) \tag{6.28}$$

其中，

$$Z_w(x) = \sum_{y} \exp \left(\sum_{i=1}^{n} w_i f_i(x,y) \right) \tag{6.29}$$

這裡，$x \in R^n$ 為輸入，$y \in \{1,2,\cdots,K\}$ 為輸出，$w \in R^n$ 為權值向量，$f_i(x,y)$，$i = 1,2,\cdots,n$ 為任意實值特徵函數。

最大熵模型與邏輯回歸模型有類似的形式，它們又稱為對數線性模型（log linear model）。模型學習就是在給定的訓練資料條件下對模型進行極大似然估計或正則化的極大似然估計。

6.3 模型學習的最佳化演算法

邏輯回歸模型、最大熵模型學習歸結為以似然函數為目標函數的最佳化問題,通常透過迭代演算法求解。從最佳化的觀點看,這時的目標函數具有很好的性質。它是光滑的凸函數,因此多種最佳化的方法都適用,保證能找到全域最優解。常用的方法有改進的迭代尺度法、梯度下降法、牛頓法或擬牛頓法。牛頓法或擬牛頓法一般收斂速度更快。

下面介紹基於改進的迭代尺度法與擬牛頓法的最大熵模型學習演算法。梯度下降法參閱附錄 A。

6.3.1 改進的迭代尺度法

改進的迭代尺度法(improved iterative scaling,IIS)是一種最大熵模型學習的最佳化演算法。

已知最大熵模型為

$$P_w(y|x) = \frac{1}{Z_w(x)} \exp\left(\sum_{i=1}^{n} w_i f_i(x, y)\right)$$

其中,

$$Z_w(x) = \sum_y \exp\left(\sum_{i=1}^{n} w_i f_i(x, y)\right)$$

對數似然函數為

$$L(w) = \sum_{x,y} \tilde{P}(x, y) \sum_{i=1}^{n} w_i f_i(x, y) - \sum_x \tilde{P}(x) \log Z_w(x)$$

目標是透過極大似然估計學習模型參數,即求對數似然函數的極大值 $\hat{w}$。

IIS 的想法是:假設最大熵模型當前的參數向量是 $w = (w_1, w_2, \cdots, w_n)^{\mathrm{T}}$,我們希望找到一個新的參數向量 $w + \delta = (w_1 + \delta_1, w_2 + \delta_2, \cdots, w_n + \delta_n)^{\mathrm{T}}$,使

得模型的對數似然函數值增大。如果能有這種參數向量更新的方法 $\tau: w \rightarrow w + \delta$，那麼就可以重複使用這一方法，直到找到對數似然函數的最大值。

對於給定的經驗分佈 $\tilde{P}(x,y)$，模型參數從 w 到 $w + \delta$，對數似然函數的改變量是

$$
\begin{aligned}
L(w+\delta) - L(w) &= \sum_{x,y} \tilde{P}(x,y)\log P_{w+\delta}(y|x) - \sum_{x,y} \tilde{P}(x,y)\log P_w(y|x) \\
&= \sum_{x,y} \tilde{P}(x,y)\sum_{i=1}^n \delta_i f_i(x,y) - \sum_x \tilde{P}(x)\log\frac{Z_{w+\delta}(x)}{Z_w(x)}
\end{aligned}
$$

利用不等式

$$
-\log\alpha \geqslant 1 - \alpha, \quad \alpha > 0
$$

建立對數似然函數改變量的下界：

$$
\begin{aligned}
L(w+\delta) - L(w) &\geqslant \sum_{x,y} \tilde{P}(x,y)\sum_{i=1}^n \delta_i f_i(x,y) + 1 - \sum_x \tilde{P}(x)\frac{Z_{w+\delta}(x)}{Z_w(x)} \\
&= \sum_{x,y} \tilde{P}(x,y)\sum_{i=1}^n \delta_i f_i(x,y) + 1 - \sum_x \tilde{P}(x)\sum_y P_w(y|x)\exp\sum_{i=1}^n \delta_i f_i(x,y)
\end{aligned}
$$

將右端記為

$$
A(\delta|w) = \sum_{x,y} \tilde{P}(x,y)\sum_{i=1}^n \delta_i f_i(x,y) + 1 - \sum_x \tilde{P}(x)\sum_y P_w(y|x)\exp\sum_{i=1}^n \delta_i f_i(x,y)
$$

於是有

$$
L(w+\delta) - L(w) \geqslant A(\delta|w)
$$

即 $A(\delta|w)$ 是對數似然函數改變量的一個下界。

如果能找到適當的 δ 使下界 $A(\delta|w)$ 提高，那麼對數似然函數也會提高。然而，函數 $A(\delta|w)$ 中的 δ 是一個向量，含有多個變數，不易同時最佳化。IIS 試圖一次只最佳化其中一個變數 δ_i，而固定其他變數 δ_j，$i \neq j$。

為達到這一目的，IIS 進一步降低下界$A(\delta|w)$。具體地，IIS 引進一個量$f^{\#}(x,y)$，

$$f^{\#}(x,y) = \sum_{i} f_i(x,y)$$

因為f_i是二值函數，故$f^{\#}(x,y)$表示所有特徵在(x,y)出現的次數。這樣，$A(\delta|w)$可以改寫為

$$A(\delta|w) = \sum_{x,y} \tilde{P}(x,y) \sum_{i=1}^{n} \delta_i f_i(x,y) + 1 -$$
$$\sum_{x} \tilde{P}(x) \sum_{y} P_w(y|x) \exp\left(f^{\#}(x,y) \sum_{i=1}^{n} \frac{\delta_i f_i(x,y)}{f^{\#}(x,y)} \right) \qquad (6.30)$$

利用指數函數的凸性以及對任意i，有$\frac{f_i(x,y)}{f^{\#}(x,y)} \geqslant 0$且$\sum_{i=1}^{n} \frac{f_i(x,y)}{f^{\#}(x,y)} = 1$這一事實，根據 Jensen 不等式，得到

$$\exp\left(\sum_{i=1}^{n} \frac{f_i(x,y)}{f^{\#}(x,y)} \delta_i f^{\#}(x,y) \right) \leqslant \sum_{i=1}^{n} \frac{f_i(x,y)}{f^{\#}(x,y)} \exp(\delta_i f^{\#}(x,y))$$

於是式(6.30)可改寫為

$$A(\delta|w) \geqslant \sum_{x,y} \tilde{P}(x,y) \sum_{i=1}^{n} \delta_i f_i(x,y) + 1 -$$
$$\sum_{x} \tilde{P}(x) \sum_{y} P_w(y|x) \sum_{i=1}^{n} \left(\frac{f_i(x,y)}{f^{\#}(x,y)} \right) \exp(\delta_i f^{\#}(x,y)) \qquad (6.31)$$

記不等式(6.31)右端為

$$B(\delta|w) = \sum_{x,y} \tilde{P}(x,y) \sum_{i=1}^{n} \delta_i f_i(x,y) + 1$$
$$- \sum_{x} \tilde{P}(x) \sum_{y} P_w(y|x) \sum_{i=1}^{n} \left(\frac{f_i(x,y)}{f^{\#}(x,y)} \right) \exp(\delta_i f^{\#}(x,y))$$

於是得到

$$L(w + \delta) - L(w) \geqslant B(\delta|w)$$

這裡，$B(\delta|w)$是對數似然函數改變量的一個新的(相對不緊的)下界。

求$B(\delta|w)$對δ_i的偏導數：

$$\frac{\partial B(\delta|w)}{\partial \delta_i} = \sum_{x,y} \tilde{P}(x,y)f_i(x,y) - \sum_x \tilde{P}(x) \sum_y P_w(y|x)f_i(x,y)\exp(\delta_i f^\#(x,y))$$

$$(6.32)$$

在式(6.32)裡，除δ_i外不含任何其他變數。令偏導數為 0 得到

$$\sum_{x,y} \tilde{P}(x)P_w(y|x)f_i(x,y)\exp(\delta_i f^\#(x,y)) = E_{\tilde{P}}(f_i)$$

$$(6.33)$$

於是，依次對δ_i求解方程式(6.33)可以求出δ。

這就舉出了一種求w的最優解的迭代演算法，即改進的迭代尺度演算法 IIS。

【演算法 6.1】改進的迭代尺度演算法 IIS

輸入：特徵函數$f_1, f_2, \cdots, f_n$；經驗分佈$\tilde{P}(X,Y)$，模型$P_w(y|x)$；
輸出：最優參數值w_i^*；最優模型P_{w^*}。

（1）對所有$i \in \{1,2,\cdots,n\}$，取初值$w_i = 0$。
（2）對每一$i \in \{1,2,\cdots,n\}$：

　　(a) 令δ_i是方程式

$$\sum_{x,y} \tilde{P}(x)P(y|x)f_i(x,y)\exp(\delta_i f^\#(x,y)) = E_{\tilde{P}}(f_i)$$

　　的解，這裡，

$$f^\#(x,y) = \sum_{i=1}^n f_i(x,y)$$

　　(b) 更新w_i值：$w_i \leftarrow w_i + \delta_i$。

（3）如果不是所有w_i都收斂，重複步(2)。

這一演算法關鍵的一步是 (a)，即求解方程式(6.33)中的δ_i。如果$f^\#(x,y)$是

常數，即對任何 x, y ，有 $f^{\#}(x, y) = M$ ，那麼 δ_i 可以顯性地表示成

$$\delta_i = \frac{1}{M} \log \frac{E_{\tilde{P}}(f_i)}{E_P(f_i)} \qquad (6.34)$$

如果 $f^{\#}(x, y)$ 不是常數，那麼必須透過數值計算求 δ_i 。簡單有效的方法是牛頓法。以 $g(\delta_i) = 0$ 表示方程式 (6.33)，牛頓法透過迭代求得 δ_i^* ，使得 $g(\delta_i^*) = 0$ 。迭代公式是

$$\delta_i^{(k+1)} = \delta_i^{(k)} - \frac{g(\delta_i^{(k)})}{g'(\delta_i^{(k)})} \qquad (6.35)$$

只要適當選取初值 $\delta_i^{(0)}$ ，由於 δ_i 的方程式(6.33)有單根，因此牛頓法恆收斂，而且收斂速度很快。

6.3.2 擬牛頓法

最大熵模型學習還可以應用牛頓法或擬牛頓法。參閱附錄 B。

對於最大熵模型而言，

$$P_w(y|x) = \frac{\exp(\sum_{i=1}^{n} w_i f_i(x, y))}{\sum_y \exp(\sum_{i=1}^{n} w_i f_i(x, y))}$$

目標函數：

$$\min_{w \in R^n} \quad f(w) = \sum_x \tilde{P}(x) \log \sum_y \exp\left(\sum_{i=1}^{n} w_i f_i(x, y)\right) - \sum_{x,y} \tilde{P}(x, y) \sum_{i=1}^{n} w_i f_i(x, y)$$

梯度：

$$g(w) = \left(\frac{\partial f(w)}{\partial w_1}, \frac{\partial f(w)}{\partial w_2}, \cdots, \frac{\partial f(w)}{\partial w_n}\right)^{\mathrm{T}}$$

其中

$$\frac{\partial f(w)}{\partial w_i} = \sum_{x,y} \tilde{P}(x) P_w(y|x) f_i(x, y) - E_{\tilde{P}}(f_i), \quad i = 1, 2, \cdots, n$$

對應的擬牛頓法 BFGS 演算法如下。

【演算法 6.2】最大熵模型學習的 BFGS 演算法

輸入：特徵函數 $f_1, f_2, \cdots, f_n$ ；經驗分佈 $\tilde{P}(x, y)$ ，目標函數 $f(w)$ ，梯度 $g(w) = \nabla f(w)$ ，精度要求 ε ；

輸出：最優參數值 w^* ；最優模型 $P_{w^*}(y|x)$ 。

（1）選定初始點 $w^{(0)}$ ，取 B_0 為正定對稱矩陣，置 $k = 0$ ；

（2）計算 $g_k = g(w^{(k)})$ 。若 $\| g_k \| < \varepsilon$ ，則停止計算，得 $w^* = w^{(k)}$ ；否則轉(3) ；

（3）由 $B_k p_k = -g_k$ 求出 p_k ；

（4）一維搜索：求 λ_k 使得

$$f(w^{(k)} + \lambda_k p_k) = \min_{\lambda \geqslant 0} f(w^{(k)} + \lambda p_k)$$

（5）置 $w^{(k+1)} = w^{(k)} + \lambda_k p_k$ ；

（6）計算 $g_{k+1} = g(w^{(k+1)})$ ，若 $\| g_{k+1} \| < \varepsilon$ ，則停止計算，得 $w^* = w^{(k+1)}$ ；否則，按下式求出 B_{k+1} ：

$$B_{k+1} = B_k + \frac{y_k y_k^{\mathrm{T}}}{y_k^{\mathrm{T}} \delta_k} - \frac{B_k \delta_k \delta_k^{\mathrm{T}} B_k}{\delta_k^{\mathrm{T}} B_k \delta_k}$$

其中，

$$y_k = g_{k+1} - g_k, \quad \delta_k = w^{(k+1)} - w^{(k)}$$

（7）置 $k = k + 1$ ，轉(3)。

本章概要

1. 邏輯回歸模型是由以下條件機率分佈表示的分類模型。邏輯回歸模型可以用於二類或多類分類。

$$P(Y = k|x) = \frac{\exp(w_k \cdot x)}{1 + \sum_{k=1}^{K-1} \exp(w_k \cdot x)}, \quad k = 1, 2, \cdots, K-1$$

$$P(Y = K|x) = \frac{1}{1 + \sum_{k=1}^{K-1} \exp(w_k \cdot x)}$$

這裡，x為輸入特徵，w為特徵的權值。

邏輯回歸模型來自邏輯分佈，其分佈函數$F(x)$是 S 形函數。邏輯回歸模型是由輸入的線性函數表示的輸出的對數機率模型。

2. 最大熵模型是由以下條件機率分佈表示的分類模型。最大熵模型也可以用於二類或多類分類。

$$P_w(y|x) = \frac{1}{Z_w(x)} \exp\left(\sum_{i=1}^{n} w_i f_i(x, y)\right)$$

$$Z_w(x) = \sum_y \exp\left(\sum_{i=1}^{n} w_i f_i(x, y)\right)$$

其中，$Z_w(x)$是規範化因數，f_i為特徵函數，w_i為特徵的權值。

3. 最大熵模型可以由最大熵原理推導得出。最大熵原理是機率模型學習或估計的一個準則。最大熵原理認為在所有可能的機率模型（分佈）的集合中，熵最大的模型是最好的模型。

最大熵原理應用到分類模型的學習中，有以下約束最佳化問題：

$$\min \quad -H(P) = \sum_{x,y} \tilde{P}(x)P(y|x)\log P(y|x)$$

$$s.t. \quad P(f_i) - \tilde{P}(f_i) = 0, \quad i = 1,2,\cdots,n$$

$$\sum_y P(y|x) = 1$$

求解此最佳化問題的對偶問題得到最大熵模型。

4. 邏輯回歸模型與最大熵模型都屬於對數線性模型。

5. 邏輯回歸模型及最大熵模型學習一般採用極大似然估計，或正則化的極大似然估計。邏輯回歸模型及最大熵模型學習可以形式化為無約束最佳化問題。求解該最佳化問題的演算法有改進的迭代尺度法、梯度下降法、擬牛頓法。

繼續閱讀

邏輯回歸的介紹參見文獻[1]，最大熵模型的介紹參見文獻[2, 3]。邏輯回歸模型與單純貝氏模型的關係參見文獻[4]，邏輯回歸模型與 AdaBoost 的關係參見文獻[5]，邏輯回歸模型與核函數的關係參見文獻[6]。

習題

6.1 確認邏輯分佈屬於指數分佈族。

6.2 寫出邏輯回歸模型學習的梯度下降演算法。

6.3 寫出最大熵模型學習的 DFP 演算法。（關於一般的 DFP 演算法參見附錄 B）

參考文獻

[1] Berger A, Della Pietra S D, Pietra V D. A maximum entropy approach to natural language processing. Computational Linguistics, 1996, 22(1): 39–71.

[2] Berger A. The improved iterative scaling algorithm: a gentle introduction.
http://www.cs.cmu.edu/afs/cs/user/aberger/www/ps/scaling.ps.

[3] Hastie T, Tibshirani R，Friedman J. The elements of statistical learning: data mining, inference, and prediction. Springer-Verlag. 2001. （中譯本：統計學習基礎——數據挖掘、推理與預測. 范明，柴玉梅，昝紅英等譯. 北京: 電子工業出版社，2004.）

[4] Mitchell T M. Machine learning. McGraw-Hill Companies, Inc. 1997. （中譯本：機器學習. 北京：機械工業出版社, 2003.）

[5] Collins M, Schapire R E, Singer Y. Logistic regression, AdaBoost and Bregman distances. Machine Learning, 2002，48(1–3): 253–285.

[6] Canu S, Smola A J. Kernel method and exponential family. Neurocomputing, 2005, 69: 714–720.

支持向量機

支持向量機（support vector machines，SVM）是一種二類分類模型。它的基本模型是定義在特徵空間上的間隔最大的線性分類器，間隔最大使它有別於感知機；支持向量機還包括核技巧，這使它成為實質上的非線性分類器。支持向量機的學習策略就是間隔最大化，可形式化為一個求解凸二次規劃（convex quadratic programming）的問題，也等值於正則化的合頁損失函數的最小化問題。支持向量機的學習演算法是求解凸二次規劃的最佳化演算法。

支持向量機學習方法包含建構由簡至繁的模型：線性可分支持向量機（linear support vector machine in linearly separable case）、線性支持向量機（linear support vector machine）以及 非線性支持向量機（non-linear support vector machine）。簡單模型是複雜模型的基礎，也是複雜模型的特殊情況。當訓練資料線性可分時，通過硬間隔最大化（hard margin maximization），學習一個線性的分類器，即線性可分支持向量機，又稱為硬間隔支持向量機；當訓練資料近似線性可分時，透過軟間隔最大化（soft margin maximization），也學習一個線性的分類器，即線性支持向量機，又稱為軟間隔支持向量機；當訓練資料線性不可分時，透過使用核技巧（kernel trick）及軟間隔最大化，學習非線性支持向量機。

當輸入空間為歐氏空間或離散集合、特徵空間為希伯特空間時，核函數

（kernel function）表示將輸入從輸入空間映射到特徵空間得到的特徵向量之間的內積。透過使用核函數可以學習非線性支持向量機，等值於隱式地在高維的特徵空間中學習線性支持向量機。這樣的方法稱為核技巧。核方法（kernel method）是比支持向量機更為一般的機器學習方法。

Cortes 與 Vapnik 提出線性支持向量機，Boser、Guyon 與 Vapnik 又引入核技巧，提出非線性支持向量機。

本章按照上述思路介紹 3 類支持向量機、核函數及一種快速學習演算法——序列最小最佳化演算法（SMO）。

7.1 線性可分支持向量機與硬間隔最大化

7.1.1 線性可分支持向量機

考慮一個二類分類問題。假設輸入空間與特徵空間為兩個不同的空間。輸入空間為歐氏空間或離散集合，特徵空間為歐氏空間或希伯特空間。線性可分支持向量機、線性支持向量機假設這兩個空間的元素一一對應，並將輸入空間中的輸入映射為特徵空間中的特徵向量。非線性支持向量機利用一個從輸入空間到特徵空間的 非線性映射將輸入映射為特徵向量。所以，輸入都由輸入空間轉換到特徵空間，支持向量機的學習是在特徵空間進行的。

假設給定一個特徵空間上的訓練資料集

$$T = \{(x_1, y_1), (x_2, y_2), \cdots, (x_N, y_N)\}$$

其中，$x_i \in X = R^n$，$y_i \in Y = \{+1, -1\}$，$i = 1, 2, \cdots, N$。x_i為第i個特徵向量，也稱為實例，y_i為x_i的類標記。當$y_i = +1$時，稱x_i為正例；當$y_i = -1$時，稱x_i為負例。(x_i, y_i)稱為樣本點。再假設訓練資料集是線性可分的（見定義 2.2）。

學習的目標是在特徵空間中找到一個分離超平面，能將實例分到不同的類。分離超平面對應於方程式 $w \cdot x + b = 0$，它由法向量w和截距b決定，可用(w, b)來表示。分離超平面將特徵空間劃分為兩部分，一部分是正類，一部分是負類。法向量指向的一側為正類，另一側為負類。

一般地，當訓練資料集線性可分時，存在無窮個分離超平面可將兩類資料正確分開。感知機利用誤分類最小的策略，求得分離超平面，不過這時的解有無窮多個。線性可分支持向量機利用間隔最大化求最優分離超平面，這時，解是唯一的。

【定義 7.1】線性可分支持向量機：給定線性可分訓練資料集，透過間隔最大化或等值地求解對應的凸二次規劃問題學習得到的分離超平面為

$$w^* \cdot x + b^* = 0 \tag{7.1}$$

以及對應的分類決策函數

$$f(x) = sign(w^* \cdot x + b^*) \tag{7.2}$$

稱為線性可分支持向量機。

考慮如圖 7.1 所示的二維特徵空間中的分類問題。圖中「○」表示正例，「×」表示負例。訓練資料集線性可分，這時有許多直線能將兩類資料正確劃分。線性可分支持向量機對應著將兩類資料正確劃分並且間隔最大的直線，如圖 7.1 所示。

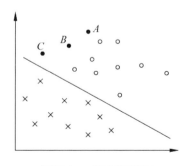

圖 7.1 二類分類問題

間隔最大及對應的約束最佳化問題將在下面敘述。這裡先介紹函數間隔和幾何間隔的概念。

7.1.2 函數間隔和幾何間隔

在圖 7.1 中，有 A，B，C 三個點，表示 3 個實例，均在分離超平面的正類一側，預測它們的類。點 A 距分離超平面較遠，若預測該點為正類，就比較確信預測是正確的；點 C 距分離超平面較近，若預測該點為正類就不那麼確信；點 B 介於點 A 與 C 之間，預測其為正類的確信度也在 A 與 C 之間。

一般來説，一個點距離分離超平面的遠近可以表示分類預測的確信程度。在超平面 $w \cdot x + b = 0$ 確定的情況下，$|w \cdot x + b|$ 能夠相對地表示點 x 距離超平面的遠近。而 $w \cdot x + b$ 的符號與類標記 y 的符號是否一致能夠表示分類是否正確。所以可用量 $y(w \cdot x + b)$ 來表示分類的正確性及確信度，這就是函數間隔（functional margin）的概念。

【定義 7.2】函數間隔：對於給定的訓練資料集 T 和超平面 (w, b)，定義超平面 (w, b) 關於樣本點 (x_i, y_i) 的函數間隔為

$$\hat{\gamma}_i = y_i(w \cdot x_i + b) \tag{7.3}$$

定義超平面 (w, b) 關於訓練資料集 T 的函數間隔為超平面 (w, b) 關於 T 中所有樣本點 (x_i, y_i) 的函數間隔之最小值，即

$$\hat{\gamma} = \min_{i=1,\cdots,N} \hat{\gamma}_i \tag{7.4}$$

函數間隔可以表示分類預測的正確性及確信度。但是選擇分離超平面時，只有函數間隔還不夠。因為只要成比例地改變 w 和 b，例如將它們改為 $2w$ 和 $2b$，超平面並沒有改變，但函數間隔卻成為原來的 2 倍。這一事實啟示我們，可以對分離超平面的法向量 w 加某些約束，如規範化，$\| w \| = 1$，使得間隔是確定的。這時函數間隔成為幾何間隔（geometric margin）。

圖 7.2 舉出了超平面 (w, b) 及其法向量 w。點 A 表示某一實例 x_i，其類標記

為$y_i = +1$。點A與超平面(w, b)的距離由線段AB舉出，記作γ_i。

$$\gamma_i = \frac{w}{\parallel w \parallel} \cdot x_i + \frac{b}{\parallel w \parallel}$$

其中，$\parallel w \parallel$為w的L_2範數。這是點A在超平面正的一側的情形。如果點A在超平面負的一側，即$y_i = -1$，那麼點與超平面的距離為

$$\gamma_i = -\left(\frac{w}{\parallel w \parallel} \cdot x_i + \frac{b}{\parallel w \parallel} \right)$$

一般地，當樣本點(x_i, y_i)被超平面(w, b)正確分類時，點x_i與超平面(w, b)的距離是

$$\gamma_i = y_i \left(\frac{w}{\parallel w \parallel} \cdot x_i + \frac{b}{\parallel w \parallel} \right)$$

由這一事實導出幾何間隔的概念。

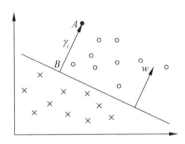

圖 7.2 幾何間隔

【定義 7.3】幾何間隔：對於給定的訓練資料集T和超平面(w, b)，定義超平面(w, b)關於樣本點(x_i, y_i)的幾何間隔為

$$\gamma_i = y_i \left(\frac{w}{\parallel w \parallel} \cdot x_i + \frac{b}{\parallel w \parallel} \right) \tag{7.5}$$

定義超平面(w, b)關於訓練資料集T的幾何間隔為超平面(w, b)關於T中所有樣本點(x_i, y_i)的幾何間隔之最小值，即

$$\gamma = \min_{i=1,\cdots,N} \gamma_i \tag{7.6}$$

超平面(w,b)關於樣本點(x_i, y_i)的幾何間隔一般是實例點到超平面的帶符號的距離（signed distance），當樣本點被超平面正確分類時就是實例點到超平面的距離。

從函數間隔和幾何間隔的定義（式(7.3)~ 式(7.6)）可知，函數間隔和幾何間隔有下面的關係：

$$\gamma_i = \frac{\hat{\gamma}_i}{\|w\|} \tag{7.7}$$

$$\gamma = \frac{\hat{\gamma}}{\|w\|} \tag{7.8}$$

如果$\|w\|= 1$，那麼函數間隔和幾何間隔相等。如果超平面參數w和b成比例地改變（超平面沒有改變），函數間隔也按此比例改變，而幾何間隔不變。

7.1.3 間隔最大化

支持向量機學習的基本想法是求解能夠正確劃分訓練資料集並且幾何間隔最大的分離超平面。對線性可分的訓練資料集而言，線性可分分離超平面有無窮多個（等值於感知機），但是幾何間隔最大的分離超平面是唯一的。這裡的間隔最大化又稱為硬間隔最大化 （與將要討論的訓練資料集近似線性可分時的軟間隔最大化相對應）。

間隔最大化的直觀解釋是：對訓練資料集找到幾何間隔最大的超平面意味著以充分大的確信度對訓練資料進行分類。也就是説，不僅將正負實例點分開，而且對最難分的實例點（離超平面最近的點）也有足夠大的確信度將它們分開。這樣的超平面應該對未知的新實例有很好的分類預測能力。

1. 最大間隔分離超平面

下面考慮如何求得一個幾何間隔最大的分離超平面，即最大間隔分離超平面。具體地，這個問題可以表示為下面的帶符號最佳化問題：

$$\max_{w,b} \quad \gamma \tag{7.9}$$

$$s.t. \quad y_i\left(\frac{w}{\|w\|} \cdot x_i + \frac{b}{\|w\|}\right) \geqslant \gamma, \quad i = 1,2,\cdots,N \tag{7.10}$$

即我們希望最大化超平面(w,b)關於訓練資料集的幾何間隔γ，限制條件表示的是超平面(w,b)關於每個訓練樣本點的幾何間隔至少是γ。

考慮幾何間隔和函數間隔的關係式(7.8)，可將這個問題改寫為

$$\max_{w,b} \quad \frac{\hat{\gamma}}{\|w\|} \tag{7.11}$$

$$s.t. \quad y_i(w \cdot x_i + b) \geqslant \hat{\gamma}, \quad i = 1,2,\cdots,N \tag{7.12}$$

函數間隔$\hat{\gamma}$的取值並不影響最佳化問題的解。事實上，假設將w和b按比例改變為λw和λb，這時函數間隔成為$\lambda \hat{\gamma}$。函數間隔的這一改變對上面最佳化問題的不等式限制沒有影響，對目標函數的最佳化也沒有影響，也就是說，它產生一個等值的最佳化問題。這樣，就可以取$\hat{\gamma} = 1$。將$\hat{\gamma} = 1$代入上面的最佳化問題，注意到最大化$\frac{1}{\|w\|}$和最小化$\frac{1}{2}\|w\|^2$是等值的，於是就得到下面的線性可分支持向量機學習的最佳化問題：

$$\min_{w,b} \quad \frac{1}{2}\|w\|^2 \tag{7.13}$$

$$s.t. \quad y_i(w \cdot x_i + b) - 1 \geqslant 0, \quad i = 1,2,\cdots,N \tag{7.14}$$

這是一個凸二次規劃（convex quadratic programming）問題。

凸最佳化問題是指約束最佳化問題

$$\min_{w} \quad f(w) \tag{7.15}$$

$$s.t. \quad g_i(w) \leqslant 0, \quad i = 1,2,\cdots,k \tag{7.16}$$

$$h_i(w) = 0, \quad i = 1,2,\cdots,l \tag{7.17}$$

其中，目標函數$f(w)$和約束函數$g_i(w)$都是R^n上的連續可微的凸函數，約

束函數$h_i(w)$是R^n上的仿射函數[1]。

當目標函數$f(w)$是二次函數且約束函數$g_i(w)$是仿射函數時，上述凸最佳化問題成為凸二次規劃問題。

如果求出了約束最佳化問題(7.13)~(7.14)的解w^*, b^*，那麼就可以得到最大間隔分離超平面$w^* \cdot x + b^* = 0$及分類決策函數$f(x) = sign(w^* \cdot x + b^*)$，即線性可分支持向量機模型。

綜上所述，就有下面的線性可分支持向量機的學習演算法——最大間隔法（maximum margin method）。

【演算法 7.1】線性可分支持向量機學習演算法——最大間隔法

輸入：線性可分訓練資料集$T = \{(x_1, y_1), (x_2, y_2), \cdots, (x_N, y_N)\}$，其中，$x_i \in X = R^n$，$y_i \in Y = \{-1, +1\}$，$i = 1, 2, \cdots, N$；

輸出：最大間隔分離超平面和分類決策函數。

（1）構造並求解約束最佳化問題：

$$\min_{w,b} \quad \frac{1}{2} \parallel w \parallel^2$$
$$s.t. \quad y_i(w \cdot x_i + b) - 1 \geqslant 0, \quad i = 1, 2, \cdots, N$$

求得最佳解w^*, b^*。

（2）由此得到分離超平面：

$$w^* \cdot x + b^* = 0$$

分類決策函數

$$f(x) = sign(w^* \cdot x + b^*)$$

---

[1] $f(x)$稱為仿射函數，如果它滿足$f(x) = a \cdot x + b$，$a \in R^n$，$b \in R$，$x \in R^n$。

2. 最大間隔分離超平面的存在唯一性

線性可分訓練資料集的最大間隔分離超平面是存在且唯一的。

【定理 7.1】最大間隔分離超平面的存在唯一性：若訓練資料集T線性可分，則可將訓練資料集中的樣本點完全正確分開的最大間隔分離超平面存在且唯一。

【證明】

（1）存在性

由於訓練資料集線性可分，所以演算法 7.1 中的最佳化問題(7.13)~(7.14)一定存在可行解。又由於目標函數有下界，所以最佳化問題(7.13)~(7.14)必有解，記作(w^*, b^*)。由於訓練資料集中既有正類點又有負類點，所以$(w, b) = (0, b)$不是最佳化的可行解，因而最優解(w^*, b^*)必滿足$w^* \neq 0$。由此得知分離超平面的存在性。

（2）唯一性

首先證明最佳化問題(7.13)~(7.14)解中w^*的唯一性。假設問題(7.13)~(7.14)存在兩個最優解(w_1^*, b_1^*)和(w_2^*, b_2^*)。顯然$\| w_1^* \|=\| w_2^* \|= c$，其中$c$是一個常數。令$w = \frac{w_1^* + w_2^*}{2}$，$b = \frac{b_1^* + b_2^*}{2}$，易知$(w, b)$是問題(7.13)~(7.14)的可行解，從而有

$$c \leqslant \| w \| \leqslant \frac{1}{2} \| w_1^* \| + \frac{1}{2} \| w_2^* \|= c$$

上式表明，式中的不等號可變為等號，即$\| w \|= \frac{1}{2} \| w_1^* \| + \frac{1}{2} \| w_2^* \|$，從而有$w_1^* = \lambda w_2^*$，$|\lambda| = 1$。若$\lambda = -1$，則$w = 0$，$(w, b)$不是問題(7.13)~(7.14)的可行解，矛盾。因此必有$\lambda = 1$，即

$$w_1^* = w_2^*$$

由此可以把兩個最優解(w_1^*, b_1^*)和(w_2^*, b_2^*)分別寫成(w^*, b_1^*)和(w^*, b_2^*)。再證$b_1^* = b_2^*$。設x'_1和x'_2是集合$\{x_i | y_i = +1\}$中分別對應於(w^*, b_1^*)和(w^*, b_2^*)使得問題的不等式等號成立的點，x''_1和x''_2是集合$\{x_i | y_i = -1\}$中分別對應

於(w^*, b_1^*)和(w^*, b_2^*)使得問題的不等式等號成立的點，則由$b_1^* = -\frac{1}{2}(w^* \cdot x'_1 + w^* \cdot x''_1)$，$b_2^* = -\frac{1}{2}(w^* \cdot x'_2 + w^* \cdot x''_2)$，得

$$b_1^* - b_2^* = -\frac{1}{2}[w^* \cdot (x'_1 - x'_2) + w^* \cdot (x''_1 - x''_2)]$$

又因為

$$w^* \cdot x'_2 + b_1^* \geqslant 1 = w^* \cdot x'_1 + b_1^*$$
$$w^* \cdot x'_1 + b_2^* \geqslant 1 = w^* \cdot x'_2 + b_2^*$$

所以，$w^* \cdot (x'_1 - x'_2) = 0$。同理有$w^* \cdot (x''_1 - x''_2) = 0$。因此，

$$b_1^* - b_2^* = 0$$

由$w_1^* = w_2^*$和$b_1^* = b_2^*$可知，兩個最優解(w_1^*, b_1^*)和 (w_2^*, b_2^*)是相同的，解的唯一性 得證。

由問題(7.13)~(7.14)解的唯一性即得分離超平面是唯一的。

（3）分離超平面能將訓練資料集中的兩類點完全正確地分開。
由解滿足問題的限制條件即可得知。

3. 支持向量和間隔邊界

在線性可分情況下，訓練資料集的樣本點中與分離超平面距離最近的樣本點的實例稱為支持向量（support vector）。支持向量是使限制條件式(7.14)等號成立的點，即

$$y_i(w \cdot x_i + b) - 1 = 0$$

對$y_i = +1$的正例點，支持向量在超平面

$$H_1: w \cdot x + b = 1$$

上，對$y_i = -1$的負例點，支持向量在超平面

$$H_2: w \cdot x + b = -1$$

上。如圖 7.3 所示，在H_1和H_2上的點就是支持向量。

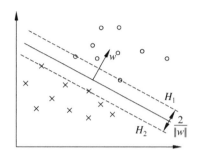

圖 7.3 支持向量

注意到H_1和H_2平行，並且沒有實例點落在它們中間。在H_1與H_2之間形成一條長帶，分離超平面與它們平行且位於它們中央。長帶的寬度，即H_1與H_2之間的距離稱為間隔（margin）。間隔依賴於分離超平面的法向量w，等於$\frac{2}{\|w\|}$。H_1和H_2稱為間隔邊界。

在決定分離超平面時只有支持向量起作用，而其他實例點並不起作用。如果移動支持向量將改變所求的解；但是如果在間隔邊界以外移動其他實例點，甚至去掉這些點，則解是不會改變的。由於支持向量在確定分離超平面中起著決定性作用，所以將這種分類模型稱為支持向量機。支持向量的個數一般很少，所以支持向量機由很少的「重要的」訓練樣本確定。

【**例 7.1**】資料與例 2.1 相同。已知一個如圖 7.4 所示的訓練資料集，其正例點是$x_1 = (3,3)^{\mathrm{T}}$，$x_2 = (4,3)^{\mathrm{T}}$，負例點是$x_3 = (1,1)^{\mathrm{T}}$，試求最大間隔分離超平面。

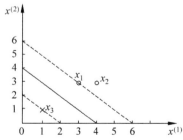

圖 7.4 間隔最大分離超平面範例

【解】按照演算法 7.1，根據訓練資料集構造約束最佳化問題：

$$\min_{w,b} \quad \frac{1}{2}(w_1^2 + w_2^2)$$
$$s.t. \quad 3w_1 + 3w_2 + b \geqslant 1$$
$$4w_1 + 3w_2 + b \geqslant 1$$
$$-w_1 - w_2 - b \geqslant 1$$

求得此最佳化問題的解$w_1 = w_2 = \frac{1}{2}$，$b = -2$。於是最大間隔分離超平面為

$$\frac{1}{2}x^{(1)} + \frac{1}{2}x^{(2)} - 2 = 0$$

其中，$x_1 = (3,3)^{\mathrm{T}}$與$x_3 = (1,1)^{\mathrm{T}}$為支持向量。

7.1.4 學習的對偶演算法

為了求解線性可分支持向量機的最佳化問題(7.13)~(7.14)，將它作為原始最佳化問題，應用拉格朗日對偶性（參閱附錄 C），透過求解對偶問題（dual problem）得到原始問題（primal problem）的最優解，這就是線性可分支持向量機的對偶演算法 （dual algorithm）。這樣做的優點，一是對偶問題往往更容易求解；二是自然引入核函數，進而推廣到非線性分類問題。

首先建構拉格朗日函數（Lagrange function）。為此，對每一個不等式約束(7.14)引進拉格朗日乘子（Lagrange multiplier）$\alpha_i \geqslant 0$，$i = 1,2,\cdots,N$，定義拉格朗日函數：

$$L(w,b,\alpha) = \frac{1}{2} \parallel w \parallel^2 - \sum_{i=1}^{N} \alpha_i y_i(w \cdot x_i + b) + \sum_{i=1}^{N} \alpha_i \qquad (7.18)$$

其中，$\alpha = (\alpha_1, \alpha_2, \cdots, \alpha_N)^{\mathrm{T}}$為拉格朗日乘子向量。

根據拉格朗日對偶性，原始問題的對偶問題是極大極小問題：

$$\max_{\alpha} \min_{w,b} L(w,b,\alpha)$$

所以，為了得到對偶問題的解，需要先求$L(w, b, \alpha)$對w, b的極小，再求對α的極大。

（1）求$\min\limits_{w,b} L(w, b, \alpha)$

將拉格朗日函數$L(w, b, \alpha)$分別對w, b求偏導數並令其等於 0。

$$\nabla_w L(w, b, \alpha) = w - \sum_{i=1}^{N} \alpha_i y_i x_i = 0$$

$$\nabla_b L(w, b, \alpha) = - \sum_{i=1}^{N} \alpha_i y_i = 0$$

得

$$w = \sum_{i=1}^{N} \alpha_i y_i x_i \tag{7.19}$$

$$\sum_{i=1}^{N} \alpha_i y_i = 0 \tag{7.20}$$

將式(7.19)代入拉格朗日函數(7.18)，並利用式(7.20)，即得

$$
\begin{aligned}
L(w, b, \alpha) &= \frac{1}{2} \sum_{i=1}^{N} \sum_{j=1}^{N} \alpha_i \alpha_j y_i y_j (x_i \cdot x_j) - \sum_{i=1}^{N} \alpha_i y_i \left(\left(\sum_{j=1}^{N} \alpha_j y_j x_j \right) \cdot x_i + b \right) + \sum_{i=1}^{N} \alpha_i \\
&= -\frac{1}{2} \sum_{i=1}^{N} \sum_{j=1}^{N} \alpha_i \alpha_j y_i y_j (x_i \cdot x_j) + \sum_{i=1}^{N} \alpha_i
\end{aligned}
$$

即

$$\min_{w,b} L(w, b, \alpha) = -\frac{1}{2} \sum_{i=1}^{N} \sum_{j=1}^{N} \alpha_i \alpha_j y_i y_j (x_i \cdot x_j) + \sum_{i=1}^{N} \alpha_i$$

（2）求$\min\limits_{w,b} L(w, b, \alpha)$對$\alpha$的極大，即是對偶問題

$$\max_{\alpha} \quad -\frac{1}{2}\sum_{i=1}^{N}\sum_{j=1}^{N}\alpha_i\alpha_j y_i y_j(x_i \cdot x_j) + \sum_{i=1}^{N}\alpha_i \tag{7.21}$$

$$s.t. \quad \sum_{i=1}^{N}\alpha_i y_i = 0$$

$$\alpha_i \geqslant 0, \quad i = 1,2,\cdots,N$$

將式(7.21)的目標函數由求極大轉換成求極小,就得到下面與之等值的對偶最佳化問題:

$$\min_{\alpha} \quad \frac{1}{2}\sum_{i=1}^{N}\sum_{j=1}^{N}\alpha_i\alpha_j y_i y_j(x_i \cdot x_j) - \sum_{i=1}^{N}\alpha_i \tag{7.22}$$

$$s.t. \quad \sum_{i=1}^{N}\alpha_i y_i = 0 \tag{7.23}$$

$$\alpha_i \geqslant 0, \quad i = 1,2,\cdots,N \tag{7.24}$$

考慮原始最佳化問題(7.13)~(7.14)和對偶最佳化問題(7.22)~(7.24),原始問題滿足定理 C.2 的條件,所以存在w^*, α^*, β^*,使w^*是原始問題的解,α^*, β^*是對偶問題的解。這意味著求解原始問題(7.13)~(7.14)可以轉換為求解對偶問題(7.22)~(7.24)。

對線性可分訓練資料集,假設對偶最佳化問題(7.22)~(7.24)對α的解為$\alpha^* = (\alpha_1^*, \alpha_2^*, \cdots, \alpha_N^*)^T$,可以由$\alpha^*$求得原始最佳化問題(7.13)~(7.14)對$(w, b)$的解$w^*, b^*$。有下面的定理。

【定理 7.2】設$\alpha^* = (\alpha_1^*, \alpha_2^*, \cdots, \alpha_l^*)^T$是對偶最佳化問題(7.22)~(7.24)的解,則存在下標j,使得$\alpha_j^* > 0$,並可按下式求得原始最佳化問題(7.13)~(7.14)的解w^*, b^*:

$$w^* = \sum_{i=1}^{N}\alpha_i^* y_i x_i \tag{7.25}$$

$$b^* = y_j - \sum_{i=1}^{N} \alpha_i^* y_i (x_i \cdot x_j) \tag{7.26}$$

【證明】根據定理 C.3，KKT 條件成立，即得

$$\nabla_w L(w^*, b^*, \alpha^*) = w^* - \sum_{i=1}^{N} \alpha_i^* y_i x_i = 0 \tag{7.27}$$

$$\nabla_b L(w^*, b^*, \alpha^*) = - \sum_{i=1}^{N} \alpha_i^* y_i = 0$$

$$\alpha_i^* (y_i(w^* \cdot x_i + b^*) - 1) = 0, \quad i = 1,2,\cdots,N$$

$$y_i(w^* \cdot x_i + b^*) - 1 \geqslant 0, \quad i = 1,2,\cdots,N$$

$$\alpha_i^* \geqslant 0, \quad i = 1,2,\cdots,N$$

由此得

$$w^* = \sum_i \alpha_i^* y_i x_i$$

其中至少有一個$\alpha_j^* > 0$（用反證法，假設$\alpha^* = 0$，由式 (7.27) 可知$w^* = 0$，而$w^* = 0$不是原始最佳化問題(7.13)~(7.14)的解，產生矛盾），對此j有

$$y_j(w^* \cdot x_j + b^*) - 1 = 0 \tag{7.28}$$

將式(7.25)代入式(7.28)並注意到$y_j^2 = 1$，即得

$$b^* = y_j - \sum_{i=1}^{N} \alpha_i^* y_i (x_i \cdot x_j)$$

由此定理可知，分離超平面可以寫成

$$\sum_{i=1}^{N} \alpha_i^* y_i (x \cdot x_i) + b^* = 0 \tag{7.29}$$

分類決策函數可以寫成

$$f(x) = sign\left(\sum_{i=1}^{N} \alpha_i^* y_i(x \cdot x_i) + b^*\right) \tag{7.30}$$

這就是說，分類決策函數只依賴於輸入x和訓練樣本輸入的內積。式(7.30)稱為線性可分支持向量機的對偶形式。

綜上所述，對於給定的線性可分訓練資料集，可以首先求對偶問題(7.22)~(7.24)的解α^*；再利用式(7.25)和式(7.26)求得原始問題的解w^*, b^*；從而得到分離超平面及分類決策函數。這種演算法稱為線性可分支持向量機的對偶學習演算法，是線性可分支持向量機學習的基本演算法。

【演算法 7.2】線性可分支持向量機學習演算法

輸入：線性可分訓練集$T = \{(x_1, y_1), (x_2, y_2), \cdots, (x_N, y_N)\}$，其中$x_i \in X = R^n$，$y_i \in Y = \{-1, +1\}$，$i = 1, 2, \cdots, N$；

輸出：分離超平面和分類決策函數。

（1）構造並求解約束最佳化問題

$$\min_{\alpha} \quad \frac{1}{2}\sum_{i=1}^{N}\sum_{j=1}^{N} \alpha_i \alpha_j y_i y_j (x_i \cdot x_j) - \sum_{i=1}^{N} \alpha_i$$

$$s.t. \quad \sum_{i=1}^{N} \alpha_i y_i = 0$$

$$\alpha_i \geqslant 0, \quad i = 1, 2, \cdots, N$$

求得最優解$\alpha^* = (\alpha_1^*, \alpha_2^*, \cdots, \alpha_N^*)^{\mathrm{T}}$。

（2）計算

$$w^* = \sum_{i=1}^{N} \alpha_i^* y_i x_i$$

並選擇α^*的一個正分量$\alpha_j^* > 0$，計算

$$b^* = y_j - \sum_{i=1}^{N} \alpha_i^* y_i (x_i \cdot x_j)$$

（3）求得分離超平面

$$w^* \cdot x + b^* = 0$$

分類決策函數：

$$f(x) = sign(w^* \cdot x + b^*)$$

在線性可分支持向量機中，由式(7.25)、式(7.26)可知，w^*和b^*只依賴於訓練資料中對應於 $\alpha_i^* > 0$的樣本點(x_i, y_i)，而其他樣本點對w^*和b^*沒有影響。我們將訓練資料中對應於$\alpha_i^* > 0$的實例點$x_i \in R^n$稱為支持向量。

【定義 7.4】支持向量：考慮原始最佳化問題(7.13)~(7.14)及對偶最佳化問題(7.22)~(7.24)，將訓練資料集中對應於$\alpha_i^* > 0$的樣本點(x_i, y_i)的實例$x_i \in R^n$稱為支持向量。

根據這一定義，支持向量一定在間隔邊界上。由 KKT 互補條件可知，

$$\alpha_i^* (y_i(w^* \cdot x_i + b^*) - 1) = 0, \quad i = 1,2,\cdots, N$$

對應於$\alpha_i^* > 0$的實例x_i，有

$$y_i(w^* \cdot x_i + b^*) - 1 = 0$$

或

$$w^* \cdot x_i + b^* = \pm 1$$

即x_i一定在間隔邊界上。這裡的支持向量的定義與前面舉出的支持向量的定義是一致的。

【例 7.2】訓練資料與例 7.1 相同。如圖 7.4 所示，正例點是$x_1 = (3,3)^{\mathrm{T}}$，$x_2 = (4,3)^{\mathrm{T}}$，負例點是$x_3 = (1,1)^{\mathrm{T}}$，試用演算法 7.2 求線性可分支持向量機。

【解】 根據所給資料，對偶問題是

$$\min_{\alpha} \quad \frac{1}{2}\sum_{i=1}^{N}\sum_{j=1}^{N}\alpha_i\alpha_j y_i y_j(x_i \cdot x_j) - \sum_{i=1}^{N}\alpha_i$$

$$= \frac{1}{2}(18\alpha_1^2 + 25\alpha_2^2 + 2\alpha_3^2 + 42\alpha_1\alpha_2 - 12\alpha_1\alpha_3 - 14\alpha_2\alpha_3) - \alpha_1 - \alpha_2 - \alpha_3$$

$$s.t. \quad \alpha_1 + \alpha_2 - \alpha_3 = 0$$
$$\alpha_i \geqslant 0, \quad i = 1,2,3$$

解這一最佳化問題。將 $\alpha_3 = \alpha_1 + \alpha_2$ 代入目標函數並記為

$$s(\alpha_1, \alpha_2) = 4\alpha_1^2 + \frac{13}{2}\alpha_2^2 + 10\alpha_1\alpha_2 - 2\alpha_1 - 2\alpha_2$$

對 α_1, α_2 求偏導數並令其為 0，易知 $s(\alpha_1, \alpha_2)$ 在點 $\left(\frac{3}{2}, -1\right)^{\mathrm{T}}$ 取極值，但該點不滿足限制條件 $\alpha_2 \geqslant 0$，所以最小值應在邊界上達到。

當 $\alpha_1 = 0$ 時，最小值 $s\left(0, \frac{2}{13}\right) = -\frac{2}{13}$；當 $\alpha_2 = 0$ 時，最小值 $s\left(\frac{1}{4}, 0\right) = -\frac{1}{4}$。於是 $s(\alpha_1, \alpha_2)$ 在 $\alpha_1 = \frac{1}{4}, \alpha_2 = 0$ 達到最小，此時 $\alpha_3 = \alpha_1 + \alpha_2 = \frac{1}{4}$。

這樣，$\alpha_1^* = \alpha_3^* = \frac{1}{4}$ 對應的實例點 x_1, x_3 是支持向量。根據式(7.25)和式(7.26)計算得

$$w_1^* = w_2^* = \frac{1}{2}$$

$$b^* = -2$$

分離超平面為

$$\frac{1}{2}x^{(1)} + \frac{1}{2}x^{(2)} - 2 = 0$$

分類決策函數為

$$f(x) = sign\left(\frac{1}{2}x^{(1)} + \frac{1}{2}x^{(2)} - 2\right)$$

對於線性可分問題，上述線性可分支持向量機的學習（硬間隔最大化）演算法是完美的。但是，訓練資料集線性可分是理想的情形。在現實問題中，訓練資料集往往是線性不可分的，即在樣本中出現雜訊或特異點。此時，有更一般的學習演算法。

7.2 線性支持向量機與軟間隔最大化

7.2.1 線性支持向量機

線性可分問題的支持向量機學習方法，對線性不可分訓練資料是不適用的，因為這時上述方法中的不等式約束並不能都成立。怎麼才能將它擴充到線性不可分問題呢？這就需要修改硬間隔最大化，使其成為軟間隔最大化。

假設給定一個特徵空間上的訓練資料集

$$T = \{(x_1, y_1), (x_2, y_2), \cdots, (x_N, y_N)\}$$

其中，$x_i \in X = R^n$，$y_i \in Y = \{+1, -1\}$，$i = 1, 2, \cdots, N$，x_i為第i個特徵向量，y_i為x_i的類標記。再假設訓練資料集不是線性可分的。大部分的情況是，訓練資料中有一些特異點（outlier），將這些特異點除去後，剩下大部分的樣本點組成的集合是線性可分的。

線性不可分意味著某些樣本點(x_i, y_i)不能滿足函數間隔大於等於 1 的限制條件(7.14)。為了解決這個問題，可以對每個樣本點(x_i, y_i)引進一個鬆弛變數$\xi_i \geqslant 0$，使函數間隔加上鬆弛變數大於等於 1。這樣，限制條件變為

$$y_i(w \cdot x_i + b) \geqslant 1 - \xi_i$$

同時，對每個鬆弛變數ξ_i，支付一個代價ξ_i。目標函數由原來的$\frac{1}{2} \parallel w \parallel^2$變成

$$\frac{1}{2} \parallel w \parallel^2 + C \sum_{i=1}^{N} \xi_i \tag{7.31}$$

這裡，$C > 0$稱為懲罰參數，一般由應用問題決定，C值大時對誤分類的懲罰增大，C值小時對誤分類的懲罰減小。最小化目標函數(7.31)包含兩層含義：使$\frac{1}{2} \parallel w \parallel^2$儘量小即間隔儘量大，同時使誤分類點的個數儘量小，$C$是調和二者的係數。

有了上面的思路，可以和訓練資料集線性可分時一樣來考慮訓練資料集線性不可分時的線性支持向量機學習問題。對應於硬間隔最大化，它稱為軟間隔最大化。

線性不可分的線性支持向量機的學習問題變成如下凸二次規劃（convex quadratic programming）問題（原始問題）：

$$\min_{w,b,\xi} \quad \frac{1}{2} \parallel w \parallel^2 + C \sum_{i=1}^{N} \xi_i \tag{7.32}$$

$$s.t. \quad y_i(w \cdot x_i + b) \geqslant 1 - \xi_i, \quad i = 1,2,\cdots,N \tag{7.33}$$

$$\xi_i \geqslant 0, \quad i = 1,2,\cdots,N \tag{7.34}$$

原始問題(7.32)~(7.34)是一個凸二次規劃問題，因而關於(w, b, ξ)的解是存在的。可以證明w的解是唯一的，但b的解可能不唯一，而是存在於一個區間[11]。

設問題(7.32)~(7.34)的解是w^*，b^*，於是可以得到分離超平面$w^* \cdot x + b^* = 0$及分類決策函數$f(x) = sign(w^* \cdot x + b^*)$。稱這樣的模型為訓練樣本線性不可分時的線性支持向量機，簡稱為線性支持向量機。顯然，線性支持向量機包含線性可分支持向量機。由於現實中訓練資料集往往是線性不可分的，線性支持向量機具有更廣的適用性。

下面舉出線性支持向量機的定義。

【定義 7.5】線性支持向量機：對於給定的線性不可分的訓練資料集，透過求解凸二次規劃問題，即軟間隔最大化問題(7.32)～(7.34)，得到的分離超平面為

$$w^* \cdot x + b^* = 0 \tag{7.35}$$

以及對應的分類決策函數

$$f(x) = sign(w^* \cdot x + b^*) \tag{7.36}$$

稱為線性支持向量機。

7.2.2 學習的對偶演算法

原始問題(7.32)～(7.34)的對偶問題是

$$\min_{\alpha} \quad \frac{1}{2} \sum_{i=1}^{N} \sum_{j=1}^{N} \alpha_i \alpha_j y_i y_j (x_i \cdot x_j) - \sum_{i=1}^{N} \alpha_i \tag{7.37}$$

$$s.t. \quad \sum_{i=1}^{N} \alpha_i y_i = 0 \tag{7.38}$$

$$0 \leqslant \alpha_i \leqslant C, \quad i = 1, 2, \cdots, N \tag{7.39}$$

原始最佳化問題(7.32)～(7.34)的拉格朗日函數是

$$L(w, b, \xi, \alpha, \mu) \equiv \frac{1}{2} \| w \|^2 + C \sum_{i=1}^{N} \xi_i - \sum_{i=1}^{N} \alpha_i (y_i(w \cdot x_i + b) - 1 + \xi_i) - \sum_{i=1}^{N} \mu_i \xi_i \tag{7.40}$$

其中，$\alpha_i \geqslant 0, \mu_i \geqslant 0$。

對偶問題是拉格朗日函數的極大極小問題。首先求$L(w, b, \xi, \alpha, \mu)$對$w, b, \xi$的極小，由

$$\nabla_w L(w,b,\xi,\alpha,\mu) = w - \sum_{i=1}^{N} \alpha_i y_i x_i = 0$$

$$\nabla_b L(w,b,\xi,\alpha,\mu) = - \sum_{i=1}^{N} \alpha_i y_i = 0$$

$$\nabla_{\xi_i} L(w,b,\xi,\alpha,\mu) = C - \alpha_i - \mu_i = 0$$

得

$$w = \sum_{i=1}^{N} \alpha_i y_i x_i \qquad (7.41)$$

$$\sum_{i=1}^{N} \alpha_i y_i = 0 \qquad (7.42)$$

$$C - \alpha_i - \mu_i = 0 \qquad (7.43)$$

將式(7.41)~(7.43)代入式(7.40)，得

$$\min_{w,b,\xi} L(w,b,\xi,\alpha,\mu) = -\frac{1}{2}\sum_{i=1}^{N}\sum_{j=1}^{N} \alpha_i \alpha_j y_i y_j (x_i \cdot x_j) + \sum_{i=1}^{N} \alpha_i$$

再對 $\min_{w,b,\xi} L(w,b,\xi,\alpha,\mu)$ 求 α 的極大，即得對偶問題：

$$\max_{\alpha} \quad -\frac{1}{2}\sum_{i=1}^{N}\sum_{j=1}^{N} \alpha_i \alpha_j y_i y_j (x_i \cdot x_j) + \sum_{i=1}^{N} \alpha_i \qquad (7.44)$$

$$s.t. \quad \sum_{i=1}^{N} \alpha_i y_i = 0 \qquad (7.45)$$

$$C - \alpha_i - \mu_i = 0 \qquad (7.46)$$

$$\alpha_i \geqslant 0 \qquad (7.47)$$

$$\mu_i \geqslant 0, \quad i = 1,2,\cdots,N \qquad (7.48)$$

將對偶最佳化問題(7.44)~(7.48)進行變換：利用等式約束(7.46)消去μ_i，從而只留下變數α_i，並將約束(7.46)~(7.48)寫成

$$0 \leqslant \alpha_i \leqslant C \tag{7.49}$$

再將對目標函數求極大轉換為求極小，於是得到對偶問題(7.37)~(7.39)。

可以透過求解對偶問題而得到原始問題的解，進而確定分離超平面和決策函數。為此，就可以定理的形式敘述原始問題的最優解和對偶問題的最優解的關係。

【定理 7.3】設$\alpha^* = (\alpha_1^*, \alpha_2^*, \cdots, \alpha_N^*)^{\mathrm{T}}$是對偶問題(7.37)~(7.39)的一個解，若存在α^*的一個分量α_j^*，$0 < \alpha_j^* < C$，則原始問題(7.32)~(7.34)的解w^*, b^*可按下式求得：

$$w^* = \sum_{i=1}^{N} \alpha_i^* y_i x_i \tag{7.50}$$

$$b^* = y_j - \sum_{i=1}^{N} y_i \alpha_i^* (x_i \cdot x_j) \tag{7.51}$$

【證明】原始問題是凸二次規劃問題，解滿足 KKT 條件。即得

$$\nabla_w L(w^*, b^*, \xi^*, \alpha^*, \mu^*) = w^* - \sum_{i=1}^{N} \alpha_i^* y_i x_i = 0 \tag{7.52}$$

$$\nabla_b L(w^*, b^*, \xi^*, \alpha^*, \mu^*) = -\sum_{i=1}^{N} \alpha_i^* y_i = 0$$

$$\nabla_\xi L(w^*, b^*, \xi^*, \alpha^*, \mu^*) = C - \alpha^* - \mu^* = 0$$

$$\alpha_i^*(y_i(w^* \cdot x_i + b^*) - 1 + \xi_i^*) = 0 \tag{7.53}$$

$$\mu_i^* \xi_i^* = 0 \tag{7.54}$$

$$y_i(w^* \cdot x_i + b^*) - 1 + \xi_i^* \geqslant 0$$
$$\xi_i^* \geqslant 0$$
$$\alpha_i^* \geqslant 0$$
$$\mu_i^* \geqslant 0, \quad i = 1,2,\cdots,N$$

由式(7.52)易知式(7.50)成立。再由式(7.53)~(7.54)可知，若存在α_j^*，$0 < \alpha_j^* < C$，則$y_i(w^* \cdot x_i + b^*) - 1 = 0$。由此即得式(7.51)。

由此定理可知，分離超平面可以寫成

$$\sum_{i=1}^{N} \alpha_i^* y_i (x \cdot x_i) + b^* = 0 \tag{7.55}$$

分類決策函數可以寫成

$$f(x) = sign\left(\sum_{i=1}^{N} \alpha_i^* y_i (x \cdot x_i) + b^*\right) \tag{7.56}$$

式(7.56)為線性支持向量機的對偶形式。

綜合前面的結果，有下面的演算法。

【演算法 7.3】線性支持向量機學習演算法

輸入：訓練資料集$T = \{(x_1, y_1), (x_2, y_2), \cdots, (x_N, y_N)\}$，其中，$x_i \in X = R^n$，$y_i \in Y = \{-1, +1\}$，$i = 1,2,\cdots,N$；

輸出：分離超平面和分類決策函數。

（1）選擇懲罰參數$C > 0$，構造並求解凸二次規劃問題

$$\min_{\alpha} \quad \frac{1}{2}\sum_{i=1}^{N}\sum_{j=1}^{N} \alpha_i \alpha_j y_i y_j (x_i \cdot x_j) - \sum_{i=1}^{N} \alpha_i$$
$$s.t. \quad \sum_{i=1}^{N} \alpha_i y_i = 0$$
$$0 \leqslant \alpha_i \leqslant C, \quad i = 1,2,\cdots,N$$

求得最優解$\alpha^* = (\alpha_1^*, \alpha_2^*, \cdots, \alpha_N^*)^T$。

（2）計算$w^* = \sum_{i=1}^{N} \alpha_i^* y_i x_i$

選擇α^*的一個分量α_j^*適合條件$0 < \alpha_j^* < C$，計算

$$b^* = y_j - \sum_{i=1}^{N} y_i \alpha_i^* (x_i \cdot x_j)$$

（3）求得分離超平面

$$w^* \cdot x + b^* = 0$$

分類決策函數：

$$f(x) = sign(w^* \cdot x + b^*)$$

步驟(2)中，對任一適合條件$0 < \alpha_j^* < C$的α_j^*，按式(7.51)都可求出b^*，從理論上，原始問題(7.32)~(7.34)對b的解可能不唯一[11]，然而在實際應用中，往往只會出現演算法敘述的情況。

7.2.3 支持向量

在線性不可分的情況下，將對偶問題 (7.37) ~ (7.39) 的解 $\alpha^* = (\alpha_1^*, \alpha_2^*, \cdots, \alpha_N^*)^T$ 中對應於$\alpha_i^* > 0$的樣本點(x_i, y_i)的實例x_i稱為支持向量（軟間隔的支持向量）。如圖 7.5 所示，這時的支持向量要比線性可分時的情況複雜一些。圖中，分離超平面由實線表示，間隔邊界由虛線表示，正例點由"○"表示，負例點由"×"表示。圖中還標出了實例x_i到間隔邊界的距離$\frac{\xi_i}{\|w\|}$。

軟間隔的支持向量x_i或者在間隔邊界上，或者在間隔邊界與分離超平面之間，或者在分離超平面誤分一側。若$\alpha_i^* < C$，則$\xi_i = 0$，支持向量x_i恰好落在間隔邊界上；若$\alpha_i^* = C$，$0 < \xi_i < 1$，則分類正確，x_i在間隔邊界與分離超平面之間；若$\alpha_i^* = C$，$\xi_i = 1$，則x_i在分離超平面上；若$\alpha_i^* = C$，$\xi_i > 1$，則x_i位於分離超平面誤分一側。

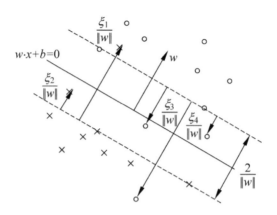

圖 7.5 軟間隔的支持向量

7.2.4 合頁損失函數

對於線性支持向量機學習來說，其模型為分離超平面$w^* \cdot x + b^* = 0$及決策函數$f(x) = sign(w^* \cdot x + b^*)$，其學習策略為軟間隔最大化，學習演算法為凸二次規劃。

線性支持向量機學習還有另外一種解釋，就是最小化以下目標函數：

$$\sum_{i=1}^{N} [1 - y_i(w \cdot x_i + b)]_+ + \lambda \parallel w \parallel^2 \tag{7.57}$$

目標函數的第 1 項是經驗損失或經驗風險，函數

$$L(y(w \cdot x + b)) = [1 - y(w \cdot x + b)]_+ \tag{7.58}$$

稱為合頁損失函數（hinge loss function）。下標"+"表示以下取正值的函數。

$$[z]_+ = \begin{cases} z, z > 0 \\ 0, z \leqslant 0 \end{cases} \tag{7.59}$$

這就是説，當樣本點(x_i, y_i)被正確分類且函數間隔（確信度）$y_i(w \cdot x_i + b)$大於 1 時，損失是 0，否則損失是$1 - y_i(w \cdot x_i + b)$。注意到在圖 7.5 中

的實例點x_4被正確分類，但損失不是 0。目標函數的第 2 項是係數為λ的w的L_2範數，是正則化項。

【定理 7.4】線性支持向量機原始最佳化問題：

$$\min_{w,b,\xi} \quad \frac{1}{2} \parallel w \parallel^2 + C \sum_{i=1}^{N} \xi_i \tag{7.60}$$

$$s.t. \quad y_i(w \cdot x_i + b) \geqslant 1 - \xi_i, \quad i = 1,2,\cdots,N \tag{7.61}$$

$$\xi_i \geqslant 0, \quad i = 1,2,\cdots,N \tag{7.62}$$

等值於最佳化問題

$$\min_{w,b} \quad \sum_{i=1}^{N} [1 - y_i(w \cdot x_i + b)]_+ + \lambda \parallel w \parallel^2 \tag{7.63}$$

【證明】可將最佳化問題(7.63)寫成問題(7.60)～(7.62)。令

$$[1 - y_i(w \cdot x_i + b)]_+ = \xi_i \tag{7.64}$$

則$\xi_i \geqslant 0$，式 (7.62) 成立。由式 (7.64)，當$1 - y_i(w \cdot x_i + b) > 0$時，有$y_i(w \cdot x_i + b) = 1 - \xi_i$；當$1 - y_i(w \cdot x_i + b) \leqslant 0$時，$\xi_i = 0$，有$y_i(w \cdot x_i + b) \geqslant 1 - \xi_i$。故式(7.61)成立。於是$w, b, \xi_i$滿足限制條件(7.61)～(7.62)。所以最佳化問題(7.63)可寫成

$$\min_{w,b} \quad \sum_{i=1}^{N} \xi_i + \lambda \parallel w \parallel^2$$

若取$\lambda = \frac{1}{2C}$，則

$$\min_{w,b} \quad \frac{1}{C}\left(\frac{1}{2} \parallel w \parallel^2 + C \sum_{i=1}^{N} \xi_i \right)$$

與式(7.60)等值。

反之，也可將最佳化問題(7.60)～(7.62)表示成問題(7.63)。

合頁損失函數的圖形如圖 7.6 所示，橫軸是函數間隔$y(w \cdot x + b)$，縱軸是損失。由於函數形狀像一個合頁，故名合頁損失函數。

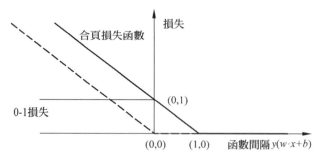

圖 7.6 合頁損失函數

圖中還畫出 0-1 損失函數，可以認為它是二類分類問題的真正的損失函數，而合頁損失函數是 0-1 損失函數的上界。由於 0-1 損失函數不是連續可導的，直接最佳化由其組成的目標函數比較困難，可以認為線性支持向量機是最佳化由 0-1 損失函數的上界 （合頁損失函數）組成的目標函數。這時的上界損失函數又稱為代理損失函數（surrogate loss function）。

圖 7.6 中虛線顯示的是感知機的損失函數$[-y_i(w \cdot x_i + b)]_+$。這時，當樣本點$(x_i, y_i)$被正確分類時，損失是 0，否則損失是$-y_i(w \cdot x_i + b)$。相比之下，合頁損失函數不僅要分類正確，而且確信度足夠高時損失才是 0。也就是説，合頁損失函數對學習有更高的要求。

7.3 非線性支持向量機與核函數

對解線性分類問題，線性分類支持向量機是一種非常有效的方法。但是，有時分類問題是非線性的，這時可以使用非線性支持向量機。本節敘述非線性支持向量機，其主要特點是利用核技巧（kernel trick）。為此，先要介紹核技巧。核技巧不僅應用於支持向量機，而且應用於其他統計學習問題。

7.3.1 核技巧

1. 非線性分類問題

非線性分類問題是指透過利用非線性模型才能極佳地進行分類的問題。先看一個例子：如圖 7.7 左圖，是一個分類問題，圖中"·"表示正實例點，"×"表示負實例點。由圖可見，無法用直線（線性模型）將正負實例正確分開，但可以用一條橢圓曲線（非線性模型）將它們正確分開。

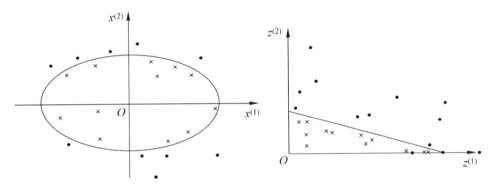

圖 7.7 非線性分類問題與核技巧範例

一般來説，對給定的一個訓練資料集 $T = \{(x_1, y_1), (x_2, y_2), \cdots, (x_N, y_N)\}$，其中，實例 x_i 屬於輸入空間，$x_i \in X = R^n$，對應的標記有兩類 $y_i \in Y = \{-1, +1\}$，$i = 1, 2, \cdots, N$。如果能用 R^n 中的一個超曲面將正負例正確分開，則稱這個問題為非線性可分問題。

非線性問題往往不好求解，所以希望能用解線性分類問題的方法解決這個問題。所採取的方法是進行一個非線性變換，將非線性問題變換為線性問題，透過解變換後的線性問題的方法求解原來的非線性問題。對圖 7.7 所示的例子，透過變換，將左圖中橢圓變換成右圖中的直線，將非線性分類問題變換為線性分類問題。

設原空間為 $X \subset R^2$，$x = (x^{(1)}, x^{(2)})^{\mathrm{T}} \in X$，新空間為 $Z \subset R^2$，$z = (z^{(1)}, z^{(2)})^{\mathrm{T}} \in Z$，定義從原空間到新空間的變換（映射）：

$$z = \phi(x) = ((x^{(1)})^2, (x^{(2)})^2)^{\mathrm{T}}$$

經過變換$z = \phi(x)$，原空間$X \subset R^2$變換為新空間$Z \subset R^2$，原空間中的點對應地變換為新空間中的點，原空間中的橢圓

$$w_1(x^{(1)})^2 + w_2(x^{(2)})^2 + b = 0$$

變換成為新空間中的直線

$$w_1 z^{(1)} + w_2 z^{(2)} + b = 0$$

在變換後的新空間裡，直線$w_1 z^{(1)} + w_2 z^{(2)} + b = 0$可以將變換後的正負實例點正確分開。這樣，原空間的非線性可分問題就變成了新空間的線性可分問題。

上面的例子說明，用線性分類方法求解非線性分類問題分為兩步：首先使用一個變換將原空間的資料映射到新空間；然後在新空間裡用線性分類學習方法從訓練資料中學習分類模型。核技巧就屬於這樣的方法。

核技巧應用到支持向量機，其基本想法就是透過一個非線性變換將輸入空間（歐氏空間R^n或離散集合）對應於一個特徵空間（希伯特空間H），使得在輸入空間R^n中的超曲面模型對應於特徵空間H中的超平面模型（支持向量機）。這樣，分類問題的學習任務透過在特徵空間中求解線性支持向量機就可以完成。

2. 核函數的定義

【定義 7.6】核函數：設X是輸入空間（歐氏空間R^n的子集或離散集合），又設H為特徵空間（希伯特空間），如果存在一個從X到H的映射

$$\phi(x): X \to H \tag{7.65}$$

使得對所有$x, z \in X$，函數$K(x,z)$滿足條件

$$K(x,z) = \phi(x) \cdot \phi(z) \tag{7.66}$$

則稱$K(x,z)$為核函數，$\phi(x)$為映射函數，式中$\phi(x) \cdot \phi(z)$為$\phi(x)$和$\phi(z)$的內積。

核技巧的想法是，在學習與預測中只定義核函數$K(x,z)$，而不顯性地定義映射函數ϕ。通常，直接計算$K(x,z)$比較容易，而透過$\phi(x)$和$\phi(z)$計算$K(x,z)$並不容易。注意，ϕ是輸入空間R^n到特徵空間H的映射，特徵空間H一般是高維的，甚至是無窮維的。可以看到，對於給定的核$K(x,z)$，特徵空間H和映射函數ϕ的取法並不唯一，可以取不同的特徵空間，即使是在同一特徵空間裡也可以取不同的映射。

下面舉一個簡單的例子來說明核函數和映射函數的關係。

【**例 7.3**】假設輸入空間是R^2，核函數是$K(x,z) = (x \cdot z)^2$，試找出其相關的特徵空間H和映射$\phi(x): R^2 \to H$。

【**解**】取特徵空間$H = R^3$，記$x = (x^{(1)}, x^{(2)})^T$，$z = (z^{(1)}, z^{(2)})^T$，由於

$$(x \cdot z)^2 = (x^{(1)}z^{(1)} + x^{(2)}z^{(2)})^2 = (x^{(1)}z^{(1)})^2 + 2x^{(1)}z^{(1)}x^{(2)}z^{(2)} + (x^{(2)}z^{(2)})^2$$

所以可以取映射

$$\phi(x) = ((x^{(1)})^2, \sqrt{2}x^{(1)}x^{(2)}, (x^{(2)})^2)^T$$

容易驗證$\phi(x) \cdot \phi(z) = (x \cdot z)^2 = K(x,z)$。

仍取$H = R^3$以及

$$\phi(x) = \frac{1}{\sqrt{2}}((x^{(1)})^2 - (x^{(2)})^2, 2x^{(1)}x^{(2)}, (x^{(1)})^2 + (x^{(2)})^2)^T$$

同樣有$\phi(x) \cdot \phi(z) = (x \cdot z)^2 = K(x,z)$。

還可以取$H = R^4$和

$$\phi(x) = ((x^{(1)})^2, x^{(1)}x^{(2)}, x^{(1)}x^{(2)}, (x^{(2)})^2)^T$$

3. 核技巧在支持向量機中的應用

我們注意到在線性支持向量機的對偶問題中，無論是目標函數還是決策函數（分離超平面）都只涉及輸入實例與實例之間的內積。在對偶問題的目標函數(7.37) 中的內積$x_i \cdot x_j$可以用核函數$K(x_i, x_j) = \phi(x_i) \cdot \phi(x_j)$來代替。此時對偶問題的目標函數成為

$$W(\alpha) = \frac{1}{2} \sum_{i=1}^{N} \sum_{j=1}^{N} \alpha_i \alpha_j y_i y_j K(x_i, x_j) - \sum_{i=1}^{N} \alpha_i \tag{7.67}$$

同樣，分類決策函數中的內積也可以用核函數代替，而分類決策函數式成為

$$f(x) = sign\left(\sum_{i=1}^{N_s} a_i^* y_i \phi(x_i) \cdot \phi(x) + b^* \right)$$

$$= sign\left(\sum_{i=1}^{N_s} a_i^* y_i K(x_i, x) + b^* \right) \tag{7.68}$$

這等值於經過映射函數ϕ將原來的輸入空間變換到一個新的特徵空間，將輸入空間中的內積$x_i \cdot x_j$ 變換為特徵空間中的內積$\phi(x_i) \cdot \phi(x_j)$，在新的特徵空間裡從訓練樣本中學習線性支持向量機。當映射函數是非線性函數時，學習到的含有核函數的支持向量機是非線性分類模型。

也就是説，在核函數$K(x, z)$給定的條件下，可以利用解線性分類問題的方法求解非線性分類問題的支持向量機。學習是隱式地在特徵空間進行的，不需要顯性地定義特徵空間和映射函數。這樣的技巧稱為核技巧，它是巧妙地利用線性分類學習方法與核函數解決非線性問題的技術。在實際應用中，往往依賴領域知識直接選擇核函數，核函數選擇的有效性需要透過實驗驗證。

7.3.2 正定核

已知映射函數 ϕ，可以透過 $\phi(x)$ 和 $\phi(z)$ 的內積求得核函數 $K(x,z)$。不用構造映射 $\phi(x)$ 能否直接判斷一個給定的函數 $K(x,z)$ 是不是核函數？或者說，函數 $K(x,z)$ 滿足什麼條件才能成為核函數？

本節敘述正定核的充要條件。通常所說的核函數就是正定核函數（positive definite kernel function）。為證明此定理先介紹有關的預備知識。

假設 $K(x,z)$ 是定義在 $X \times X$ 上的對稱函數，並且對任意的 $x_1, x_2, \cdots, x_m \in X$，$K(x,z)$ 關於 $x_1, x_2, \cdots, x_m$ 的 Gram 矩陣是半正定的。可以依據函數 $K(x,z)$，組成一個希伯特空間 （Hilbert space），其步驟是：首先定義映射 ϕ 並組成向量空間 S；然後在 S 上定義內積組成內積空間；最後將 S 完備化組成希伯特空間。

1. 定義映射，組成向量空間 S

先定義映射

$$\phi: x \to K(\cdot, x) \tag{7.69}$$

根據這一映射，對任意 $x_i \in X$，$\alpha_i \in R$，$i = 1, 2, \cdots, m$，定義線性組合

$$f(\cdot) = \sum_{i=1}^{m} \alpha_i K(\cdot, x_i) \tag{7.70}$$

考慮由線性組合為元素的集合 S。由於集合 S 對加法和數乘運算是封閉的，所以 S 組成一個向量空間。

2. 在 S 上定義內積，使其成為內積空間

在 S 上定義一個運算 $*$：對任意 $f, g \in S$，

$$f(\cdot) = \sum_{i=1}^{m} \alpha_i K(\cdot, x_i) \tag{7.71}$$

$$g(\cdot) = \sum_{j=1}^{l} \beta_j K(\cdot, z_j) \tag{7.72}$$

定義運算*

$$f * g = \sum_{i=1}^{m} \sum_{j=1}^{l} \alpha_i \beta_j K(x_i, z_j) \tag{7.73}$$

證明運算*是空間S的內積。為此要證：

（1）$(cf) * g = c(f * g)，c \in R$ $\hspace{3cm}$ (7.74)

（2）$(f + g) * h = f * h + g * h，h \in S$ $\hspace{2cm}$ (7.75)

（3）$f * g = g * f$ $\hspace{5cm}$ (7.76)

（4）$f * f \geqslant 0,$ $\hspace{5cm}$ (7.77)

$\hspace{1.5cm} f * f = 0 \Leftrightarrow f = 0$ $\hspace{4cm}$ (7.78)

其中，(1)~(3)由式(7.70)~ 式(7.72)及$K(x, z)$的對稱性容易得到。現證(4)之式(7.77)。由式(7.70)及式(7.73)可得：

$$f * f = \sum_{i,j=1}^{m} \alpha_i \alpha_j K(x_i, x_j)$$

由 Gram 矩陣的半正定性知上式右端非負，即$f * f \geqslant 0$。

再證(4)之式(7.78)。充分性顯然。為證必要性，首先證明不等式：

$$|f * g|^2 \leqslant (f * f)(g * g) \tag{7.79}$$

設$f, g \in S，\lambda \in R$，則$f + \lambda g \in S$，於是，

$$(f + \lambda g) * (f + \lambda g) \geqslant 0$$

$$f * f + 2\lambda(f * g) + \lambda^2(g * g) \geqslant 0$$

其左端是λ的二次三項式，非負，其判別式小於等於 0，即

$$(f * g)^2 - (f * f)(g * g) \leqslant 0$$

於是式(7.79)得證。現證若$f * f = 0$，則$f = 0$。事實上，若

$$f(\cdot) = \sum_{i=1}^{m} \alpha_i K(\cdot, x_i)$$

則按運算$*$的定義式(7.73)，對任意的$x \in X$，有

$$K(\cdot, x) * f = \sum_{i=1}^{m} \alpha_i K(x, x_i) = f(x)$$

於是，

$$|f(x)|^2 = |K(\cdot, x) * f|^2 \qquad (7.80)$$

由式(7.79)和式(7.77)有

$$|K(\cdot, x) * f|^2 \leqslant (K(\cdot, x) * K(\cdot, x))(f * f)$$
$$= K(x, x)(f * f)$$

由式(7.80)有

$$|f(x)|^2 \leqslant K(x, x)(f * f)$$

此式表明，當$f * f = 0$時，對任意的x都有$|f(x)| = 0$。

至此，證明了$*$為向量空間S的內積。指定內積的向量空間為內積空間。因此S是一個內積空間。既然$*$為S的內積運算，那麼仍然用$\cdot$表示，即若

$$f(\cdot) = \sum_{i=1}^{m} \alpha_i K(\cdot, x_i), \quad g(\cdot) = \sum_{i=1}^{l} \beta_j K(\cdot, z_j)$$

則

$$f \cdot g = \sum_{i=1}^{m} \sum_{j=1}^{l} \alpha_i \beta_j K(x_i, z_j) \qquad (7.81)$$

3. 將內積空間 S 完備化為希伯特空間

現在將內積空間 S 完備化。由式 (7.81) 定義的內積可以得到範數

$$\| f \| = \sqrt{f \cdot f} \tag{7.82}$$

因此，S 是一個賦范向量空間。根據泛函分析理論，對於不完備的賦范向量空間 S，一定可以使之完備化，得到完備的賦范向量空間 H。一個內積空間，當作為一個賦范向量空間是完備的時候，就是希伯特空間。這樣，就獲得了希伯特空間 H。

這一希伯特空間 H 稱為再生核希伯特空間（reproducing kernel Hilbert space，RKHS）。這是由於核 K 具有再生性，即滿足

$$K(\cdot, x) \cdot f = f(x) \tag{7.83}$$

及

$$K(\cdot, x) \cdot K(\cdot, z) = K(x, z) \tag{7.84}$$

稱為再生核。

4. 正定核的充要條件

【定理 7.5】正定核的充要條件：設 $K: X \times X \to R$ 是對稱函數，則 $K(x, z)$ 為正定核函數的充要條件是對任意 $x_i \in X$，$i = 1, 2, \cdots, m$，$K(x, z)$ 對應的 Gram 矩陣：

$$K = \left[K(x_i, x_j) \right]_{m \times m} \tag{7.85}$$

是半正定矩陣。

【證明】必要性。由於 $K(x, z)$ 是 $X \times X$ 上的正定核，所以存在從 X 到希伯特空間 H 的映射 ϕ，使得

$$K(x, z) = \phi(x) \cdot \phi(z)$$

於是，對任意$x_1, x_2, \cdots, x_m$，構造$K(x, z)$關於$x_1, x_2, \cdots, x_m$的 Gram 矩陣

$$[K_{ij}]_{m \times m} = [K(x_i, x_j)]_{m \times m}$$

對任意$c_1, c_2, \cdots, c_m \in R$，有

$$
\begin{aligned}
\sum_{i,j=1}^{m} c_i c_j K(x_i, x_j) &= \sum_{i,j=1}^{m} c_i c_j (\phi(x_i) \cdot \phi(x_j)) \\
&= \left(\sum_i c_i \phi(x_i) \right) \cdot \left(\sum_j c_j \phi(x_j) \right) \\
&= \left\| \sum_i c_i \phi(x_i) \right\|^2 \geqslant 0
\end{aligned}
$$

表明$K(x, z)$關於$x_1, x_2, \cdots, x_m$的 Gram 矩陣是半正定的。

充分性。已知對稱函數$K(x, z)$對任意$x_1, x_2, \cdots, x_m \in X$，$K(x, z)$關於$x_1, x_2, \cdots, x_m$ 的 Gram 矩陣是半正定的。根據前面的結果，對給定的$K(x, z)$，可以構造從X到某個希伯特空間H的映射：

$$\phi: x \rightarrow K(\cdot, x) \tag{7.86}$$

由式(7.83)可知，

$$K(\cdot, x) \cdot f = f(x)$$

並且

$$K(\cdot, x) \cdot K(\cdot, z) = K(x, z)$$

由式(7.86)即得

$$K(x, z) = \phi(x) \cdot \phi(z)$$

表明$K(x, z)$是$X \times X$上的核函數。

定理舉出了正定核的充要條件，因此可以作為正定核，即核函數的另一定義。

【定義 7.7】正定核的等值定義：設$X \subset R^n$，$K(x,z)$是定義在$X \times X$上的對稱函數，如果對任意$x_i \in X$，$i = 1,2,\cdots,m$，$K(x,z)$對應的 Gram 矩陣

$$K = \left[K(x_i, x_j)\right]_{m \times m} \tag{7.87}$$

是半正定矩陣，則稱$K(x,z)$是正定核。

這一定義在構造核函數時很有用。但對於一個具體函數$K(x,z)$來說，檢驗它是否為正定核函數並不容易，因為要求對任意有限輸入集$\{x_1, x_2, \cdots, x_m\}$驗證$K$對應的 Gram 矩陣是否為半正定的。在實際問題中往往應用已有的核函數。另外，由 Mercer 定理可以得到 Mercer 核（Mercer kernel）[11]，正定核比 Mercer 核更具一般性。下面介紹一些常用的核函數。

7.3.3 常用核函數

1. 多項式核函數（polynomial kernel function）

$$K(x,z) = (x \cdot z + 1)^p \tag{7.88}$$

對應的支持向量機是一個p次多項式分類器。在此情形下，分類決策函數成為

$$f(x) = sign\left(\sum_{i=1}^{N_s} a_i^* y_i (x_i \cdot x + 1)^p + b^*\right) \tag{7.89}$$

2. 高斯核函數（Gaussian kernel function）

$$K(x,z) = \exp\left(-\frac{\|x-z\|^2}{2\sigma^2}\right) \tag{7.90}$$

對應的支持向量機是高斯徑向基函數（radial basis function）分類器。在此情形下，分類決策函數成為

$$f(x) = sign\left(\sum_{i=1}^{N_s} a_i^* y_i \exp\left(-\frac{\parallel x - x_i \parallel^2}{2\sigma^2}\right) + b^*\right) \tag{7.91}$$

3. 字串核函數（string kernel function）

核函數不僅可以定義在歐氏空間上，還可以定義在離散資料的集合上。比如，字串核是定義在字串集合上的核函數。字串核函數在文字分類、資訊檢索、生物資訊學等方面都有應用。

考慮一個有限字元表Σ。字串s是從Σ中取出的有限個字元的序列，包括空字串。字串s的長度用$|s|$表示，它的元素記作$s(1)s(2)\cdots s(|s|)$。兩個字串s和t的連接記作st。所有長度為n的字串的集合記作Σ^n，所有字串的集合記作$\Sigma^* = \bigcup_{n=0}^{\infty} \Sigma^n$。

考慮字串s的子字串u。給定一個指標序列$i = (i_1, i_2, \cdots, i_{|u|})$，$1 \leqslant i_1 < i_2 < \cdots < i_{|u|} \leqslant |s|$，$s$的子字串定義為$u = s(i) = s(i_1)s(i_2)\cdots s(i_{|u|})$，其長度記作$l(i) = i_{|u|} - i_1 + 1$。如果$i$是連續的，則$l(i) = |u|$；否則，$l(i) > |u|$。

假設S是長度大於或等於n的字串的集合，s是S的元素。現在建立字串集合S到特徵空間$H_n = R^{\Sigma^n}$的映射$\phi_n(s)$。R^{Σ^n}表示定義在Σ^n上的實數空間，其每一維對應一個字串$u \in \Sigma^n$，映射$\phi_n(s)$將字串s對應於空間R^{Σ^n}的一個向量，其在u維上的取值為

$$[\phi_n(s)]_u = \sum_{i:s(i)=u} \lambda^{l(i)} \tag{7.92}$$

這裡，$0 < \lambda \leqslant 1$是一個衰減參數，$l(i)$表示字串i的長度，求和在s中所有與u相同的子字串上進行。

例如，假設Σ為英文字元集，n為 3，S為長度大於或等於 3 的字串的集合。考慮將字元集S映射到特徵空間H_3。H_3的一維對應於字串 asd。這時，字符串"Nasdaq"與"lass das"在這一維上的值分別是$[\phi_3(Nasdaq)]_{asd} = \lambda^3$和$[\phi_3(lass\square das)]_{asd} = 2\lambda^5$（$\square$為空格）。在第 1 個字串裡，asd 是連續的

子字串。在第 2 個字串裡，asd 是長度為 5 的不連續子字串，共出現 2 次。

兩個字串s和t上的字串核函數是基於映射ϕ_n的特徵空間中的內積：

$$k_n(s,t) = \sum_{u \in \Sigma^n} [\phi_n(s)]_u [\phi_n(t)]_u$$

$$= \sum_{u \in \Sigma^n} \sum_{(i,j):s(i)=t(j)=u} \lambda^{l(i)} \lambda^{l(j)} \tag{7.93}$$

字串核函數$k_n(s,t)$舉出了字串s和t中長度等於n的所有子字串組成的特徵向量的餘弦相似度（cosine similarity）。直觀上，兩個字串相同的子字串越多，它們就越相似，字串核函數的值就越大。字串核函數可以由動態規劃快速地計算。

7.3.4 非線性支持向量分類機

如上所述，利用核技巧，可以將線性分類的學習方法應用到非線性分類問題中去。將線性支持向量機擴充到非線性支持向量機，只需將線性支持向量機對偶形式中的內積換成核函數。

【定義 7.8】非線性支持向量機：從非線性分類訓練集，透過核函數與軟間隔最大化，或凸二次規劃(7.95)~(7.97)，學習得到的分類決策函數

$$f(x) = sign\left(\sum_{i=1}^{N} \alpha_i^* y_i K(x, x_i) + b^*\right) \tag{7.94}$$

稱為非線性支持向量機，$K(x,z)$是正定核函數。

下面敘述非線性支持向量機學習演算法。

【演算法 7.4】非線性支持向量機學習演算法

輸入：訓練資料集$T = \{(x_1, y_1), (x_2, y_2), \cdots, (x_N, y_N)\}$，其中$x_i \in X = R^n$，$y_i \in Y = \{-1, +1\}$，$i = 1, 2, \cdots, N$；

輸出：分類決策函數。

（1）選取適當的核函數$K(x, z)$和適當的參數C，構造並求解最佳化問題

$$\min_{\alpha} \quad \frac{1}{2} \sum_{i=1}^{N} \sum_{j=1}^{N} \alpha_i \alpha_j y_i y_j K(x_i, x_j) - \sum_{i=1}^{N} \alpha_i \tag{7.95}$$

$$s.t. \quad \sum_{i=1}^{N} \alpha_i y_i = 0 \tag{7.96}$$

$$0 \leqslant \alpha_i \leqslant C, \quad i = 1, 2, \cdots, N \tag{7.97}$$

求得最優解$\alpha^* = (\alpha_1^*, \alpha_2^*, \cdots, \alpha_N^*)^{\mathrm{T}}$。

（2）選擇α^*的一個正分量$0 < \alpha_j^* < C$，計算

$$b^* = y_j - \sum_{i=1}^{N} \alpha_i^* y_i K(x_i, x_j)$$

（3）構造決策函數：

$$f(x) = sign\left(\sum_{i=1}^{N} \alpha_i^* y_i K(x, x_i) + b^* \right)$$

當$K(x, z)$是正定核函數時，問題(7.95)~(7.97)是凸二次規劃問題，解是存在的。

7.4 序列最小最佳化演算法

本節討論支持向量機學習的實現問題。我們知道，支持向量機的學習問題可以形式化為求解凸二次規劃問題。這樣的凸二次規劃問題具有全域最優解，並且有許多最佳化演算法可以用於這一問題的求解。但是當訓練樣本容量很大時，這些演算法往往變得非常低效，以致無法使用。所以，如何

高效率地實現支持向量機學習就成為一個重要的問題。目前人們已提出許多快速實現演算法。本節説明其中的序列最小最佳化（sequential minimal optimization，SMO）演算法，這種演算法 1998 年由 Platt 提出。

SMO 演算法要解如下凸二次規劃的對偶問題：

$$\min_{\alpha} \quad \frac{1}{2}\sum_{i=1}^{N}\sum_{j=1}^{N}\alpha_i\alpha_j y_i y_j K(x_i, x_j) - \sum_{i=1}^{N}\alpha_i \qquad (7.98)$$

$$s.t. \quad \sum_{i=1}^{N}\alpha_i y_i = 0 \qquad\qquad\qquad (7.99)$$

$$0 \leqslant \alpha_i \leqslant C, \quad i = 1,2,\cdots,N \qquad (7.100)$$

在這個問題中，變數是拉格朗日乘子，一個變數 α_i 對應於一個樣本點 (x_i, y_i)；變數的總數等於訓練樣本容量 N。

SMO 演算法是一種啟發式演算法，其基本思路是：如果所有變數的解都滿足此最佳化問題的 KKT 條件（Karush-Kuhn-Tucker conditions），那麼這個最佳化問題的解就獲得了。因為 KKT 條件是該最佳化問題的充分必要條件。否則，選擇兩個變數，固定其他變數，針對這兩個變數建構一個二次規劃問題。這個二次規劃問題關於這兩個變數的解應該更接近原始二次規劃問題的解，因為這會使得原始二次規劃問題的目標函數值變得更小。重要的是，這時子問題可以透過解析方法求解，這樣就可以大大提高整個演算法的計算速度。子問題有兩個變數，一個是違反 KKT 條件最嚴重的那一個，另一個由限制條件自動確定。如此，SMO 演算法將原問題不斷分解為子問題並對子問題求解，進而達到求解原問題的目的。

注意，子問題的兩個變數中只有一個是自由變數。假設 α_1，α_2 為兩個變數，$\alpha_3, \alpha_4, \cdots, \alpha_N$ 固定，那麼由等式約束(7.99)可知

$$\alpha_1 = -y_1\sum_{i=2}^{N}\alpha_i y_i$$

如果α_2確定，那麼α_1也隨之確定。所以子問題中同時更新兩個變數。

整個 SMO 演算法包括兩個部分：求解兩個變數二次規劃的解析方法和選擇變數的啟發式方法。

7.4.1 兩個變數二次規劃的求解方法

不失一般性，假設選擇的兩個變數是α_1, α_2，其他變數$\alpha_i(i=3,4,\cdots,N)$是固定的。於是 SMO 的最佳化問題(7.98)~(7.100)的子問題可以寫成：

$$\min_{\alpha_1,\alpha_2} \quad W(\alpha_1,\alpha_2) = \frac{1}{2}K_{11}\alpha_1^2 + \frac{1}{2}K_{22}\alpha_2^2 + y_1y_2K_{12}\alpha_1\alpha_2 -$$
$$(\alpha_1+\alpha_2) + y_1\alpha_1\sum_{i=3}^{N}y_i\alpha_iK_{i1} + y_2\alpha_2\sum_{i=3}^{N}y_i\alpha_iK_{i2} \tag{7.101}$$

$$s.t. \quad \alpha_1y_1 + \alpha_2y_2 = -\sum_{i=3}^{N}y_i\alpha_i = \varsigma \tag{7.102}$$

$$0 \leqslant \alpha_i \leqslant C, \quad i=1,2 \tag{7.103}$$

其中，$K_{ij}=K(x_i,x_j),i,j=1,2,\cdots,N$，$\varsigma$是常數，目標函數式(7.101)中省略了不含$\alpha_1,\alpha_2$的常數項。

為了求解兩個變數的二次規劃問題(7.101)~(7.103)，首先分析限制條件，然後在此限制條件下求極小。

由於只有兩個變數(α_1,α_2)，約束可以用二維空間中的圖形表示（如圖 7.8 所示）。

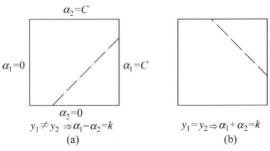

圖 7.8 二變數最佳化問題圖示

不等式約束(7.103)使得(α_1, α_2)在盒子$[0, C] \times [0, C]$內，等式約束(7.102)使(α_1, α_2)在平行於盒子$[0, C] \times [0, C]$的對角線的直線上。因此要求的是目標函數在一條平行於對角線的線段上的最優值。這使得兩個變數的最佳化問題成為實質上的單變數的最佳化問題，不妨考慮為變數α_2的最佳化問題。

假設問題(7.101)~(7.103)的初始可行解為$\alpha_1^{old}, \alpha_2^{old}$，最優解為$\alpha_1^{new}, \alpha_2^{new}$，並且假設在沿著約束方向未經剪輯時$\alpha_2$的最優解為 $\alpha_2^{new,unc}$。

由於α_2^{new}需滿足不等式約束(7.103)，所以最優值α_2^{new}的取值範圍必須滿足條件

$$L \leqslant \alpha_2^{new} \leqslant H$$

其中，L 與 H 是α_2^{new}所在的對角線段端點的界。如果$y_1 \neq y_2$（如圖 7.8(a) 所示），則

$$L = \max(0, \alpha_2^{old} - \alpha_1^{old}), \quad H = \min(C, C + \alpha_2^{old} - \alpha_1^{old})$$

如果$y_1 = y_2$（如圖 7.8(b)所示），則

$$L = \max(0, \alpha_2^{old} + \alpha_1^{old} - C), \quad H = \min(C, \alpha_2^{old} + \alpha_1^{old})$$

下面，首先求沿著約束方向未經剪輯即未考慮不等式約束 (7.103) 時α_2的最優解$\alpha_2^{new,unc}$；然後再求剪輯後α_2的解α_2^{new}。我們用定理來敘述這個結果。為了敘述簡單，記

$$g(x) = \sum_{i=1}^{N} \alpha_i y_i K(x_i, x) + b \tag{7.104}$$

令

$$E_i = g(x_i) - y_i = \left(\sum_{j=1}^{N} \alpha_j y_j K(x_j, x_i) + b \right) - y_i, \quad i = 1,2 \tag{7.105}$$

當$i = 1,2$時，E_i為函數$g(x)$對輸入x_i的預測值與真實輸出y_i之差。

定理 7.6 最佳化問題(7.101)~(7.103)沿著約束方向未經剪輯時的解是

$$\alpha_2^{new,unc} = \alpha_2^{old} + \frac{y_2(E_1 - E_2)}{\eta} \tag{7.106}$$

其中，

$$\eta = K_{11} + K_{22} - 2K_{12} = \|\Phi(x_1) - \Phi(x_2)\|^2 \tag{7.107}$$

$\Phi(x)$是輸入空間到特徵空間的映射，E_i，$i = 1,2$，由式(7.105)舉出。

經剪輯後α_2的解是

$$\alpha_2^{new} = \begin{cases} H, & \alpha_2^{new,unc} > H \\ \alpha_2^{new,unc}, & L \leqslant \alpha_2^{new,unc} \leqslant H \\ L, & \alpha_2^{new,unc} < L \end{cases} \tag{7.108}$$

由α_2^{new}求得α_1^{new}是

$$\alpha_1^{new} = \alpha_1^{old} + y_1 y_2 (\alpha_2^{old} - \alpha_2^{new}) \tag{7.109}$$

【證明】引進記號

$$v_i = \sum_{j=3}^{N} \alpha_j y_j K(x_i, x_j) = g(x_i) - \sum_{j=1}^{2} \alpha_j y_j K(x_i, x_j) - b, \quad i = 1,2$$

目標函數可寫成

$$W(\alpha_1, \alpha_2) = \frac{1}{2} K_{11} \alpha_1^2 + \frac{1}{2} K_{22} \alpha_2^2 + y_1 y_2 K_{12} \alpha_1 \alpha_2 -$$

$$(\alpha_1 + \alpha_2) + y_1 v_1 \alpha_1 + y_2 v_2 \alpha_2 \tag{7.110}$$

由$\alpha_1 y_1 = \varsigma - \alpha_2 y_2$及$y_i^2 = 1$，可將$\alpha_1$表示為

$$\alpha_1 = (\varsigma - y_2 \alpha_2) y_1$$

代入式(7.110)，得到只是α_2的函數的目標函數：

$$
\begin{aligned}
W(\alpha_2) =\ & \frac{1}{2}K_{11}(\varsigma - \alpha_2 y_2)^2 + \frac{1}{2}K_{22}\alpha_2^2 + y_2 K_{12}(\varsigma - \alpha_2 y_2)\alpha_2 - \\
& (\varsigma - \alpha_2 y_2)y_1 - \alpha_2 + v_1(\varsigma - \alpha_2 y_2) + y_2 v_2 \alpha_2
\end{aligned}
$$

對α_2求導數

$$
\begin{aligned}
\frac{\partial W}{\partial \alpha_2} =\ & K_{11}\alpha_2 + K_{22}\alpha_2 - 2K_{12}\alpha_2 - \\
& K_{11}\varsigma y_2 + K_{12}\varsigma y_2 + y_1 y_2 - 1 - v_1 y_2 + y_2 v_2
\end{aligned}
$$

令其為 0，得到

$$
\begin{aligned}
(K_{11} + K_{22} - 2K_{12})\alpha_2 =\ & y_2(y_2 - y_1 + \varsigma K_{11} - \varsigma K_{12} + v_1 - v_2) \\
=\ & y_2\left[y_2 - y_1 + \varsigma K_{11} - \varsigma K_{12} + \left(g(x_1) - \sum_{j=1}^{2} y_j \alpha_j K_{1j} - b \right) - \right. \\
& \left. \left(g(x_2) - \sum_{j=1}^{2} y_j \alpha_j K_{2j} - b \right) \right]
\end{aligned}
$$

將$\varsigma = \alpha_1^{old}y_1 + \alpha_2^{old}y_2$代入，得到

$$
\begin{aligned}
(K_{11} + K_{22} - 2K_{12})\alpha_2^{new,unc} =\ & y_2((K_{11} + K_{22} - 2K_{12})\alpha_2^{old}y_2 + y_2 - y_1 + g(x_1) - g(x_2)) \\
=\ & (K_{11} + K_{22} - 2K_{12})\alpha_2^{old} + y_2(E_1 - E_2)
\end{aligned}
$$

將$\eta = K_{11} + K_{22} - 2K_{12}$代入，於是得到

$$
\alpha_2^{new,unc} = \alpha_2^{old} + \frac{y_2(E_1 - E_2)}{\eta}
$$

要使其滿足不等式約束必須將其限制在區間$[L, H]$內，從而得到α_2^{new}的運算式(7.108)。由等式約束(7.102)，得到α_1^{new}的運算式(7.109)。於是得到最佳化問題(7.101)~(7.103)的解 $(\alpha_1^{new}, \alpha_2^{new})$。

7.4.2 變數的選擇方法

SMO 演算法在每個子問題中選擇兩個變數最佳化,其中至少一個變數是違反 KKT 條件的。

1. 第 1 個變數的選擇

SMO 稱選擇第 1 個變數的過程為外層迴圈。外層迴圈在訓練樣本中選取違反 KKT 條件最嚴重的樣本點,並將其對應的變數作為第 1 個變數。具體地,檢驗訓練樣本點(x_i, y_i)是否滿足 KKT 條件,即

$$\alpha_i = 0 \iff y_i g(x_i) \geqslant 1 \tag{7.111}$$

$$0 < \alpha_i < C \iff y_i g(x_i) = 1 \tag{7.112}$$

$$\alpha_i = C \iff y_i g(x_i) \leqslant 1 \tag{7.113}$$

其中,$g(x_i) = \sum_{j=1}^{N} \alpha_j y_j K(x_i, x_j) + b$。

該檢驗是在ε範圍內進行的。在檢驗過程中,外層迴圈首先遍歷所有滿足條件$0 < \alpha_i < C$的樣本點,即在間隔邊界上的支持向量點,檢驗它們是否滿足 KKT 條件。如果這些樣本點都滿足 KKT 條件,那麼遍歷整個訓練集,檢驗它們是否滿足 KKT 條件。

2. 第 2 個變數的選擇

SMO 稱選擇第 2 個變數的過程為內層迴圈。假設在外層迴圈中已經找到第 1 個變數α_1,現在要在內層迴圈中找第 2 個變數α_2。第 2 個變數選擇的標準是希望能使α_2有足夠大的變化。

由式(7.106)和式(7.108)可知,α_2^{new}是依賴於$|E_1 - E_2|$的,為了加快計算速度,一種簡單的做法是選擇α_2,使其對應的$|E_1 - E_2|$最大。因為α_1已定,E_1也確定了。如果E_1是正的,那麼選擇最小的E_i作為E_2;如果E_1是負的,那麼選擇最大的E_i作為E_2。為了節省計算時間,將所有E_i值保存在一個列表中。

在特殊情況下，如果內層迴圈透過以上方法選擇的α_2不能使目標函數有足夠的下降，那麼採用以下啟發式規則繼續選擇α_2。遍歷在間隔邊界上的支持向量點，依次將其對應的變數作為α_2試用，直到目標函數有足夠的下降。若找不到合適的α_2，那麼遍歷訓練資料集；若仍找不到合適的α_2，則放棄第 1 個α_1，再透過外層迴圈尋求另外的α_1。

3. 計算設定值b和差值E_i

在每次完成兩個變數的最佳化後，都要重新計算設定值b。當$0 < \alpha_1^{new} < C$時，由 KKT 條件(7.112)可知：

$$\sum_{i=1}^{N} \alpha_i y_i K_{i1} + b = y_1$$

於是，

$$b_1^{new} = y_1 - \sum_{i=3}^{N} \alpha_i y_i K_{i1} - \alpha_1^{new} y_1 K_{11} - \alpha_2^{new} y_2 K_{21} \tag{7.114}$$

由E_1的定義式 (7.105) 有

$$E_1 = \sum_{i=3}^{N} \alpha_i y_i K_{i1} + \alpha_1^{old} y_1 K_{11} + \alpha_2^{old} y_2 K_{21} + b^{old} - y_1$$

式(7.114)的前兩項可寫成：

$$y_1 - \sum_{i=3}^{N} \alpha_i y_i K_{i1} = -E_1 + \alpha_1^{old} y_1 K_{11} + \alpha_2^{old} y_2 K_{21} + b^{old}$$

代入式(7.114)，可得

$$b_1^{new} = -E_1 - y_1 K_{11}(\alpha_1^{new} - \alpha_1^{old}) - y_2 K_{21}(\alpha_2^{new} - \alpha_2^{old}) + b^{old} \tag{7.115}$$

同樣，如果$0 < \alpha_2^{new} < C$，那麼，

$$b_2^{new} = -E_2 - y_1 K_{12}(\alpha_1^{new} - \alpha_1^{old}) - y_2 K_{22}(\alpha_2^{new} - \alpha_2^{old}) + b^{old} \tag{7.116}$$

如果$\alpha_1^{new}, \alpha_2^{new}$同時滿足條件$0 < \alpha_i^{new} < C$，$i = 1,2$，那麼$b_1^{new} = b_2^{new}$。如果$\alpha_1^{new}, \alpha_2^{new}$是0或者$C$，那麼$b_1^{new}$和$b_2^{new}$以及它們之間的數都是符合KKT 條件的設定值，這時選擇它們的中點作為b^{new}。

在每次完成兩個變數的最佳化之後，還必須更新對應的E_i值，並將它們保存在列表中。E_i值的更新要用到b^{new}值，以及所有支持向量對應的α_j：

$$E_i^{new} = \sum_S y_j \alpha_j K(x_i, x_j) + b^{new} - y_i \tag{7.117}$$

其中，S是所有支持向量x_j的集合。

7.4.3 SMO 演算法

【演算法 7.5】**SMO 演算法**

輸入：訓練資料集$T = \{(x_1, y_1), (x_2, y_2), \cdots, (x_N, y_N)\}$，其中，$x_i \in X = R^n$，$y_i \in Y = \{-1, +1\}$，$i = 1,2,\cdots, N$，精度$\varepsilon$；

輸出：近似解$\hat{\alpha}$。

（1）取初值$\alpha^{(0)} = 0$，令$k = 0$；

（2）選取最佳化變數$\alpha_1^{(k)}, \alpha_2^{(k)}$，解析求解兩個變數的最佳化問題 (7.101)~(7.103)，求得最優解$\alpha_1^{(k+1)}, \alpha_2^{(k+1)}$，更新$\alpha$為$\alpha^{(k+1)}$；

（3）若在精度ε範圍內滿足停機條件

$$\sum_{i=1}^{N} \alpha_i y_i = 0, \quad 0 \leqslant \alpha_i \leqslant C, \quad i = 1,2,\cdots, N$$

$$y_i \cdot g(x_i) \begin{cases} \geqslant 1, & \{x_i | \alpha_i = 0\} \\ = 1, & \{x_i | 0 < \alpha_i < C\} \\ \leqslant 1, & \{x_i | \alpha_i = C\} \end{cases}$$

其中，

$$g(x_i) = \sum_{j=1}^{N} \alpha_j y_j K(x_j, x_i) + b$$

則轉(4)；否則令$k = k + 1$，轉(2)；

（4）取$\hat{\alpha} = \alpha^{(k+1)}$。

本章概要

1. 支持向量機最簡單的情況是線性可分支持向量機，或硬間隔支持向量機。建構它的條件是訓練資料線性可分。其學習策略是最大間隔法。可以表示為凸二次規劃問題，其原始最佳化問題為

$$\min_{w,b} \quad \frac{1}{2}\|w\|^2$$
$$s.t. \quad y_i(w \cdot x_i + b) - 1 \geqslant 0, \quad i = 1,2,\cdots,N$$

求得最佳化問題的解為w^*，b^*，得到線性可分支持向量機，分離超平面是：

$$w^* \cdot x + b^* = 0$$

分類決策函數是：

$$f(x) = sign(w^* \cdot x + b^*)$$

最大間隔法中，函數間隔與幾何間隔是重要的概念。

線性可分支持向量機的最優解存在且唯一。位於間隔邊界上的實例點為支持向量。最優分離超平面由支持向量完全決定。

二次規劃問題的對偶問題是：

$$\min \quad \frac{1}{2}\sum_{i=1}^{N}\sum_{j=1}^{N} \alpha_i \alpha_j y_i y_j (x_i \cdot x_j) - \sum_{i=1}^{N} \alpha_i$$
$$s.t. \quad \sum_{i=1}^{N} \alpha_i y_i = 0$$
$$\alpha_i \geqslant 0, \quad i = 1,2,\cdots,N$$

通常，透過求解對偶問題學習線性可分支持向量機，即首先求解對偶問題的最優值 α^*，然後求最優值 w^* 和 b^*，得出分離超平面和分類決策函數。

2. 現實中訓練資料是線性可分的情形較少，訓練資料往往是近似線性可分的，這時使用線性支持向量機，或軟間隔支持向量機。線性支持向量機是最基本的支持向量機。

對於雜訊或例外，透過引入鬆弛變數 ξ_i，使其「可分」，得到線性支持向量機學習的凸二次規劃問題，其原始最佳化問題是：

$$\min_{w,b,\xi} \quad \frac{1}{2}\|w\|^2 + C\sum_{i=1}^{N} \xi_i$$
$$s.t. \quad y_i(w \cdot x_i + b) \geqslant 1 - \xi_i, \quad i = 1,2,\cdots,N$$
$$\xi_i \geqslant 0, \quad i = 1,2,\cdots,N$$

求解原始最佳化問題的解 w^*, b^*，得到線性支持向量機，其分離超平面為

$$w^* \cdot x + b^* = 0$$

分類決策函數為：

$$f(x) = sign(w^* \cdot x + b^*)$$

線性支持向量機的解 w^* 唯一但 b^* 不一定唯一。

對偶問題是：

$$\min_{\alpha} \quad \frac{1}{2}\sum_{i=1}^{N}\sum_{j=1}^{N} \alpha_i\alpha_j y_i y_j (x_i \cdot x_j) - \sum_{i=1}^{N} \alpha_i$$
$$s.t. \quad \sum_{i=1}^{N} \alpha_i y_i = 0$$
$$0 \leqslant \alpha_i \leqslant C, \quad i = 1,2,\cdots,N$$

線性支持向量機的對偶學習演算法，首先求解對偶問題得到最優解

α^*，然後求原始問題最優解w^*和b^*，得出分離超平面和分類決策函數。

對偶問題的解α^*中滿足$\alpha_i^* > 0$的實例點x_i稱為支持向量。支持向量可在間隔邊界上，也可在間隔邊界與分離超平面之間，或者在分離超平面誤分一側。最優分離超平面由支持向量完全決定。

線性支持向量機學習等值於最小化二階範數正則化的合頁函數

$$\sum_{i=1}^{N} [1 - y_i(w \cdot x_i + b)]_+ + \lambda \parallel w \parallel^2$$

3. 非線性支持向量機

對於輸入空間中的非線性分類問題，可以透過非線性變換將它轉化為某個高維特徵空間中的線性分類問題，在高維特徵空間中學習線性支持向量機。由於在線性支持向量機學習的對偶問題裡，目標函數和分類決策函數都只涉及實例與實例之間的內積，所以不需要顯性地指定非線性變換，而是用核函數來替換當中的內積。核函數表示，透過一個非線性轉換後的兩個實例間的內積。具體地，$K(x, z)$是一個核函數，或正定核，意味著存在一個從輸入空間X到特徵空間H的映射$\phi(x): X \to H$，對任意$x, z \in X$，有

$$K(x, z) = \phi(x) \cdot \phi(z)$$

對稱函數$K(x, z)$為正定核的充要條件如下：對任意$x_i \in X$，$i = 1, 2, \cdots, m$，任意正整數m，對稱函數$K(x, z)$對應的 Gram 矩陣是半正定的。

所以，在線性支持向量機學習的對偶問題中，用核函數$K(x, z)$替代內積，求解得到的就是非線性支持向量機

$$f(x) = sign\left(\sum_{i=1}^{N} \alpha_i^* y_i K(x, x_i) + b^*\right)$$

4. SMO 演算法

SMO 演算法是支持向量機學習的一種快速演算法，其特點是不斷地將原二次規劃問題分解為只有兩個變數的二次規劃子問題，並對子問題進行解析求解，直到所有變數滿足 KKT 條件為止。這樣透過啟發式的方法得到原二次規劃問題的最優解。因為子問題有解析解，所以每次計算子問題都很快，雖然計算子問題次數很多，但在整體上還是高效的。

繼續閱讀

線性支持向量機（軟間隔）由 Cortes 與 Vapnik 提出 [1]。同時，Boser, Guyon 與 Vapnik 又引入核技巧，提出非線性支持向量機 [2]。Drucker 等人將其擴充到支持向量回歸 [3]。Vapnik Vladimir 在他的統計學習理論 [4]一書中對支持向量機的泛化能力進行了論述。

Platt 提出了支持向量機的快速學習演算法 SMO [5]，Joachims 實現的 SVM Light，以及 Chang 與 Lin 實現的 LIBSVM 軟體套件被廣泛使用。[^2]

原始的支持向量機是二類分類模型，又被推廣到多類分類支持向量機 [6,7]，以及用於結構預測的結構支持向量機 [8]。

關於支持向量機的文獻很多。支持向量機的介紹可參照文獻[9~12]。核方法被認為是比支持向量機更具一般性的機器學習方法。核方法的介紹可參考文獻[13~15]。

[^2]: SVM Light：http://svmlight.joachims.org/. LIBSVM：http://www.csie.ntu.edu.tw/cjlin/libsvm/.

習題

7.1　比較感知機的對偶形式與線性可分支持向量機的對偶形式。

7.2　已 知 正 例 點 $x_1 = (1,2)^{\mathrm{T}}$ ， $x_2 = (2,3)^{\mathrm{T}}$ ， $x_3 = (3,3)^{\mathrm{T}}$ ， 負 例 點 $x_4 = (2,1)^{\mathrm{T}}$ ， $x_5 = (3,2)^{\mathrm{T}}$ ，試求最大間隔分離超平面和分類決策函數，並在圖上畫出分離超平面、間隔邊界及支持向量。

7.3　線性支持向量機還可以定義為以下形式：

$$\min_{w,b,\xi} \quad \frac{1}{2} \parallel w \parallel^2 + C \sum_{i=1}^{N} \xi_i^2$$
$$s.t. \quad y_i(w \cdot x_i + b) \geqslant 1 - \xi_i, \quad i = 1,2,\cdots,N$$
$$\xi_i \geqslant 0, \quad i = 1,2,\cdots,N$$

試求其對偶形式。

7.4　證明內積的正整數冪函數：

$K(x,z) = (x \cdot z)^p$

是正定核函數，這裡p是正整數，$x, z \in R^n$。

參考文獻

[1]　Cortes C, Vapnik V. Support-vector networks. Machine Learning, 1995, 20(3): 273–297.

[2]　Boser B E, Guyon I M, Vapnik V N. A training algorithm for optimal margin classifiers. In: Haussler D, ed. Proc of the 5th Annual ACM Workshop on COLT. Pittsburgh, PA, 1992, 144–152.

[3]　Drucker H, Burges C J C, Kaufman L, et al. Support vector regression machines. In: Advances in Neural Information Processing Systems 9, NIPS 1996. MIT Press, 155–161.

[4]　Vapnik Vladimir N. The nature of statistical learning theory. Berlin: Springer-Verlag, 1995. （中譯本：統計學習理論的本質. 張學工譯. 北京：清華大學出版社，2000.）

[5]   Platt J C. Fast training of support vector machines using sequential minimal optimization. Microsoft Research, http://research.microsoft.com/apps/pubs/?id=68391.

[6]   Weston J A E, Watkins C. Support vector machines for multi-class pattern recognition. In: Proceedings of the 7th European Symposium on Articial Neural Networks. 1999.

[7]   Crammer K, Singer Y. On the algorithmic implementation of multiclass kernel-based machines. Journal of Machine Learning Research, 2001, 2 (Dec): 265–292.

[8]   Tsochantaridis I, Joachims T, Hofmann T, et al. Large margin methods for structured and interdependent output variables. JMLR, 2005, 6: 1453–1484.

[9]   Burges J C. A tutorial on support vector machines for pattern recognition. Bell Laboratories, Lucent Technologies. 1997.

[10]   Cristianini N, Shawe-Taylor J. An introduction to support vector machines and othre kernel-based learning methods. Cambridge University Press，2000.（中譯本：李國正，王猛，曾華軍譯. 支持向量機導論. 北京：電子工業出版社，2004.）

[11]   鄧乃揚，田英傑. 資料探勘中的新方法——支持向量機. 北京：科學出版社，2004.

[12]   鄧乃揚，田英傑. 支持向量機——理論，演算法與拓展. 北京：科學出版社，2009.

[13]   Scholkpf B, Smola A J. Learning with kernels: support vector machines, regularization, optimization, and beyond. MIT Press, 2002.

[14]   Herbrich R. Learning kernel classifiers: theory and algorithms. The MIT Press, 2002.

[15]   Hofmann T, Scholkopf B, Smola A J. Kernel methods in machine learning. The Annals of Statistics, 2008, 36(3): 1171–1220.

7.4 序列最小最佳化演算法

Chapter

08

提升方法

提升（boosting）方法是一種常用的統計學習方法，應用廣泛且有效。在分類問題中，它透過改變訓練樣本的權重，學習多個分類器，並將這些分類器進行線性組合，提高分類的性能。

本章首先介紹提升方法的思路和代表性的提升演算法 AdaBoost；然後透過訓練誤差分析探討 AdaBoost 為什麼能夠提高學習精度；並且從前向分步加法模型的角度解釋 AdaBoost；最後敘述提升方法更具體的實例——提升樹（boosting tree）。AdaBoost 演算法是 1995 年由 Freund 和 Schapire 提出的，提升樹是 2000 年由 Friedman 等人提出的。

8.1 提升方法 AdaBoost 演算法

8.1.1 提升方法的基本思路

提升方法基於這種思想：對於一個複雜任務來說，將多個專家的判斷進行適當的綜合所得出的判斷，要比其中任何一個專家單獨的判斷好。實際上，就是「三個臭皮匠頂個諸葛亮」的道理。

歷史上，Kearns 和 Valiant 首先提出了「強可學習」（strongly learnable）和「弱可學習」（weakly learnable）的概念。指出：在機率近似正確

（probably approximately correct，PAC）學習的框架中，一個概念（一個類），如果存在一個多項式的學習演算法能夠學習它，並且正確率很高，那麼就稱這個概念是強可學習的；一個概念，如果存在一個多項式的學習演算法能夠學習它，學習的正確率僅比隨機猜測略好，那麼就稱這個概念是弱可學習的。非常有趣的是 Schapire 後來證明強可學習與弱可學習是等值的，也就是說，在 PAC 學習的框架下，一個概念是強可學習的充分必要條件是這個概念是弱可學習的。

這樣一來，問題便成為，在學習中，如果已經發現了「弱學習演算法」，那麼能否將它提升（boost）為「強學習演算法」。大家知道，發現弱學習演算法通常要比發現強學習演算法容易得多。那麼如何具體實施提升，便成為開發提升方法時所要解決的問題。關於提升方法的研究很多，有很多演算法被提出。最具代表性的是 AdaBoost 演算法（AdaBoost algorithm）。

對於分類問題而言，給定一個訓練樣本集，求比較粗糙的分類規則（弱分類器）要比求精確的分類規則（強分類器）容易得多。提升方法就是從弱學習演算法出發，反覆學習，得到一系列弱分類器（又稱為基本分類器），然後組合這些弱分類器，組成一個強分類器。大多數的提升方法都是改變訓練資料的機率分佈（訓練資料的權值分佈），針對不同的訓練資料分佈呼叫弱學習演算法學習一系列弱分類器。

這樣，對提升方法來說，有兩個問題需要回答：一是在每一輪如何改變訓練資料的權值或機率分佈；二是如何將弱分類器組合成一個強分類器。關於第 1 個問題，AdaBoost 的做法是，提高那些被前一輪弱分類器錯誤分類樣本的權值，而降低那些被正確分類樣本的權值。這樣一來，那些沒有得到正確分類的資料，由於其權值的加大而受到後一輪的弱分類器的更大關注。於是，分類問題被一系列的弱分類器「分而治之」。至於第 2 個問題，即弱分類器的組合，AdaBoost 採取加權多數表決的方法。具體地，加大分類誤差率小的弱分類器的權值，使其在表決中起較大的作用；減小分類誤差率大的弱分類器的權值，使其在表決中起較小的作用。

AdaBoost 的巧妙之處就在於它將這些想法自然且有效地實現在一種演算法裡。

8.1.2 AdaBoost 演算法

現在敘述 AdaBoost 演算法。假設給定一個二類分類的訓練資料集

$$T = \{(x_1, y_1), (x_2, y_2), \cdots, (x_N, y_N)\}$$

其中，每個樣本點由實例與標記組成。實例 $x_i \in X \subseteq R^n$，標記 $y_i \in Y = \{-1, +1\}$，X是實例空間，Y是標記集合。AdaBoost 利用以下演算法，從訓練資料中學習一系列弱分類器或基本分類器，並將這些弱分類器線性組合成為一個強分類器。

【演算法 8.1】**AdaBoost**

輸入：訓練資料集 $T = \{(x_1, y_1), (x_2, y_2), \cdots, (x_N, y_N)\}$，其中 $x_i \in X \subseteq R^n$，$y_i \in Y = \{-1, +1\}$；弱學習演算法；

輸出：最終分類器 $G(x)$。

（1）初始化訓練資料的權值分佈

$$D_1 = (w_{11}, \cdots, w_{1i}, \cdots, w_{1N}), \quad w_{1i} = \frac{1}{N}, \quad i = 1, 2, \cdots, N$$

（2）對 $m = 1, 2, \cdots, M$

(a) 使用具有權值分佈 D_m 的訓練資料集學習，得到基本分類器

$$G_m(x): X \to \{-1, +1\}$$

(b) 計算 $G_m(x)$ 在訓練資料集上的分類誤差率

$$e_m = \sum_{i=1}^{N} P(G_m(x_i) \neq y_i) = \sum_{i=1}^{N} w_{mi} I(G_m(x_i) \neq y_i) \qquad (8.1)$$

(c) 計算 $G_m(x)$ 的係數

$$\alpha_m = \frac{1}{2}\log\frac{1-e_m}{e_m} \tag{8.2}$$

這裡的對數是自然對數。

(d) 更新訓練資料集的權值分佈

$$D_{m+1} = (w_{m+1,1}, \cdots, w_{m+1,i}, \cdots, w_{m+1,N}) \tag{8.3}$$

$$w_{m+1,i} = \frac{w_{mi}}{Z_m}\exp(-\alpha_m y_i G_m(x_i)), \quad i = 1,2,\cdots,N \tag{8.4}$$

這裡，Z_m 是規範化因數

$$Z_m = \sum_{i=1}^{N} w_{mi}\exp(-\alpha_m y_i G_m(x_i)) \tag{8.5}$$

它使 D_{m+1} 成為一個機率分佈。

（3）建構基本分類器的線性組合

$$f(x) = \sum_{m=1}^{M} \alpha_m G_m(x) \tag{8.6}$$

得到最終分類器

$$G(x) = sign(f(x))$$

$$= sign\left(\sum_{m=1}^{M} \alpha_m G_m(x)\right) \tag{8.7}$$

對 AdaBoost 演算法作如下説明：

步驟（1）假設訓練資料集具有均勻的權值分佈，即每個訓練樣本在基本分類器的學習中作用相同，這一假設保證第 1 步能夠在原始資料上學習基本分類器 $G_1(x)$。

步驟（2）AdaBoost 反覆學習基本分類器，在每一輪$m = 1,2,\cdots,M$順次地執行下列操作：

（a）使用當前分佈D_m加權的訓練資料集，學習基本分類器$G_m(x)$。

（b）計算基本分類器$G_m(x)$在加權訓練資料集上的分類誤差率：

$$e_m = \sum_{i=1}^{N} P(G_m(x_i) \neq y_i)$$

$$= \sum_{G_m(x_i) \neq y_i} w_{mi} \tag{8.8}$$

這裡，w_{mi}表示第m輪中第i個實例的權值，$\sum_{i=1}^{N} w_{mi} = 1$。這表明，$G_m(x)$在加權的訓練資料集上的分類誤差率是被$G_m(x)$誤分類樣本的權值之和，由此可以看出資料權值分佈$D_m$與基本分類器$G_m(x)$的分類誤差率的關係。

（c）計算基本分類器$G_m(x)$的係數α_m。α_m表示$G_m(x)$在最終分類器中的重要性。由式(8.2)可知，當$e_m \leqslant \frac{1}{2}$時，$\alpha_m \geqslant 0$，並且$\alpha_m$隨著$e_m$的減小而增大，所以分類誤差率越小的基本分類器在最終分類器中的作用越大。

（d）更新訓練資料的權值分佈為下一輪作準備。式(8.4)可以寫成：

$$w_{m+1,i} = \begin{cases} \dfrac{w_{mi}}{Z_m} e^{-\alpha_m}, & G_m(x_i) = y_i \\ \dfrac{w_{mi}}{Z_m} e^{\alpha_m}, & G_m(x_i) \neq y_i \end{cases}$$

由此可知，被基本分類器$G_m(x)$誤分類樣本的權值得以擴大，而被正確分類樣本的權值卻得以縮小。兩相比較，由式(8.2)知誤分類樣本的權值被放大 $e^{2\alpha_m} = \frac{1-e_m}{e_m}$ 倍。因此，誤分類樣本在下一輪學習中起更大的作用。不改變所給的訓練資料，而不斷改變訓練資料權值的分佈，使得訓練資料在基本分類器的學習中起不同的作用，這是 AdaBoost 的一個特點。

步驟（3）線性組合$f(x)$實現M個基本分類器的加權表決。係數α_m表示了基本分類器$G_m(x)$的重要性，這裡，所有α_m之和並不為 1。$f(x)$的符號決定實例x的類，$f(x)$的絕對值表示分類的確信度。利用基本分類器的線性組合建構最終分類器是 AdaBoost 的另一特點。

8.1.3 AdaBoost 的例子[1]

【例 8.1】給定如表 8.1 所示訓練資料。假設弱分類器由$x < v$或$x > v$產生，其設定值v使該分類器在訓練資料集上分類誤差率最低。試用 AdaBoost 演算法學習一個強分類器。

表 8.1 訓練資料表

序號	1	2	3	4	5	6	7	8	9	10
x	0	1	2	3	4	5	6	7	8	9
y	1	1	1	−1	−1	−1	1	1	1	−1

【解】初始化資料權值分佈

$$D_1 = (w_{11}, w_{12}, \cdots, w_{110})$$
$$w_{1i} = 0.1, \quad i = 1,2,\cdots,10$$

對 $m = 1$

（a）在權值分佈為D_1的訓練資料上，設定值v取 2.5 時分類誤差率最低，故基本分類器為

$$G_1(x) = \begin{cases} 1, & x < 2.5 \\ -1, & x > 2.5 \end{cases}$$

（b）$G_1(x)$在訓練資料集上的誤差率$e_1 = P(G_1(x_i) \neq y_i) = 0.3$。

---

[1] 例題來自 http://www.csie.edu.tw。

（c）計算$G_1(x)$的係數：$\alpha_1 = \frac{1}{2}\log\frac{1-e_1}{e_1} = 0.4236$。

（d）更新訓練資料的權值分佈：

$$D_2 = (w_{21}, \cdots, w_{2i}, \cdots, w_{210})$$

$$w_{2i} = \frac{w_{1i}}{Z_1}\exp(-\alpha_1 y_i G_1(x_i)), \quad i = 1,2,\cdots,10$$

$$D_2 = (0.07143, 0.07143, 0.07143, 0.07143, 0.07143, 0.07143,$$
$$0.16667, 0.16667, 0.16667, 0.07143)$$

$$f_1(x) = 0.4236 G_1(x)$$

分類器$sign[f_1(x)]$在訓練資料集上有 3 個誤分類點。

對 $m = 2$

（a）在權值分佈為D_2的訓練資料上，設定值v是 8.5 時分類誤差率最低，基本分類器為

$$G_2(x) = \begin{cases} 1, & x < 8.5 \\ -1, & x > 8.5 \end{cases}$$

（b）$G_2(x)$在訓練資料集上的誤差率$e_2 = 0.2143$。

（c）計算$\alpha_2 = 0.6496$。

（d）更新訓練資料權值分佈：

$$D_3 = (0.0455, 0.0455, 0.0455, 0.1667, 0.1667, 0.1667,$$
$$0.1060, 0.1060, 0.1060, 0.0455)$$

$$f_2(x) = 0.4236 G_1(x) + 0.6496 G_2(x)$$

分類器$sign[f_2(x)]$在訓練資料集上有 3 個誤分類點。

對 $m = 3$

（a）在權值分佈為D_3的訓練資料上，設定值v是 5.5 時分類誤差率最低，基本分類器為

$$G_3(x) = \begin{cases} 1, & x > 5.5 \\ -1, & x < 5.5 \end{cases}$$

（b）$G_3(x)$在訓練樣本集上的誤差率$e_3 =0.1820$。

（c）計算$\alpha_3 =0.7514$。

（d）更新訓練資料的權值分佈：

$$D_4 = (0.125,0.125,0.125,0.102,0.102,0.102,0.065,0.065,0.065,0.125)$$

於是得到：

$$f_3(x) = 0.4236G_1(x) + 0.6496G_2(x) + 0.7514G_3(x)$$

分類器$sign[f_3(x)]$在訓練資料集上誤分類點個數為 0。

於是最終分類器為

$$G(x) = sign[f_3(x)] = sign[0.4236G_1(x) + 0.6496G_2(x) + 0.7514G_3(x)]$$

8.2 AdaBoost 演算法的訓練誤差分析

AdaBoost 最基本的性質是它能在學習過程中不斷減少訓練誤差，即在訓練資料集上的分類誤差率。關於這個問題有下面的定理。

【定理 8.1】**AdaBoost 的訓練誤差界**：AdaBoost 演算法最終分類器的訓練誤差界為

$$\frac{1}{N}\sum_{i=1}^{N} I(G(x_i) \neq y_i) \leqslant \frac{1}{N}\sum_{i} \exp(-y_i f(x_i)) = \prod_{m} Z_m \tag{8.9}$$

這裡，$G(x),f(x)$和Z_m分別由式(8.7)、式(8.6)和式(8.5)舉出。

【證明】當$G(x_i) \neq y_i$時，$y_i f(x_i) < 0$，因而$\exp(-y_i f(x_i)) \geqslant 1$。由此直接推導出前半部分。

後半部分的推導要用到Z_m的定義式(8.5)及式(8.4)的變形：

$$w_{mi}\exp(-\alpha_m y_i G_m(x_i)) = Z_m w_{m+1,i}$$

現推導如下：

$$
\begin{aligned}
\frac{1}{N} \sum_i \exp(-y_i f(x_i)) &= \frac{1}{N} \sum_i \exp\left(-\sum_{m=1}^{M} \alpha_m y_i G_m(x_i)\right) \\
&= \sum_i w_{1i} \prod_{m=1}^{M} \exp(-\alpha_m y_i G_m(x_i)) \\
&= Z_1 \sum_i w_{2i} \prod_{m=2}^{M} \exp(-\alpha_m y_i G_m(x_i)) \\
&= Z_1 Z_2 \sum_i w_{3i} \prod_{m=3}^{M} \exp(-\alpha_m y_i G_m(x_i)) \\
&= \cdots \\
&= Z_1 Z_2 \cdots Z_{M-1} \sum_i w_{Mi} \exp(-\alpha_M y_i G_M(x_i)) \\
&= \prod_{m=1}^{M} Z_m
\end{aligned}
$$

這一定理說明，可以在每一輪選取適當的 G_m 使得 Z_m 最小，從而使訓練誤差下降最快。對二類分類問題，有如下結果。

【定理 8.2】二類分類問題 AdaBoost 的訓練誤差界

$$
\prod_{m=1}^{M} Z_m = \prod_{m=1}^{M} \left[2\sqrt{e_m(1-e_m)}\right]
$$

$$
= \prod_{m=1}^{M} \sqrt{(1-4\gamma_m^2)}
$$

$$
\leqslant \exp\left(-2\sum_{m=1}^{M} \gamma_m^2\right) \tag{8.10}
$$

這裡，$\gamma_m = \frac{1}{2} - e_m$。

【證明】由 Z_m 的定義式(8.5)及式(8.8)得

$$Z_m = \sum_{i=1}^{N} w_{mi} \exp(-\alpha_m y_i G_m(x_i))$$

$$= \sum_{y_i=G_m(x_i)} w_{mi} e^{-\alpha_m} + \sum_{y_i \neq G_m(x_i)} w_{mi} e^{\alpha_m}$$

$$= (1-e_m)e^{-\alpha_m} + e_m e^{\alpha_m}$$

$$= 2\sqrt{e_m(1-e_m)}$$

$$= \sqrt{1-4\gamma_m^2} \tag{8.11}$$

至於不等式

$$\prod_{m=1}^{M} \sqrt{(1-4\gamma_m^2)} \leqslant \exp\left(-2\sum_{m=1}^{M} \gamma_m^2\right)$$

則可先由 e^x 和 $\sqrt{1-x}$ 在點 $x=0$ 的泰勒展開式推出不等式 $\sqrt{(1-4\gamma_m^2)} \leqslant \exp(-2\gamma_m^2)$，進而得到。

【推論 8.1】如果存在 $\gamma > 0$，對所有 m 有 $\gamma_m \geqslant \gamma$，則

$$\frac{1}{N}\sum_{i=1}^{N} I(G(x_i) \neq y_i) \leqslant \exp(-2M\gamma^2) \tag{8.12}$$

這表明在此條件下 AdaBoost 的訓練誤差是以指數速率下降的。這一性質當然是很有吸引力的。

注意，AdaBoost 演算法不需要知道下界 γ，這正是 Freund 與 Schapire 設計 AdaBoost 時所考慮的。與一些早期的提升方法不同，AdaBoost 具有適應性，即它能適應弱分類器各自的訓練誤差率。這也是它的名稱（適應的提升）的由來，Ada 是 Adaptive 的簡寫。

| 8.3 AdaBoost 演算法的解釋

AdaBoost 演算法還有另一個解釋,即可以認為 AdaBoost 演算法是模型為加法模型、損失函數為指數函數、學習演算法為前向分步演算法時的二類分類學習方法。

8.3.1 前向分步演算法

考慮加法模型(additive model)

$$f(x) = \sum_{m=1}^{M} \beta_m b(x; \gamma_m) \tag{8.13}$$

其中,$b(x; \gamma_m)$為基函數,γ_m為基函數的參數,β_m為基函數的係數。顯然,式(8.6)是一個加法模型。

在給定訓練資料及損失函數$L(y, f(x))$的條件下,學習加法模型$f(x)$成為經驗風險極小化即損失函數極小化問題:

$$\min_{\beta_m, \gamma_m} \sum_{i=1}^{N} L\left(y_i, \sum_{m=1}^{M} \beta_m b(x_i; \gamma_m)\right) \tag{8.14}$$

通常這是一個複雜的最佳化問題。前向分步演算法(forward stagewise algorithm)求解這一最佳化問題的想法是:因為學習的是加法模型,如果能夠從前向後,每一步只學習一個基函數及其係數,逐步逼近最佳化目標函數式(8.14),那麼就可以簡化最佳化的複雜度。具體地,每步只需最佳化如下損失函數:

$$\min_{\beta, \gamma} \sum_{i=1}^{N} L(y_i, \beta b(x_i; \gamma)) \tag{8.15}$$

給定訓練資料集$T = \{(x_1, y_1), (x_2, y_2), \cdots, (x_N, y_N)\}, x_i \in X \subseteq R^n$,$y_i \in Y =$

$\{-1, +1\}$。損失函數 $L(y, f(x))$ 和基函數的集合 $\{b(x; \gamma)\}$，學習加法模型 $f(x)$ 的前向分步演算法如下。

【演算法 8.2】前向分步演算法

輸入：訓練資料集 $T = \{(x_1, y_1), (x_2, y_2), \cdots, (x_N, y_N)\}$；損失函數 $L(y, f(x))$；基函數集 $\{b(x; \gamma)\}$；

輸出：加法模型 $f(x)$。

（1）初始化 $f_0(x) = 0$；

（2）對 $m = 1, 2, \cdots, M$

　　（a）極小化損失函數

$$(\beta_m, \gamma_m) = \arg\min_{\beta, \gamma} \sum_{i=1}^{N} L(y_i, f_{m-1}(x_i) + \beta b(x_i; \gamma)) \tag{8.16}$$

　　　　得到參數 β_m，γ_m。

　　（b）更新

$$f_m(x) = f_{m-1}(x) + \beta_m b(x; \gamma_m) \tag{8.17}$$

（3）得到加法模型

$$f(x) = f_M(x) = \sum_{m=1}^{M} \beta_m b(x; \gamma_m) \tag{8.18}$$

這樣，前向分步演算法將同時求解從 $m = 1$ 到 M 所有參數 β_m，γ_m 的最佳化問題簡化為逐次求解各個 β_m，γ_m 的最佳化問題。

8.3.2 前向分步演算法與 AdaBoost

由前向分步演算法可以推導出 AdaBoost，用定理敘述這一關係。

【定理 8.3】AdaBoost 演算法是前向分步加法演算法的特例。這時，模型是由基本分類器組成的加法模型，損失函數是指數函數。

【證明】前向分步演算法學習的是加法模型，當基函數為基本分類器時，該加法模型等值於 AdaBoost 的最終分類器

$$f(x) = \sum_{m=1}^{M} \alpha_m G_m(x) \tag{8.19}$$

由基本分類器$G_m(x)$及其係數α_m組成，$m = 1, 2, \cdots, M$。前向分步演算法逐一學習基函數，這一過程與 AdaBoost 演算法逐一學習基本分類器的過程一致。下面證明前向分步演算法的損失函數是指數損失函數（exponential loss function）

$$L(y, f(x)) = \exp[-yf(x)]$$

時，其學習的具體操作等值於 AdaBoost 演算法學習的具體操作。

假設經過$m - 1$輪迭代前向分步演算法已經得到$f_{m-1}(x)$：

$$\begin{aligned} f_{m-1}(x) &= f_{m-2}(x) + \alpha_{m-1} G_{m-1}(x) \\ &= \alpha_1 G_1(x) + \cdots + \alpha_{m-1} G_{m-1}(x) \end{aligned}$$

在第m輪迭代得到α_m，$G_m(x)$和$f_m(x)$。

$$f_m(x) = f_{m-1}(x) + \alpha_m G_m(x)$$

目標是使前向分步演算法得到的α_m和$G_m(x)$使$f_m(x)$在訓練資料集T上的指數損失最小，即

$$(\alpha_m, G_m(x)) = \arg\min_{\alpha, G} \sum_{i=1}^{N} \exp[-y_i(f_{m-1}(x_i) + \alpha G(x_i))] \tag{8.20}$$

式(8.20)可以表示為

$$(\alpha_m, G_m(x)) = \arg\min_{\alpha, G} \sum_{i=1}^{N} \bar{w}_{mi} \exp[-y_i \alpha G(x_i)] \tag{8.21}$$

其中，$\bar{w}_{mi} = \exp[-y_i f_{m-1}(x_i)]$。因為$\bar{w}_{mi}$既不依賴$\alpha$也不依賴於$G$，所以與最小化無關。但$\bar{w}_{mi}$依賴於$f_{m-1}(x)$，隨著每一輪迭代而發生改變。

現證使式(8.21)達到最小的α_m^*和$G_m^*(x)$就是 AdaBoost 演算法所得到的α_m和$G_m(x)$。求解式(8.21)可分兩步：

首先，求$G_m^*(x)$。對任意$\alpha > 0$，使式(8.21)最小的$G(x)$由下式得到：

$$G_m^*(x) = \underset{G}{\arg\min} \sum_{i=1}^{N} \bar{w}_{mi} I(y_i \neq G(x_i))$$

其中，$\bar{w}_{mi} = \exp[-y_i f_{m-1}(x_i)]$。

此分類器$G_m^*(x)$即為 AdaBoost 演算法的基本分類器$G_m(x)$，因為它是使第m輪加權訓練資料分類誤差率最小的基本分類器。

之後，求α_m^*。參照式(8.11)，式(8.21)中

$$\sum_{i=1}^{N} \bar{w}_{mi} \exp[-y_i \alpha G(x_i)] = \sum_{y_i = G_m(x_i)} \bar{w}_{mi} e^{-\alpha} + \sum_{y_i \neq G_m(x_i)} \bar{w}_{mi} e^{\alpha}$$

$$= (e^{\alpha} - e^{-\alpha}) \sum_{i=1}^{N} \bar{w}_{mi} I(y_i \neq G(x_i)) + e^{-\alpha} \sum_{i=1}^{N} \bar{w}_{mi} \quad (8.22)$$

將已求得的$G_m^*(x)$ 代入式(8.22)，對 α 求導並使導數為 0，即得到使式(8.21) 最小的α。

$\alpha_m^* = \frac{1}{2} \log \frac{1-e_m}{e_m}$ 其中，e_m是分類誤差率：

$$e_m = \frac{\sum_{i=1}^{N} \bar{w}_{mi} I(y_i \neq G_m(x_i))}{\sum_{i=1}^{N} \bar{w}_{mi}}$$

$$= \sum_{i=1}^{N} w_{mi} I(y_i \neq G_m(x_i)) \quad (8.23)$$

這裡的α_m^*與 AdaBoost 演算法第 2(c)步的α_m完全一致。

最後來看每一輪樣本權值的更新。由

$$f_m(x) = f_{m-1}(x) + \alpha_m G_m(x)$$

以及 $\bar{w}_{mi} = \exp[-y_i f_{m-1}(x_i)]$，可得

$$\bar{w}_{m+1,i} = \bar{w}_{m,i}\exp[-y_i \alpha_m G_m(x)]$$

這與 AdaBoost 演算法第 2(d) 步的樣本權值的更新，只相差規範化因數，因而等值。

8.4 提升樹

提升樹是以分類樹或回歸樹為基本分類器的提升方法。提升樹被認為是統計學習中性能最好的方法之一。

8.4.1 提升樹模型

提升方法實際採用加法模型（即基函數的線性組合）與前向分步演算法。以決策樹為基函數的提升方法稱為提升樹 （boosting tree）。對分類問題決策樹是二元分類樹，對回歸問題決策樹是二元回歸樹。在例 8.1 中看到的基本分類器$x < v$或$x > v$，可以看作是由一個根節點直接連接兩個葉節點的簡單決策樹，即所謂的決策樹樁（decision stump）。提升樹模型可以表示為決策樹的加法模型：

$$f_M(x) = \sum_{m=1}^{M} T(x; \Theta_m) \tag{8.24}$$

其中，$T(x; \Theta_m)$表示決策樹，Θ_m為決策樹的參數，M為樹的個數。

8.4.2 提升樹演算法

提升樹演算法採用前向分步演算法。首先確定初始提升樹$f_0(x) = 0$，第m步的模型是

$$f_m(x) = f_{m-1}(x) + T(x; \Theta_m) \tag{8.25}$$

其中，$f_{m-1}(x)$為當前模型，透過經驗風險極小化確定下一棵決策樹的參數Θ_m：

$$\widehat{\Theta}_m = \underset{\Theta_m}{\arg\min} \sum_{i=1}^{N} L(y_i, f_{m-1}(x_i) + T(x_i; \Theta_m)) \tag{8.26}$$

由於樹的線性組合可以極佳地擬合訓練資料，即使資料中的輸入與輸出之間的關係很複雜也是如此，所以提升樹是一個高功能的學習演算法。

下面討論針對不同問題的提升樹學習演算法，其主要區別在於使用的損失函數不同。包括用平方誤差損失函數的回歸問題，用指數損失函數的分類問題，以及用一般損失函數的一般決策問題。

對於二類分類問題，提升樹演算法只需將 AdaBoost 演算法 8.1 中的基本分類器限制為二類分類樹即可，可以説這時的提升樹演算法是 AdaBoost 演算法的特殊情況，這裡不再細述。下面敘述回歸問題的提升樹。

已知一個訓練資料集$T = \{(x_1, y_1), (x_2, y_2), \cdots, (x_N, y_N)\}$，$x_i \in X \subseteq R^n$，$X$為輸入空間，$y_i \in Y \subseteq R$，$Y$為輸出空間。在 5.5 節中已經討論了回歸樹的問題。如果將輸入空間X劃分為J個互不相交的區域$R_1, R_2, \cdots, R_J$，並且在每個區域上確定輸出的常數c_j，那麼樹可表示為

$$T(x; \Theta) = \sum_{j=1}^{J} c_j I(x \in R_j) \tag{8.27}$$

其中，參數$\Theta = \{(R_1, c_1), (R_2, c_2), \cdots, (R_J, c_J)\}$表示樹的區域劃分和各區域上的常數。$J$是回歸樹的複雜度即葉節點個數。

回歸問題提升樹使用以下前向分步演算法：

$$f_0(x) = 0$$
$$f_m(x) = f_{m-1}(x) + T(x; \Theta_m), \quad m = 1, 2, \cdots, M$$
$$f_M(x) = \sum_{m=1}^{M} T(x; \Theta_m)$$

在前向分步演算法的第 m 步，給定當前模型 $f_{m-1}(x)$，需求解

$$\widehat{\Theta}_m = \underset{\Theta_m}{\text{argmin}} \sum_{i=1}^{N} L(y_i, f_{m-1}(x_i) + T(x_i; \Theta_m))$$

得到 $\widehat{\Theta}_m$，即第 m 棵樹的參數。

當採用平方誤差損失函數時，

$$L(y, f(x)) = (y - f(x))^2$$

其損失變為

$$\begin{aligned} L(y, f_{m-1}(x) + T(x; \Theta_m)) &= [y - f_{m-1}(x) - T(x; \Theta_m)]^2 \\ &= [r - T(x; \Theta_m)]^2 \end{aligned}$$

這裡，

$$r = y - f_{m-1}(x) \tag{8.28}$$

是當前模型擬合資料的殘差（residual）。所以，對回歸問題的提升樹演算法來說，只需簡單地擬合當前模型的殘差。這樣，演算法是相當簡單的。現將回歸問題的提升樹演算法敘述如下。

【演算法 8.3】回歸問題的提升樹演算法

輸入：訓練資料集 $T = \{(x_1, y_1), (x_2, y_2), \cdots, (x_N, y_N)\}$，$x_i \in X \subseteq R^n$，$y_i \in Y \subseteq R$；

輸出：提升樹 $f_M(x)$。

（1）初始化$f_0(x) = 0$。

（2）對$m = 1,2,\cdots,M$。

（a）按式(8.27)計算殘差：

$$r_{mi} = y_i - f_{m-1}(x_i), \quad i = 1,2,\cdots,N$$

（b）擬合殘差r_{mi}學習一個回歸樹，得到$T(x;\Theta_m)$。

（c）更新$f_m(x) = f_{m-1}(x) + T(x;\Theta_m)$。

（3）得到回歸問題提升樹

$$f_M(x) = \sum_{m=1}^{M} T(x;\Theta_m)$$

【例 8.2】已知如表 8.2 所示的訓練資料，x的取值範圍為區間$[0.5,10.5]$，y的取值範圍為區間$[5.0,10.0]$，學習這個回歸問題的提升樹模型，考慮只用樹樁作為基函數。

表 8.2　訓練資料表

x_i	1	2	3	4	5	6	7	8	9	10
y_i	5.56	5.70	5.91	6.40	6.80	7.05	8.90	8.70	9.00	9.05

【解】按照演算法 8.3，第 1 步求$f_1(x)$即回歸樹$T_1(x)$。

首先透過以下最佳化問題：

$$\min_{s}\left[\min_{c_1}\sum_{x_i\in R_1}(y_i-c_1)^2 + \min_{c_2}\sum_{x_i\in R_2}(y_i-c_2)^2\right]$$

求解訓練資料的切分點s：

$$R_1 = \{x|x \leqslant s\}, \quad R_2 = \{x|x > s\}$$

容易求得在R_1，R_2內部使平方損失誤差達到最小值的c_1，c_2為

$$c_1 = \frac{1}{N_1} \sum_{x_i \in R_1} y_i, \quad c_2 = \frac{1}{N_2} \sum_{x_i \in R_2} y_i$$

這裡 N_1，N_2 是 R_1，R_2 的樣本點數。

求訓練資料的切分點。根據所給資料，考慮如下切分點：

1.5,　　2.5,　　3.5,　　4.5,　　5.5,　　6.5,　　7.5,　　8.5,　　9.5

對各切分點，不難求出對應的 R_1，R_2，c_1，c_2 及

$$m(s) = \min_{c_1} \sum_{x_i \in R_1} (y_i - c_1)^2 + \min_{c_2} \sum_{x_i \in R_2} (y_i - c_2)^2$$

例如，當 $s = 1.5$ 時，$R_1 = \{1\}$，$R_2 = \{2,3,\cdots,10\}$，$c_1 = 5.56$，$c_2 = 7.50$，

$$m(s) = \min_{c_1} \sum_{x_i \in R_1} (y_i - c_1)^2 + \min_{c_2} \sum_{x_i \in R_2} (y_i - c_2)^2 = 0 + 15.72 = 15.72$$

現將 s 及 $m(s)$ 的計算結果列表如下（見表 8.3）。

表 8.3　計算資料表

s	1.5	2.5	3.5	4.5	5.5	6.5	7.5	8.5	9.5
$m(s)$	15.72	12.07	8.36	5.78	3.91	1.93	8.01	11.73	15.74

由表 8.3 可知，當 $s = 6.5$ 時 $m(s)$ 達到最小值，此時 $R_1 = \{1,2,\cdots,6\}$，$R_2 = \{7,8,9,10\}$，$c_1 = 6.24$，$c_2 = 8.91$，所以回歸樹 $T_1(x)$ 為

$$T_1(x) = \begin{cases} 6.24, & x < 6.5 \\ 8.91, & x \geqslant 6.5 \end{cases}$$
$$f_1(x) = T_1(x)$$

用 $f_1(x)$ 擬合訓練資料的殘差見表 8.4，表中 $r_{2i} = y_i - f_1(x_i)$，$i = 1,2,\cdots,10$。

表 8.4 殘差表

x_i	1	2	3	4	5	6	7	8	9	10
r_{2i}	−0.68	−0.54	−0.33	0.16	0.56	0.81	−0.01	−0.21	0.09	0.14

用 $f_1(x)$ 擬合訓練資料的平方損失誤差：

$$L(y, f_1(x)) = \sum_{i=1}^{10} (y_i - f_1(x_i))^2 = 1.93$$

第 2 步求 $T_2(x)$。方法與求 $T_1(x)$ 一樣，只是擬合的資料是表 8.4 的殘差。可以得到：

$$T_2(x) = \begin{cases} -0.52, & x < 3.5 \\ 0.22, & x \geqslant 3.5 \end{cases}$$

$$f_2(x) = f_1(x) + T_2(x) = \begin{cases} 5.72, & x < 3.5 \\ 6.46, & 3.5 \leqslant x < 6.5 \\ 9.13, & x \geqslant 6.5 \end{cases}$$

用 $f_2(x)$ 擬合訓練資料的平方損失誤差是

$$L(y, f_2(x)) = \sum_{i=1}^{10} (y_i - f_2(x_i))^2 = 0.79$$

繼續求得

$$T_3(x) = \begin{cases} 0.15, & x < 6.5 \\ -0.22, & x \geqslant 6.5 \end{cases} \quad L(y, f_3(x)) = 0.47,$$

$$T_4(x) = \begin{cases} -0.16, & x < 4.5 \\ 0.11, & x \geqslant 4.5 \end{cases} \quad L(y, f_4(x)) = 0.30,$$

$$T_5(x) = \begin{cases} 0.07, & x < 6.5 \\ -0.11, & x \geqslant 6.5 \end{cases} \quad L(y, f_5(x)) = 0.23,$$

$$T_6(x) = \begin{cases} -0.15, & x < 2.5 \\ 0.04, & x \geqslant 2.5 \end{cases}$$

$$\begin{aligned} f_6(x) &= f_5(x) + T_6(x) = T_1(x) + \cdots + T_5(x) + T_6(x) \\ &= \begin{cases} 5.63, & x < 2.5 \\ 5.82, & 2.5 \leqslant x < 3.5 \\ 6.56, & 3.5 \leqslant x < 4.5 \\ 6.83, & 4.5 \leqslant x < 6.5 \\ 8.95, & x \geqslant 6.5 \end{cases} \end{aligned}$$

用$f_6(x)$擬合訓練資料的平方損失誤差是

$$L(y, f_6(x)) = \sum_{i=1}^{10} (y_i - f_6(x_i))^2 = 0.17$$

假設此時已滿足誤差要求,那麼$f(x) = f_6(x)$即為所求提升樹。

8.4.3 梯度提升

提升樹利用加法模型與前向分步演算法實現學習的最佳化過程。當損失函數是平方損失和指數損失函數時,每一步最佳化是很簡單的。但對一般損失函數而言,往往每一步最佳化並不那麼容易。針對這一問題,Freidman提出了梯度提升 (gradient boosting)演算法。這是利用最速下降法的近似方法,其關鍵是利用損失函數的負梯度在當前模型的值

$$-\left[\frac{\partial L(y, f(x_i))}{\partial f(x_i)}\right]_{f(x) = f_{m-1}(x)}$$

作為回歸問題提升樹演算法中的殘差的近似值,擬合一個回歸樹。

【演算法 8.4】梯度提升演算法

輸入:訓練資料集$T = \{(x_1, y_1), (x_2, y_2), \cdots, (x_N, y_N)\}$,$x_i \in X \subseteq R^n$,$y_i \in Y \subseteq R$;損失函數$L(y, f(x))$;

輸出:回歸樹$\hat{f}(x)$。

（1）初始化

$$f_0(x) = \underset{c}{\arg\min} \sum_{i=1}^{N} L(y_i, c)$$

（2）對 $m = 1,2,\cdots,M$

    （a）對 $i = 1,2,\cdots,N$，計算

$$r_{mi} = -\left[\frac{\partial L(y_i, f(x_i))}{\partial f(x_i)}\right]_{f(x)=f_{m-1}(x)}$$

    （b）對 r_{mi} 擬合一個回歸樹，得到第 m 棵樹的葉節點區域 R_{mj}，
        $j = 1,2,\cdots,J$。

    （c）對 $j = 1,2,\cdots,J$，計算

$$c_{mj} = \underset{c}{\arg\min} \sum_{x_i \in R_{mj}} L(y_i, f_{m-1}(x_i) + c)$$

    （d）更新 $f_m(x) = f_{m-1}(x) + \sum_{j=1}^{J} c_{mj} I(x \in R_{mj})$

（3）得到回歸樹

$$\hat{f}(x) = f_M(x) = \sum_{m=1}^{M} \sum_{j=1}^{J} c_{mj} I(x \in R_{mj})$$

演算法第 1 步初始化，估計使損失函數極小化的常數值，它是只有一個根節點的樹。第 2(a)步計算損失函數的負梯度在當前模型的值，將它作為殘差的估計。對於平方損失函數，它就是通常所說的殘差；對於一般損失函數，它就是殘差的近似值。第 2(b)步估計回歸樹葉節點區域，以擬合殘差的近似值。第 2(c)步利用線性搜索估計葉節點區域的值，使損失函數極小化。第 2(d)步更新回歸樹。第 3 步得到輸出的最終模型 $\hat{f}(x)$。

本章概要

1. 提升方法是將弱學習演算法提升為強學習演算法的統計學習方法。在分類學習中，提升方法透過反覆修改訓練資料的權值分佈，建構一系列基本分類器（弱分類器），並將這些基本分類器線性組合，組成一個強分類器。代表性的提升方法是 AdaBoost 演算法。

   AdaBoost 模型是弱分類器的線性組合：

$$f(x) = \sum_{m=1}^{M} \alpha_m G_m(x)$$

2. AdaBoost 演算法的特點是透過迭代每次學習一個基本分類器。每次迭代中，提高那些被前一輪分類器錯誤分類資料的權值，而降低那些被正確分類的資料的權值。最後，AdaBoost 將基本分類器的線性組合作為強分類器，其中給分類誤差率小的基本分類器以大的權值，給分類誤差率大的基本分類器以小的權值。

3. AdaBoost 的訓練誤差分析表明，AdaBoost 的每次迭代可以減少它在訓練資料集上的分類誤差率，這說明了它作為提升方法的有效性。

4. AdaBoost 演算法的一個解釋是該演算法實際是前向分步演算法的一個實現。在這個方法裡，模型是加法模型，損失函數是指數損失，演算法是前向分步演算法。

   每一步中極小化損失函數

$$(\beta_m, \gamma_m) = \underset{\beta, \gamma}{\operatorname{argmin}} \sum_{i=1}^{N} L(y_i, f_{m-1}(x_i) + \beta b(x_i; \gamma))$$

   得到參數 β_m，γ_m。

5. 提升樹是以分類樹或回歸樹為基本分類器的提升方法。提升樹被認為是統計學習中最有效的方法之一。

繼續閱讀

提升方法的介紹可參見文獻[1, 2]。PAC 學習可參見文獻[3]。強可學習與弱可學習的關係可參見文獻[4]。關於 AdaBoost 的最初論文是文獻[5]。關於 AdaBoost 的前向分步加法模型解釋參見文獻[6],提升樹與梯度提升可參見文獻[6, 7]。AdaBoost 只是用於二類分類,Schapire 與 Singer 將它擴充到多類分類問題 [8]。AdaBoost 與邏輯回歸的關係也有相關研究 [9]。

習題

8.1 某公司應徵職員要求身體、業務能力、發展潛力這 3 項。身體分為合格 1、不合格 0 兩級,業務能力和發展潛力分為上 1、中 2、下 3 三級。分類為合格 1、不合格 −1兩類。已知 10 個人的資料,如表 8.5 所示。假設弱分類器為決策樹樁。試用 AdaBoost 演算法學習一個強分類器。

表 8.5 應聘人員情況資料表

	1	2	3	4	5	6	7	8	9	10
身體	0	0	1	1	1	0	1	1	1	0
業務能力	1	3	2	1	2	1	1	1	3	2
發展潛力	3	1	2	3	3	2	2	1	1	1
分類	−1	−1	−1	−1	−1	−1	1	1	−1	−1

8.2 比較支持向量機、AdaBoost、邏輯回歸模型的學習策略與演算法。

參考文獻

[1] Freund Y, Schapire R E. A short introduction to boosting. Journal of Japanese Society for Artificial Intelligence, 1999, 14(5): 771–780.

[2] Hastie T, Tibshirani R, Friedman J. The elements of statistical learning: data mining, inference, and prediction. Springer-Verlag, 2001.(中譯本:統計學習

基礎——數據挖掘、推理與預測. 范明，柴玉梅，昝紅英等譯. 北京：電子
工業出版社，2004.）

[3] Valiant L G. A theory of the learnable. Communications of the ACM, 1984, 27(11): 1134–1142.

[4] Schapire R. The strength of weak learnability. Machine Learning, 1990, 5(2): 197–227.

[5] Freund Y, Schapire R E. A decision-theoretic generalization of on-line learning and an application to boosting. Computational Learning Theory. Lecture Notes in Computer Science, Vol. 904, 1995, 23–37.

[6] Friedman J, Hastie T, Tibshirani R. Additive logistic regression: a statistical view of boosting (with discussions). Annals of Statistics, 2000, 28: 337–407.

[7] Friedman J. Greedy function approximation: a gradient boosting machine. Annals of Statistics, 2001, 29(5): 1189–1232.

[8] Schapire R E, Singer Y. Improved boosting algorithms using confidence-rated predictions. Machine Learning, 1999, 37(3): 297–336.

[9] Collins M, Schapire R E, Singer Y. Logistic regression, AdaBoost and Bregman distances. Machine Learning, 2002, 48(1–3): 253–285.

8.4 提升樹

EM 演算法及其推廣

EM 演算法是一種迭代演算法，1977 年由 Dempster 等人總結提出，用於含有隱變數（hidden variable）的機率模型參數的極大似然估計，或極大後驗機率估計。EM 演算法的每次迭代由兩步組成：E 步，求期望（expectation）；M 步，求極大（maximization）。所以這一演算法稱為期望極大演算法（expectation maximization algorithm），簡稱 EM 演算法。本章首先敘述 EM 演算法，然後討論 EM 演算法的收斂性；作為 EM 演算法的應用，介紹高斯混合模型的學習；最後敘述 EM 演算法的推廣——GEM 演算法。

9.1 EM 演算法的引入

機率模型有時既含有觀測變數（observable variable），又含有隱變數或潛在變數（latent variable）。如果機率模型的變數都是觀測變數，那麼給定資料，可以直接用極大似然估計法，或貝氏估計法估計模型參數。但是，當模型含有隱變數時，就不能簡單地使用這些估計方法。EM 演算法就是含有隱變數的機率模型參數的極大似然估計法，或極大後驗機率估計法。我們僅討論極大似然估計，極大後驗機率估計與其類似。

9.1.1 EM 演算法

首先介紹一個使用 EM 演算法的例子。

【例 9.1】三硬幣模型：假設有 3 枚硬幣，分別記作 A，B，C。這些硬幣正面出現的機率分別是π，p和q。進行如下擲硬幣試驗：先擲硬幣 A，根據其結果選出硬幣 B 或硬幣 C，正面選硬幣 B，反面選硬幣 C；然後擲選出的硬幣，擲硬幣的結果，出現正面記作 1，出現反面記作 0；獨立地重複n次試驗（這裡，$n = 10$），觀測結果如下：

$$1,1,0,1,0,0,1,0,1,1$$

假設只能觀測到擲硬幣的結果，不能觀測擲硬幣的過程。問如何估計三硬幣正面出現的機率，即三硬幣模型的參數。

【解】三硬幣模型可以寫作

$$P(y|\theta) = \sum_z P(y,z|\theta) = \sum_z P(z|\theta)P(y|z,\theta)$$
$$= \pi p^y(1-p)^{1-y} + (1-\pi)q^y(1-q)^{1-y} \tag{9.1}$$

這裡，隨機變數y是觀測變數，表示一次試驗觀測的結果是 1 或 0；隨機變數z是隱變數，表示未觀測到的擲硬幣 A 的結果；$\theta = (\pi, p, q)$是模型參數。這一模型是以上資料的生成模型。注意，隨機變數y的資料可以觀測，隨機變數z的資料不可觀測。

將觀測資料表示為$Y = (Y_1, Y_2, \cdots, Y_n)^{\mathrm{T}}$，未觀測資料表示為
$Z = (Z_1, Z_2, \cdots, Z_n)^{\mathrm{T}}$ 則觀測資料的似然函數為

$$P(Y|\theta) = \sum_Z P(Z|\theta)P(Y|Z,\theta) \tag{9.2}$$

即

$$P(Y|\theta) = \prod_{j=1}^n [\pi p^{y_j}(1-p)^{1-y_j} + (1-\pi)q^{y_j}(1-q)^{1-y_j}] \tag{9.3}$$

考慮求模型參數 $\theta = (\pi, p, q)$ 的極大似然估計，即

$$\hat{\theta} = \underset{\theta}{\arg\max} \log P(Y|\theta) \tag{9.4}$$

這個問題沒有解析解，只有透過迭代的方法求解。EM 演算法就是可以用於求解這個問題的一種迭代演算法。下面舉出針對以上問題的 EM 演算法，其推導過程省略。

EM 演算法首先選取參數的初值，記作 $\theta^{(0)} = (\pi^{(0)}, p^{(0)}, q^{(0)})$，然後透過下面的步驟迭代計算參數的估計值，直到收斂為止。第 i 次迭代參數的估計值為 $\theta^{(i)} = (\pi^{(i)}, p^{(i)}, q^{(i)})$。EM 演算法的第 $i+1$ 次迭代如下。

E 步：計算在模型參數 $\pi^{(i)}$，$p^{(i)}$，$q^{(i)}$ 下觀測資料 y_j 來自擲硬幣 B 的機率

$$\mu_j^{(i+1)} = \frac{\pi^{(i)}(p^{(i)})^{y_j}(1-p^{(i)})^{1-y_j}}{\pi^{(i)}(p^{(i)})^{y_j}(1-p^{(i)})^{1-y_j} + (1-\pi^{(i)})(q^{(i)})^{y_j}(1-q^{(i)})^{1-y_j}} \tag{9.5}$$

M 步：計算模型參數的新估計值

$$\pi^{(i+1)} = \frac{1}{n}\sum_{j=1}^{n} \mu_j^{(i+1)} \tag{9.6}$$

$$p^{(i+1)} = \frac{\sum_{j=1}^{n} \mu_j^{(i+1)} y_j}{\sum_{j=1}^{n} \mu_j^{(i+1)}} \tag{9.7}$$

$$q^{(i+1)} = \frac{\sum_{j=1}^{n} (1-\mu_j^{(i+1)}) y_j}{\sum_{j=1}^{n} (1-\mu_j^{(i+1)})} \tag{9.8}$$

進行數值計算。假設模型參數的初值取為

$$\pi^{(0)} = 0.5, \quad p^{(0)} = 0.5, \quad q^{(0)} = 0.5$$

由式(9.5)，對 $y_j = 1$ 與 $y_j = 0$ 均有 $\mu_j^{(1)} = 0.5$。

利用迭代公式(9.6)~ 公式(9.8)，得到

$$\pi^{(1)} = 0.5, \quad p^{(1)} = 0.6, \quad q^{(1)} = 0.6$$

由式(9.5)，

$$\mu_j^{(2)} = 0.5, \quad j = 1,2,\cdots,10$$

繼續迭代，得

$$\pi^{(2)} = 0.5, \quad p^{(2)} = 0.6, \quad q^{(2)} = 0.6$$

於是得到模型參數 θ 的極大似然估計：

$$\hat{\pi} = 0.5, \quad \hat{p} = 0.6, \quad \hat{q} = 0.6$$

$\pi = 0.5$ 表示硬幣 A 是均勻的，這一結果容易理解。

如果取初值 $\pi^{(0)} = 0.4$，$p^{(0)} = 0.6$，$q^{(0)} = 0.7$，那麼得到的模型參數的極大似然估計是 $\hat{\pi} = 0.4064$，$\hat{p} = 0.5368$，$\hat{q} = 0.6432$。這就是説，EM 演算法與初值的選擇有關，選擇不同的初值可能得到不同的參數估計值。

一般地，用 Y 表示觀測隨機變數的資料，Z 表示隱隨機變數的資料。Y 和 Z 連在一起稱為完全資料（complete-data），觀測資料 Y 又稱為不完全資料（incomplete-data）。假設給定觀測資料 Y，其機率分佈是 $P(Y|\theta)$，其中 θ 是需要估計的模型參數，那麼不完全資料 Y 的似然函數是 $P(Y|\theta)$，對數似然函數 $L(\theta) = \log P(Y|\theta)$；假設 Y 和 Z 的聯合機率分佈是 $P(Y,Z|\theta)$，那麼完全資料的對數似然函數是 $\log P(Y,Z|\theta)$。

EM 演算法透過迭代求 $L(\theta) = \log P(Y|\theta)$ 的極大似然估計。每次迭代包含兩步：E 步，求期望；M 步，求極大化。下面來介紹 EM 演算法。

【演算法 9.1】EM 演算法

輸入：觀測變數資料 Y，隱變數資料 Z，聯合分佈 $P(Y,Z|\theta)$，條件分佈 $P(Z|Y,\theta)$；

輸出：模型參數 θ。

（1）選擇參數的初值 $\theta^{(0)}$，開始迭代；

（2）E 步：記 $\theta^{(i)}$ 為第 i 次迭代參數 θ 的估計值，在第 $i+1$ 次迭代的 E 步，計算

$$Q(\theta, \theta^{(i)}) = E_Z[\log P(Y, Z|\theta)|Y, \theta^{(i)}]$$

$$= \sum_Z \log P(Y, Z|\theta) P(Z|Y, \theta^{(i)}) \qquad (9.9)$$

這裡，$P(Z|Y, \theta^{(i)})$ 是在給定觀測資料 Y 和當前的參數估計 $\theta^{(i)}$ 下隱變數資料 Z 的條件機率分佈；

（3）M 步：求使 $Q(\theta, \theta^{(i)})$ 極大化的 θ，確定第 $i+1$ 次迭代的參數的估計值 $\theta^{(i+1)}$

$$\theta^{(i+1)} = \underset{\theta}{\arg\max}\, Q(\theta, \theta^{(i)}) \qquad (9.10)$$

（4）重複第(2)步和第(3)步，直到收斂。

式(9.9)的函數 $Q(\theta, \theta^{(i)})$ 是 EM 演算法的核心，稱為 Q 函數（Q function）。

【定義 9.1】Q函數：完全資料的對數似然函數 $\log P(Y, Z|\theta)$ 關於在給定觀測資料 Y 和當前參數 $\theta^{(i)}$ 下對未觀測資料 Z 的條件機率分佈 $P(Z|Y, \theta^{(i)})$ 的期望稱為 Q 函數，即

$$Q(\theta, \theta^{(i)}) = E_Z[\log P(Y, Z|\theta)|Y, \theta^{(i)}] \qquad (9.11)$$

下面關於 EM 演算法作幾點說明：

步驟（1）參數的初值可以任意選擇，但需注意 EM 演算法對初值是敏感的。

步驟（2）E 步求 $Q(\theta, \theta^{(i)})$。Q 函數式中 Z 是未觀測資料，Y 是觀測資料。注意，$Q(\theta, \theta^{(i)})$ 的第 1 個變元表示要極大化的參數，第 2 個變元表示參數的當前估計值。每次迭代實際在求 Q 函數及其極大。

步驟（3）M 步求 $Q(\theta, \theta^{(i)})$ 的極大化，得到 $\theta^{(i+1)}$，完成一次迭代 $\theta^{(i)} \rightarrow$

$\theta^{(i+1)}$。後面將證明每次迭代使似然函數增大或達到局部極值。

步驟（4）舉出停止迭代的條件，一般是對較小的正數 $\varepsilon_1, \varepsilon_2$，若滿足

$$\| \theta^{(i+1)} - \theta^{(i)} \| < \varepsilon_1 \quad 或 \quad \| Q(\theta^{(i+1)}, \theta^{(i)}) - Q(\theta^{(i)}, \theta^{(i)}) \| < \varepsilon_2$$

則停止迭代。

9.1.2 EM 演算法的匯出

上面敘述了 EM 演算法。為什麼 EM 演算法能近似實現對觀測資料的極大似然估計呢？ 下面透過近似求解觀測資料的對數似然函數的極大化問題來匯出 EM 演算法，由此可以清楚地看出 EM 演算法的作用。

我們面對一個含有隱變數的機率模型，目標是極大化觀測資料（不完全資料）Y關於參數θ的對數似然函數，即極大化

$$L(\theta) = \log P(Y|\theta) = \log \sum_Z P(Y, Z|\theta)$$

$$= \log \left(\sum_Z P(Y|Z, \theta) P(Z|\theta) \right) \tag{9.12}$$

注意到這一極大化的主要困難是式(9.12)中有未觀測資料並有包含和（或積分）的對數。

事實上，EM 演算法是透過迭代逐步近似極大化$L(\theta)$的。假設在第i次迭代後θ的估計值是$\theta^{(i)}$。我們希望新估計值θ能使$L(\theta)$增加，即$L(\theta) > L(\theta^{(i)})$，並逐步達到極大值。為此，考慮兩者的差：

$$L(\theta) - L(\theta^{(i)}) = \log \left(\sum_Z P(Y|Z, \theta) P(Z|\theta) \right) - \log P(Y|\theta^{(i)})$$

利用 Jensen 不等式（Jensen inequality）[1]得到其下界：

$$
\begin{aligned}
L(\theta) - L(\theta^{(i)}) &= \log\left(\sum_Z P(Z|Y,\theta^{(i)})\frac{P(Y|Z,\theta)P(Z|\theta)}{P(Z|Y,\theta^{(i)})}\right) - \log P(Y|\theta^{(i)}) \\
&\geqslant \sum_Z P(Z|Y,\theta^{(i)})\log\frac{P(Y|Z,\theta)P(Z|\theta)}{P(Z|Y,\theta^{(i)})} - \log P(Y|\theta^{(i)}) \\
&= \sum_Z P(Z|Y,\theta^{(i)})\log\frac{P(Y|Z,\theta)P(Z|\theta)}{P(Z|Y,\theta^{(i)})P(Y|\theta^{(i)})}
\end{aligned}
$$

令

$$
B(\theta,\theta^{(i)}) \cong L(\theta^{(i)}) + \sum_Z P(Z|Y,\theta^{(i)})\log\frac{P(Y|Z,\theta)P(Z|\theta)}{P(Z|Y,\theta^{(i)})P(Y|\theta^{(i)})} \qquad (9.13)
$$

則

$$
L(\theta) \geqslant B(\theta,\theta^{(i)}) \qquad (9.14)
$$

即函數$B(\theta,\theta^{(i)})$是$L(\theta)$的一個下界，而且由式(9.13)可知，

$$
L(\theta^{(i)}) = B(\theta^{(i)},\theta^{(i)}) \qquad (9.15)
$$

因此，任何可以使$B(\theta,\theta^{(i)})$增大的θ，也可以使$L(\theta)$增大。為了使$L(\theta)$有盡可能大的增長，選擇$\theta^{(i+1)}$使$B(\theta,\theta^{(i)})$達到極大，即

$$
\theta^{(i+1)} = \underset{\theta}{\operatorname{argmax}} B(\theta,\theta^{(i)}) \qquad (9.16)
$$

現在求$\theta^{(i+1)}$的運算式。省去對θ的極大化而言是常數的項，由式(9.16)、式(9.13)及式(9.10)，有

$$
\theta^{(i+1)} = \underset{\theta}{\operatorname{argmax}}\left(L(\theta^{(i)}) + \sum_Z P(Z|Y,\theta^{(i)})\log\frac{P(Y|Z,\theta)P(Z|\theta)}{P(Z|Y,\theta^{(i)})P(Y|\theta^{(i)})}\right)
$$

---

[1] 這裡用到的是$\log\sum_j \lambda_j y_j \geqslant \sum_j \lambda_j \log y_j$，其中$\lambda_j \geqslant 0$，$\sum_j \lambda_j = 1$。

$$= \operatorname*{argmax}_{\theta}\left(\sum_Z P(Z|Y,\theta^{(i)})\log(P(Y|Z,\theta)P(Z|\theta))\right)$$

$$= \operatorname*{argmax}_{\theta}\left(\sum_Z P(Z|Y,\theta^{(i)})\log P(Y,Z|\theta)\right)$$

$$= \operatorname*{argmax}_{\theta}Q(\theta,\theta^{(i)}) \tag{9.17}$$

式(9.17)等值於 EM 演算法的一次迭代，即求Q函數及其極大化。EM 演算法是透過不斷求解下界的極大化逼近求解對數似然函數極大化的演算法。

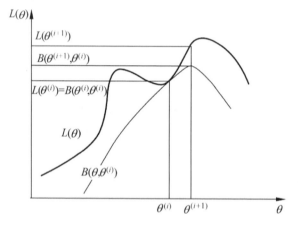

圖 9.1 EM 演算法的解釋

圖 9.1 舉出 EM 演算法的直觀解釋。圖中上方曲線為$L(\theta)$，下方曲線為$B(\theta,\theta^{(i)})$。由式(9.14)，$B(\theta,\theta^{(i)})$為對數似然函數$L(\theta)$的下界。由式(9.15)，兩個函數在點$\theta = \theta^{(i)}$處相等。由式(9.16)和式(9.17)，EM 演算法找到下一個點$\theta^{(i+1)}$使函數$B(\theta,\theta^{(i)})$極大化，也使函數$Q(\theta,\theta^{(i)})$極大化。這時由於$L(\theta) \geqslant B(\theta,\theta^{(i)})$，函數$B(\theta,\theta^{(i)})$的增加，保證對數似然函數$L(\theta)$在每次迭代中也是增加的。EM 演算法在點$\theta^{(i+1)}$)重新計算$Q$函數值，進行下一次迭代。在這個過程中，對數似然函數$L(\theta)$不斷增大。從圖可以推斷出 EM 演算法不能保證找到全域最優值。

9.1.3 EM 演算法在無監督學習中的應用

監督學習是由訓練資料 $\{(x_1, y_1), (x_2, y_2), \cdots, (x_N, y_N)\}$ 學習條件機率分佈 $P(Y|X)$ 或決策函數 $Y = f(X)$ 作為模型，用於分類、回歸、標注等任務。這時訓練資料中的每個樣本點由輸入和輸出對組成。

有時訓練資料只有輸入沒有對應的輸出 $\{(x_1, \cdot), (x_2, \cdot), \cdots, (x_N, \cdot)\}$，從這樣的資料學習模型稱為無監督學習問題。EM 演算法可以用於生成模型的無監督學習。生成模型由聯合機率分佈 $P(X, Y)$ 表示，可以認為無監督學習訓練資料是聯合機率分佈產生的資料。X 為觀測資料，Y 為未觀測資料。

9.2 EM 演算法的收斂性

EM 演算法提供一種近似計算含有隱變數機率模型的極大似然估計的方法。EM 演算法的最大優點是簡單性和普適性。我們很自然地要問：EM 演算法得到的估計序列是否收斂？如果收斂，是否收斂到全域最大值或局部極大值？下面舉出關於 EM 演算法收斂性的兩個定理。

定理 9.1 設 $P(Y|\theta)$ 為觀測資料的似然函數，$\theta^{(i)}(i = 1,2, \cdots)$ 為 EM 演算法得到的參數估計序列，$P(Y|\theta^{(i)})(i = 1,2, \cdots)$ 為對應的似然函數序列，則 $P(Y|\theta^{(i)})$ 是單調遞增的，即

$$P(Y|\theta^{(i+1)}) \geqslant P(Y|\theta^{(i)}) \tag{9.18}$$

【證明】由於

$$P(Y|\theta) = \frac{P(Y, Z|\theta)}{P(Z|Y, \theta)}$$

取對數有

$$\log P(Y|\theta) = \log P(Y, Z|\theta) - \log P(Z|Y, \theta)$$

由式(9.11)

$$Q(\theta, \theta^{(i)}) = \sum_Z \log P(Y, Z | \theta) P(Z | Y, \theta^{(i)})$$

令

$$H(\theta, \theta^{(i)}) = \sum_Z \log P(Z | Y, \theta) P(Z | Y, \theta^{(i)}) \tag{9.19}$$

於是對數似然函數可以寫成

$$\log P(Y | \theta) = Q(\theta, \theta^{(i)}) - H(\theta, \theta^{(i)}) \tag{9.20}$$

在式(9.20)中分別取θ為$\theta^{(i)}$和$\theta^{(i+1)}$並相減，有

$$\log P(Y | \theta^{(i+1)}) - \log P(Y | \theta^{(i)})$$

$$= [Q(\theta^{(i+1)}, \theta^{(i)}) - Q(\theta^{(i)}, \theta^{(i)})] - [H(\theta^{(i+1)}, \theta^{(i)}) - H(\theta^{(i)}, \theta^{(i)})] \tag{9.21}$$

為證式(9.18)，只需證式(9.21)右端是非負的。式(9.21)右端的第 1 項，由於$\theta^{(i+1)}$使$Q(\theta, \theta^{(i)})$達到極大，所以有

$$Q(\theta^{(i+1)}, \theta^{(i)}) - Q(\theta^{(i)}, \theta^{(i)}) \geqslant 0 \tag{9.22}$$

其第 2 項，由式(9.19)可得：

$$H(\theta^{(i+1)}, \theta^{(i)}) - H(\theta^{(i)}, \theta^{(i)}) = \sum_Z \left(\log \frac{P(Z | Y, \theta^{(i+1)})}{P(Z | Y, \theta^{(i)})} \right) P(Z | Y, \theta^{(i)})$$

$$\leqslant \log \left(\sum_Z \frac{P(Z | Y, \theta^{(i+1)})}{P(Z | Y, \theta^{(i)})} P(Z | Y, \theta^{(i)}) \right)$$

$$= \log \left(\sum_Z P(Z | Y, \theta^{(i+1)}) \right) = 0 \tag{9.23}$$

這裡的不等號由 Jensen 不等式得到。

由式(9.22)和式(9.23)即知式(9.21)右端是非負的。

【定理 9.2】設 $L(\theta) = \log P(Y|\theta)$ 為觀測資料的對數似然函數，$\theta^{(i)}(i = 1,2,\cdots)$ 為 EM 演算法得到的參數估計序列，$L(\theta^{(i)})(i = 1,2,\cdots)$ 為對應的對數似然函數序列。

（1）如果 $P(Y|\theta)$ 有上界，則 $L(\theta^{(i)}) = \log P(Y|\theta^{(i)})$ 收斂到某一值 L^*；

（2）在函數 $Q(\theta,\theta')$ 與 $L(\theta)$ 滿足一定條件下，由 EM 演算法得到的參數估計序列 $\theta^{(i)}$ 的收斂值 θ^* 是 $L(\theta)$ 的穩定點。

【證明】

（1）由 $L(\theta) = \log P(Y|\theta^{(i)})$ 的單調性及 $P(Y|\theta)$ 的有界性立即得到。

（2）證明從略，參閱文獻[5]。

定理 9.2 關於函數 $Q(\theta,\theta')$ 與 $L(\theta)$ 的條件在大多數情況下都是滿足的。EM 演算法的收斂性包含關於對數似然函數序列 $L(\theta^{(i)})$ 的收斂性和關於參數估計序列 $\theta^{(i)}$ 的收斂性兩層意思，前者並不蘊涵後者。此外，定理只能保證參數估計序列收斂到對數似然函數序列的穩定點，不能保證收斂到極大值點。所以在應用中，初值的選擇變得非常重要，常用的辦法是選取幾個不同的初值進行迭代，然後對得到的各個估計值加以比較，從中選擇最好的。

9.3 EM 演算法在高斯混合模型學習中的應用

EM 演算法的一個重要應用是高斯混合模型的參數估計。高斯混合模型應用廣泛，在許多情況下，EM 演算法是學習高斯混合模型（Gaussian mixture model）的有效方法。

9.3.1　高斯混合模型

【定義 9.2】高斯混合模型：高斯混合模型是指具有如下形式的機率分佈模型：

$$P(y|\theta) = \sum_{k=1}^{K} \alpha_k \phi(y|\theta_k) \tag{9.24}$$

其中，α_k 是係數，$\alpha_k \geqslant 0$，$\sum_{k=1}^{K} \alpha_k = 1$；$\phi(y|\theta_k)$ 是高斯分佈密度，$\theta_k = (\mu_k, \sigma_k^2)$，

$$\phi(y|\theta_k) = \frac{1}{\sqrt{2\pi}\sigma_k} \exp\left(-\frac{(y-\mu_k)^2}{2\sigma_k^2}\right) \tag{9.25}$$

稱為第 k 個分模型。

一般混合模型可以由任意機率分佈密度代替式(9.25)中的高斯分佈密度，我們只介紹最常用的高斯混合模型。

9.3.2　高斯混合模型參數估計的 EM 演算法

假設觀測資料 $y_1, y_2, \cdots, y_N$ 由高斯混合模型生成，

$$P(y|\theta) = \sum_{k=1}^{K} \alpha_k \phi(y|\theta_k) \tag{9.26}$$

其中，$\theta = (\alpha_1, \alpha_2, \cdots, \alpha_K; \theta_1, \theta_2, \cdots, \theta_K)$。我們用 EM 演算法估計高斯混合模型的參數 θ。

1. 明確隱變數，寫出完全資料的對數似然函數

可以設想觀測資料 y_j，$j = 1,2,\cdots,N$，是這樣產生的：首先依機率 α_k 選擇第 k 個高斯分佈分模型 $\phi(y|\theta_k)$，然後依第 k 個分模型的機率分佈 $\phi(y|\theta_k)$ 生成觀測資料 y_j。這時觀測資料 y_j，$j = 1,2,\cdots,N$，是已知的；反映觀測資料 y_j 來自第 k 個分模型的資料是未知的，$k = 1,2,\cdots,K$，以隱變數 γ_{jk} 表示，其定義如下：

$$\gamma_{jk} = \begin{cases} 1, 第~j~個觀測來自第~k~個分模型 \\ 0, 否則 \end{cases}$$

$$j = 1,2,\cdots,N; \quad k = 1,2,\cdots,K \tag{9.27}$$

γ_{jk}是 0-1 隨機變數。

有了觀測資料y_j及未觀測資料γ_{jk}，那麼完全資料是

$$(y_j, \gamma_{j1}, \gamma_{j2}, \cdots, \gamma_{jK}), \quad j = 1,2,\cdots,N$$

於是，可以寫出完全資料的似然函數：

$$
\begin{aligned}
P(y,\gamma|\theta) &= \prod_{j=1}^{N} P(y_j, \gamma_{j1}, \gamma_{j2}, \cdots, \gamma_{jK}|\theta) \\
&= \prod_{k=1}^{K} \prod_{j=1}^{N} \left[\alpha_k \phi(y_j|\theta_k)\right]^{\gamma_{jk}} \\
&= \prod_{k=1}^{K} \alpha_k^{n_k} \prod_{j=1}^{N} \left[\phi(y_j|\theta_k)\right]^{\gamma_{jk}} \\
&= \prod_{k=1}^{K} \alpha_k^{n_k} \prod_{j=1}^{N} \left[\frac{1}{\sqrt{2\pi}\sigma_k} \exp\left(-\frac{(y_j - \mu_k)^2}{2\sigma_k^2}\right)\right]^{\gamma_{jk}}
\end{aligned}
$$

式中，$n_k = \sum_{j=1}^{N} \gamma_{jk}$，$\sum_{k=1}^{K} n_k = N$。

那麼，完全資料的對數似然函數為

$$\log P(y,\gamma|\theta) = \sum_{k=1}^{K} \left\{ n_k \log \alpha_k + \sum_{j=1}^{N} \gamma_{jk} \left[\log\left(\frac{1}{\sqrt{2\pi}}\right) - \log\sigma_k - \frac{1}{2\sigma_k^2}(y_j - \mu_k)^2\right] \right\}$$

2. EM 演算法的 E 步：確定Q函數

$$Q(\theta, \theta^{(i)}) = E[\log P(y,\gamma|\theta)|y, \theta^{(i)}]$$

$$= E\left\{\sum_{k=1}^{K}\left\{n_k\log\alpha_k + \sum_{j=1}^{N}\gamma_{jk}\left[\log\left(\frac{1}{\sqrt{2\pi}}\right) - \log\sigma_k - \frac{1}{2\sigma_k^2}(y_j - \mu_k)^2\right]\right\}\right\}$$

$$= \sum_{k=1}^{K}\left\{\sum_{j=1}^{N}(E\gamma_{jk})\log\alpha_k + \sum_{j=1}^{N}(E\gamma_{jk})\left[\log\left(\frac{1}{\sqrt{2\pi}}\right) - \log\sigma_k - \frac{1}{2\sigma_k^2}(y_j - \mu_k)^2\right]\right\}$$

$$(9.28)$$

這裡需要計算$E(\gamma_{jk}|y,\theta)$，記為$\hat{\gamma}_{jk}$。

$$
\begin{aligned}
\hat{\gamma}_{jk} &= E(\gamma_{jk}|y,\theta) = P(\gamma_{jk}=1|y,\theta) \\
&= \frac{P(\gamma_{jk}=1, y_j|\theta)}{\sum_{k=1}^{K}P(\gamma_{jk}=1, y_j|\theta)} \\
&= \frac{P(y_j|\gamma_{jk}=1,\theta)P(\gamma_{jk}=1|\theta)}{\sum_{k=1}^{K}P(y_j|\gamma_{jk}=1,\theta)P(\gamma_{jk}=1|\theta)} \\
&= \frac{\alpha_k\phi(y_j|\theta_k)}{\sum_{k=1}^{K}\alpha_k\phi(y_j|\theta_k)}, \quad j=1,2,\cdots,N; \quad k=1,2,\cdots,K
\end{aligned}
$$

$\hat{\gamma}_{jk}$是在當前模型參數下第j個觀測資料來自第k個分模型的機率，稱為分模型k對觀測資料y_j的回應度。

將$\hat{\gamma}_{jk} = E\gamma_{jk}$及$n_k = \sum_{j=1}^{N}E\gamma_{jk}$代入式(9.28)，即得

$$Q(\theta,\theta^{(i)}) = \sum_{k=1}^{K}\left\{n_k\log\alpha_k + \sum_{j=1}^{N}\hat{\gamma}_{jk}\left[\log\left(\frac{1}{\sqrt{2\pi}}\right) - \log\sigma_k - \frac{1}{2\sigma_k^2}(y_j - \mu_k)^2\right]\right\}$$

$$(9.29)$$

3. 確定 EM 演算法的 M 步

迭代的 M 步是求函數$Q(\theta,\theta^{(i)})$對θ的極大值，即求新一輪迭代的模型參數：

$$\theta^{(i+1)} = \underset{\theta}{\arg\max}Q(\theta,\theta^{(i)})$$

用$\hat{\mu}_k$，$\hat{\sigma}_k^2$及$\hat{\alpha}_k$，$k=1,2,\cdots,K$，表示$\theta^{(i+1)}$的各參數。求$\hat{\mu}_k$，$\hat{\sigma}_k^2$只需將式

(9.29)分別對μ_k，σ_k^2求偏導數並令其為 0，即可得到；求$\hat{\alpha}_k$是在$\sum_{k=1}^{K} \alpha_k = 1$條件下求偏導數並令其為 0 得到的。結果如下：

$$\hat{\mu}_k = \frac{\sum_{j=1}^{N} \hat{\gamma}_{jk} y_j}{\sum_{j=1}^{N} \hat{\gamma}_{jk}}, \quad k = 1,2,\cdots,K \tag{9.30}$$

$$\hat{\sigma}_k^2 = \frac{\sum_{j=1}^{N} \hat{\gamma}_{jk}(y_j - \mu_k)^2}{\sum_{j=1}^{N} \hat{\gamma}_{jk}}, \quad k = 1,2,\cdots,K \tag{9.31}$$

$$\hat{\alpha}_k = \frac{n_k}{N} = \frac{\sum_{j=1}^{N} \hat{\gamma}_{jk}}{N}, \quad k = 1,2,\cdots,K \tag{9.32}$$

重複以上計算，直到對數似然函數值不再有明顯的變化為止。

現將估計高斯混合模型參數的 EM 演算法總結如下。

【演算法 9.2】高斯混合模型參數估計的 EM 演算法

輸入：觀測資料$y_1, y_2, \cdots, y_N$，高斯混合模型；
輸出：高斯混合模型參數。

（1）取參數的初值開始迭代；
（2）E 步：依據當前模型參數，計算分模型k對觀測資料y_j的回應度

$$\hat{\gamma}_{jk} = \frac{\alpha_k \phi(y_j|\theta_k)}{\sum_{k=1}^{K} \alpha_k \phi(y_j|\theta_k)}, \quad j = 1,2,\cdots,N; \quad k = 1,2,\cdots,K$$

（3）M 步：計算新一輪迭代的模型參數

$$\hat{\mu}_k = \frac{\sum_{j=1}^{N} \hat{\gamma}_{jk} y_j}{\sum_{j=1}^{N} \hat{\gamma}_{jk}}, \quad k = 1,2,\cdots,K$$

$$\hat{\sigma}_k^2 = \frac{\sum_{j=1}^{N} \hat{\gamma}_{jk}(y_j - \mu_k)^2}{\sum_{j=1}^{N} \hat{\gamma}_{jk}}, \quad k = 1,2,\cdots,K$$

$$\hat{\alpha}_k = \frac{\sum_{j=1}^{N} \hat{\gamma}_{jk}}{N}, \quad k = 1,2,\cdots,K$$

（4）重複第（2）步和第（3）步，直到收斂。

9.4 EM 演算法的推廣

EM 演算法還可以解釋為 F 函數（F function）的極大－極大演算法（maximization-maximization algorithm），基於這個解釋有若干變形與推廣，如廣義期望極大（generalized expectation maximization，GEM）演算法。下面予以介紹。

9.4.1 F 函數的極大 - 極大演算法

首先引進 F 函數並討論其性質。

【定義 9.3】**F函數**：假設隱變數資料 Z 的機率分佈為 $\tilde{P}(Z)$，定義分佈 $\tilde{P}$ 與參數 θ 的函數 $F(\tilde{P}, \theta)$ 如下：

$$F(\tilde{P}, \theta) = E_{\tilde{P}}[\log P(Y, Z|\theta)] + H(\tilde{P}) \tag{9.33}$$

稱為 F 函數。式中 $H(\tilde{P}) = -E_{\tilde{P}}\log\tilde{P}(Z)$ 是分佈 $\tilde{P}(Z)$ 的熵。

在定義 9.3 中，通常假設 $P(Y, Z|\theta)$ 是 θ 的連續函數，因而 $F(\tilde{P}, \theta)$ 是 $\tilde{P}$ 和 θ 的連續函數。函數 $F(\tilde{P}, \theta)$ 還有以下重要性質。

【引理 9.1】對於固定的 θ，存在唯一的分佈 $\tilde{P}_\theta$ 極大化 $F(\tilde{P}, \theta)$，這時 $\tilde{P}_\theta$ 由下式舉出：

$$\tilde{P}_\theta(Z) = P(Z|Y, \theta) \tag{9.34}$$

並且 $\tilde{P}_\theta$ 隨 θ 連續變化。

【證明】對於固定的 θ，可以求得使 $F(\tilde{P}, \theta)$ 達到極大的分佈 $\tilde{P}_\theta(Z)$。為此，引進拉格朗日乘子 λ，拉格朗日函數為

$$L = E_{\tilde{P}}\log P(Y, Z|\theta) - E_{\tilde{P}}\log\tilde{P}(Z) + \lambda\left(1 - \sum_Z \tilde{P}(Z)\right) \tag{9.35}$$

將其對$\tilde{P}$求偏導數：

$$\frac{\partial L}{\partial \tilde{P}(Z)} = \log P(Y,Z|\theta) - \log\tilde{P}(Z) - 1 - \lambda$$

令偏導數等於 0，得出

$$\lambda = \log P(Y,Z|\theta) - \log\tilde{P}_\theta(Z) - 1$$

由此推出$\tilde{P}_\theta(Z)$與$P(Y,Z|\theta)$成比例

$$\frac{P(Y,Z|\theta)}{\tilde{P}_\theta(Z)} = e^{1+\lambda}$$

再從限制條件$\sum_Z \tilde{P}_\theta(Z) = 1$得式(9.34)。

由假設$P(Y,Z|\theta)$是θ的連續函數，得到$\tilde{P}_\theta$是θ的連續函數。

【引理 9.2】若$\tilde{P}_\theta(Z) = P(Z|Y,\theta)$，則

$$F(\tilde{P},\theta) = \log P(Y|\theta) \tag{9.36}$$

證明作為習題，留給讀者。

由以上引理，可以得到關於 EM 演算法用F函數的極大 - 極大演算法的解釋。

【定理 9.3】設$L(\theta) = \log P(Y|\theta)$為觀測資料的對數似然函數，$\theta^{(i)}$，$i = 1,2,\cdots$，為 EM 演算法得到的參數估計序列，函數$F(\tilde{P},\theta)$由式(9.33)定義。如果$F(\tilde{P},\theta)$在$\tilde{P}^*$和$\theta^*$有局部極大值，那麼$L(\theta)$也在$\theta^*$有局部極大值。類似地，如果$F(\tilde{P},\theta)$在$\tilde{P}^*$和$\theta^*$達到全域最大值，那麼$L(\theta)$也在$\theta^*$達到全域最大值。

【證明】由引理 9.1 和引理 9.2 可知，$L(\theta) = \log P(Y|\theta) = F(\tilde{P}_\theta,\theta)$對任意$\theta$成立。特別地，對於使$F(\tilde{P},\theta)$達到極大的參數$\theta^*$，有

$$L(\theta^*) = F(\tilde{P}_{\theta^*},\theta^*) = F(\tilde{P}^*,\theta^*) \tag{9.37}$$

為了證明 θ^* 是 $L(\theta)$ 的極大點，需要證明不存在接近 θ^* 的點 θ^{**}，使 $L(\theta^{**}) > L(\theta^*)$。假如存在這樣的點 θ^{**}，那麼應有 $F(\tilde{P}^{**}, \theta^{**}) > F(\tilde{P}^*, \theta^*)$，這裡 $\tilde{P}^{**} = \tilde{P}_{\theta^{**}}$。但因 $\tilde{P}_{\theta}$ 是隨 θ 連續變化的，$\tilde{P}^{**}$ 應接近 $\tilde{P}^*$，這與 $\tilde{P}^*$ 和 θ^* 是 $F(\tilde{P}, \theta)$ 的局部極大點的假設矛盾。

類似可以證明關於全域最大值的結論。

【定理 9.4】EM 演算法的一次迭代可由 F 函數的極大 - 極大演算法實現。

設 $\theta^{(i)}$ 為第 i 次迭代參數 θ 的估計，$\tilde{P}^{(i)}$ 為第 i 次迭代函數 $\tilde{P}$ 的估計。在第 $i + 1$ 次迭代的兩步為：

（1）對固定的 $\theta^{(i)}$，求 $\tilde{P}^{(i+1)}$ 使 $F(\tilde{P}, \theta^{(i)})$ 極大化；
（2）對固定的 $\tilde{P}^{(i+1)}$，求 $\theta^{(i+1)}$ 使 $F(\tilde{P}^{(i+1)}, \theta)$ 極大化。

【證明】
（1）由引理 9.1，對於固定的 $\theta^{(i)}$，

$$\tilde{P}^{(i+1)}(Z) = \tilde{P}_{\theta^{(i)}}(Z) = P(Z|Y, \theta^{(i)})$$

使 $F(\tilde{P}, \theta^{(i)})$ 極大化。此時，

$$
\begin{aligned}
F(\tilde{P}^{(i+1)}, \theta) &= E_{\tilde{P}^{(i+1)}}[\log P(Y, Z|\theta)] + H(\tilde{P}^{(i+1)}) \\
&= \sum_Z \log P(Y, Z|\theta) P(Z|Y, \theta^{(i)}) + H(\tilde{P}^{(i+1)})
\end{aligned}
$$

由 $Q(\theta, \theta^{(i)})$ 的定義式(9.11)有

$$F(\tilde{P}^{(i+1)}, \theta) = Q(\theta, \theta^{(i)}) + H(\tilde{P}^{(i+1)})$$

（2）固定 $\tilde{P}^{(i+1)}$，求 $\theta^{(i+1)}$ 使 $F(\tilde{P}^{(i+1)}, \theta)$ 極大化。得到

$$\theta^{(i+1)} = \underset{\theta}{\arg\max} F(\tilde{P}^{(i+1)}, \theta) = \underset{\theta}{\arg\max} Q(\theta, \theta^{(i)})$$

透過以上兩步完成了 EM 演算法的一次迭代。由此可知，由 EM 演算法與 F 函數的極大－極大演算法得到的參數估計序列 $\theta^{(i)}$，$i = 1, 2, \cdots$，是一致的。這樣，就有 EM 演算法的推廣。

9.4.2 GEM 演算法

【演算法 9.3】GEM 演算法 1

輸入：觀測資料，F函數；

輸出：模型參數。

（1）初始化參數$\theta^{(0)}$，開始迭代；

（2）第$i+1$次迭代，第 1 步：記$\theta^{(i)}$為參數θ的估計值，$\tilde{P}^{(i)}$為函數$\tilde{P}$的估計，求$\tilde{P}^{(i+1)}$使$\tilde{P}$極大化$F(\tilde{P}, \theta^{(i)})$；

（3）第 2 步：求$\theta^{(i+1)}$使$F(\tilde{P}^{(i+1)}, \theta)$極大化；

（4）重複(2)和(3)，直到收斂。

在 GEM 演算法 1 中，有時求$Q(\theta, \theta^{(i)})$的極大化是很困難的。下面介紹的 GEM 演算法 2 和 GEM 演算法 3 並不是直接求$\theta^{(i+1)}$使$Q(\theta, \theta^{(i)})$達到極大的θ，而是找一個$\theta^{(i+1)}$使得$Q(\theta^{(i+1)}, \theta^{(i)}) > Q(\theta^{(i)}, \theta^{(i)})$。

【演算法 9.4】GEM 演算法 2

輸入：觀測資料，Q函數；

輸出：模型參數。

（1）初始化參數$\theta^{(0)}$，開始迭代；

（2）第$i+1$次迭代，第 1 步：記$\theta^{(i)}$為參數θ的估計值，計算

$$
\begin{aligned}
Q(\theta, \theta^{(i)}) &= E_Z[\log P(Y, Z|\theta)|Y, \theta^{(i)}] \\
&= \sum_Z P(Z|Y, \theta^{(i)}) \log P(Y, Z|\theta)
\end{aligned}
$$

（3）第 2 步：求$\theta^{(i+1)}$使

$$
Q(\theta^{(i+1)}, \theta^{(i)}) > Q(\theta^{(i)}, \theta^{(i)})
$$

（4）重複(2)和(3)，直到收斂。

當參數θ的維數為d（$d \geqslant 2$）時，可採用一種特殊的 GEM 演算法，它將

EM 演算法的 M 步分解為d次條件極大化，每次只改變參數向量的一個分量，其餘分量不改變。

【演算法 9.5】GEM 演算法 3

輸入：觀測資料，Q函數；

輸出：模型參數。

（1）初始化參數$\theta^{(0)} = (\theta_1^{(0)}, \theta_2^{(0)}, \cdots, \theta_d^{(0)})$，開始迭代；

（2）第 $i + 1$ 次迭代，第 1 步：記 $\theta^{(i)} = (\theta_1^{(i)}, \theta_2^{(i)}, \cdots, \theta_d^{(i)})$ 為參數 $\theta = (\theta_1, \theta_2, \cdots, \theta_d)$的估計值，計算

$$
\begin{aligned}
Q(\theta, \theta^{(i)}) &= E_Z[\log P(Y, Z|\theta)|Y, \theta^{(i)}] \\
&= \sum_Z P(Z|y, \theta^{(i)})\log P(Y, Z|\theta)
\end{aligned}
$$

（3）第 2 步：進行d次條件極大化：

首先，在$\theta_2^{(i)}, \cdots, \theta_d^{(i)}$保持不變的條件下求使$Q(\theta, \theta^{(i)})$達到極大的 $\theta_1^{(i+1)}$；

然後，在$\theta_1 = \theta_1^{(i+1)}$，$\theta_j = \theta_j^{(i)}$，$j = 3, 4, \cdots, d$的條件下求使$Q(\theta, \theta^{(i)})$達到極大的$\theta_2^{(i+1)}$；

如此繼續，經過d次條件極大化，得到 $\theta^{(i+1)} = (\theta_1^{(i+1)}, \theta_2^{(i+1)}, \cdots, \theta_d^{(i+1)})$使得

$$
Q(\theta^{(i+1)}, \theta^{(i)}) > Q(\theta^{(i)}, \theta^{(i)})
$$

（4）重複(2)和(3)，直到收斂。

本章概要

1. EM 演算法是含有隱變數的機率模型極大似然估計或極大後驗機率估計的迭代演算法。含有隱變數的機率模型的資料表示為$P(Y, Z|\theta)$。這裡，Y是觀測變數的資料，Z是隱變數的資料，θ是模型參數。EM 演算法透過迭代求解觀測資料的對數似然函數$L(\theta) = \log P(Y|\theta)$的極大化，

實現極大似然估計。每次迭代包括兩步：E 步，求期望，即求 $logP(Y,Z|\theta)$關於$P(Z|Y,\theta^{(i)})$的期望：

$$Q(\theta, \theta^{(i)}) = \sum_{Z} logP(Y,Z|\theta)P(Z|Y,\theta^{(i)})$$

稱為Q函數，這裡$\theta^{(i)}$是參數的現估計值；M 步，求極大，即極大化Q函數得到參數的新估計值：

$$\theta^{(i+1)} = \underset{\theta}{argmax}Q(\theta, \theta^{(i)})$$

在建構具體的 EM 演算法時，重要的是定義Q函數。每次迭代中，EM 演算法透過極大化Q函數來增大對數似然函數$L(\theta)$。

2. EM 演算法在每次迭代後均提高觀測資料的似然函數值，即

$$P(Y|\theta^{(i+1)}) \geqslant P(Y|\theta^{(i)})$$

在一般條件下 EM 演算法是收斂的，但不能保證收斂到全域最優。

3. EM 演算法應用極其廣泛，主要應用於含有隱變數的機率模型的學習。高斯混合模型的參數估計是 EM 演算法的一個重要應用，下一章將要介紹的隱馬可夫模型的無監督學習也是 EM 演算法的一個重要應用。

4. EM 演算法還可以解釋為F函數的極大 - 極大演算法。EM 演算法有許多變形，如 GEM 演算法。GEM 演算法的特點是每次迭代增加F函數值（並不一定是極大化F函數），從而增加似然函數值。

繼續閱讀

EM 演算法由 Dempster 等人總結提出 [1]。類似的演算法之前已被提出，如 Baum-Welch 演算法，但是都沒有 EM 演算法那麼廣泛。EM 演算法的介紹可參見文獻[2~4]。EM 演算法收斂性定理的有關證明見文獻[5]。GEM 是由 Neal 與 Hinton 提出的 [6]。

習題

9.1 如例 9.1 的三硬幣模型。假設觀測資料不變,試選擇不同的初值,例如,$\pi^{(0)} = 0.46$,$p^{(0)} = 0.55$,$q^{(0)} = 0.67$,求模型參數 $\theta = (\pi, p, q)$ 的極大似然估計。

9.2 證明引理 9.2。

9.3 已知觀測資料 -67,-48,6,8,14,16,23,24,28,29,41,49,56,60,75 試估計兩個分量的高斯混合模型的 5 個參數。

9.4 EM 演算法可以用到單純貝氏法的無監督學習。試寫出其演算法。

參考文獻

[1] Dempster A P, Laird N M, Rubin D B. Maximum-likelihood from incomplete data via the EM algorithm. *Journal of the Royal Statistic Society (Series B)*, 1977,39(1): 1–38.

[2] Hastie T, Tibshirani R, Friedman J. The elements of statistical learning: data mining, inference, and prediction. Springer-Verlag, 2001. (中譯本:統計學習基礎——數據挖掘、推理與預測. 范明,柴玉梅,昝紅英等譯. 北京:電子工業出版社,2004.)

[3] McLachlan G, Krishnan T. The EM algorithm and extensions. New York: John Wiley & Sons, 1996.

[4] 茆詩松,王靜龍,濮曉龍. 高等數理統計. 北京:高等教育出版社;海頓堡:斯普林格出版社,1998.

[5] Wu C F J. On the convergence properties of the EM algorithm. The Annals of Statistics, 1983, 11: 95–103.

[6] Radford N, Geoffrey H, Jordan M I. A view of the EM algorithm that justifies incremental, sparse, and other variants. In: Learning in Graphical Models. Cambridge, MA: MIT Press, 1999, 355–368.

隱馬可夫模型

隱馬可夫模型（hidden Markov model, HMM）是可用於標注問題的統計學習模型，描述由隱藏的馬可夫鏈隨機生成觀測序列的過程，屬於生成模型。本章首先介紹隱馬可夫模型的基本概念，然後分別敘述隱馬可夫模型的機率計算演算法、學習演算法以及預測演算法。隱馬可夫模型在語音辨識、自然語言處理、生物資訊、模式辨識等領域有著廣泛的應用。

10.1 隱馬可夫模型的基本概念

10.1.1 隱馬可夫模型的定義

【定義 10.1】隱馬可夫模型：隱馬可夫模型是關於時序的機率模型，描述由一個隱藏的馬可夫鏈隨機生成不可觀測的狀態隨機序列，再由各個狀態生成一個觀測從而產生觀測隨機序列的過程。隱藏的馬可夫鏈隨機生成的狀態的序列，稱為狀態序列（state sequence）；每個狀態生成一個觀測，而由此產生的觀測的隨機序列，稱為觀測序列（observation sequence）。序列的每一個位置又可以看作是一個時刻。

隱馬可夫模型由初始機率分佈、狀態轉移機率分佈以及觀測機率分佈確定。隱馬可夫模型的形式定義如下：

設Q是所有可能的狀態的集合，V是所有可能的觀測的集合：

$$Q = \{q_1, q_2, \cdots, q_N\}, \quad V = \{v_1, v_2, \cdots, v_M\}$$

其中，N是可能的狀態數，M是可能的觀測數。

I是長度為T的狀態序列，O是對應的觀測序列：

$$I = (i_1, i_2, \cdots, i_T), \quad O = (o_1, o_2, \cdots, o_T)$$

A是狀態轉移機率矩陣：

$$A = \left[a_{ij}\right]_{N \times N} \tag{10.1}$$

其中，

$$a_{ij} = P(i_{t+1} = q_j | i_t = q_i), \quad i = 1,2,\cdots,N; \quad j = 1,2,\cdots,N \tag{10.2}$$

是在時刻t處於狀態q_i的條件下在時刻$t+1$轉移到狀態q_j的機率。

B是觀測機率矩陣：

$$B = \left[b_j(k)\right]_{N \times M} \tag{10.3}$$

其中，

$$b_j(k) = P(o_t = v_k | i_t = q_j), \quad k = 1,2,\cdots,M; \quad j = 1,2,\cdots,N \tag{10.4}$$

是在時刻t處於狀態q_j的條件下生成觀測v_k的機率。

π是初始狀態機率向量：

$$\pi = (\pi_i) \tag{10.5}$$

其中，

$$\pi_i = P(i_1 = q_i), \quad i = 1,2,\cdots,N \tag{10.6}$$

是時刻$t = 1$處於狀態q_i的機率。

隱馬可夫模型由初始狀態機率向量π、狀態轉移機率矩陣A和觀測機率矩陣B決定。π和A決定狀態序列，B決定觀測序列。因此，隱馬可夫模型λ可以用三元符號表示，即

$$\lambda = (A, B, \pi) \tag{10.7}$$

A, B, π稱為隱馬可夫模型的三要素。

狀態轉移機率矩陣A與初始狀態機率向量π確定了隱藏的馬可夫鏈，生成不可觀測的狀態序列。觀測機率矩陣B確定了如何從狀態生成觀測，與狀態序列綜合確定了如何產生觀測序列。

從定義可知，隱馬可夫模型作了兩個基本假設：

（1）齊次馬可夫性假設，即假設隱藏的馬可夫鏈在任意時刻t的狀態只依賴於其前一時刻的狀態，與其他時刻的狀態及觀測無關，也與時刻t無關：

$$P(i_t|i_{t-1}, o_{t-1}, \cdots, i_1, o_1) = P(i_t|i_{t-1}), \quad t = 1, 2, \cdots, T \tag{10.8}$$

（2）觀測獨立性假設，即假設任意時刻的觀測只依賴於該時刻的馬可夫鏈的狀態，與其他觀測及狀態無關：

$$P(o_t|i_T, o_T, i_{T-1}, o_{T-1}, \cdots, i_{t+1}, o_{t+1}, i_t, i_{t-1}, o_{t-1}, \cdots, i_1, o_1) = P(o_t|i_t) \tag{10.9}$$

隱馬可夫模型可以用於標注，這時狀態對應著標記。標注問題是給定觀測的序列預測其對應的標記序列。可以假設標注問題的資料是由隱馬可夫模型生成的。這樣我們可以利用隱馬可夫模型的學習與預測演算法進行標注。

下面看一個隱馬可夫模型的例子。

【例 10.1】盒子和球模型：假設有 4 個盒子，每個盒子裡都裝有紅、白兩種顏色的球，盒子裡的紅、白球數由表 10.1 列出。

表 10.1 各盒子的紅、白球數

	盒子			
	1	2	3	4
紅球數	5	3	6	8
白球數	5	7	4	2

按照下面的方法抽球,產生一個球的顏色的觀測序列:

- 開始,從 4 個盒子裡以等機率隨機選取 1 個盒子,從這個盒子裡隨機抽出 1 個球,記錄其顏色後,放回;
- 然後,從當前盒子隨機轉移到下一個盒子,規則是:如果當前盒子是盒子 1,那麼下一盒子一定是盒子 2;如果當前是盒子 2 或 3,那麼分別以機率 0.4 和 0.6 轉移到左邊或右邊的盒子;如果當前是盒子 4,那麼各以 0.5 的機率停留在盒子 4 或轉移到盒子 3;
- 確定轉移的盒子後,再從這個盒子裡隨機抽出 1 個球,記錄其顏色,放回;
- 如此下去,重複進行 5 次,得到一個球的顏色的觀測序列:

$$O = (紅,紅,白,白,紅)$$

在這個過程中,觀察者只能觀測到球的顏色的序列,觀測不到球是從哪個盒子取出的,即觀測不到盒子的序列。

在這個例子中有兩個隨機序列,一個是盒子的序列(狀態序列),一個是球的顏色的觀測序列(觀測序列)。前者是隱藏的,只有後者是可觀測的。這是一個隱馬可夫模型的例子。根據所給條件,可以明確狀態集合、觀測集合、序列長度以及模型的三要素。

盒子對應狀態,狀態的集合是:

$$Q = \{盒子\ 1,\ 盒子\ 2,\ 盒子\ 3,\ 盒子\ 4\},\quad N = 4$$

球的顏色對應觀測。觀測的集合是:

$$V = \{紅,\ 白\},\quad M = 2$$

狀態序列和觀測序列長度$T = 5$。

初始機率分佈為

$$\pi = (0.25, \quad 0.25, \quad 0.25, \quad 0.25)^{\text{T}}$$

狀態轉移機率分佈為

$$A = \begin{bmatrix} 0 & 1 & 0 & 0 \\ 0.4 & 0 & 0.6 & 0 \\ 0 & 0.4 & 0 & 0.6 \\ 0 & 0 & 0.5 & 0.5 \end{bmatrix}$$

觀測機率分佈為

$$B = \begin{bmatrix} 0.5 & 0.5 \\ 0.3 & 0.7 \\ 0.6 & 0.4 \\ 0.8 & 0.2 \end{bmatrix}$$

10.1.2 觀測序列的生成過程

根據隱馬可夫模型定義，可以將一個長度為T的觀測序列$O = (o_1, o_2, \cdots, o_T)$的生成過程描述如下。

【演算法 10.1】觀測序列的生成

輸入：隱馬可夫模型$\lambda = (A, B, \pi)$，觀測序列長度T；
輸出：觀測序列$O = (o_1, o_2, \cdots, o_T)$。

（1）按照初始狀態分佈π產生狀態i_1；
（2）令$t = 1$；
（3）按照狀態i_t的觀測機率分佈$b_{i_t}(k)$生成o_t；
（4）按照狀態i_t的狀態轉移機率分佈$\{a_{i_t i_{t+1}}\}$產生狀態i_{t+1}，$i_{t+1} = 1, 2, \cdots, N$；
（5）令$t = t + 1$；如果$t < T$，轉步 (3)；否則，終止。

10.1.3 隱馬可夫模型的 3 個基本問題

隱馬可夫模型有 3 個基本問題：

（1）機率計算問題。給定模型 $\lambda = (A, B, \pi)$ 和觀測序列 $O = (o_1, o_2, \cdots, o_T)$，計算在模型 λ 下觀測序列 O 出現的機率 $P(O|\lambda)$。

（2）學習問題。已知觀測序列 $O = (o_1, o_2, \cdots, o_T)$，估計模型 $\lambda = (A, B, \pi)$ 參數，使得在該模型下觀測序列機率 $P(O|\lambda)$ 最大。即用極大似然估計的方法估計參數。

（3）預測問題，也稱為解碼（decoding）問題。已知模型 $\lambda = (A, B, \pi)$ 和觀測序列 $O = (o_1, o_2, \cdots, o_T)$，求對給定觀測序列條件機率 $P(I|O)$ 最大的狀態序列 $I = (i_1, i_2, \cdots, i_T)$。即給定觀測序列，求最有可能的對應的狀態序列。

下面各節將逐一介紹這些基本問題的解法。

10.2 機率計算演算法

本節介紹計算觀測序列機率 $P(O|\lambda)$ 的前向（forward）與後向（backward）演算法。先介紹概念上可行但計算上不可行的直接計算法。

10.2.1 直接計算法

給定模型 $\lambda = (A, B, \pi)$ 和觀測序列 $O = (o_1, o_2, \cdots, o_T)$，計算觀測序列 O 出現的機率 $P(O|\lambda)$。最直接的方法是按機率公式直接計算。透過列舉所有可能的長度為 T 的狀態序列 $I = (i_1, i_2, \cdots, i_T)$，求各個狀態序列 I 與觀測序列 $O = (o_1, o_2, \cdots, o_T)$ 的聯合機率 $P(O, I|\lambda)$，然後對所有可能的狀態序列求和，得到 $P(O|\lambda)$。

狀態序列 $I = (i_1, i_2, \cdots, i_T)$ 的機率是：

$$P(I|\lambda) = \pi_{i_1} a_{i_1 i_2} a_{i_2 i_3} \cdots a_{i_{T-1} i_T} \qquad (10.10)$$

對固定的狀態序列$I = (i_1, i_2, \cdots, i_T)$，觀測序列$O = (o_1, o_2, \cdots, o_T)$的機率是：

$$P(O|I,\lambda) = b_{i_1}(o_1) b_{i_2}(o_2) \cdots b_{i_T}(o_T) \qquad (10.11)$$

O和I同時出現的聯合機率為

$$\begin{aligned} P(O,I|\lambda) &= P(O|I,\lambda)P(I|\lambda) \\ &= \pi_{i_1} b_{i_1}(o_1) a_{i_1 i_2} b_{i_2}(o_2) \cdots a_{i_{T-1} i_T} b_{i_T}(o_T) \end{aligned} \qquad (10.12)$$

然後，對所有可能的狀態序列I求和，得到觀測序列O的機率$P(O|\lambda)$，即

$$\begin{aligned} P(O|\lambda) &= \sum_I P(O|I,\lambda)P(I|\lambda) \\ &= \sum_{i_1,i_2,\cdots,i_T} \pi_{i_1} b_{i_1}(o_1) a_{i_1 i_2} b_{i_2}(o_2) \cdots a_{i_{T-1} i_T} b_{i_T}(o_T) \end{aligned} \qquad (10.13)$$

但是，利用公式(10.13)計算量很大，是$O(TN^T)$階的，這種演算法不可行。

下面介紹計算觀測序列機率$P(O|\lambda)$的有效演算法：前向 - 後向演算法（forward-backward algorithm）。

10.2.2 前向演算法

首先定義前向機率。

【定義 10.2】前向機率：給定隱馬可夫模型λ，定義到時刻t部分觀測序列為 $o_1, o_2, \cdots, o_t$且狀態為q_i的機率為前向機率，記作

$$\alpha_t(i) = P(o_1, o_2, \cdots, o_t, i_t = q_i|\lambda) \qquad (10.14)$$

可以遞推地求得前向機率$\alpha_t(i)$及觀測序列機率$P(O|\lambda)$。

【演算法 10.2】觀測序列機率的前向演算法

輸入：隱馬可夫模型λ，觀測序列O；

輸出：觀測序列機率$P(O|\lambda)$。

（1）初值

$$\alpha_1(i) = \pi_i b_i(o_1), \quad i = 1,2,\cdots,N \tag{10.15}$$

（2）遞推 對$t = 1,2,\cdots,T-1$，

$$\alpha_{t+1}(i) = \left[\sum_{j=1}^{N} \alpha_t(j)a_{ji}\right] b_i(o_{t+1}), \quad i = 1,2,\cdots,N \tag{10.16}$$

（3）終止

$$P(O|\lambda) = \sum_{i=1}^{N} \alpha_T(i) \tag{10.17}$$

前向演算法，步驟（1）初始化前向機率，是初始時刻的狀態$i_1 = q_i$和觀測o_1的聯合機率。步驟（2）是前向機率的遞推公式，計算到時刻$t+1$部分觀測序列為$o_1, o_2, \cdots, o_t, o_{t+1}$且在時刻$t+1$處於狀態$q_i$的前向機率，如圖10.1所示。在式(10.16)的中括號裡，既然$\alpha_t(j)$是到時刻t觀測到$o_1, o_2, \cdots, o_t$並在時刻t處於狀態q_j的前向機率，那麼乘積$\alpha_t(j)a_{ji}$就是到時刻t觀測到$o_1, o_2, \cdots, o_t$並在時刻t處於狀態q_j而在時刻$t+1$到達狀態q_i的聯合機率。對這個乘積在時刻t的所有可能的N個狀態q_j求和，其結果就是到時刻t觀測為 $o_1, o_2, \cdots, o_t$並在時刻$t+1$處於狀態q_i的聯合機率。中括號裡的值與觀測機率$b_i(o_{t+1})$ 的乘積恰好是到時刻$t+1$觀測到$o_1, o_2, \cdots, o_t, o_{t+1}$並在時刻$t+1$處於狀態$q_i$的前向機率 $\alpha_{t+1}(i)$。步驟（3）舉出$P(O|\lambda)$的計算公式。因為

$$\alpha_T(i) = P(o_1, o_2, \cdots, o_T, i_T = q_i|\lambda)$$

所以

$$P(O|\lambda) = \sum_{i=1}^{N} \alpha_T(i)$$

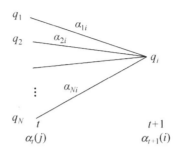

圖 10.1 前向機率的遞推公式

如圖 10.2 所示，前向演算法實際是基於「狀態序列的路徑結構」遞推計算 $P(O|\lambda)$ 的演算法。前向演算法高效的關鍵是其局部計算前向機率，然後利用路徑結構將前向機率「遞推」到全域，得到 $P(O|\lambda)$。具體地，在時刻 $t = 1$，計算 $\alpha_1(i)$ 的 N 個值 $(i = 1,2,\cdots,N)$；在各個時刻 $t = 1,2,\cdots,T-1$，計算 $\alpha_{t+1}(i)$ 的 N 個值 $(i = 1,2,\cdots,N)$，而且每個 $\alpha_{t+1}(i)$ 的計算利用前一時刻 N 個 $\alpha_t(j)$。減少計算量的原因在於每一次計算直接引用前一個時刻的計算結果，避免重複計算。這樣，利用前向機率計算 $P(O|\lambda)$ 的計算量是 $O(N^2T)$ 階的，而非直接計算的 $O(TN^T)$ 階。

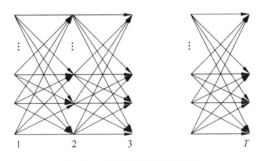

圖 10.2 觀測序列路徑結構

【**例 10.2**】考慮盒子和球模型 $\lambda = (A, B, \pi)$，狀態集合 $Q = \{1,2,3\}$，觀測集合 $V = \{$ 紅，白 $\}$，

$$A = \begin{bmatrix} 0.5 & 0.2 & 0.3 \\ 0.3 & 0.5 & 0.2 \\ 0.2 & 0.3 & 0.5 \end{bmatrix}, \quad B = \begin{bmatrix} 0.5 & 0.5 \\ 0.4 & 0.6 \\ 0.7 & 0.3 \end{bmatrix}, \quad \pi = \begin{bmatrix} 0.2 \\ 0.4 \\ 0.4 \end{bmatrix}$$

設 $T = 3$，$O = ($ 紅，白，紅 $)$，試用前向演算法計算 $P(O|\lambda)$。

【解】按照演算法 10.2

（1）計算初值

$$\alpha_1(1) = \pi_1 b_1(o_1) = 0.10$$
$$\alpha_1(2) = \pi_2 b_2(o_1) = 0.16$$
$$\alpha_1(3) = \pi_3 b_3(o_1) = 0.28$$

（2）遞推計算

$$\alpha_2(1) = \left[\sum_{i=1}^{3} \alpha_1(i)a_{i1}\right] b_1(o_2) = 0.154 \times 0.5 = 0.077$$

$$\alpha_2(2) = \left[\sum_{i=1}^{3} \alpha_1(i)a_{i2}\right] b_2(o_2) = 0.184 \times 0.6 = 0.1104$$

$$\alpha_2(3) = \left[\sum_{i=1}^{3} \alpha_1(i)a_{i3}\right] b_3(o_2) = 0.202 \times 0.3 = 0.0606$$

$$\alpha_3(1) = \left[\sum_{i=1}^{3} \alpha_2(i)a_{i1}\right] b_1(o_3) = 0.04187$$

$$\alpha_3(2) = \left[\sum_{i=1}^{3} \alpha_2(i)a_{i2}\right] b_2(o_3) = 0.03551$$

$$\alpha_3(3) = \left[\sum_{i=1}^{3} \alpha_2(i)a_{i3}\right] b_3(o_3) = 0.05284$$

（3）終止

$$P(O|\lambda) = \sum_{i=1}^{3} \alpha_3(i) = 0.13022$$

10.2.3 後向演算法

【定義 **10.3**】後向機率：給定隱馬可夫模型λ，定義在時刻t狀態為q_i的條件下，從$t+1$到T的部分觀測序列為$o_{t+1}, o_{t+2}, \cdots, o_T$的機率為後向機率，記作

$$\beta_t(i) = P(o_{t+1}, o_{t+2}, \cdots, o_T | i_t = q_i, \lambda) \tag{10.18}$$

可以用遞推的方法求得後向機率$\beta_t(i)$及觀測序列機率$P(O|\lambda)$。

【演算法 **10.3**】觀測序列機率的後向演算法

輸入：隱馬可夫模型λ，觀測序列O；
輸出：觀測序列機率$P(O|\lambda)$。

（1）

$$\beta_T(i) = 1, \quad i = 1, 2, \cdots, N \tag{10.19}$$

（2）對$t = T-1, T-2, \cdots, 1$

$$\beta_t(i) = \sum_{j=1}^{N} a_{ij} b_j(o_{t+1}) \beta_{t+1}(j), \quad i = 1, 2, \cdots, N \tag{10.20}$$

（3）

$$P(O|\lambda) = \sum_{i=1}^{N} \pi_i b_i(o_1) \beta_1(i) \tag{10.21}$$

步驟（1）初始化後向機率，對最終時刻的所有狀態q_i規定$\beta_T(i) = 1$。步驟（2）是後向機率的遞推公式。如圖 10.3 所示，為了計算在時刻t狀態為q_i條件下時刻$t+1$之後的觀測序列為$o_{t+1}, o_{t+2}, \cdots, o_T$的後向機率$\beta_t(i)$，只需考慮在時刻$t+1$所有可能的$N$個狀態$q_j$的轉移機率（即$a_{ij}$項），以及在此狀態下的觀測$o_{t+1}$的觀測機率（即$b_j(o_{t+1})$項），然後考慮狀態$q_j$之後的觀測序列的後向機率（即$\beta_{t+1}(j)$項）。步驟（3）求$P(O|\lambda)$的思路與步驟（2）一致，只是初始機率$\pi_i$代替轉移機率。

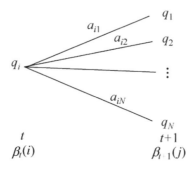

圖 10.3 後向機率遞推公式

利用前向機率和後向機率的定義可以將觀測序列機率$P(O|\lambda)$統一寫成

$$P(O|\lambda) = \sum_{i=1}^{N} \sum_{j=1}^{N} \alpha_t(i) a_{ij} b_j(o_{t+1}) \beta_{t+1}(j), \quad t = 1,2,\cdots,T-1 \tag{10.22}$$

10.2.4 一些機率與期望值的計算

利用前向機率和後向機率，可以得到關於單一狀態和兩個狀態機率的計算
公式。

1. 給定模型λ和觀測O，在時刻t處於狀態q_i的機率。記

$$\gamma_t(i) = P(i_t = q_i|O,\lambda) \tag{10.23}$$

可以透過前向後向機率計算。事實上，

$$\gamma_t(i) = P(i_t = q_i|O,\lambda) = \frac{P(i_t = q_i, O|\lambda)}{P(O|\lambda)}$$

由前向機率$\alpha_t(i)$和後向機率$\beta_t(i)$定義可知：

$$\alpha_t(i)\beta_t(i) = P(i_t = q_i, O|\lambda)$$

於是得到：

$$\gamma_t(i) = \frac{\alpha_t(i)\beta_t(i)}{P(O|\lambda)} = \frac{\alpha_t(i)\beta_t(i)}{\sum_{j=1}^{N} \alpha_t(j)\beta_t(j)} \tag{10.24}$$

2. 給定模型λ和觀測O，在時刻t處於狀態q_i且在時刻$t + 1$處於狀態q_j的機率。記

$$\xi_t(i, j) = P(i_t = q_i, i_{t+1} = q_j | O, \lambda) \qquad (10.25)$$

可以透過前向後向機率計算：

$$\xi_t(i, j) = \frac{P(i_t = q_i, i_{t+1} = q_j, O|\lambda)}{P(O|\lambda)} = \frac{P(i_t = q_i, i_{t+1} = q_j, O|\lambda)}{\sum_{i=1}^{N} \sum_{j=1}^{N} P(i_t = q_i, i_{t+1} = q_j, O|\lambda)}$$

而

$$P(i_t = q_i, i_{t+1} = q_j, O|\lambda) = \alpha_t(i)a_{ij}b_j(o_{t+1})\beta_{t+1}(j)$$

所以

$$\xi_t(i, j) = \frac{\alpha_t(i)a_{ij}b_j(o_{t+1})\beta_{t+1}(j)}{\sum_{i=1}^{N} \sum_{j=1}^{N} \alpha_t(i)a_{ij}b_j(o_{t+1})\beta_{t+1}(j)} \qquad (10.26)$$

3. 將$\gamma_t(i)$和$\xi_t(i, j)$對各個時刻t求和，可以得到一些有用的期望值。

（1）在觀測O下狀態i出現的期望值：

$$\sum_{t=1}^{T} \gamma_t(i) \qquad (10.27)$$

（2）在觀測O下由狀態i轉移的期望值：

$$\sum_{t=1}^{T-1} \gamma_t(i) \qquad (10.28)$$

（3）在觀測O下由狀態i轉移到狀態j的期望值：

$$\sum_{t=1}^{T-1} \xi_t(i, j) \qquad (10.29)$$

10.3 學習演算法

隱馬可夫模型的學習，根據訓練資料是包括觀測序列和對應的狀態序列還是只有觀測序列，可以分別由監督學習與無監督學習實現。本節首先介紹監督學習演算法，而後介紹無監督學習演算法——Baum-Welch 演算法（也就是 EM 演算法）。

10.3.1 監督學習方法

假設已給訓練資料包含 S 個長度相同的觀測序列和對應的狀態序列 $\{(O_1, I_1), (O_2, I_2), \cdots, (O_S, I_S)\}$，那麼可以利用極大似然估計法來估計隱馬可夫模型的參數。具體方法如下。

1. 轉移機率 a_{ij} 的估計

設樣本中時刻 t 處於狀態 i 時刻 $t+1$ 轉移到狀態 j 的頻數為 A_{ij}，那麼狀態轉移機率 a_{ij} 的估計是

$$\hat{a}_{ij} = \frac{A_{ij}}{\sum_{j=1}^{N} A_{ij}}, \quad i = 1, 2, \cdots, N; \quad j = 1, 2, \cdots, N \qquad (10.30)$$

2. 觀測機率 $b_j(k)$ 的估計

設樣本中狀態為 j 並觀測為 k 的頻數是 B_{jk}，那麼狀態為 j 觀測為 k 的機率 $b_j(k)$ 的估計是

$$\hat{b}_j(k) = \frac{B_{jk}}{\sum_{k=1}^{M} B_{jk}}, \quad j = 1, 2, \cdots, N; \quad k = 1, 2, \cdots, M \qquad (10.31)$$

3. 初始狀態機率 π_i 的估計 $\hat{\pi}_i$ 為 S 個樣本中初始狀態為 q_i 的頻率

由於監督學習需要使用標注的訓練資料，而人工標注訓練資料往往代價很高，有時就會利用無監督學習的方法。

10.3.2 Baum-Welch 演算法

假設給定訓練資料只包含S個長度為T的觀測序列$\{O_1, O_2, \cdots, O_S\}$而沒有對應的狀態序列，目標是學習隱馬可夫模型$\lambda = (A, B, \pi)$的參數。我們將觀測序列資料看作觀測資料$O$，狀態序列資料看作不可觀測的隱資料$I$，那麼隱馬可夫模型事實上是一個含有隱變數的機率模型

$$P(O|\lambda) = \sum_I P(O|I, \lambda)P(I|\lambda) \qquad (10.32)$$

它的參數學習可以由 EM 演算法實現。

1. 確定完全資料的對數似然函數

所有觀測資料寫成$O = (o_1, o_2, \cdots, o_T)$，所有隱資料寫成$I = (i_1, i_2, \cdots, i_T)$，完全資料是$(O, I) = (o_1, o_2, \cdots, o_T, i_1, i_2, \cdots, i_T)$。完全資料的對數似然函數是$\log P(O, I|\lambda)$。

2. EM 演算法的 E 步：求Q函數$Q(\lambda, \bar{\lambda})$ [1]

$$Q(\lambda, \bar{\lambda}) = \sum_I \log P(O, I|\lambda)P(O, I|\bar{\lambda}) \qquad (10.33)$$

其中，$\bar{\lambda}$是隱馬可夫模型參數的當前估計值，λ是要極大化的隱馬可夫模型參數。

$$P(O, I|\lambda) = \pi_{i_1} b_{i_1}(o_1) a_{i_1 i_2} b_{i_2}(o_2) \cdots a_{i_{T-1} i_T} b_{i_T}(o_T)$$

於是函數$Q(\lambda, \bar{\lambda})$可以寫成：

$$Q(\lambda, \bar{\lambda}) = \sum_I \log \pi_{i_1} P(O, I|\bar{\lambda}) + \sum_I \left(\sum_{t=1}^{T-1} \log a_{i_t i_{t+1}} \right) P(O, I|\bar{\lambda}) +$$

$$\sum_I \left(\sum_{t=1}^{T} \log b_{i_t}(o_t) \right) P(O, I|\bar{\lambda}) \qquad (10.34)$$

---

[1] 按照Q函數的定義
$Q(\lambda, \bar{\lambda}) = E_I[\log P(O, I|\lambda)|O, \bar{\lambda}]$
式(10.33)略去了對λ而言的常數因數$1/P(O|\bar{\lambda})$。

式中求和都是對所有資料的序列總長度T進行的。

3. EM 演算法的 M 步：極大化Q函數$Q(\lambda, \bar{\lambda})$求模型參數$A, B, \pi$

由於要極大化的參數在式 (10.34) 中單獨地出現在 3 個項中，所以只需對各項分別極大化。

（1）式(10.34)的第 1 項可以寫成：

$$\sum_I \log\pi_{i_1} P(O, I|\bar{\lambda}) = \sum_{i=1}^{N} \log\pi_i P(O, i_1 = i|\bar{\lambda})$$

注意到π_i滿足限制條件$\sum_{i=1}^{N} \pi_i = 1$，利用拉格朗日乘子法，寫出拉格朗日函數：

$$\sum_{i=1}^{N} \log\pi_i P(O, i_1 = i|\bar{\lambda}) + \gamma\left(\sum_{i=1}^{N} \pi_i - 1\right)$$

對其求偏導數並令結果為 0

$$\frac{\partial}{\partial \pi_i}\left[\sum_{i=1}^{N} \log\pi_i P(O, i_1 = i|\bar{\lambda}) + \gamma\left(\sum_{i=1}^{N} \pi_i - 1\right)\right] = 0 \tag{10.35}$$

得

$$P(O, i_1 = i|\bar{\lambda}) + \gamma\pi_i = 0$$

對i求和得到γ

$$\gamma = -P(O|\bar{\lambda})$$

代入式(10.35)即得

$$\pi_i = \frac{P(O, i_1 = i|\bar{\lambda})}{P(O|\bar{\lambda})} \tag{10.36}$$

（2）式(10.34)的第 2 項可以寫成

$$\sum_I \left(\sum_{t=1}^{T-1} \log a_{i_t i_{t+1}} \right) P(O, I | \bar{\lambda}) = \sum_{i=1}^N \sum_{j=1}^N \sum_{t=1}^{T-1} \log a_{ij} P(O, i_t = i, i_{t+1} = j | \bar{\lambda})$$

類似第 1 項，應用具有限制條件$\sum_{j=1}^N a_{ij} = 1$的拉格朗日乘子法可以求出

$$a_{ij} = \frac{\sum_{t=1}^{T-1} P(O, i_t = i, i_{t+1} = j | \bar{\lambda})}{\sum_{t=1}^{T-1} P(O, i_t = i | \bar{\lambda})} \qquad (10.37)$$

（3）式(10.34)的第 3 項為

$$\sum_I \left(\sum_{t=1}^{T} \log b_{i_t}(o_t) \right) P(O, I | \bar{\lambda}) = \sum_{j=1}^N \sum_{t=1}^T \log b_j(o_t) P(O, i_t = j | \bar{\lambda})$$

同樣用拉格朗日乘子法，限制條件是$\sum_{k=1}^M b_j(k) = 1$。注意，只有在 $o_t = v_k$時$b_j(o_t)$ 對$b_j(k)$的偏導數才不為 0，以$I(o_t = v_k)$表示。求得

$$b_j(k) = \frac{\sum_{t=1}^T P(O, i_t = j | \bar{\lambda}) I(o_t = v_k)}{\sum_{t=1}^T P(O, i_t = j | \bar{\lambda})} \qquad (10.38)$$

10.3.3　Baum-Welch 模型參數估計公式

將式(10.36)~式(10.38)中的各機率分別用$\gamma_t(i)$，$\xi_t(i,j)$表示，則可將對應的公式寫成：

$$a_{ij} = \frac{\sum_{t=1}^{T-1} \xi_t(i,j)}{\sum_{t=1}^{T-1} \gamma_t(i)} \qquad (10.39)$$

$$b_j(k) = \frac{\sum_{t=1,o_t=v_k}^T \gamma_t(j)}{\sum_{t=1}^T \gamma_t(j)} \qquad (10.40)$$

$$\pi_i = \gamma_1(i) \qquad (10.41)$$

其中，$\gamma_t(i)$，$\xi_t(i,j)$分別由式(10.24)及式(10.26)舉出。式(10.39)~式(10.41)就是 Baum-Welch 演算法 （Baum-Welch algorithm），它是 EM 演算法在隱馬可夫模型學習中的具體實現，由 Baum 和 Welch 提出。

【演算法 10.4】Baum-Welch 演算法

輸入：觀測資料$O = (o_1, o_2, \cdots, o_T)$；

輸出：隱馬可夫模型參數。

（1）初始化。對$n = 0$，選取$a_{ij}^{(0)}$，$b_j(k)^{(0)}$，$\pi_i^{(0)}$，得到模型$\lambda^{(0)} = (A^{(0)}, B^{(0)}, \pi^{(0)})$。

（2）遞推。對$n = 1, 2, \cdots$，

$$a_{ij}^{(n+1)} = \frac{\sum_{t=1}^{T-1} \xi_t(i,j)}{\sum_{t=1}^{T-1} \gamma_t(i)}$$

$$b_j(k)^{(n+1)} = \frac{\sum_{t=1,o_t=v_k}^{T} \gamma_t(j)}{\sum_{t=1}^{T} \gamma_t(j)}$$

$$\pi_i^{(n+1)} = \gamma_1(i)$$

右端各值按觀測$O = (o_1, o_2, \cdots, o_T)$和模型$\lambda^{(n)} = (A^{(n)}, B^{(n)}, \pi^{(n)})$計算。式中$\gamma_t(i)$，$\xi_t(i,j)$由式(10.24)和式(10.26)舉出。

（3）終止。得到模型參數$\lambda^{(n+1)} = (A^{(n+1)}, B^{(n+1)}, \pi^{(n+1)})$。

10.4 預測演算法

下面介紹隱馬可夫模型預測的兩種演算法：近似演算法與維特比演算法（Viterbi algorithm）。

10.4.1 近似演算法

近似演算法的想法是，在每個時刻t選擇在該時刻最有可能出現的狀態i_t^*，從而得到一個狀態序列$I^* = (i_1^*, i_2^*, \cdots, i_T^*)$，將它作為預測的結果。

給定隱馬可夫模型λ和觀測序列O，在時刻t處於狀態q_i的機率$\gamma_t(i)$是

$$\gamma_t(i) = \frac{\alpha_t(i)\beta_t(i)}{P(O|\lambda)} = \frac{\alpha_t(i)\beta_t(i)}{\sum_{j=1}^{N} \alpha_t(j)\beta_t(j)} \qquad (10.42)$$

在每一時刻t最有可能的狀態i_t^*是

$$i_t^* = \arg \max_{1 \leqslant i \leqslant N} [\gamma_t(i)], \quad t = 1,2,\cdots,T \qquad (10.43)$$

從而得到狀態序列$I^* = (i_1^*, i_2^*, \cdots, i_T^*)$。

近似演算法的優點是計算簡單，其缺點是不能保證預測的狀態序列整體是最有可能的狀態序列，因為預測的狀態序列可能有實際不發生的部分。事實上，上述方法得到的狀態序列中有可能存在轉移機率為 0 的相鄰狀態，即對某些$i, j, a_{ij} = 0$時。儘管如此，近似演算法仍然是有用的。

10.4.2 維特比演算法

維特比演算法實際是用動態規劃（dynamic programming）解隱馬可夫模型預測問題，即用動態規劃求機率最大路徑（最優路徑）。這時一條路徑對應著一個狀態序列。

根據動態規劃原理，最優路徑具有這樣的特性：如果最優路徑在時刻t透過節點i_t^*，那麼這一路徑從節點 i_t^* 到終點 i_T^* 的部分路徑，對於從 i_t^* 到 i_T^* 的所有可能的部分路徑來說，必須是最優的。因為假如不是這樣，那麼從 i_t^* 到 i_T^* 就有另一條更好的部分路徑存在，如果把它和從i_1^*到達i_t^*的部分路徑連接起來，就會形成一條比原來的路徑更優的路徑，這是矛盾的。依據這一原理，我們只需從時刻$t = 1$開始，遞推地計算在時刻 t 狀態為i的各

條部分路徑的最大機率，直到得到時刻$t = T$狀態為i的各條路徑的最大機率。時刻$t = T$的最大機率即為最優路徑的機率P^*，最優路徑的終結點i_T^*也同時得到。之後，為了找出最優路徑的各個節點，從終結點i_T^*開始，由後向前逐步求得節點$i_{T-1}^*, \cdots, i_1^*$，得到最優路徑$I^* = (i_1^*, i_2^*, \cdots, i_T^*)$。這就是維特比演算法。

首先匯入兩個變數δ和Ψ。定義在時刻t狀態為i的所有單一路徑$(i_1, i_2, \cdots, i_t)$中機率最大值為

$$\delta_t(i) = \max_{i_1, i_2, \cdots, i_{t-1}} P(i_t = i, i_{t-1}, \cdots, i_1, o_t, \cdots, o_1 | \lambda), \quad i = 1, 2, \cdots, N \qquad (10.44)$$

由定義可得變數δ的遞推公式：

$$\delta_{t+1}(i) = \max_{i_1, i_2, \cdots, i_t} P(i_{t+1} = i, i_t, \cdots, i_1, o_{t+1}, \cdots, o_1 | \lambda)$$

$$= \max_{1 \leqslant j \leqslant N} [\delta_t(j) a_{ji}] b_i(o_{t+1}), \quad i = 1, 2, \cdots, N; \quad t = 1, 2, \cdots, T - 1 \quad (10.45)$$

定義在時刻t狀態為i的所有單一路徑$(i_1, i_2, \cdots, i_{t-1}, i)$中機率最大的路徑的第$t - 1$個節點為

$$\Psi_t(i) = \arg \max_{1 \leqslant j \leqslant N} [\delta_{t-1}(j) a_{ji}], \quad i = 1, 2, \cdots, N \qquad (10.46)$$

下面介紹維特比演算法。

【演算法 10.5】維特比演算法

輸入：模型$\lambda = (A, B, \pi)$和觀測$O = (o_1, o_2, \cdots, o_T)$；

輸出：最優路徑$I^* = (i_1^*, i_2^*, \cdots, i_T^*)$。

（1）初始化

$$\delta_1(i) = \pi_i b_i(o_1), \quad i = 1, 2, \cdots, N$$

$$\Psi_1(i) = 0, \quad i = 1, 2, \cdots, N$$

（2）遞推。對$t = 2, 3, \cdots, T$

$$\delta_t(i) = \max_{1 \leqslant j \leqslant N}[\delta_{t-1}(j)a_{ji}]b_i(o_t), \quad i = 1,2,\cdots,N$$

$$\Psi_t(i) = \arg\max_{1 \leqslant j \leqslant N}[\delta_{t-1}(j)a_{ji}], \quad i = 1,2,\cdots,N$$

（3）終止

$$P^* = \max_{1 \leqslant i \leqslant N}\delta_T(i)$$

$$i_T^* = \arg\max_{1 \leqslant i \leqslant N}[\delta_T(i)]$$

（4）最優路徑回溯。對 $t = T-1, T-2, \cdots, 1$

$$i_t^* = \Psi_{t+1}(i_{t+1}^*)$$

求得最優路徑 $I^* = (i_1^*, i_2^*, \cdots, i_T^*)$。

下面透過一個例子來說明維特比演算法。

【例 10.3】例 10.2 的模型 $\lambda = (A, B, \pi)$，

$$A = \begin{bmatrix} 0.5 & 0.2 & 0.3 \\ 0.3 & 0.5 & 0.2 \\ 0.2 & 0.3 & 0.5 \end{bmatrix}, \quad B = \begin{bmatrix} 0.5 & 0.5 \\ 0.4 & 0.6 \\ 0.7 & 0.3 \end{bmatrix}, \quad \pi = \begin{bmatrix} 0.2 \\ 0.4 \\ 0.4 \end{bmatrix}$$

已知觀測序列 $O = ($ 紅，白，紅 $)$，試求最優狀態序列，即最優路徑 $I^* = (i_1^*, i_2^*, i_3^*)$。

【解】如圖 10.4 所示，要在所有可能的路徑中選擇一條最優路徑，按照以下步驟處理：

（1）初始化。在 $t = 1$ 時，對每一個狀態 i，$i = 1,2,3$，求狀態為 i 觀測 o_1 為紅的機率，記此機率為 $\delta_1(i)$，則

$$\delta_1(i) = \pi_i b_i(o_1) = \pi_i b_i(\text{紅}), \quad i = 1,2,3$$

代入實際資料

$$\delta_1(1) = 0.10, \quad \delta_1(2) = 0.16, \quad \delta_1(3) = 0.28$$

記 $\Psi_1(i) = 0$，$i = 1,2,3$。

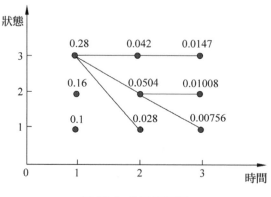

圖 10.4　求最優路徑

（2）在$t = 2$時，對每個狀態i，$i = 1,2,3$，求在$t = 1$時狀態為j觀測為紅並在$t = 2$時狀態為i觀測o_2為白的路徑的最大機率，記此最大機率為$\delta_2(i)$，則

$$\delta_2(i) = \max_{1 \leqslant j \leqslant 3} [\delta_1(j)a_{ji}]b_i(o_2)$$

同時，對每個狀態i，$i = 1,2,3$，記錄機率最大路徑的前一個狀態j：

$$\Psi_2(i) = \arg\max_{1 \leqslant j \leqslant 3} [\delta_1(j)a_{ji}], \quad i = 1,2,3$$

計算：

$$
\begin{aligned}
\delta_2(1) &= \max_{1 \leqslant j \leqslant 3} [\delta_1(j)a_{j1}]b_1(o_2) \\
&= \max_j \{0.10 \times 0.5, 0.16 \times 0.3, 0.28 \times 0.2\} \times 0.5 \\
&= 0.028 \\
\Psi_2(1) &= 3 \\
\delta_2(2) &= 0.0504 \\
\Psi_2(2) &= 3 \\
\delta_2(3) &= 0.042 \\
\Psi_2(3) &= 3
\end{aligned}
$$

同樣，在$t = 3$時，

$$\delta_3(i) = \max_{1 \leqslant j \leqslant 3} [\delta_2(j)a_{ji}]b_i(o_3)$$
$$\Psi_3(i) = \arg\max_{1 \leqslant j \leqslant 3} [\delta_2(j)a_{ji}]$$
$$\delta_3(1) = 0.00756$$
$$\Psi_3(1) = 2$$
$$\delta_3(2) = 0.01008$$
$$\Psi_3(2) = 2$$
$$\delta_3(3) = 0.0147$$
$$\Psi_3(3) = 3$$

（3）以P^*表示最優路徑的機率，則

$$P^* = \max_{1 \leqslant i \leqslant 3} \delta_3(i) = 0.0147$$

最優路徑的終點是i_3^*：

$$i_3^* = \arg\max_i [\delta_3(i)] = 3$$

（4）由最優路徑的終點i_3^*，逆向找到i_2^*, i_1^*：

$$\text{在 } t = 2 \text{ 時 }, \quad i_2^* = \Psi_3(i_3^*) = \Psi_3(3) = 3$$
$$\text{在 } t = 1 \text{ 時 }, \quad i_1^* = \Psi_2(i_2^*) = \Psi_2(3) = 3$$

於是求得最優路徑，即最優狀態序列$I^* = (i_1^*, i_2^*, i_3^*) = (3,3,3)$。

本章概要

1. 隱馬可夫模型是關於時序的機率模型，描述由一個隱藏的馬可夫鏈隨機生成不可觀測的狀態的序列，再由各個狀態隨機生成一個觀測從而產生觀測序列的過程。
    隱馬可夫模型由初始狀態機率向量π、狀態轉移機率矩陣A和觀測機率矩陣B決定。因此，隱馬可夫模型可以寫成$\lambda = (A, B, \pi)$。

隱馬可夫模型是一個生成模型，表示狀態序列和觀測序列的聯合分佈，但是狀態序列是隱藏的，不可觀測的。

隱馬可夫模型可以用於標注，這時狀態對應著標記。標注問題是給定觀測序列預測其對應的標記序列。

2. 機率計算問題。給定模型 $\lambda = (A, B, \pi)$ 和觀測序列 $O = (o_1, o_2, \cdots, o_T)$，計算在模型 λ 下觀測序列 O 出現的機率 $P(O|\lambda)$。前向 - 後向演算法透過遞推地計算前向 - 後向機率可以高效率地進行隱馬可夫模型的機率計算。

3. 學習問題。已知觀測序列 $O = (o_1, o_2, \cdots, o_T)$，估計模型 $\lambda = (A, B, \pi)$ 參數，使得在該模型下觀測序列機率 $P(O|\lambda)$ 最大。即用極大似然估計的方法估計參數。Baum-Welch 演算法，也就是 EM 演算法可以高效率地對隱馬可夫模型進行訓練。它是一種無監督學習演算法。

4. 預測問題。已知模型 $\lambda = (A, B, \pi)$ 和觀測序列 $O = (o_1, o_2, \cdots, o_T)$，求對給定觀測序列條件機率 $P(I|O)$ 最大的狀態序列 $I = (i_1, i_2, \cdots, i_T)$。維特比演算法應用動態規劃高效率地求解最優路徑，即機率最大的狀態序列。

繼續閱讀

隱馬可夫模型的介紹可見文獻[1, 2]，特別地，文獻[1]是經典的介紹性論文。關於 Baum-Welch 演算法可見文獻[3, 4]。可以認為機率上下文無關文法（probabilistic context-free grammar）是隱馬可夫模型的一種推廣，隱馬可夫模型的不可觀測資料是狀態序列，而機率上下文無關文法的不可觀測資料是上下文無關文法樹 [5]。動態貝氏網路（dynamic Bayesian network）是定義在時序資料上的貝氏網路,它包含隱馬可夫模型，是一種特例 [6]。

習題

10.1 給定盒子和球組成的隱馬可夫模型 $\lambda = (A, B, \pi)$，其中，

$$A = \begin{bmatrix} 0.5 & 0.2 & 0.3 \\ 0.3 & 0.5 & 0.2 \\ 0.2 & 0.3 & 0.5 \end{bmatrix}, \quad B = \begin{bmatrix} 0.5 & 0.5 \\ 0.4 & 0.6 \\ 0.7 & 0.3 \end{bmatrix}, \quad \pi = (0.2, 0.4, 0.4)^T$$

設 $T = 4$，$O = ($ 紅, 白, 紅, 白 $)$，試用後向演算法計算 $P(O|\lambda)$。

10.2 考慮盒子和球組成的隱馬可夫模型 $\lambda = (A, B, \pi)$，其中，

$$A = \begin{bmatrix} 0.5 & 0.1 & 0.4 \\ 0.3 & 0.5 & 0.2 \\ 0.2 & 0.2 & 0.6 \end{bmatrix}, \quad B = \begin{bmatrix} 0.5 & 0.5 \\ 0.4 & 0.6 \\ 0.7 & 0.3 \end{bmatrix}, \quad \pi = (0.2, 0.3, 0.5)^T$$

設 $T = 8$，$O = ($ 紅, 白, 紅, 紅, 白, 紅, 白, 白 $)$，用前向後向機率計算 $P(i_4 = q_3|O, \lambda)$。

10.3 在習題 10.1 中，試用維特比演算法求最優路徑 $I^* = (i_1^*, i_2^*, i_3^*, i_4^*)$。

10.4 試用前向機率和後向機率推導

$$P(O|\lambda) = \sum_{i=1}^{N} \sum_{j=1}^{N} \alpha_t(i) a_{ij} b_j(o_{t+1}) \beta_{t+1}(j), \quad t = 1, 2, \cdots, T-1$$

10.5 比較維特比演算法中變數 δ 的計算和前向演算法中變數 α 的計算的主要區別。

參考文獻

[1] Rabiner L, Juang B. An introduction to hidden Markov Models. IEEE ASSP Magazine, 1986, 3(1): 4–16.

[2] Rabiner L. A tutorial on hidden Markov models and selected applications in speech recognition. Proceedings of IEEE, 1989, 77(2): 257–286.

[3]   Baum L, et al. A maximization technique occuring in the statistical
       analysis of probabilistic functions of Markov chains. Annals of
       Mathematical Statistics, 1970, 41:164–171.

[4]   Bilmes J A. A gentle tutorial of the EM algorithm and its application to
       parameter estimation for Gaussian mixture and hidden Markov models.
       http://ssli.ee.washington.edu/~bilmes/mypubs/bilmes1997-em.pdf.

[5]   Lari K, Young S J. Applications of stochastic context-free grammars
       using the Inside-Outside algorithm. Computer Speech & Language,
       1991, 5(3): 237–257.

[6]   Ghahramani Z. Learning dynamic Bayesian networks. Lecture Notes in
       Computer Science, Vol. 1387, Springer, 1997, 168–197.

條件隨機場

條件隨機場（conditional random field, CRF）是給定一組輸入隨機變數條件下另一組輸出隨機變數的條件機率分佈模型，其特點是假設輸出隨機變數組成馬可夫隨機場。條件隨機場可以用於不同的預測問題，本書僅論及它在標注問題的應用。因此主要說明線性鏈（linear chain）條件隨機場，這時，問題變成了由輸入序列對輸出序列預測的判別模型，形式為對數線性模型，其學習方法通常是極大似然估計或正則化的極大似然估計。線性鏈條件隨機場應用於標注問題是由 Lafferty 等人於 2001 年提出的。

本章首先介紹機率無向圖模型，然後敘述條件隨機場的定義和各種表示方法，最後介紹條件隨機場的 3 個基本問題：機率計算問題、學習問題和預測問題。

11.1 機率無向圖模型

機率無向圖模型（probabilistic undirected graphical model），又稱為馬可夫隨機場（Markov random field），是一個可以由無向圖表示的聯合機率分佈。本節首先敘述機率無向圖模型的定義，然後介紹機率無向圖模型的因數分解。

11.1.1 模型定義

圖（graph）是由節點（node）及連接節點的邊（edge）組成的集合。節點和邊分別記作v和e，節點和邊的集合分別記作V和E，圖記作$G = (V, E)$。無向圖是指邊沒有方向的圖。

機率圖模型（probabilistic graphical model）是由圖表示的機率分佈。設有聯合機率分佈$P(Y)$，$Y \in Y$是一組隨機變數。由無向圖$G = (V, E)$表示機率分佈$P(Y)$，即在圖G中，節點$v \in V$表示一個隨機變數Y_v，$Y = (Y_v)_{v \in V}$；邊$e \in E$表示隨機變數之間的機率依賴關係。

給定一個聯合機率分佈$P(Y)$和表示它的無向圖G。首先定義無向圖表示的隨機變數之間存在的成對馬可夫性 （pairwise Markov property）、局部馬可夫性 （local Markov property）和全域馬可夫性 （global Markov property）。

成對馬可夫性：設u和v是無向圖G中任意兩個沒有邊連接的節點，節點u和v分別對應隨機變數Y_u和Y_v。其他所有節點為O，對應的隨機變數組是Y_O。成對馬可夫性是指給定隨機變數組Y_O的條件下隨機變數Y_u和 Y_v是條件獨立的，即

$$P(Y_u, Y_v|Y_O) = P(Y_u|Y_O)P(Y_v|Y_O) \tag{11.1}$$

局部馬可夫性：設$v \in V$是無向圖G中任意一個節點，W是與v有邊連接的所有節點，O是v和W以外的其他所有節點。v表示的隨機變數是Y_v，W表示的隨機變數組是Y_W，O表示的隨機變數組是Y_O。局部馬可夫性是指在給定隨機變數組Y_W的條件下隨機變數Y_v與隨機變數組Y_O是獨立的，即

$$P(Y_v, Y_O|Y_W) = P(Y_v|Y_W)P(Y_O|Y_W) \tag{11.2}$$

在$P(Y_O|Y_W) > 0$時，等值地，

$$P(Y_v|Y_W) = P(Y_v|Y_W, Y_O) \tag{11.3}$$

圖 11.1 表示由式(11.2)或式(11.3)所示的局部馬可夫性。

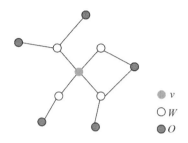

圖 11.1 局部馬可夫性

全域馬可夫性：設節點集合 A，B 是在無向圖 G 中被節點集合 C 分開的任意節點集合，如圖 11.2 所示。節點集合 A，B 和 C 所對應的隨機變數組分別是 Y_A，Y_B 和 Y_C。全域馬可夫性是指給定隨機變數組 Y_C 條件下隨機變數組 Y_A 和 Y_B 是條件獨立的，即

$$P(Y_A, Y_B | Y_C) = P(Y_A | Y_C) P(Y_B | Y_C) \qquad (11.4)$$

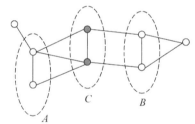

圖 11.2 全域馬可夫性

上述成對的、局部的、全域的馬可夫性定義是等值的 [2]。

下面定義機率無向圖模型。

【定義 11.1】機率無向圖模型：設有聯合機率分佈 $P(Y)$，由無向圖 $G = (V, E)$ 表示，在圖 G 中，節點表示隨機變數，邊表示隨機變數之間的依賴關係。如果聯合機率分佈 $P(Y)$ 滿足成對、局部或全域馬可夫性，就稱此聯合機率分佈為機率無向圖模型（probabilistic undirected graphical model），或馬可夫隨機場（Markov random field）。

以上是機率無向圖模型的定義，實際上，我們更關心的是如何求其聯合機率分佈。對給定的機率無向圖模型，我們希望將整體的聯合機率寫成若干子聯合機率的乘積的形式，也就是將聯合機率進行因數分解，這樣便於模型的學習與計算。事實上，機率無向圖模型的最大特點就是易於因數分解。下面介紹這一結果。

11.1.2 機率無向圖模型的因數分解

首先舉出無向圖中的團與最大團的定義。

【定義 11.2】團與最大團：無向圖G中任何兩個節點均有邊連接的節點子集稱為團（clique）。若C是無向圖G的一個團，並且不能再加進任何一個G的節點使其成為一個更大的團，則稱此C為最大團（maximal clique）。

圖 11.3 表示由 4 個節點組成的無向圖。圖中由 2 個節點組成的團有 5 個：$\{Y_1, Y_2\}$，$\{Y_2, Y_3\}$，$\{Y_3, Y_4\}$，$\{Y_4, Y_2\}$和$\{Y_1, Y_3\}$。有 2 個最大團：$\{Y_1, Y_2, Y_3\}$和$\{Y_2, Y_3, Y_4\}$。而$\{Y_1, Y_2, Y_3, Y_4\}$不是一個團，因為Y_1和Y_4沒有邊連接。

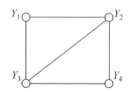

圖 11.3 無向圖的團和最大團

將機率無向圖模型的聯合機率分佈表示為其最大團上的隨機變數的函數的乘積形式的操作，稱為機率無向圖模型的因數分解（factorization）。

給定機率無向圖模型，設其無向圖為G，C為G上的最大團，Y_C表示C對應的隨機變數。那麼機率無向圖模型的聯合機率分佈$P(Y)$可寫作圖中所有最大團C上的函數$\Psi_C(Y_C)$的乘積形式，即

$$P(Y) = \frac{1}{Z} \prod_C \Psi_C(Y_C) \tag{11.5}$$

其中，Z是規範化因數（normalization factor），由式

$$Z = \sum_Y \prod_C \Psi_C(Y_C) \tag{11.6}$$

舉出。規範化因數保證$P(Y)$組成一個機率分佈。函數$\Psi_C(Y_C)$稱為勢函數（potential function）。這裡要求勢函數$\Psi_C(Y_C)$是嚴格正的，通常定義為指數函數：

$$\Psi_C(Y_C) = \exp\{-E(Y_C)\} \tag{11.7}$$

機率無向圖模型的因數分解由下述定理來保證。

【定理 11.1】**Hammersley-Clifford** 定理：機率無向圖模型的聯合機率分佈$P(Y)$可以表示為如下形式：

$$P(Y) = \frac{1}{Z} \prod_C \Psi_C(Y_C)$$

$$Z = \sum_Y \prod_C \Psi_C(Y_C)$$

其中，C是無向圖的最大團，Y_C是C的節點對應的隨機變數，$\Psi_C(Y_C)$是C上定義的嚴格正函數，乘積是在無向圖所有的最大團上進行的。

11.2 條件隨機場的定義與形式

11.2.1 條件隨機場的定義

條件隨機場（conditional random field）是給定隨機變數X條件下，隨機變數Y的馬可夫隨機場。這裡主要介紹定義在線性鏈上的特殊的條件隨機場，稱為線性鏈條件隨機場（linear chain conditional random field）。線性鏈條件隨機場可以用於標注等問題。這時，在條件機率模型$P(Y|X)$中，Y是輸出變數，表示標記序列，X是輸入變數，表示需要標注的觀測序列。

也把標記序列稱為狀態序列（參見隱馬可夫模型）。學習時，利用訓練資料集透過極大似然估計或正則化的極大似然估計要到條件機率模型 $\hat{P}(Y|X)$；預測時，對於給定的輸入序列 x，求出條件機率 $\hat{P}(y|x)$ 最大的輸出序列 $\hat{y}$。

首先定義一般的條件隨機場，然後定義線性鏈條件隨機場。

【定義 11.3】條件隨機場：設 X 與 Y 是隨機變數，$P(Y|X)$ 是在給定 X 的條件下 Y 的條件機率分佈。若隨機變數 Y 組成一個由無向圖 $G = (V, E)$ 表示的馬可夫隨機場，即

$$P(Y_v|X, Y_w, w \neq v) = P(Y_v|X, Y_w, w \sim v) \tag{11.8}$$

對任意節點 v 成立，則稱條件機率分佈 $P(Y|X)$ 為條件隨機場。式中 $w \sim v$ 表示在圖 $G = (V, E)$ 中與節點 v 有邊連接的所有節點 w，$w \neq v$ 表示節點 v 以外的所有節點，Y_v，Y_u 與 Y_w 為節點 v，u 與 w 對應的隨機變數。

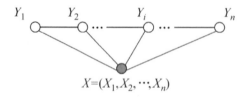

圖 11.4 線性鏈條件隨機場

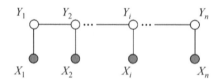

圖 11.5 X 和 Y 有相同的圖結構的線性鏈條件隨機場

在定義中並沒有要求 X 和 Y 具有相同的結構。現實中，一般假設 X 和 Y 有相同的圖結構。本書主要考慮無向圖為如圖 11.4 與圖 11.5 所示的線性鏈的情況，即

$$G = (V = \{1, 2, \cdots, n\}, \qquad E = \{(i, i+1)\}), \quad i = 1, 2, \cdots, n-1$$

在此情況下，$X = (X_1, X_2, \cdots, X_n)$，$Y = (Y_1, Y_2, \cdots, Y_n)$，最大團是相鄰兩個節點的集合。線性鏈條件隨機場有下面的定義。

【定義 11.4】線性鏈條件隨機場：設 $X = (X_1, X_2, \cdots, X_n)$，$Y = (Y_1, Y_2, \cdots, Y_n)$ 均為線性鏈結串列示的隨機變數序列，若在給定隨機變數序列 X 的條件下，隨機變數序列 Y 的條件機率分佈 $P(Y|X)$ 組成條件隨機場，即滿足馬可夫性

$$P(Y_i|X, Y_1, \cdots, Y_{i-1}, Y_{i+1}, \cdots, Y_n) = P(Y_i|X, Y_{i-1}, Y_{i+1})$$

$$i = 1, 2, \cdots, n(在 i = 1 和 n 時只考慮單邊) \tag{11.9}$$

則稱 $P(Y|X)$ 為線性鏈條件隨機場。在標注問題中，X 表示輸入觀測序列，Y 表示對應的輸出標記序列或狀態序列。

11.2.2 條件隨機場的參數化形式

根據定理 11.1，可以舉出線性鏈條件隨機場 $P(Y|X)$ 的因數分解式，各因數是定義在相鄰兩個節點（最大團）上的勢函數。

【定理 11.2】線性鏈條件隨機場的參數化形式：設 $P(Y|X)$ 為線性鏈條件隨機場，則在隨機變數 X 取值為 x 的條件下，隨機變數 Y 取值為 y 的條件機率具有如下形式：

$$P(y|x) = \frac{1}{Z(x)} \exp\left(\sum_{i,k} \lambda_k t_k(y_{i-1}, y_i, x, i) + \sum_{i,l} \mu_l s_l(y_i, x, i)\right) \tag{11.10}$$

其中，

$$Z(x) = \sum_y \exp\left(\sum_{i,k} \lambda_k t_k(y_{i-1}, y_i, x, i) + \sum_{i,l} \mu_l s_l(y_i, x, i)\right) \tag{11.11}$$

式中，t_k 和 s_l 是特徵函數，λ_k 和 μ_l 是對應的權值。$Z(x)$ 是規範化因數，求和是在所有可能的輸出序列上進行的。

式(11.10)和式(11.11)是線性鏈條件隨機場模型的基本形式，表示給定輸入

序列x，對輸出序列y預測的條件機率。式(11.10)和式(11.11)中，t_k是定義在邊上的特徵函數，稱為轉移特徵，依賴於當前和前一個位置；s_l是定義在節點上的特徵函數，稱為狀態特徵，依賴於當前位置。t_k和s_l都依賴於位置，是局部特徵函數。通常，特徵函數t_k和s_l取值為 1 或 0；當滿足特徵條件時取值為 1，否則為 0。條件隨機場完全由特徵函數t_k，s_l和對應的權值λ_k，μ_l確定。

線性鏈條件隨機場也是對數線性模型（log linear model）。

下面看一個簡單的例子。

【例 11.1】設有一標注問題：輸入觀測序列為$X = (X_1, X_2, X_3)$，輸出標記序列為$Y = (Y_1, Y_2, Y_3)$，Y_1, Y_2, Y_3取值於$Y = \{1,2\}$。

假設特徵t_k, s_l和對應的權值λ_k, μ_l如下：

$$t_1 = t_1(y_{i-1} = 1, y_i = 2, x, i), \quad i = 2,3, \quad \lambda_1 = 1$$

這裡只注明特徵取值為 1 的條件，取值為 0 的條件省略，即

$$t_1(y_{i-1}, y_i, x, i) = \begin{cases} 1, y_{i-1} = 1, y_i = 2, x, i, (i = 2,3) \\ 0, 其他 \end{cases}$$

下同。

$$
\begin{aligned}
t_2 &= t_2(y_1 = 1, y_2 = 1, x, 2) & \lambda_2 &= 0.6 \\
t_3 &= t_3(y_2 = 2, y_3 = 1, x, 3) & \lambda_3 &= 1 \\
t_4 &= t_4(y_1 = 2, y_2 = 1, x, 2), & \lambda_4 &= 1 \\
t_5 &= t_5(y_2 = 2, y_3 = 2, x, 3), & \lambda_5 &= 0.2 \\
s_1 &= s_1(y_1 = 1, x, 1), & \mu_1 &= 1 \\
s_2 &= s_2(y_i = 2, x, i), i = 1,2 & \mu_2 &= 0.5 \\
s_3 &= s_3(y_i = 1, x, i), i = 2,3 & \mu_3 &= 0.8 \\
s_4 &= s_4(y_3 = 2, x, 3), & \mu_4 &= 0.5
\end{aligned}
$$

對給定的觀測序列x，求標記序列為$y = (y_1, y_2, y_3) = (1,2,2)$的非規範化條件機率（即沒有除以規範化因數的條件機率）。

【解】由式(11.10)，線性鏈條件隨機場模型為

$$P(y|x) \propto \exp\left[\sum_{k=1}^{5} \lambda_k \sum_{i=2}^{3} t_k(y_{i-1}, y_i, x, i) + \sum_{k=1}^{4} \mu_k \sum_{i=1}^{3} s_k(y_i, x, i)\right]$$

對給定的觀測序列x，標記序列$y = (1,2,2)$的非規範化條件機率為

$$P(y_1 = 1, y_2 = 2, y_3 = 2|x) \propto \exp(3.2)$$

11.2.3 條件隨機場的簡化形式

條件隨機場還可以由簡化形式表示。注意到條件隨機場式(11.10)中同一特徵在各個位置都有定義，可以對同一個特徵在各個位置求和，將局部特徵函數轉化為一個全域特徵函數，這樣就可以將條件隨機場寫成權值向量和特徵向量的內積形式，即條件隨機場的簡化形式。

為簡便起見，首先將轉移特徵和狀態特徵及其權值用統一的符號表示。設有K_1個轉移特徵，K_2個狀態特徵，$K = K_1 + K_2$，記

$$f_k(y_{i-1}, y_i, x, i) = \begin{cases} t_k(y_{i-1}, y_i, x, i), & k = 1,2,\cdots,K_1 \\ s_l(y_i, x, i), & k = K_1 + l; \; l = 1,2,\cdots,K_2 \end{cases} \tag{11.12}$$

然後，對轉移與狀態特徵在各個位置i求和，記作

$$f_k(y, x) = \sum_{i=1}^{n} f_k(y_{i-1}, y_i, x, i), \quad k = 1,2,\cdots,K \tag{11.13}$$

用w_k表示特徵$f_k(y, x)$的權值，即

$$w_k = \begin{cases} \lambda_k, & k = 1,2,\cdots,K_1 \\ \mu_l, & k = K_1 + l; l = 1,2,\cdots,K_2 \end{cases} \tag{11.14}$$

於是，條件隨機場(11.10)~(11.11)可表示為

$$P(y|x) = \frac{1}{Z(x)} \exp \sum_{k=1}^{K} w_k f_k(y, x) \tag{11.15}$$

$$Z(x) = \sum_{y} \exp \sum_{k=1}^{K} w_k f_k(y, x) \tag{11.16}$$

若以w表示權值向量，即

$$w = (w_1, w_2, \cdots, w_K)^{\mathrm{T}} \tag{11.17}$$

以$F(y, x)$表示全域特徵向量，即

$$F(y, x) = (f_1(y, x), f_2(y, x), \cdots, f_K(y, x))^{\mathrm{T}} \tag{11.18}$$

則條件隨機場可以寫成向量w與$F(y, x)$的內積的形式：

$$P_w(y|x) = \frac{\exp(w \cdot F(y,x))}{Z_w(x)} \tag{11.19}$$

其中，

$$Z_w(x) = \sum_{y} \exp(w \cdot F(y, x)) \tag{11.20}$$

11.2.4 條件隨機場的矩陣形式

條件隨機場還可以由矩陣表示。假設$P_w(y|x)$是由式(11.15)～ 式(11.16)舉出的線性鏈條件隨機場，表示對給定觀測序列x，對應的標記序列y的條件機率。對每個標記序列引進特殊的起點和終點狀態標記$y_0 = start$ 和 $y_{n+1} = stop$，這時標注序列的機率$P_w(y|x)$可以透過矩陣形式表示並有效計算。

對觀測序列x的每一個位置$i = 1, 2, \cdots, n + 1$，由於y_{i-1}和y_i在m個標記中取值，可以定義一個m階矩陣隨機變數

$$M_i(x) = [M_i(y_{i-1}, y_i|x)] \tag{11.21}$$

矩陣隨機變數的元素為

$$M_i(y_{i-1}, y_i|x) = \exp(W_i(y_{i-1}, y_i|x)) \tag{11.22}$$

$$W_i(y_{i-1}, y_i|x) = \sum_{k=1}^{K} w_k f_k(y_{i-1}, y_i, x, i) \tag{11.23}$$

這裡w_k和f_k分別由式(11.14)和式(11.12)舉出，y_{i-1}和y_i是標記隨機變數Y_{i-1}和Y_i的取值。

這樣，給定觀測序列x，對應標記序列y的非規範化機率可以透過該序列$n+1$個矩陣的適當元素的乘積$\prod_{i=1}^{n+1} M_i(y_{i-1}, y_i|x)$表示。於是，條件機率$P_w(y|x)$是

$$P_w(y|x) = \frac{1}{Z_w(x)} \prod_{i=1}^{n+1} M_i(y_{i-1}, y_i|x) \tag{11.24}$$

其中，$Z_w(x)$為規範化因數，是$n+1$個矩陣的乘積的$(start, stop)$元素，即

$$Z_w(x) = [M_1(x)M_2(x) \cdots M_{n+1}(x)]_{start,stop} \tag{11.25}$$

注意，$y_0 = start$與$y_{n+1} = stop$表示開始狀態與終止狀態，規範化因數$Z_w(x)$是 以$start$為起點$stop$ 為終點通過狀態的所有路徑$y_1 y_2 \cdots y_n$的非規範化機率$\prod_{i=1}^{n+1} M_i(y_{i-1}, y_i|x)$之和。下面的例子説明了這一事實。

【例 11.2】給定一個由圖 11.6 所示的線性鏈條件隨機場，觀測序列x，狀態序列y，$i = 1,2,3$，$n = 3$，標記$y_i \in \{1,2\}$，假設$y_0 = start = 1$，$y_4 = stop = 1$，各個位置的隨機矩陣$M_1(x)$，$M_2(x)$，$M_3(x)$，$M_4(x)$分別是

$$M_1(x) = \begin{bmatrix} a_{01} & a_{02} \\ 0 & 0 \end{bmatrix}, \quad M_2(x) = \begin{bmatrix} b_{11} & b_{12} \\ b_{21} & b_{22} \end{bmatrix}$$

$$M_3(x) = \begin{bmatrix} c_{11} & c_{12} \\ c_{21} & c_{22} \end{bmatrix}, \quad M_4(x) = \begin{bmatrix} 1 & 0 \\ 1 & 0 \end{bmatrix}$$

試求狀態序列y以$start$為起點$stop$為終點所有路徑的非規範化機率及規範化因數。

【解】首先計算圖 11.6 中從$start$到$stop$對應於$y = (1,1,1)$，$y = (1,1,2)$，…，$y = (2,2,2)$各路徑的非規範化機率分別是

$$a_{01}b_{11}c_{11}, \quad a_{01}b_{11}c_{12}, \quad a_{01}b_{12}c_{21}, \quad a_{01}b_{12}c_{22}$$

$$a_{02}b_{21}c_{11}, \quad a_{02}b_{21}c_{12}, \quad a_{02}b_{22}c_{21}, \quad a_{02}b_{22}c_{22}$$

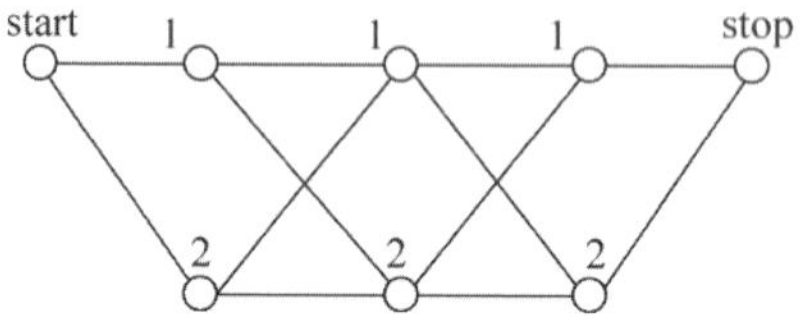

圖 11.6 狀態路徑

然後按式(11.25)求規範化因數。透過計算矩陣乘積$M_1(x)M_2(x)M_3(x)M_4(x)$可知，其第 1 行第 1 列的元素為

$$a_{01}b_{11}c_{11} + a_{02}b_{21}c_{11} + a_{01}b_{12}c_{21} + a_{02}b_{22}c_{22}$$
$$+ a_{01}b_{11}c_{12} + a_{02}b_{21}c_{12} + a_{01}b_{12}c_{22} + a_{02}b_{22}c_{21}$$

恰好等於從$start$到$stop$的所有路徑的非規範化機率之和，即規範化因數$Z(x)$。

11.3 條件隨機場的機率計算問題

條件隨機場的機率計算問題是給定條件隨機場$P(Y|X)$，輸入序列x和輸出序列y，計算條件機率$P(Y_i = y_i|x)$，$P(Y_{i-1} = y_{i-1}, Y_i = y_i|x)$以及對應的數學期望的問題。為了方便起見，像隱馬可夫模型那樣，引進前向 - 後向向量，遞迴地計算以上機率及期望值。這樣的演算法也稱為前向 - 後向演算法。

11.3.1　前向 - 後向演算法

對每個指標 $i = 0, 1, \cdots, n + 1$，定義前向向量 $\alpha_i(x)$：

$$\alpha_0(y|x) = \begin{cases} 1, y = start \\ 0, 否則 \end{cases} \tag{11.26}$$

遞推公式為

$$\alpha_i^{\mathrm{T}}(y_i|x) = \alpha_{i-1}^{\mathrm{T}}(y_{i-1}|x)[M_i(y_{i-1}, y_i|x)], \quad i = 1, 2, \cdots, n + 1 \tag{11.27}$$

又可表示為

$$\alpha_i^{\mathrm{T}}(x) = \alpha_{i-1}^{\mathrm{T}}(x)M_i(x) \tag{11.28}$$

$\alpha_i(y_i|x)$ 表示在位置 i 的標記是 y_i 並且從 1 到 i 的前部分標記序列的非規範化機率，y_i 可取的值有 m 個，所以 $\alpha_i(x)$ 是 m 維列向量。

同樣，對每個指標 $i = 0, 1, \cdots, n + 1$，定義後向向量 $\beta_i(x)$：

$$\beta_{n+1}(y_{n+1}|x) = \begin{cases} 1, y_{n+1} = stop \\ 0, 否則 \end{cases} \tag{11.29}$$

$$\beta_i(y_i|x) = [M_{i+1}(y_i, y_{i+1}|x)]\beta_{i+1}(y_{i+1}|x) \tag{11.30}$$

又可表示為

$$\beta_i(x) = M_{i+1}(x)\beta_{i+1}(x) \tag{11.31}$$

$\beta_i(y_i|x)$ 表示在位置 i 的標記為 y_i 並且從 $i + 1$ 到 n 的後部分標記序列的非規範化機率。

11.3.2　機率計算

按照前向 - 後向向量的定義，很容易計算標記序列在位置 i 是標記 y_i 的條件機率和在位置 $i - 1$ 與 i 是標記 y_{i-1} 和 y_i 的條件機率：

$$P(Y_i = y_i|x) = \frac{\alpha_i^T(y_i|x)\beta_i(y_i|x)}{Z(x)} \tag{11.32}$$

$$P(Y_{i-1} = y_{i-1}, Y_i = y_i|x) = \frac{\alpha_{i-1}^T(y_{i-1}|x)M_i(y_{i-1}, y_i|x)\beta_i(y_i|x)}{Z(x)} \tag{11.33}$$

其中,

$$Z(x) = \alpha_n^T(x)1 = 1\beta_1(x)$$

1是元素均為 1 的m維列向量。

11.3.3 期望值的計算

利用前向 - 後向向量,可以計算特徵函數關於聯合分佈$P(X, Y)$和條件分佈 $P(Y|X)$的數學期望。

特徵函數f_k關於條件分佈$P(Y|X)$的數學期望是

$$E_{P(Y|X)}[f_k] = \sum_y P(y|x)f_k(y, x)$$

$$= \sum_{i=1}^{n+1} \sum_{y_{i-1}y_i} f_k(y_{i-1}, y_i, x, i)\frac{\alpha_{i-1}^T(y_{i-1}|x)M_i(y_{i-1}, y_i|x)\beta_i(y_i|x)}{Z(x)}$$

$$k = 1, 2, \cdots, K \tag{11.34}$$

其中,

$$Z(x) = \alpha_n^T(x)1$$

假設經驗分佈為$\tilde{P}(X)$,特徵函數f_k關於聯合分佈$P(X, Y)$的數學期望是

$$E_{P(X,Y)}[f_k] = \sum_{x,y} P(x, y) \sum_{i=1}^{n+1} f_k(y_{i-1}, y_i, x, i)$$

$$= \sum_x \tilde{P}(x) \sum_y P(y|x) \sum_{i=1}^{n+1} f_k(y_{i-1}, y_i, x, i)$$

$$= \sum_x \tilde{P}(x) \sum_{i=1}^{n+1} \sum_{y_{i-1}y_i} f_k(y_{i-1}, y_i, x, i) \frac{\alpha_{i-1}^T(y_{i-1}|x) M_i(y_{i-1}, y_i|x) \beta_i(y_i|x)}{Z(x)}$$

$$k = 1, 2, \cdots, K \tag{11.35}$$

其中，

$$Z(x) = \alpha_n^T(x) 1$$

式(11.34)和式(11.35)是特徵函數數學期望的一般計算公式。對於轉移特徵 $t_k(y_{i-1}, y_i, x, i)$，$k = 1, 2, \cdots, K_1$，可以將式中的f_k換成t_k；對於狀態特徵，可以將式中的f_k換成s_i，表示為$s_l(y_i, x, i)$，$k = K_1 + l$，$l = 1, 2, \cdots, K_2$。

有了式(11.32)~ 式(11.35)，對於給定的觀測序列x與標記序列y，可以透過一次前向掃描計算 α_i 及$Z(x)$，透過一次後向掃描計算β_i，從而計算所有的機率和特徵的期望。

11.4 條件隨機場的學習演算法

本節討論給定訓練資料集估計條件隨機場模型參數的問題，即條件隨機場的學習問題。條件隨機場模型實際上是定義在時序資料上的對數線性模型，其學習方法包括極大似然估計和正則化的極大似然估計。具體的最佳化實現演算法有改進的迭代尺度法 IIS、梯度下降法以及擬牛頓法（參閱附錄 A 和附錄 B）。

11.4.1 改進的迭代尺度法

已知訓練資料集，由此可知經驗機率分佈$\tilde{P}(X, Y)$。可以透過極大化訓練資料的對數似然函數來求模型參數。

訓練資料的對數似然函數為

$$L(w) = L_{\tilde{P}}(P_w) = \log \prod_{x,y} P_w(y|x)^{\tilde{P}(x,y)} = \sum_{x,y} \tilde{P}(x,y) \log P_w(y|x)$$

當 P_w 是一個由式(11.15)和式(11.16)舉出的條件隨機場模型時,對數似然函數為

$$
\begin{aligned}
L(w) &= \sum_{x,y} \tilde{P}(x,y) \log P_w(y|x) \\
&= \sum_{x,y} \left[\tilde{P}(x,y) \sum_{k=1}^{K} w_k f_k(y,x) - \tilde{P}(x,y) \log Z_w(x) \right] \\
&= \sum_{j=1}^{N} \sum_{k=1}^{K} w_k f_k(y_j, x_j) - \sum_{j=1}^{N} \log Z_w(x_j)
\end{aligned}
$$

改進的迭代尺度法透過迭代的方法不斷最佳化對數似然函數改變量的下界,達到極大化對數似然函數的目的。假設模型的當前參數向量為 $w = (w_1, w_2, \cdots, w_K)^{\mathrm{T}}$,向量的增量為 $\delta = (\delta_1, \delta_2, \cdots, \delta_K)^{\mathrm{T}}$,更新參數向量為 $w + \delta = (w_1 + \delta_1,\ w_2 + \delta_2,\ \cdots, w_K + \delta_K)^{\mathrm{T}}$。在每步迭代過程中,改進的迭代尺度法透過依次求解式 (11.36) 和式 (11.37),得到 $\delta = (\delta_1, \delta_2, \cdots, \delta_K)^{\mathrm{T}}$。推導可參考本書 6.3.1 節。

關於轉移特徵 t_k 的更新方程式為

$$
\begin{aligned}
E_{\tilde{P}}[t_k] &= \sum_{x,y} \tilde{P}(x,y) \sum_{i=1}^{n+1} t_k(y_{i-1}, y_i, x, i) \\
&= \sum_{x,y} \tilde{P}(x) P(y|x) \sum_{i=1}^{n+1} t_k(y_{i-1}, y_i, x, i) \exp(\delta_k T(x,y)) \\
&\quad k = 1, 2, \cdots, K_1
\end{aligned}
\tag{11.36}
$$

關於狀態特徵s_l的更新方程式為

$$E_{\tilde{P}}[s_l] = \sum_{x,y} \tilde{P}(x,y) \sum_{i=1}^{n+1} s_l(y_i, x, i)$$

$$= \sum_{x,y} \tilde{P}(x)P(y|x) \sum_{i=1}^{n} s_l(y_i, x, i) \exp(\delta_{K_1+l} T(x,y))$$

$$l = 1, 2, \cdots, K_2 \tag{11.37}$$

這裡，$T(x,y)$是在資料(x,y)中出現所有特徵數的總和：

$$T(x,y) = \sum_k f_k(y,x) = \sum_{k=1}^{K} \sum_{i=1}^{n+1} f_k(y_{i-1}, y_i, x, i) \tag{11.38}$$

【演算法 11.1】條件隨機場模型學習的改進的迭代尺度法

輸入：特徵函數$t_1, t_2, \cdots, t_{K_1}$，$s_1, s_2, \cdots, s_{K_2}$；經驗分佈$\tilde{P}(x,y)$；
輸出：參數估計值$\hat{w}$；模型$P_{\hat{w}}$。

（1）對所有$k \in \{1,2,\cdots,K\}$，取初值$w_k = 0$；

（2）對每一$k \in \{1,2,\cdots,K\}$：

（a）當$k = 1,2,\cdots,K_1$時，令δ_k是方程式

$$\sum_{x,y} \tilde{P}(x)P(y|x) \sum_{i=1}^{n+1} t_k(y_{i-1}, y_i, x, i) \exp(\delta_k T(x,y)) = E_{\tilde{P}}[t_k]$$

的解；

當$k = K_1 + l$，$l = 1,2,\cdots,K_2$時，令δ_{K_1+l}是方程式

$$\sum_{x,y} \tilde{P}(x)P(y|x) \sum_{i=1}^{n} s_l(y_i, x, i) \exp(\delta_{K_1+l} T(x,y)) = E_{\tilde{P}}[s_l]$$

的解，式中$T(x,y)$由式(11.38)舉出。

（b）更新w_k值：$w_k \leftarrow w_k + \delta_k$

（3）如果不是所有w_k都收斂，重複步驟(2)。

在式(11.36)和式(11.37)中，$T(x,y)$表示資料(x,y)中的特徵總數，對不同的資料(x,y)取值可能不同。為了處理這個問題，定義鬆弛特徵

$$s(x,y) = S - \sum_{i=1}^{n+1} \sum_{k=1}^{K} f_k(y_{i-1}, y_i, x, i) \tag{11.39}$$

式中S是一個常數。選擇足夠大的常數S使得對訓練資料集的所有資料(x,y)，$s(x,y) \geqslant 0$成立。這時特徵總數可取S。

由式(11.36)，對於轉移特徵t_k，δ_k的更新方程式是

$$\sum_{x,y} \tilde{P}(x)P(y|x) \sum_{i=1}^{n+1} t_k(y_{i-1}, y_i, x, i)\exp(\delta_k S) = E_{\tilde{P}}[t_k] \tag{11.40}$$

$$\delta_k = \frac{1}{S}\log\frac{E_{\tilde{P}}[t_k]}{E_P[t_k]} \tag{11.41}$$

其中，

$$E_P(t_k) = \sum_{x} \tilde{P}(x) \sum_{i=1}^{n+1} \sum_{y_{i-1}, y_i} t_k(y_{i-1}, y_i, x, i) \frac{\alpha_{i-1}^{\mathrm{T}}(y_{i-1}|x)M_i(y_{i-1}, y_i|x)\beta_i(y_i|x)}{Z(x)} \tag{11.42}$$

同樣由式(11.37)，對於狀態特徵s_l，δ_k的更新方程式是

$$\sum_{x,y} \tilde{P}(x)P(y|x) \sum_{i=1}^{n} s_l(y_i, x, i)\exp(\delta_{K_1+l} S) = E_{\tilde{P}}[s_l] \tag{11.43}$$

$$\delta_{K_1+l} = \frac{1}{S}\log\frac{E_{\tilde{P}}[s_l]}{E_P[s_l]} \tag{11.44}$$

其中，

$$E_P(s_l) = \sum_{x} \tilde{P}(x) \sum_{i=1}^{n} \sum_{y_i} s_l(y_i, x, i) \frac{\alpha_i^{\mathrm{T}}(y_i|x)\beta_i(y_i|x)}{Z(x)} \tag{11.45}$$

以上演算法稱為演算法 S。在演算法 S 中需要使常數S取足夠大，這樣一

來，每步迭代的增量向量會變大，演算法收斂會變慢。演算法 T 試圖解決這個問題。演算法T對每個觀測序列x計算其特徵總數最大值$T(x)$：

$$T(x) = \max_y \ T(x,y) \tag{11.46}$$

利用前向 - 後向遞推公式，可以很容易地計算$T(x) = t$。

這時，關於轉移特徵參數的更新方程式可以寫成：

$$
\begin{aligned}
E_{\tilde{P}}[t_k] &= \sum_{x,y} \tilde{P}(x)P(y|x) \sum_{i=1}^{n+1} t_k(y_{i-1}, y_i, x, i)\exp(\delta_k T(x)) \\
&= \sum_x \tilde{P}(x) \sum_y P(y|x) \sum_{i=1}^{n+1} t_k(y_{i-1}, y_i, x, i)\exp(\delta_k T(x)) \\
&= \sum_x \tilde{P}(x)a_{k,t}\exp(\delta_k t) \\
&= \sum_{t=0}^{T_{\max}} a_{k,t}\beta_k^t
\end{aligned}
\tag{11.47}
$$

這裡，$a_{k,t}$是特徵t_k的期待值，$\delta_k = \log\beta_k$。β_k是多項式方程式(11.47)唯一的實根，可以用牛頓法求得。從而求得相關的δ_k。

同樣，關於狀態特徵的參數更新方程式可以寫成：

$$
\begin{aligned}
E_{\tilde{P}}[s_l] &= \sum_{x,y} \tilde{P}(x)P(y|x) \sum_{i=1}^{n} s_l(y_i, x, i)\exp(\delta_{K_1+l} T(x)) \\
&= \sum_x \tilde{P}(x) \sum_y P(y|x) \sum_{i=1}^{n} s_l(y_i, x, i)\exp(\delta_{K_1+l} T(x)) \\
&= \sum_x \tilde{P}(x)b_{l,t}\exp(\delta_k t) \\
&= \sum_{t=0}^{T_{\max}} b_{l,t}\gamma_l^t
\end{aligned}
\tag{11.48}
$$

這裡，$b_{l,t}$是特徵s_l的期望值，$\delta_l = \log\gamma_l$，γ_l是多項式方程式(11.48)唯一的實根，也可以用牛頓法求得。

11.4.2 擬牛頓法

條件隨機場模型學習還可以應用牛頓法或擬牛頓法（參閱附錄 B）。對於條件隨機場模型

$$P_w(y|x) = \frac{\exp(\sum_{i=1}^n w_i f_i(x,y))}{\sum_y \exp(\sum_{i=1}^n w_i f_i(x,y))} \tag{11.49}$$

學習的最佳化目標函數是

$$\min_{w \in R^n} f(w) = \sum_x \tilde{P}(x)\log \sum_y \exp\left(\sum_{i=1}^n w_i f_i(x,y)\right) - \sum_{x,y} \tilde{P}(x,y) \sum_{i=1}^n w_i f_i(x,y)$$

$$\tag{11.50}$$

其梯度函數是

$$g(w) = \sum_{x,y} \tilde{P}(x) P_w(y|x) f(x,y) - E_{\tilde{P}}(f) \tag{11.51}$$

擬牛頓法的 BFGS 演算法如下。

【演算法 11.2】條件隨機場模型學習的 BFGS 演算法

輸入：特徵函數$f_1, f_2, \cdots, f_n$；經驗分佈$\tilde{P}(X,Y)$；
輸出：最優參數值$\hat{w}$；最優模型$P_{\hat{w}}(y|x)$。
（1）選定初始點$w^{(0)}$，取$\mathbf{B}_0$為正定對稱矩陣，置$k = 0$。
（2）計算$g_k = g(w^{(k)})$。若$g_k = 0$，則停止計算；否則轉(3)。
（3）由$B_k p_k = -g_k$求出p_k。
（4）一維搜索：求λ_k使得

$$f(w^{(k)} + \lambda_k p_k) = \min_{\lambda \geqslant 0} f(w^{(k)} + \lambda p_k)$$

（5）置 $w^{(k+1)} = w^{(k)} + \lambda_k p_k$。

（6）計算 $g_{k+1} = g(w^{(k+1)})$，若 $g_{k+1} = 0$，則停止計算；否則，按下式求
出 B_{k+1}：

$$B_{k+1} = B_k + \frac{y_k y_k^{\mathrm{T}}}{y_k^{\mathrm{T}} \delta_k} - \frac{B_k \delta_k \delta_k^{\mathrm{T}} B_k}{\delta_k^{\mathrm{T}} B_k \delta_k}$$

其中，

$$y_k = g_{k+1} - g_k, \quad \delta_k = w^{(k+1)} - w^{(k)}$$

（7）置 $k = k + 1$，轉(3)。

11.5 條件隨機場的預測演算法

條件隨機場的預測問題是給定條件隨機場 $P(Y|X)$ 和輸入序列（觀測序列）
x，求條件機率最大的輸出序列（標記序列）y^*，即對觀測序列進行標
注。條件隨機場的預測演算法是著名的維特比演算法（參閱本書 10.4
節）。

由式(11.19)可得：

$$
\begin{aligned}
y^* &= \arg\max_y P_w(y|x) \\
&= \arg\max_y \frac{\exp(w \cdot F(y, x))}{Z_w(x)} \\
&= \arg\max_y \exp(w \cdot F(y, x)) \\
&= \arg\max_y (w \cdot F(y, x))
\end{aligned}
$$

於是，條件隨機場的預測問題成為求非規範化機率最大的最優路徑問題

$$\max_y (w \cdot F(y, x)) \tag{11.52}$$

這裡，路徑表示標記序列。其中，

$$w = (w_1, w_2, \cdots, w_K)^{\mathrm{T}}$$

$$F(y, x) = (f_1(y, x), f_2(y, x), \cdots, f_K(y, x))^{\mathrm{T}}$$

$$f_k(y, x) = \sum_{i=1}^{n} f_k(y_{i-1}, y_i, x, i), \quad k = 1, 2, \cdots, K$$

注意，這時只需計算非規範化機率，而不必計算機率，可以大大提高效率。為了求解最優路徑，將式(11.52)寫成如下形式：

$$\max_{y} \sum_{i=1}^{n} w \cdot F_i(y_{i-1}, y_i, x) \tag{11.53}$$

其中，

$$F_i(y_{i-1}, y_i, x) = (f_1(y_{i-1}, y_i, x, i), f_2(y_{i-1}, y_i, x, i), \cdots, f_K(y_{i-1}, y_i, x, i))^{\mathrm{T}}$$

是局部特徵向量。

下面敘述維特比演算法。首先求出位置 1 的各個標記$j = 1, 2, \cdots, m$的非規範化機率：

$$\delta_1(j) = w \cdot F_1(y_0 = start, \ y_1 = j, x), \quad j = 1, 2, \cdots, m \tag{11.54}$$

一般地，由遞推公式，求出到位置i的各個標記$l = 1, 2, \cdots, m$的非規範化機率的最大值，同時記錄非規範化機率最大值的路徑

$$\delta_i(l) = \max_{1 \leqslant j \leqslant m} \{\delta_{i-1}(j) + w \cdot F_i(y_{i-1} = j, y_i = l, x)\}, \quad l = 1, 2, \cdots, m \tag{11.55}$$

$$\Psi_i(l) = \arg \max_{1 \leqslant j \leqslant m} \{\delta_{i-1}(j) + w \cdot F_i(y_{i-1} = j, y_i = l, x)\}, \quad l = 1, 2, \cdots, m \tag{11.56}$$

直到$i = n$時終止。這時求得非規範化機率的最大值為

$$\max_{y}(w \cdot F(y, x)) = \max_{1 \leqslant j \leqslant m} \delta_n(j) \tag{11.57}$$

及最優路徑的終點

$$y_n^* = \arg\max_{1 \leqslant j \leqslant m} \delta_n(j) \tag{11.58}$$

由此最優路徑終點返回，

$$y_i^* = \Psi_{i+1}(y_{i+1}^*), \quad i = n-1, n-2, \cdots, 1 \tag{11.59}$$

求得最優路徑$y^* = (y_1^*, y_2^*, \cdots, y_n^*)^{\mathrm{T}}$。

綜上所述，得到條件隨機場預測的維特比演算法。

【演算法 11.3】條件隨機場預測的維特比演算法

輸入：模型特徵向量$F(y, x)$和權值向量w，觀測序列$x = (x_1, x_2, \cdots, x_n)$；
輸出：最優路徑$y^* = (y_1^*, y_2^*, \cdots, y_n^*)$。

（1）初始化

$$\delta_1(j) = w \cdot F_1(y_0 = start, y_1 = j, x), \quad j = 1, 2, \cdots, m$$

（2）遞推。對$i = 2, 3, \cdots, n$

$$\delta_i(l) = \max_{1 \leqslant j \leqslant m} \{\delta_{i-1}(j) + w \cdot F_i(y_{i-1} = j, y_i = l, x)\}, \quad l = 1, 2, \cdots, m$$

$$\Psi_i(l) = \arg\max_{1 \leqslant j \leqslant m} \{\delta_{i-1}(j) + w \cdot F_i(y_{i-1} = j, y_i = l, x)\}, \quad l = 1, 2, \cdots, m$$

（3）終止

$$\max_y(w \cdot F(y, x)) = \max_{1 \leqslant j \leqslant m} \delta_n(j)$$

$$y_n^* = \arg\max_{1 \leqslant j \leqslant m} \delta_n(j)$$

（4）返回路徑

$$y_i^* = \Psi_{i+1}(y_{i+1}^*), \quad i = n-1, n-2, \cdots, 1$$

求得最優路徑$y^* = (y_1^*, y_2^*, \cdots, y_n^*)$。

下面透過一個例子說明維特比演算法。

【例 11.3】在例 11.1 中，用維特比演算法求給定的輸入序列（觀測序列）x 對應的最優輸出序列（標記序列）$y^* = (y_1^*, y_2^*, y_3^*)$。

【解】特徵函數及對應的權值均在例 11.1 中舉出。

現在利用維特比演算法求最優路徑問題：

$$\max \sum_{i=1}^{3} w \cdot F_i(y_{i-1}, y_i, x)$$

（1）初始化

$$\delta_1(j) = w \cdot F_1(y_0 = start, y_1 = j, x), \quad j = 1, 2$$

$i = 1$，$\delta_1(1) = 1, \delta_1(2) = 0.5$。

（2）遞推

$i = 2$ $\delta_2(l) = \max_j \{\delta_1(j) + w \cdot F_2(j, l, x)\}$

$\delta_2(1) = \max\{1 + \lambda_2 t_2 + \mu_3 s_3, 0.5 + \lambda_4 t_4 + \mu_3 s_3\} = 2.4, \quad \Psi_2(1) = 1$

$\delta_2(2) = \max\{1 + \lambda_1 t_1 + \mu_2 s_2, 0.5 + \mu_2 s_2\} = 2.5, \quad \Psi_2(2) = 1$

$i = 3$ $\delta_3(l) = \max_j \{\delta_2(j) + w \cdot F_3(j, l, x)\}$

$\delta_3(1) = \max\{2.4 + \mu_3 s_3, 2.5 + \lambda_3 t_3 + \mu_3 s_3\} = 4.3, \quad \Psi_3(1) = 2$

$\delta_3(2) = \max\{2.4 + \lambda_1 t_1 + \mu_4 s_4, 2.5 + \lambda_5 t_5 + \mu_4 s_4\} = 3.9, \quad \Psi_3(2) = 1$

（3）終止

$$\max_y(w \cdot F(y, x)) = \max \delta_3(l) = \delta_3(1) = 4.3$$
$$y_3^* = \arg\max_l \delta_3(l) = 1$$

（4）返回

$$y_2^* = \Psi_3(y_3^*) = \Psi_3(1) = 2$$
$$y_1^* = \Psi_2(y_2^*) = \Psi_2(2) = 1$$

最優標記序列

$$y^* = (y_1^*, y_2^*, y_3^*) = (1, 2, 1)$$

本章概要

1. 機率無向圖模型是由無向圖表示的聯合機率分佈。無向圖上的節點之間的連接關係表示了聯合分佈的隨機變數集合之間的條件獨立性，即馬可夫性。因此，機率無向圖模型也稱為馬可夫隨機場。

   機率無向圖模型或馬可夫隨機場的聯合機率分佈可以分解為無向圖最大團上的正值函數的乘積的形式。

2. 條件隨機場是給定輸入隨機變數 X 條件下，輸出隨機變數 Y 的條件機率分佈模型，其形式為參數化的對數線性模型。條件隨機場的最大特點是假設輸出變數之間的聯合機率分佈組成機率無向圖模型，即馬可夫隨機場。條件隨機場是判別模型。

3. 線性鏈條件隨機場是定義在觀測序列與標記序列上的條件隨機場。線性鏈條件隨機場一般表示為給定觀測序列條件下的標記序列的條件機率分佈，由參數化的對數線性模型表示。模型包含特徵及對應的權值，特徵是定義在線性鏈的邊與節點上的。線性鏈條件隨機場模型的參數形式是最基本的形式，其他形式是其簡化與變形，參數形式的數學運算式是

$$P(y|x) = \frac{1}{Z(x)} \exp \left(\sum_{i,k} \lambda_k t_k(y_{i-1}, y_i, x, i) + \sum_{i,l} \mu_l s_l(y_i, x, i) \right)$$

   其中，

$$Z(x) = \sum_{y} \exp \left(\sum_{i,k} \lambda_k t_k(y_{i-1}, y_i, x, i) + \sum_{i,l} \mu_l s_l(y_i, x, i) \right)$$

4. 線性鏈條件隨機場的機率計算通常利用前向 - 後向演算法。

5. 條件隨機場的學習方法通常是極大似然估計方法或正則化的極大似然估計，即在給定訓練資料下，透過極大化訓練資料的對數似然函數估計模型參數。具體的演算法有改進的迭代尺度演算法、梯度下降法、擬牛頓法等。

6. 線性鏈條件隨機場的一個重要應用是標注。維特比演算法是給定觀測序列求條件機率最大的標記序列的方法。

繼續閱讀

關於機率無向圖模型可以參閱文獻[1, 2]。關於條件隨機場可以參閱文獻[3, 4]。在條件隨機場提出之前已有最大熵馬可夫模型等模型被提出 [5]。條件隨機場可以看作是最大熵馬可夫模型在標注問題上的推廣。支持向量機模型也被推廣到標注問題上 [6,7]。

習題

11.1 寫出圖 11.3 中無向圖描述的機率圖模型的因數分解式。

11.2 證明$Z(x) = \alpha_n^T(x)1 = 1^T\beta_1(x)$，其中1是元素均為 1 的$m$維列向量。

11.3 寫出條件隨機場模型學習的梯度下降法。

11.4 參考圖 11.6 的狀態路徑圖，假設隨機矩陣$M_1(x)$，$M_2(x)$，$M_3(x)$，$M_4(x)$分別是

$$M_1(x) = \begin{bmatrix} 0 & 0 \\ 0.5 & 0.5 \end{bmatrix}, \quad M_2(x) = \begin{bmatrix} 0.3 & 0.7 \\ 0.7 & 0.3 \end{bmatrix}$$

$$M_3(x) = \begin{bmatrix} 0.5 & 0.5 \\ 0.6 & 0.4 \end{bmatrix}, \quad M_4(x) = \begin{bmatrix} 0 & 1 \\ 0 & 1 \end{bmatrix}$$

求以$start = 2$為起點，以$stop = 2$為終點的所有路徑的狀態序列y的機率及機率最大的狀態序列。

參考文獻

[1] Bishop M. Pattern recognition and machine learning. Springer-Verlag, 2006.

[2] Koller D, Friedman N. Probabilistic graphical models: principles and techniques. MIT Press, 2009.

[3] Lafferty J, McCallum A, Pereira F. Conditional random fields: probabilistic models for segmenting and labeling sequence data. In: International Conference on Machine Learning, 2001.

[4] Sha F, Pereira F. Shallow parsing with conditional random fields. In: Proceedings of the 2003 Conference of the North American Chapter of Association for Computational Linguistics on Human Language Technology, Vol.1, 2003.

[5] McCallum A, Freitag D, Pereira F. Maximum entropy Markov models for information extraction and segmentation. In: Proc of the International Conference on Machine Learning, 2000.

[6] Taskar B, Guestrin C, Koller D. Max-margin Markov networks. In: Proc of the NIPS 2003, 2003.

[7] Tsochantaridis I, Hofmann T, Joachims T. Support vector machine learning for interdependent and structured output spaces. In: ICML, 2004.

11.5 條件隨機場的預測演算法

監督學習方法總結

本篇共介紹了 10 種主要的統計學習方法，屬於監督學習：感知機、k近鄰法、單純貝氏法、決策樹、邏輯回歸與最大熵模型、支持向量機、提升方法、EM 演算法、隱馬可夫模型和條件隨機場。現將這 10 種監督學習方法的特點概括總結在表 12.1 中。

表 12.1　10 種監督學習方法特點的概括複習

方法	適用問題	模型特點	模型類型	學習策略	學習的損失函數	學習演算法
感知機	二類分類	分離超平面	判別模型	極小化誤分點到超平面距離	誤分點到超平面距離	隨機梯度下降
k近鄰法	多類分類，回歸	特徵空間，樣本點	判別模型	—	—	—
單純貝氏法	多類分類	特徵與類別的聯合機率分佈，條件獨立假設	生成模型	極大似然估計，最大後驗機率估計	對數似然損失	機率計算公式，EM 演算法
決策樹	多類分類，回歸	分類樹，回歸樹	判別模型	正則化的極大似然估計	對數似然損失	特徵選擇，生成，剪枝
邏輯回歸與最大熵模型	多類分類	特徵條件下類別的條件機率分佈，對數線形模型	判別模型	極大似然估計，正則化的極大似然估計	邏輯損失	改進的迭代尺度演算法，梯度下降，擬牛頓法
支持向量機	二類分類	分離超平面，核技巧	判別模型	極小化正則化合頁損失，軟間隔最大化	合頁損失	序列最小最佳化演算法（SMO）

方法	適用問題	模型特點	模型類型	學習策略	學習的損失函數	學習演算法
提升方法	二類分類	弱分類器的線性組合	判別模型	極小化加法模型的指數損失	指數損失	前向分步加法演算法
EM 演算法 [1]	機率模型參數估計	含隱變數機率模型	—	極大似然估計，最大後驗機率估計	對數似然損失	迭代演算法
隱馬可夫模型	標注	觀測序列與狀態序列的聯合機率分佈模型	生成模型	極大似然估計，最大後驗機率估計	對數似然損失	機率計算公式，EM 演算法
條件隨機場	標注	狀態序列條件下觀測序列的條件機率分佈，對數線性模型	判別模型	極大似然估計，正則化極大似然估計	對數似然損失	改進的迭代尺度演算法，梯度下降，擬牛頓法

下面對各種方法的特點及其關係進行簡單的討論。

1. 適用問題

本篇主要介紹監督學習方法。監督學習可以認為是學習一個模型，使它能對給定的輸入預測對應的輸出。監督學習包括分類、標注、回歸。本篇主要考慮前兩者的學習方法。分類問題是從實例的特徵向量到類標記的預測問題，標注問題是從觀測序列到標記序列（或狀態序列）的預測問題。可以認為分類問題是標注問題的特殊情況。分類問題中可能的預測結果是二類或多類。而標注問題中可能的預測結果是所有的標記序列，其數目是指數級的。

感知機、k近鄰法、單純貝氏法、決策樹、邏輯回歸與最大熵模型、支持向量機、提升方法是分類方法。原始的感知機、支持向量機以及提升方法是針對二類分類的，可以將它們擴充到多類分類。隱馬可夫模型、條件隨機場是標注方法。EM 演算法是含有隱變數的機率模型的一般學習演算法，可以用於生成模型的無監督學習。

---

[1] EM 演算法在這裡有些特殊，它是個一般方法，不具有具體模型。

感知機、k近鄰法、單純貝氏法、決策樹是簡單的分類方法,具有模型直觀、方法簡單、實現容易等特點。邏輯回歸與最大熵模型、支持向量機、提升方法是更複雜但更有效的分類方法,往往分類準確率更高。隱馬可夫模型、條件隨機場是主要的標注方法。通常條件隨機場的標注準確率更高。

2. 模型

分類問題與標注問題的預測模型都可以認為是表示從輸入空間到輸出空間的映射。它們可以寫成條件機率分佈$P(Y|X)$或決策函數$Y = f(X)$的形式。前者表示給定輸入條件下輸出的機率模型,後者表示輸入到輸出的非機率模型。有時,模型更直接地表示為機率模型,或者非機率模型;但有時模型兼有兩種解釋。

單純貝氏法、隱馬可夫模型是機率模型。感知機、k近鄰法、支持向量機、提升方法是非機率模型。而決策樹、邏輯回歸與最大熵模型、條件隨機場既可以看作是機率模型,又可以看作是非機率模型。

直接學習條件機率分佈$P(Y|X)$或決策函數$Y = f(X)$的方法為判別方法,對應的模型是判別模型。感知機、k近鄰法、決策樹、邏輯回歸與最大熵模型、支持向量機、提升方法、條件隨機場是判別方法。首先學習聯合機率分佈$P(X,Y)$,從而求得條件機率分佈$P(Y|X)$的方法是生成方法,對應的模型是生成模型。單純貝氏法、隱馬可夫模型是生成方法。圖 12.1 舉出部分模型之間的關係。

可以用無監督學習的方法學習生成模型。具體地,應用 EM 演算法可以學習單純貝氏模型以及隱馬可夫模型。

決策樹是定義在一般的特徵空間上的,可以含有連續變數或離散變數。感知機、支持向量機、k近鄰法的特徵空間是歐氏空間 (更一般地,是希伯特空間)。提升方法的模型是弱分類器的線性組合,弱分類器的特徵空間就是提升方法模型的特徵空間。

感知機模型是線性模型,而邏輯回歸與最大熵模型、條件隨機場是對數線性模型。k近鄰法、決策樹、支持向量機(包含核函數)、提升方法使用的是非線性模型。

圖 12.1 從生成與判別、分類與標注兩個方面描述了幾個統計學習方法之間的關係。

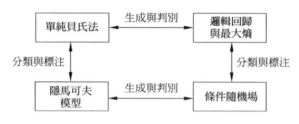

圖 12.1 部分模型之間的關係

3. 學習策略

在二類分類的監督學習中,支持向量機、邏輯回歸與最大熵模型、提升方法各自使用合頁損失函數、邏輯損失函數、指數損失函數。3 種損失函數分別寫為

$$[1 - yf(x)]_+ \tag{12.1}$$

$$\log[1 + \exp(-yf(x))] \tag{12.2}$$

$$\exp(-yf(x)) \tag{12.3}$$

這 3 種損失函數都是 0-1 損失函數的上界,具有相似的形狀,如圖 12.2 所示。所以,可以認為支持向量機、邏輯回歸與最大熵模型、提升方法使用不同的代理損失函數(surrogate loss function)表示分類的損失,定義經驗風險或結構風險函數,實現二類分類學習任務。學習的策略是最佳化以下結構風險函數:

$$\min_{f \in H} \frac{1}{N} \sum_{i=1}^{N} L(y_i, f(x_i)) + \lambda J(f) \tag{12.4}$$

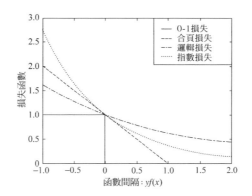

圖 12.2　0-1 損失函數、合頁損失函數、邏輯損失函數、指數損失函數的關係

這裡，第 1 項為經驗風險（經驗損失），第 2 項為正則化項，$L(y, f(x))$為損失函數，$J(f)$為模型的複雜度，$\lambda \geqslant 0$為係數。

支持向量機用L_2範數表示模型的複雜度。原始的邏輯回歸與最大熵模型沒有正則化項，可以給它們加上L_2範數正則化項。提升方法沒有顯性的正則化項，通常透過早停止（early stopping）的方法達到正則化的效果。

以上二類分類的學習方法可以擴充到多類分類學習以及標注問題，比如標注問題的條件隨機場可以看作是分類問題的最大熵模型的推廣。

機率模型的學習可以形式化為極大似然估計或貝氏估計的最大後驗機率估計。這時，學習的策略是極小化對數似然損失或極小化正則化的對數似然損失。對數似然損失可以寫成

$$-\log P(y|x)$$

最大後驗機率估計時，正則化項是先驗機率的負對數。

決策樹學習的策略是正則化的極大似然估計，損失函數是對數似然損失，正則化項是決策樹的複雜度。

邏輯回歸與最大熵模型、條件隨機場的學習策略既可以看成是極大似然估計（或正則化的極大似然估計），又可以看成是極小化邏輯損失（或正則化的邏輯損失）。

單純貝氏模型、隱馬可夫模型的無監督學習也是極大似然估計或最大後驗機率估計，但這時模型含有隱變數。

4. 學習演算法

統計學習的問題有了具體的形式以後，就變成了最佳化問題。有時，最佳化問題比較簡單，解析解存在，最優解可以由公式簡單計算。但在多數情況下，最佳化問題沒有解析解，需要用數值計算的方法或啟發式的方法求解。

單純貝氏法與隱馬可夫模型的監督學習，最優解即極大似然估計值，可以由機率計算公式直接計算。

感知機、邏輯回歸與最大熵模型、條件隨機場的學習利用梯度下降法、擬牛頓法等。這些都是一般的無約束最佳化問題的解法。

支持向量機學習，可以解凸二次規劃的對偶問題。有序列最小最佳化演算法等方法。

決策樹學習是基於啟發式演算法的典型例子。可以認為特徵選擇、生成、剪枝是啟發式地進行正則化的極大似然估計。

提升方法利用學習的模型是加法模型、損失函數是指數損失函數的特點，啟發式地從前向後逐步學習模型，以達到逼近最佳化目標函數的目的。

EM 演算法是一種迭代的求解含隱變數機率模型參數的方法，它的收斂性可以保證，但是不能保證收斂到全域最優。

支持向量機學習、邏輯回歸與最大熵模型學習、條件隨機場學習是凸最佳化問題，全域最優解保證存在。而其他學習問題則不是凸最佳化問題。

無監督學習概論

第 2 篇説明統計學習或機器學習中的無監督學習方法。無監督學習是從無標注資料中學習模型的機器學習問題,是機器學習的重要組成部分。

本章是無監督學習的概述,首先敘述無監督學習的基本原理,之後介紹無監督學習的基本問題和基本方法。基本問題包括聚類、降維、話題分析和圖分析。

13.1 無監督學習基本原理

無監督學習是從無標注的資料中學習資料的統計規律或者説內在結構的機器學習,主要包括聚類、降維、機率估計。無監督學習可以用於資料分析或者監督學習的前處理。

無監督學習使用無標注資料 $U = \{x_1, x_2, \cdots, x_N\}$ 學習或訓練,其中 x_i,$i = 1, 2, \cdots, N$,是樣本(實例),由特徵向量組成。無監督學習的模型是函數 $z = g_\theta(x)$,條件機率分佈 $P_\theta(z|x)$,或條件機率分佈 $P_\theta(x|z)$。其中 $x \in X$ 是輸入,表示樣本;$z \in Z$ 是輸出,表示對樣本的分析結果,可以是類別、轉換、機率;θ 是參數。

假設訓練資料集由N個樣本組成，每個樣本是一個M維向量。訓練資料可以由一個矩陣表示，每一行對應一個特徵，每一列對應一個樣本。

$$X = \begin{bmatrix} x_{11} & \cdots & x_{1N} \\ \vdots & & \vdots \\ x_{M1} & \cdots & x_{MN} \end{bmatrix}$$

其中，x_{ij}是第j個向量的第i維；$i = 1,2,\cdots,M$；$j = 1,2,\cdots,N$。

無監督學習是一個困難的任務，因為資料沒有標注，也就是沒有人的指導，機器需要自己從資料中找出規律。模型的輸入x在資料中可以觀測，而輸出z隱藏在資料中。無監督學習通常需要大量的資料，因為對資料隱藏的規律的發現需要足夠的觀測。

無監督學習的基本想法是對給定資料（矩陣資料）進行某種「壓縮」，從而找到資料的潛在結構。假設損失最小的壓縮得到的結果就是最本質的結構。圖 13.1 是這種想法的一個示意圖。可以考慮發掘資料的縱向結構，把相似的樣本聚到同類，即對資料進行聚類。還可以考慮發掘資料的橫向結構，把高維空間的向量轉換為低維空間的向量，即對資料進行降維。也可以同時考慮發掘資料的縱向與橫向結構，假設資料由含有隱式結構的機率模型生成得到，從資料中學習該機率模型。

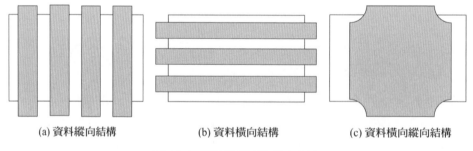

(a) 資料縱向結構　　　　　(b) 資料橫向結構　　　　　(c) 資料橫向縱向結構

圖 13.1　無監督學習的基本想法

13.2 基本問題

1. 聚類

聚類（clustering）是將樣本集合中相似的樣本（實例）分配到相同的類，不相似的樣本分配到不同的類。聚類時，樣本通常是歐氏空間中的向量，類別不是事先給定，而是從資料中自動發現，但類別的個數通常是事先給定的。樣本之間的相似度或距離由應用決定。如果一個樣本只能屬於一個類，則稱為硬聚類（hard clustering）；如果一個樣本可以屬於多個類，則稱為軟聚類（soft clustering）。圖 13.2 舉出聚類（硬聚類）的例子。二維空間的樣本被分到三個不同的類中。

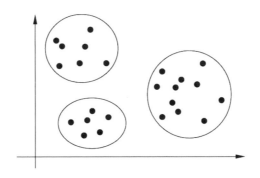

圖 13.2 聚類的例子

假設輸入空間是歐氏空間 $X \subseteq R^d$，輸出空間是類別集合 $Z = \{1, 2, \cdots, k\}$。聚類的模型是函數 $z = g_\theta(x)$ 或者條件機率分佈 $P_\theta(z|x)$，其中 $x \in X$ 是樣本的向量，$z \in Z$ 是樣本的類別，θ 是參數。前者的函數是硬聚類模型，後者的條件機率分佈是軟聚類模型。

聚類的過程就是學習聚類模型的過程。硬聚類時，每一個樣本屬於某一類 $z_i = g_\theta(x_i)$，$i = 1, 2, \cdots, N$；軟聚類時，每一個樣本依機率屬於每一個類 $P_\theta(z_i|x_i)$，$i = 1, 2, \cdots, N$。如圖 13.1 所示，聚類可以幫助發現資料中隱藏的縱向結構。（也有例外，co-clustering 是聚類演算法，對樣本和特徵都進行聚類，同時發現資料中的縱向橫向結構。）

2. 降維

降維（dimensionality reduction）是將訓練資料中的樣本（實例）從高維空間轉換到低維空間。假設樣本原本存在於低維空間，或者近似地存在於低維空間，透過降維則可以更好地表示樣本資料的結構，即更好地表示樣本之間的關係。高維空間通常是高維的歐氏空間，而低維空間是低維的歐氏空間或者流形（manifold）。低維空間不是事先給定，而是從資料中自動發現，其維數通常是事先給定的。從高維到低維的降維中，要保證樣本中的資訊損失最小。降維有線性的降維和非線性的降維。圖 13.3 舉出降維的例子。二維空間的樣本存在於一條直線的附近，可以將樣本從二維空間轉換到一維空間。透過降維可以更好地表示樣本之間的關係。

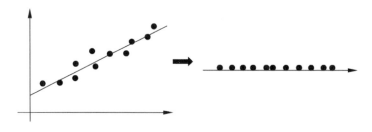

圖 13.3 降維的例子

假設輸入空間是歐氏空間 $X \subseteq R^d$，輸出空間也是歐氏空間 $Z \subseteq R^{d'}$，$d' \ll d$，後者的維數低於前者的維數。降維的模型是函數 $z = g_\theta(x)$，其中 $x \in X$ 是樣本的高維向量，$z \in Z$ 是樣本的低維向量，θ 是參數。函數可以是線性函數也可以是非線性函數。

降維的過程就是學習降維模型的過程。降維時，每一個樣本從高維向量轉換為低維向量 $z_i = g_\theta(x_i)$，$i = 1,2,\cdots,N$。如圖 13.1 所示，降維可以幫助發現資料中隱藏的橫向結構。

3. 機率模型估計

機率模型估計（probability model estimation），簡稱機率估計，假設訓練資料由一個機率模型生成，由訓練資料學習機率模型的結構和參數。機率

模型的結構類型，或者說機率模型的集合事先給定，而模型的具體結構與參數從資料中自動學習。學習的目標是找到最有可能生成資料的結構和參數。機率模型包括混合模型、機率圖模型等。機率圖模型又包括有向圖模型和無向圖模型。圖 13.4 舉出混合模型估計的例子。假設資料由高斯混合模型生成，學習的目標是估計這個模型的參數。

圖 13.4　機率模型估計的例子

機率模型表示為條件機率分佈$P_\theta(x|z)$，其中隨機變數x表示觀測資料，可以是連續變數也可以是離散變數；隨機變數z表示隱式結構，是離散變數；隨機變數θ表示參數。模型是混合模型時，z表示成分的個數；模型是機率圖模型時，z表示圖的結構。

機率模型的一種特殊情況是隱式結構不存在，即滿足$P_\theta(x|z) = P_\theta(x)$。這時條件機率分佈估計變成機率分佈估計，只要估計分佈$P_\theta(x)$的參數即可。傳統統計學中的機率密度估計，比如高斯分佈參數估計，都屬於這種情況。

機率模型估計是從給定的訓練資料$U = \{x_1, x_2, \cdots, x_N\}$中學習模型 $P_\theta(x|z)$的結構和參數。這樣可以計算出模型相關的任意邊緣分佈和條件分佈。注意隨機變數x是多元變數，甚至是高維多元變數。如圖 13.1 所示，機率模型估計可以幫助發現資料中隱藏的橫向縱向結構。

軟聚類也可以看作是機率模型估計問題。根據貝氏公式

$$P(z|x) = \frac{P(z)P(x|z)}{P(x)} \propto P(z)P(x|z) \tag{13.1}$$

假設先驗機率服從均勻分佈，只需要估計條件機率分佈$P_\theta(x|z)$。這樣，可以透過對條件機率分佈 $P_\theta(x|z)$的估計進行軟聚類，這裡z表示類別，θ表示參數。

13.3 機器學習三要素

同監督學習一樣，無監督學習也有三要素：模型、策略、演算法。

模型就是函數 $z = g_\theta(x)$，條件機率分佈 $P_\theta(z|x)$，或條件機率分佈 $P_\theta(x|z)$，在聚類、降維、機率模型估計中擁有不同的形式。比如，聚類中模型的輸出是類別；降維中模型的輸出是低維向量；機率模型估計中的模型可以是混合機率模型，也可以是有向機率圖模型和無向機率圖模型。

策略在不同的問題中有不同的形式，但都可以表示為目標函數的最佳化。比如，聚類中樣本與所屬類別中心距離的最小化，降維中樣本從高維空間轉換到低維空間過程中資訊損失的最小化，機率模型估計中模型生成資料機率的最大化。

演算法通常是迭代演算法，透過迭代達到目標函數的最佳化，比如，梯度下降法。

層次聚類法、k均值聚類是硬聚類方法，高斯混合模型 EM 演算法是軟聚類方法。主成分分析、潛在語義分析是降維方法。機率潛在語義分析、潛在狄利克雷分配是機率模型估計方法。

13.4 無監督學習方法

1. 聚類

聚類主要用於資料分析，也可以用於監督學習的前處理。聚類可以幫助發現資料中的統計規律。資料通常是連續變數表示的，也可以是離散變數表示的。第 14 章將說明聚類方法，包括層次聚類和k均值聚類。

表 13.1 舉出一個簡單的資料集合。有 5 個樣本 A、B、C、D、E，每個樣本有二維特徵x_1, x_2。圖 13.5 顯示樣本在二維實數空間的位置。透過聚類演算法，可以將樣本分配到兩個類別中。假設用k均值聚類，$k = 2$。開始

可以取任意兩點作為兩個類的中心；依據樣本與類中心的歐氏距離的大小將樣本分配到兩個類中；然後計算兩個類中樣本的均值，作為兩個類的新的類中心；重複以上操作，直到兩類不再改變，最後得到聚類結果，A、B、C為一個類，D、E為另一個類。

表 13.1 聚類資料

	A	B	C	D	E
x_1	1	1	0	2	3
x_2	1	0	2	4	5

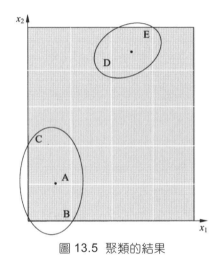

圖 13.5 聚類的結果

2. 降維

降維主要用於資料分析，也可以用於監督學習的前處理。降維可以幫助發現高維資料中的統計規律。資料是連續變數表示的。第 16 章介紹降維方法的主成分分析，第 15 章介紹基礎的奇異值分解。

表 13.2 舉出一個簡單的資料集合。有 14 個樣本 A、B、C、D 等，每個樣本有 9 維特徵$x_1, x_2, \cdots, x_9$。由於資料是高維（多變數）資料，很難觀察變數的樣本區分能力，也很難觀察樣本之間的關係。比如樣本表示細胞，特徵表示細胞中的指標。從資料中很難直接觀察到哪些變數能幫助區分細胞，哪些細胞相似，哪些細胞不相似。對資料進行降維，如主成分分析，

就可以更直接地分析以上問題。圖 13.6 顯示對樣本集合進行降維（主成分分析）的結果。結果在新的二維實數空間中，有二維新的特徵y_1, y_2，14個樣本分佈在不同位置。透過降維，可以發現樣本可以分為三個類別。二維新特徵由原始特徵定義。

表 13.2 聚類資料

	A	B	C	D	...
x_1	3	0.25	2.8	0.1	...
x_2	2.9	0.8	2.2	1.8	...
x_3	2.2	1	1.5	3.2	...
x_4	2	1.4	2	0.3	...
x_5	1.3	1.6	1.6	0	...
x_6	1.5	2	2.1	3	...
x_7	1.1	2.2	1.2	2.8	...
x_8	1	2.7	0.9	0.3	...
x_9	0.4	3	0.6	0.1	...

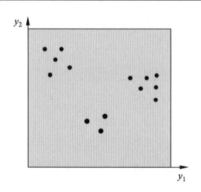

圖 13.6 降維（主成分分析）的結果

3. 話題分析

話題分析是文字分析的一種技術。給定一個文字集合，話題分析旨在發現文字集合中每個文字的話題，而話題由單字的集合表示。注意，這裡假設有足夠數量的文字，如果只有一個文字或幾個文字，是不能做話題分析的。話題分析可以形式化為機率模型估計問題，或降維問題。第 17、18、

20 章分別介紹話題分析方法的潛在語義分析、機率潛在語義分析、潛在狄利克雷分配。第 19 章介紹基礎的馬可夫鏈蒙地卡羅法。

表 13.3 舉出一個文字資料集合。有 6 個文字，6 個單字，表中數字表示單字在文字中的出現次數。對資料進行話題分析，如 LDA 分析，得到由單字集合表示的話題，以及由話題集合表示的文字。如表 13.4 所示，具體地話題表示為單字的機率分佈，文字表示為話題的機率分佈。LDA 是含有這些機率分佈的模型。直觀上，一個話題包含語義相似的單字。一個文字包含若干個話題。

表 13.3 話題分析的資料

單字 \ 文字	doc1	doc2	doc3	doc4	doc5	doc6
word1	1	1				
word2	1		1			
word3		1	1			
word4				1	1	
word5				1		1
word6					1	1

表 13.4 話題分析（LDA 分析）的結果

單字 \ 話題	topic1	topic2	文字 \ 話題	topic1	topic2
word1	0.33	0	doc1	1	0
word2	0.33	0	doc2	1	0
word3	0.33	0	doc3	1	0
word4	0	0.33	doc4	0	1
word5	0	0.33	doc5	0	1
word6	0	0.33	doc6	0	1

4. 圖分析

很多應用中的資料是以圖的形式存在，圖資料表示實體之間的關係，包括有向圖、無向圖、超圖。圖分析（graph analytics）的目的是發掘隱藏在圖中的統計規律或潛在結構。連結分析（link analysis）是圖分析的一種，包

括 PageRank 演算法,主要是發現有向圖中的重要節點。第 21 章介紹 PageRank 演算法。

PageRank 演算法是無監督學習方法。給定一個有向圖,定義在圖上的隨機遊走即馬可夫鏈。隨機遊走者在有向圖上隨機跳躍,到達一個節點後以等機率跳躍到連結出去的節點,並不斷持續這個過程。PageRank 演算法就是求解該馬可夫鏈的平穩分佈的演算法。一個節點上的平穩機率表示該節點的重要性,稱為該節點的 PageRank 值。被指向的節點越多,該節點的 PageRank 值就越大;被指向的節點的 PageRank 值越大,該節點的 PageRank 值就越大。直觀上 PageRank 值越大節點也就越重要。

這裡簡單介紹 PageRank 的原理。圖 13.7 是一個簡單的有向圖,有 4 個節點 A,B,C,D。給定這個圖,PageRank 演算法透過迭代求出節點的 PageRank 值。首先,對每個節點的機率值初始化,表示各個節點的到達機率,假設是等機率的。下一步,各個節點的機率是上一步各個節點可能跳躍到該節點的機率之和,不斷迭代,各個節點的到達機率分佈趨於平穩分佈,也就是 PageRank 值的分佈。迭代過程如表 13.5 所示。可以看出節點 C,D 的 PageRank 值更大。

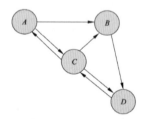

圖 13.7 有向圖資料

表 13.5 PageRank 計算的結果

節點＼步驟	第 1 步	第 2 步	第 3 步
A	1/4	2/24	3/24
B	1/4	5/24	4/24
C	1/4	9/24	9/24
D	1/4	8/24	8/24

PageRank 演算法最初是為網際網路搜索而提出。可以將網際網路看作是一個巨大的有向圖，網頁是節點，網頁的超連結是有向邊。PageRank 演算法可以算出網頁的 PageRank 值，表示其重要度，在搜尋引擎的排序中網頁的重要度起著重要作用。

本章概要

1. 機器學習或統計學習一般包括監督學習、無監督學習、強化學習。

   無監督學習是指從無標注資料中學習模型的機器學習問題。無標注資料是自然得到的資料，模型表示資料的類別、轉換或機率。無監督學習的本質是學習資料中的統計規律或潛在結構，主要包括聚類、降維、機率估計。

2. 無監督學習可以用於對已有資料的分析，也可以用於對未來資料的預測。學習得到的模型有函數$z = g(x)$，條件機率分佈$P(z|x)$，或條件機率分佈$P(x|z)$。

   無監督學習的基本想法是對給定資料（矩陣資料）進行某種「壓縮」，從而找到資料的潛在結構，假設損失最小的壓縮得到的結果就是最本質的結構。可以考慮發掘資料的縱向結構，對應聚類。也可以考慮發掘資料的橫向結構，對應降維。還可以同時考慮發掘資料的縱向與橫向結構，對應機率模型估計。

3. 聚類是將樣本集合中相似的樣本（實例）分配到相同的類，不相似的樣本分配到不同的類。聚類分硬聚類和軟聚類。聚類方法有層次聚類和k均值聚類。

4. 降維是將樣本集合中的樣本（實例）從高維空間轉換到低維空間。假設樣本原本存在於低維空間，或近似地存在於低維空間，透過降維則可以更好地表示樣本資料的結構，即更好地表示樣本之間的關係。降維有線性降維和非線性降維，降維方法有主成分分析。

5. 機率模型估計假設訓練資料由一個機率模型生成，同時利用訓練資料學習機率模型的結構和參數。機率模型包括混合模型、機率圖模型

等。機率圖模型又包括有向圖模型和無向圖模型。

6. 話題分析是文字分析的一種技術。給定一個文字集合，話題分析旨在發現文字集合中每個文字的話題，而話題由單字的集合表示。話題分析方法有潛在語義分析、機率潛在語義分析和潛在狄利克雷分配。

7. 圖分析的目的是發掘隱藏在圖中的統計規律或潛在結構。連結分析是圖分析的一種，主要是發現有向圖中的重要節點，包括 PageRank 演算法。

繼續閱讀

無監督學習在主要的機器學習書籍[1-7]中都有介紹，可以參考。

參考文獻

[1]   Hastie T, Tibshirani R, Friedman J. The elements of statistical learning: data mining, inference, and prediction. Springer. 2001. （中譯本：統計學習基礎——數據挖掘、推理與預測. 范明，柴玉梅，昝紅英等譯. 北京：電子工業出版社，2004.)

[2]   Bishop M. Pattern Recognition and Machine Learning. Springer, 2006.

[3]   Koller D, Friedman N. Probabilistic graphical models: principles and techniques. Cambridge, MA: MIT Press, 2009.

[4]   Goodfellow I, Bengio Y, Courville A. Deep learning. Cambridge, MA: MIT Press, 2016.

[5]   Michelle T M. Machine Learning. McGraw-Hill Companies, Inc. 1997.(中譯本：機器學習. 北京：機械工業出版社，2003.)

[6]   Barber D. Bayesian reasoning and machine learning, Cambridge, UK: Cambridge University Press, 2012. 周志華. 機器學習. 北京：清華大學出版社，2017.

聚類方法

聚類是針對給定的樣本,依據它們特徵的相似度或距離,將其歸併到若干個「類」或「簇」的資料分析問題。一個類是給定樣本集合的一個子集。直觀上,相似的樣本聚集在相同的類,不相似的樣本分散在不同的類。這裡,樣本之間的相似度或距離起著重要作用。

聚類的目的是透過得到的類或簇來發現資料的特點或對資料進行處理,在資料探勘、模式辨識等領域有著廣泛的應用。聚類屬於無監督學習,因為只是根據樣本的相似度或距離將其進行歸類,而類或簇事先並不知道。

聚類演算法很多,本章介紹兩種最常用的聚類演算法:層次聚類(hierarchical clustering)和 k 均值聚類(k-means clustering)。層次聚類又有聚合(自下而上)和分裂(從上往下)兩種方法。聚合法開始將每個樣本各自分到一個類;之後將相距最近的兩類合併,建立一個新的類,重複此操作直到滿足停止條件;得到層次化的類別。分裂法開始將所有樣本分到一個類;之後將已有類中相距最遠的樣本分到兩個新的類,重複此操作直到滿足停止條件;得到層次化的類別。k 均值聚類是基於中心的聚類方法,透過迭代,將樣本分到 k 個類中,使得每個樣本與其所屬類的中心或均值最近;得到 k 個「平坦的」、非層次化的類別,組成對空間的劃分。k 均值聚類的演算法 1967 年由 MacQueen 提出。

本章 14.1 節介紹聚類的基本概念，14.2 節和 14.3 節分別敘述層次聚類和k均值聚類。

14.1 聚類的基本概念

本節介紹聚類的基本概念，包括樣本之間的距離或相似度，類或簇，類與類之間的距離。

14.1.1 相似度或距離

聚類的物件是觀測資料，或樣本集合。假設有n個樣本，每個樣本由m個屬性的特徵向量組成。樣本集合可以用矩陣X表示

$$X = \left[x_{ij}\right]_{m \times n} = \begin{bmatrix} x_{11} & x_{12} & \cdots & x_{1n} \\ x_{21} & x_{22} & \cdots & x_{2n} \\ \vdots & \vdots & & \vdots \\ x_{m1} & x_{m2} & \cdots & x_{mn} \end{bmatrix} \tag{14.1}$$

矩陣的第j列表示第j個樣本，$j = 1,2,\cdots,n$；第i行表示第i個屬性，$i = 1,2,\cdots,m$；矩陣元素x_{ij} 表示第j個樣本的第i個屬性值，$i = 1,2,\cdots,m$；$j = 1,2,\cdots,n$。

聚類的核心概念是相似度（similarity）或距離（distance），有多種相似度或距離的定義。因為相似度直接影響聚類的結果，所以其選擇是聚類的根本問題。具體哪種相似度更合適取決於應用問題的特性。

1. 閔可夫斯基距離[1]

在聚類中，可以將樣本集合看作是向量空間中點的集合，以該空間的距離

---

[1] 在第 3 章敘述了閔可夫斯基距離，現重述，記號有所改變。

表示樣本之間的相似度。常用的距離有閔可夫斯基距離，特別是歐氏距離。閔可夫斯基距離越大相似度越小，距離越小相似度越大。

【定義 14.1】給定樣本集合X，X 是m維實數向量空間R^m中點的集合，其中$x_i, x_j \in X$，$x_i = (x_{1i}, x_{2i}, \cdots, x_{mi})^{\mathrm{T}}$，$x_j = (x_{1j}, x_{2j}, \cdots, x_{mj})^{\mathrm{T}}$，樣本$x_i$與樣本$x_j$的閔可夫斯基距離（Minkowski distance）定義為

$$d_{ij} = \left(\sum_{k=1}^{m} |x_{ki} - x_{kj}|^p \right)^{\frac{1}{p}} \tag{14.2}$$

這裡$p \geqslant 1$。當$p = 2$時稱為歐氏距離（Euclidean distance），即

$$d_{ij} = \left(\sum_{k=1}^{m} |x_{ki} - x_{kj}|^2 \right)^{\frac{1}{2}} \tag{14.3}$$

當$p = 1$時稱為曼哈頓距離（Manhattan distance），即

$$d_{ij} = \sum_{k=1}^{m} |x_{ki} - x_{kj}| \tag{14.4}$$

當$p = \infty$時稱為謝比雪夫距離（Chebyshev distance），取各個座標數值差的絕對值的最大值，即

$$d_{ij} = \max_{k} |x_{ki} - x_{kj}| \tag{14.5}$$

2. 馬哈拉諾比斯距離

馬哈拉諾比斯距離（Mahalanobis distance），簡稱馬氏距離，也是另一種常用的相似度，考慮各個分量（特徵）之間的相關性並與各個分量的尺度無關。馬哈拉諾比斯距離越大相似度越小，距離越小相似度越大。

【定義 14.2】給定一個樣本集合X，$X = [x_{ij}]_{m \times n}$，其協方差矩陣記作$S$。樣本$x_i$與樣本$x_j$之間的馬哈拉諾比斯距離$d_{ij}$定義為

$$d_{ij} = \left[(x_i - x_j)^{\mathrm{T}} S^{-1} (x_i - x_j) \right]^{\frac{1}{2}} \tag{14.6}$$

其中

$$x_i = (x_{1i}, x_{2i}, \cdots, x_{mi})^{\mathrm{T}}, \quad x_j = (x_{1j}, x_{2j}, \cdots, x_{mj})^{\mathrm{T}} \tag{14.7}$$

當 S 為單位矩陣時，即樣本資料的各個分量互相獨立且各個分量的方差為 1 時，由式(14.6)知馬氏距離就是歐氏距離，所以馬氏距離是歐氏距離的推廣。

3. 相關係數

樣本之間的相似度也可以用相關係數（correlation coefficient）來表示。相關係數的絕對值越接近於 1，表示樣本越相似；越接近於 0，表示樣本越不相似。

【定義 14.3】樣本 x_i 與樣本 x_j 之間的相關係數定義為

$$r_{ij} = \frac{\sum_{k=1}^{m} (x_{ki} - \bar{x}_i)(x_{kj} - \bar{x}_j)}{\left[\sum_{k=1}^{m} (x_{ki} - \bar{x}_i)^2 \sum_{k=1}^{m} (x_{kj} - \bar{x}_j)^2 \right]^{\frac{1}{2}}} \tag{14.8}$$

其中

$$\bar{x}_i = \frac{1}{m} \sum_{k=1}^{m} x_{ki}, \quad \bar{x}_j = \frac{1}{m} \sum_{k=1}^{m} x_{kj}$$

4. 夾角餘弦

樣本之間的相似度也可以用夾角餘弦（cosine）來表示。夾角餘弦越接近於 1，表示樣本越相似；越接近於 0，表示樣本越不相似。

【定義 14.4】樣本 x_i 與樣本 x_j 之間的夾角餘弦定義為

$$s_{ij} = \frac{\sum_{k=1}^{m} x_{ki} x_{kj}}{\left[\sum_{k=1}^{m} x_{ki}^2 \sum_{k=1}^{m} x_{kj}^2 \right]^{\frac{1}{2}}} \tag{14.9}$$

由上述定義看出，用距離度量相似度時，距離越小樣本越相似；用相關係數時，相關係數越大樣本越相似。注意不同相似度度量得到的結果並不一定一致。請參照圖 14.1。

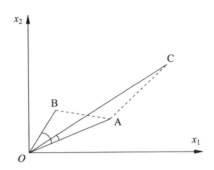

圖 14.1 距離與相關係數的關係

從圖上可以看出，如果從距離的角度看，A和B比A和C更相似；但從相關係數的角度看，A和C比A和B更相似。所以，進行聚類時，選擇適合的距離或相似度非常重要。

14.1.2 類或簇

透過聚類得到的類或簇，本質是樣本的子集。如果一個聚類方法假設一個樣本只能屬於一個類，或類的交集為空集，那麼該方法稱為硬聚類（hard clustering）方法。否則，如果一個樣本可以屬於多個類，或類的交集不為空集，那麼該方法稱為軟聚類（soft clustering）方法。本章只考慮硬聚類方法。

用G表示類或簇（cluster），用x_i，x_j表示類中的樣本，用n_G表示G中樣本的個數，用d_{ij}表示樣本x_i與樣本x_j之間的距離。類或簇有多種定義，下面舉出幾個常見的定義。

【定義 14.5】設T為給定的正數，若集合G中任意兩個樣本x_i, x_j，有

$$d_{ij} \leqslant T$$

則稱G為一個類或簇。

【定義 14.6】設T為給定的正數，若對集合G的任意樣本x_i，一定存在G中的另一個樣本x_j，使得

$$d_{ij} \leqslant T$$

則稱G為一個類或簇。

【定義 14.7】設T為給定的正數，若對集合G中任意一個樣本x_i，G中的另一個樣本x_j滿足

$$\frac{1}{n_G - 1} \sum_{x_j \in G} d_{ij} \leqslant T$$

其中n_G為G中樣本的個數，則稱G為一個類或簇。

【定義 14.8】T和V為給定的兩個正數，如果集合G中任意兩個樣本x_i, x_j的距離d_{ij}滿足

$$\frac{1}{n_G(n_G - 1)} \sum_{x_i \in G} \sum_{x_j \in G} d_{ij} \leqslant T$$
$$d_{ij} \leqslant V$$

則稱G為一個類或簇。

以上四個定義，第一個定義最常用，並且由它可推出其他三個定義。

類的特徵可以透過不同角度來刻畫，常用的特徵有下面三種：

（1）類的均值$\bar{x}_G$，又稱為類的中心

$$\bar{x}_G = \frac{1}{n_G} \sum_{i=1}^{n_G} x_i \tag{14.10}$$

式中n_G是類G的樣本個數。

（2）類的直徑（diameter）D_G

類的直徑D_G是類中任意兩個樣本之間的最大距離，即

$$D_G = \max_{x_i, x_j \in G} d_{ij} \tag{14.11}$$

（3）類的樣本散佈矩陣（scatter matrix）A_G 與樣本協方差矩陣（covariance matrix）S_G

類的樣本散佈矩陣 A_G 為

$$A_G = \sum_{i=1}^{n_G} (x_i - \bar{x}_G)(x_i - \bar{x}_G)^{\mathrm{T}} \tag{14.12}$$

樣本協方差矩陣 S_G 為

$$S_G = \frac{1}{n_G - 1} A_G$$

$$= \frac{1}{n_G - 1} \sum_{i=1}^{n_G} (x_i - \bar{x}_G)(x_i - \bar{x}_G)^{\mathrm{T}} \tag{14.13}$$

14.1.3 類與類之間的距離

下面考慮類 G_p 與類 G_q 之間的距離 $D(p,q)$，也稱為連接（linkage）。類與類之間的距離也有多種定義。

設類 G_p 包含 n_p 個樣本，G_q 包含 n_q 個樣本，分別用 $\bar{x}_p$ 和 $\bar{x}_q$ 表示 G_p 和 G_q 的均值，即類的中心。

（1）最短距離或單連接（single linkage）
定義類 G_p 的樣本與 G_q 的樣本之間的最短距離為兩類之間的距離

$$D_{pq} = \min\{d_{ij} | x_i \in G_p, x_j \in G_q\} \tag{14.14}$$

（2）最長距離或完全連接（complete linkage）
定義類 G_p 的樣本與 G_q 的樣本之間的最長距離為兩類之間的距離

$$D_{pq} = \max\{d_{ij} | x_i \in G_p, x_j \in G_q\} \tag{14.15}$$

（3）中心距離

定義類G_p與類G_q的中心$\bar{x}_p$與$\bar{x}_q$之間的距離為兩類之間的距離

$$D_{pq} = d_{\bar{x}_p \bar{x}_q} \tag{14.16}$$

（4）平均距離

定義類G_p與類G_q任意兩個樣本之間距離的平均值為兩類之間的距離

$$D_{pq} = \frac{1}{n_p n_q} \sum_{x_i \in G_p} \sum_{x_j \in G_q} d_{ij} \tag{14.17}$$

14.2 層次聚類

層次聚類假設類別之間存在層次結構，將樣本聚到層次化的類中。層次聚類又有聚合（agglomerative）或 自下而上（bottom-up）聚類、分裂（divisive）或從上往下（top-down）聚類兩種方法。因為每個樣本只屬於一個類，所以層次聚類屬於硬聚類。

聚合聚類開始將每個樣本各自分到一個類；之後將相距最近的兩類合併，建立一個新的類，重複此操作直到滿足停止條件；得到層次化的類別。分裂聚類開始將所有樣本分到一個類；之後將已有類中相距最遠的樣本分到兩個新的類，重複此操作直到滿足停止條件；得到層次化的類別。本書只介紹聚合聚類。

聚合聚類的具體過程如下：對於給定的樣本集合，開始將每個樣本分到一個類；然後按照一定規則，例如類間距離最小，將最滿足規則條件的兩個類進行合併；如此反覆進行，每次減少一個類，直到滿足停止條件，如所有樣本聚為一類。

由此可知，聚合聚類需要預先確定下面三個要素：

（1）距離或相似度；

（2）合併規則；

（3）停止條件。

根據這些要素的不同組合，就可以組成不同的聚類方法。距離或相似度可以是閔可夫斯基距離、馬哈拉諾比斯距離、相關係數、夾角餘弦。合併規則一般是類間距離最小，類間距離可以是最短距離、最長距離、中心距離、平均距離。停止條件可以是類的個數達到設定值（極端情況類的個數是 1）、類的直徑超過設定值。

如果採用歐氏距離為樣本之間距離；類間距離最小為合併規則，其中最短距離為類間距離；類的個數是 1，即所有樣本聚為一類，為停止條件，那麼聚合聚類的演算法如下。

【演算法 14.1】聚合聚類演算法

輸入：n個樣本組成的樣本集合及樣本之間的距離；

輸出：對樣本集合的一個層次化聚類。

（1）計算n個樣本兩兩之間的歐氏距離$\{d_{ij}\}$，記作矩陣$D = [d_{ij}]_{n \times n}$。

（2）構造n個類，每個類只包含一個樣本。

（3）合併類間距離最小的兩個類，其中最短距離為類間距離，建構一個新類。

（4）計算新類與當前各類的距離。若類的個數為 1，終止計算，否則回到步(3)。

可以看出聚合層次聚類演算法的複雜度是$O(n^3 m)$，其中m是樣本的維數，n是樣本個數。

下面透過一個例子說明聚合層次聚類演算法。

【例 14.1】給定 5 個樣本的集合，樣本之間的歐氏距離由如下矩陣D表示：

$$D = [d_{ij}]_{5 \times 5} = \begin{bmatrix} 0 & 7 & 2 & 9 & 3 \\ 7 & 0 & 5 & 4 & 6 \\ 2 & 5 & 0 & 8 & 1 \\ 9 & 4 & 8 & 0 & 5 \\ 3 & 6 & 1 & 5 & 0 \end{bmatrix}$$

其中d_{ij}表示第i個樣本與第j個樣本之間的歐氏距離。顯然D為對稱矩陣。應用聚合層次聚類法對這 5 個樣本進行聚類。

【解】

（1）首先用 5 個樣本建構 5 個類，$G_i = \{x_i\}$，$i = 1,2,\cdots,5$，這樣，樣本之間的距離也就變成類之間的距離，所以 5 個類之間的距離矩陣亦為D。

（2）由矩陣D可以看出，$D_{35} = D_{53} = 1$為最小，所以把G_3和G_5合併為一個新類，記作$G_6 = \{x_3, x_5\}$。

（3）計算G_6與G_1，G_2，G_4之間的最短距離，有

$$D_{61} = 2, \quad D_{62} = 5, \quad D_{64} = 5$$

又注意到其餘兩類之間的距離是

$$D_{12} = 7, \quad D_{14} = 9, \quad D_{24} = 4$$

顯然，$D_{61} = 2$最小，所以將G_1與G_6合併成一個新類，記作$G_7 = \{x_1, x_3, x_5\}$。

（4）計算G_7與G_2，G_4之間的最短距離，

$$D_{72} = 5, \quad D_{74} = 5$$

又注意到

$$D_{24} = 4$$

顯然，其中$D_{24} = 4$最小，所以將G_2與G_4合併成一新類，記作$G_8 = \{x_2, x_4\}$。

（5）將G_7與G_8合併成一個新類，記作$G_9 = \{x_1, x_2, x_3, x_4, x_5\}$，即將全部樣本聚成 1 類，聚類終止。

上述層次聚類過程可以用下面的層次聚類別圖表示。

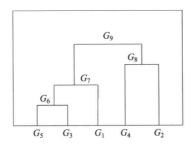

圖 14.2　層次聚類別圖

14.3　k均值聚類

k均值聚類是基於樣本集合劃分的聚類演算法。k均值聚類將樣本集合劃分為k個子集，組成k個類，將n個樣本分到k個類中，每個樣本到其所屬類的中心的距離最小。每個樣本只能屬於一個類，所以k均值聚類是硬聚類。下面分別介紹k均值聚類的模型、策略、演算法，討論演算法的特性及相關問題。

14.3.1　模型

給定n個樣本的集合$X = \{x_1, x_2, \cdots, x_n\}$，每個樣本由一個特徵向量表示，特徵向量的維數是$m$。$k$均值聚類的目標是將$n$個樣本分到$k$個不同的類或簇中，這裡假設$k < n$。$k$個類$G_1, G_2, \cdots, G_k$ 形成對樣本集合X的劃分，其中$G_i \cap G_j = \varnothing$，$\bigcup_{i=1}^{k} G_i = X$。用$C$表示劃分，一個劃分對應著一個聚類結果。

劃分C是一個多對一的函數。事實上,如果把每個樣本用一個整數$i \in \{1,2,\cdots,n\}$表示,每個類也用一個整數$l \in \{1,2,\cdots,k\}$表示,那麼劃分或者聚類可以用函數$l = C(i)$表示,其中$i \in \{1,2,\cdots,n\}$,$l \in \{1,2,\cdots,k\}$。所以k均值聚類的模型是一個從樣本到類的函數。

14.3.2 策略

k均值聚類歸結為樣本集合X的劃分,或者從樣本到類的函數的選擇問題。k均值聚類的策略是透過損失函數的最小化選取最優的劃分或函數C^*。

首先,採用歐氏距離平方(squared Euclidean distance)作為樣本之間的距離$d(x_i, x_j)$

$$d(x_i, x_j) = \sum_{k=1}^{m} (x_{ki} - x_{kj})^2$$

$$= \parallel x_i - x_j \parallel^2 \tag{14.18}$$

然後,定義樣本與其所屬類的中心之間的距離的總和為損失函數,即

$$W(C) = \sum_{l=1}^{k} \sum_{C(i)=l} \parallel x_i - \bar{x}_l \parallel^2 \tag{14.19}$$

式中$\bar{x}_l = (\bar{x}_{1l}, \bar{x}_{2l}, \cdots, \bar{x}_{ml})^{\mathrm{T}}$是第$l$個類的均值或中心,$n_l = \sum_{i=1}^{n} I(C(i) = l)$,$I(C(i) = l)$是指示函數,取值為 1 或 0。函數$W(C)$也稱為能量,表示相同類中的樣本相似的程度。

k均值聚類就是求解最佳化問題:

$$C^* = \underset{C}{\arg\min} W(C)$$

$$= \underset{C}{\arg\min} \sum_{l=1}^{k} \sum_{C(i)=l} \parallel x_i - \bar{x}_l \parallel^2 \tag{14.20}$$

相似的樣本被聚到同類時，損失函數值最小，這個目標函數的最佳化能達到聚類的目的。但是，這是一個組合最佳化問題，n個樣本分到k類，所有可能分法的數目是：

$$S(n,k) = \frac{1}{k!} \sum_{l=1}^{k} (-1)^{k-l} \binom{k}{l} k^n \tag{14.21}$$

這個數字是指數級的。事實上，k均值聚類的最優解求解問題是 NP 困難問題。現實中採用迭代的方法求解。

14.3.3 演算法

k均值聚類的演算法是一個迭代的過程，每次迭代包括兩個步驟。首先選擇k個類的中心，將樣本一個一個指派到與其最近的中心的類中，得到一個聚類結果；然後更新每個類的樣本的均值，作為類的新的中心；重複以上步驟，直到收斂為止。具體過程如下。

首先，對於給定的中心值$(m_1, m_2, \cdots, m_k)$，求一個劃分C，使得目標函數極小化：

$$\min_{C} \sum_{l=1}^{k} \sum_{C(i)=l} \| x_i - m_l \|^2 \tag{14.22}$$

就是說在類中心確定的情況下，將每個樣本分到一個類中，使樣本和其所屬類的中心之間的距離總和最小。求解結果，將每個樣本指派到與其最近的中心m_l的類G_l中。

然後，對給定的劃分C，再求各個類的中心$(m_1, m_2, \cdots, m_k)$，使得目標函數極小化：

$$\min_{m_1, \cdots, m_k} \sum_{l=1}^{k} \sum_{C(i)=l} \| x_i - m_l \|^2$$

就是說在劃分確定的情況下，使樣本和其所屬類的中心之間的距離總和最小。求解結果，對於每個包含n_l個樣本的類G_l，更新其均值m_l：

$$m_l = \frac{1}{n_l} \sum_{C(i)=l} x_i, \quad l = 1, \cdots, k$$

重複以上兩個步驟，直到劃分不再改變，得到聚類結果。現將k均值聚類演算法敘述如下。

【演算法 14.2】k均值聚類演算法

輸入：n個樣本的集合X；

輸出：樣本集合的聚類C^*。

（1）初始化。令$t = 0$，隨機選擇k個樣本點作為初始聚類中心$m^{(0)} = (m_1^{(0)}, \cdots, m_l^{(0)}, \cdots, m_k^{(0)})$。

（2）對樣本進行聚類。對固定的類中心$m^{(t)} = (m_1^{(t)}, \cdots, m_l^{(t)}, \cdots, m_k^{(t)})$，其中$m_l^{(t)}$為類$G_l$的中心，計算每個樣本到類中心的距離，將每個樣本指派到與其最近的中心的類中，組成聚類結果$C^{(t)}$。

（3）計算新的類中心。對聚類結果$C^{(t)}$，計算當前各個類中的樣本的均值，作為新的類中心$m^{(t+1)} = (m_1^{(t+1)}, \cdots, m_l^{(t+1)}, \cdots, m_k^{(t+1)})$。

（4）如果迭代收斂或符合停止條件，輸出$C^* = C^{(t)}$。

否則，令$t = t + 1$，返回步(2)。

k均值聚類演算法的複雜度是$O(mnk)$，其中m是樣本維數，n是樣本個數，k是類別個數。

【例 14.2】給定含有 5 個樣本的集合

$$X = \begin{bmatrix} 0 & 0 & 1 & 5 & 5 \\ 2 & 0 & 0 & 0 & 2 \end{bmatrix}$$

試用k均值聚類演算法將樣本聚到 2 個類中。

【解】按照演算法 14.2。

（1）選擇兩個樣本點作為類的中心。假設選擇 $m_1^{(0)} = x_1 = (0,2)^T$，$m_2^{(0)} = x_2 = (0,0)^T$。

（2）以 $m_1^{(0)}$，$m_2^{(0)}$ 為類 $G_1^{(0)}$，$G_2^{(0)}$ 的中心，計算 $x_3 = (1,0)^T$，$x_4 = (5,0)^T$，$x_5 = (5,2)^T$ 與 $m_1^{(0)} = (0,2)^T$，$m_2^{(0)} = (0,0)^T$ 的歐氏距離平方。

對 $x_3 = (1,0)^T$，$d(x_3, m_1^{(0)}) = 5$，$d(x_3, m_2^{(0)}) = 1$，將 x_3 分到類 $G_2^{(0)}$。

對 $x_4 = (5,0)^T$，$d(x_4, m_1^{(0)}) = 29$，$d(x_4, m_2^{(0)}) = 25$，將 x_4 分到類 $G_2^{(0)}$。

對 $x_5 = (5,2)^T$，$d(x_5, m_1^{(0)}) = 25$，$d(x_5, m_2^{(0)}) = 29$，將 x_5 分到類 $G_1^{(0)}$。

（3）得到新的類 $G_1^{(1)} = \{x_1, x_5\}$，$G_2^{(1)} = \{x_2, x_3, x_4\}$，計算類的中心 $m_1^{(1)}$，$m_2^{(1)}$：

$$m_1^{(1)} = (2.5, 2.0)^T, \quad m_2^{(1)} = (2,0)^T$$

（4）重複步驟(2)和步驟(3)。

將 x_1 分到類 $G_1^{(1)}$，將 x_2 分到類 $G_2^{(1)}$，x_3 分到類 $G_2^{(1)}$，x_4 分到類 $G_2^{(1)}$，x_5 分到類 $G_1^{(1)}$。

得到新的類 $G_1^{(2)} = \{x_1, x_5\}$，$G_2^{(2)} = \{x_2, x_3, x_4\}$。

由於得到的新的類沒有改變，聚類停止。得到聚類結果：

$$G_1^* = \{x_1, x_5\}, \quad G_2^* = \{x_2, x_3, x_4\}$$

14.3.4 演算法特性

1. 整體特點

k 均值聚類有以下特點：基於劃分的聚類方法；類別數 k 事先指定；以歐氏距離平方表示樣本之間的距離，以中心或樣本的均值表示類別；以樣本和

其所屬類的中心之間的距離的總和為最佳化的目標函數；得到的類別是平坦的、非層次化的；演算法是迭代演算法，不能保證得到全域最優。

2. 收斂性

k均值聚類屬於啟發式方法，不能保證收斂到全域最優，初始中心的選擇會直接影響聚類結果。注意，類中心在聚類的過程中會發生移動，但是往往不會移動太大，因為在每一步，樣本被分到與其最近的中心的類中。

3. 初始類的選擇

選擇不同的初始中心，會得到不同的聚類結果。針對上面的例 14.2，如果改變兩個類的初始中心，比如選擇$m_1^{(0)} = x_1$和$m_2^{(0)} = x_5$，那麼x_2，x_3會分到$G_1^{(0)}$，x_4會分到$G_2^{(0)}$，形成聚類結果$G_1^{(1)} = \{x_1, x_2, x_3\}$，$G_2^{(1)} = \{x_4, x_5\}$。中心是$m_1^{(1)} = (0.33, 0.67)^\mathrm{T}$，$m_2^{(1)} = (5, 1)^\mathrm{T}$。繼續迭代，聚類結果仍然是$G_1^{(2)} = \{x_1, x_2, x_3\}$，$G_2^{(2)} = \{x_4, x_5\}$。聚類停止。

初始中心的選擇，比如可以用層次聚類對樣本進行聚類，得到k個類時停止。然後從每個類中選取一個與中心距離最近的點。

4. 類別數k的選擇

k均值聚類中的類別數k值需要預先指定，而在實際應用中最優的k值是不知道的。解決這個問題的一個方法是嘗試用不同的 k 值聚類，檢驗各自得到聚類結果的品質，推測最優的k值。聚類結果的品質可以用類的平均直徑來衡量。一般地，類別數變小時，平均直徑會增加；類別數變大超過某個值以後，平均直徑會不變；而這個值正是最優的k值。圖 14.3 說明類別數與平均直徑的關係。實驗時，可以採用二分查詢，快速找到最優的k值。

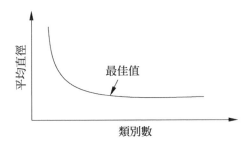

圖 14.3 類別數與平均直徑的關係

本章概要

1. 聚類是針對給定的樣本，依據它們屬性的相似度或距離，將其歸併到若干個「類」或「簇」的資料分析問題。一個類是樣本的一個子集。直觀上，相似的樣本聚集在同類，不相似的樣本分散在不同類。

2. 距離或相似度度量在聚類中起著重要作用。

   常用的距離度量有閔可夫斯基距離，包括歐氏距離、曼哈頓距離、謝比雪夫距離以及馬哈拉諾比斯距離。常用的相似度度量有相關係數、夾角餘弦。

   用距離度量相似度時，距離越小表示樣本越相似；用相關係數時，相關係數越大表示樣本越相似。

3. 類是樣本的子集，比如有如下基本定義：

   用 G 表示類或簇，用 x_i，x_j 等表示類中的樣本，用 d_{ij} 表示樣本 x_i 與樣本 x_j 之間的距離。如果對任意的 $x_i, x_j \in G$，有

   $$d_{ij} \leqslant T$$

   則稱 G 為一個類或簇。

   描述類的特徵的指標有中心、直徑、散佈矩陣、協方差矩陣。

4. 聚類過程中用到類與類之間的距離也稱為連接。類與類之間的距離包括最短距離、最長距離、中心距離、平均距離。

5. 層次聚類假設類別之間存在層次結構，將樣本聚到層次化的類中。層次聚類又有聚合或自下而上、分裂或從上往下兩種方法。

聚合聚類開始將每個樣本各自分到一個類；之後將相距最近的兩類合併，建立一個新的類，重複此操作直到滿足停止條件；得到層次化的類別。分裂聚類開始將所有樣本分到一個類；之後將已有類中相距最遠的樣本分到兩個新的類，重複此操作直到滿足停止條件；得到層次化的類別。

聚合聚類需要預先確定下面三個要素：

（1）距離或相似度；

（2）合併規則；

（3）停止條件。

根據這些概念的不同組合，就可以得到不同的聚類方法。

6. *k*均值聚類是常用的聚類演算法，有以下特點。基於劃分的聚類方法；類別數*k*事先指定；以歐氏距離平方表示樣本之間的距離或 相似度，以中心或樣本的均值表示類別；以樣本和其所屬類的中心之間的距離的總和為最佳化的目標函數；得到的類別是平坦的、非層次化的；演算法是迭代演算法，不能保證得到全域最優。

*k*均值聚類演算法，首先選擇*k*個類的中心，將樣本分到與中心最近的類中，得到一個聚類結果；然後計算每個類的樣本的均值，作為類的新的中心；重複以上步驟，直到收斂為止。

繼續閱讀

聚類的方法很多，各種方法的詳細介紹可見文獻[1, 2]。層次化聚類的方法可見文獻[2]，*k*均值聚類可見文獻[3, 4]。*k*均值聚類的擴充有 X-means [5]。其他常用的聚類方法還有基於混合分佈的方法，如高斯混合模型與 EM 演算法；基於密度的方法，如 DBScan [6]；基於譜聚類的方法,如 Normalized Cuts [7]。以上方法是對樣本的聚類，也有對樣本與屬性同時聚類的方法，如 Co-Clustering [8]。

習題

14.1 試寫出分裂聚類演算法，從上往下地對資料進行聚類，並舉出其演算法複雜度。

14.2 證明類或簇的四個定義中，第一個定義可推出其他三個定義.

14.3 證明式(14.21)成立，即k均值的可能解的個數是指數級的。

14.4 比較k均值聚類與高斯混合模型加 EM 演算法的異同。

參考文獻

[1]   Jain A, Dubes R. Algorithms for clustering data. Prentice-Hall, 1988.

[2]   Aggarwal C C, Reddy C K. Data clustering: algorithms and applications. CRC Press, 2013.

[3]   MacQueen J B. Some methods for classification and analysis of multivariate observations. Procceedings of 5th Symposium on Mathematical Statistics and Probability, vol.1, pp. 396–410. 1967.

[4]   Hastie T, Tibshirani R, Friedman J. The elements of statistical learning: data mining, inference, and prediction. Springer, 2001. （中譯本：統計學習基礎──數據挖掘、推理與預測. 范明，柴玉梅，昝紅英等譯. 北京：電子工業出版社, 2004.）

[5]   Pelleg D, Moore A W. X-means: extending K-means with efficient estimation of the number of clusters. Proceedings of ICML, pp. 727–734, 2000.

[6]   Ester M, Kriegel H, Sander J, et al. A density-based algorithm for discovering clusters in large spatial databases with noise. Proceedings of ACM SIGKDD, pp. 226–231. 1996.

[7]   Shi J, Malik J. Normalized cuts and image segmentation. IEEE Transactions on Pattern Analysis and Machine Intelligence, 2000, 22(8): 888–905.

[8]   Dhillon I S. Co-clustering documents and words using bipartite spectral graph partitioning. Proceedings of ACM SIGKDD, pp. 269–274. 2001.

奇異值分解

奇異值分解（singular value decomposition, SVD）是一種矩陣因數分解方法，是線性代數的概念，但在統計學習中被廣泛使用，成為其重要工具。本書介紹的主成分分析、潛在語義分析都用到奇異值分解。

任意一個 $m \times n$ 矩陣，都可以表示為三個矩陣的乘積（因數分解）形式，分別是 m 階正交矩陣、由降冪排列的非負的對角線元素組成的 $m \times n$ 矩形對角矩陣和 n 階正交矩陣，稱為該矩陣的奇異值分解。矩陣的奇異值分解一定存在，但不唯一。奇異值分解可以看作是矩陣資料壓縮的一種方法，即用因數分解的方式近似地表示原始矩陣，這種近似是在平方損失意義下的最優近似。

15.1 節說明矩陣奇異值分解的定義與基本定理，敘述奇異值分解的緊湊和截斷形式、幾何解釋、主要性質；15.2 節說明奇異值分解的演算法；15.3 節論述奇異值分解是矩陣的一種最優近似方法。

15.1 奇異值分解的定義與性質

15.1.1 定義與定理

【定義 15.1】奇異值分解：矩陣的奇異值分解是指，將一個非零的$m \times n$實矩陣A，$A \in R^{m \times n}$，表示為以下三個實矩陣乘積形式的運算[1]，即進行矩陣的因數分解：

$$A = U \Sigma V^T \tag{15.1}$$

其中U是m階正交矩陣（orthogonal matrix），V是n階正交矩陣，Σ 是由降冪排列的非負的對角線元素組成的$m \times n$矩形對角矩陣（rectangular diagonal matrix），滿足

$$UU^T = I$$
$$VV^T = I$$
$$\Sigma = diag(\sigma_1, \sigma_2, \cdots, \sigma_p)$$
$$\sigma_1 \geqslant \sigma_2 \geqslant \cdots \geqslant \sigma_p \geqslant 0$$
$$p = \min(m, n)$$

$U \Sigma V^T$稱為矩陣A的奇異值分解（singular value decomposition，SVD），σ_i稱為矩陣A的奇異值（singular value），U的列向量稱為左奇異向量（left singular vector），V的列向量稱為右奇異向量（right singular vector）。

注意奇異值分解不要求矩陣A是方陣，事實上矩陣的奇異值分解可以看作是方陣的對角化的推廣。

下面看一個奇異值分解的例子。

---

[1] 奇異值分解可以更一般地定義在複數矩陣上，這裡並不涉及。

【例 15.1】給定一個5×4矩陣A

$$A = \begin{bmatrix} 1 & 0 & 0 & 0 \\ 0 & 0 & 0 & 4 \\ 0 & 3 & 0 & 0 \\ 0 & 0 & 0 & 0 \\ 2 & 0 & 0 & 0 \end{bmatrix}$$

它的奇異值分解由三個矩陣的乘積$U\Sigma V^{\mathrm{T}}$舉出，矩陣U，Σ，V^{T}分別為

$$U = \begin{bmatrix} 0 & 0 & \sqrt{0.2} & 0 & \sqrt{0.8} \\ 1 & 0 & 0 & 0 & 0 \\ 0 & 1 & 0 & 0 & 0 \\ 0 & 0 & 0 & 1 & 0 \\ 0 & 0 & \sqrt{0.8} & 0 & -\sqrt{0.2} \end{bmatrix}, \quad \Sigma = \begin{bmatrix} 4 & 0 & 0 & 0 \\ 0 & 3 & 0 & 0 \\ 0 & 0 & \sqrt{5} & 0 \\ 0 & 0 & 0 & 0 \\ 0 & 0 & 0 & 0 \end{bmatrix}$$

$$V^{\mathrm{T}} = \begin{bmatrix} 0 & 0 & 0 & 1 \\ 0 & 1 & 0 & 0 \\ 1 & 0 & 0 & 0 \\ 0 & 0 & 1 & 0 \end{bmatrix}$$

矩陣Σ是對角矩陣，對角線外的元素都是 0，對角線上的元素非負，按降冪排列。矩陣U和V是正交矩陣，它們與各自的轉置矩陣相乘是單位矩陣，即

$$UU^{\mathrm{T}} = I_5, \quad VV^{\mathrm{T}} = I_4$$

矩陣的奇異值分解不是唯一的。在此例中如果選擇U為

$$U = \begin{bmatrix} 0 & 0 & \sqrt{0.2} & \sqrt{0.4} & -\sqrt{0.4} \\ 1 & 0 & 0 & 0 & 0 \\ 0 & 1 & 0 & 0 & 0 \\ 0 & 0 & 0 & \sqrt{0.5} & \sqrt{0.5} \\ 0 & 0 & \sqrt{0.8} & -\sqrt{0.1} & \sqrt{0.1} \end{bmatrix}$$

而Σ與V不變，那麼$U\Sigma V^{\mathrm{T}}$也是A的一個奇異值分解。

任意給定一個實矩陣，其奇異值分解是否一定存在呢？答案是肯定的，下面的奇異值分解的基本定理給予保證。

【定理 15.1】奇異值分解基本定理：若A為一$m \times n$實矩陣，$A \in R^{m \times n}$，則A的奇異值分解存在

$$A = U \Sigma V^{\mathrm{T}} \tag{15.2}$$

其中U是m階正交矩陣，V是n階正交矩陣，Σ是$m \times n$矩形對角矩陣，其對角線元素非負，且按降冪排列。

【證明】證明是構造性的，對給定的矩陣A，構造出其奇異值分解的各個矩陣。為了方便，不妨假設$m \geqslant n$，如果$m < n$證明仍然成立。證明由三步完成。[2]

（1）確定V和Σ

首先構造n階正交實矩陣V和$m \times n$矩形對角實矩陣Σ。

矩陣A是$m \times n$實矩陣，則矩陣$A^{\mathrm{T}}A$是n階實對稱矩陣。因而$A^{\mathrm{T}}A$的特徵值都是實數，並且存在一個n階正交實矩陣V實現$A^{\mathrm{T}}A$的對角化，使得$V^{\mathrm{T}}(A^{\mathrm{T}}A)V = \Lambda$成立，其中$\Lambda$是$n$階對角矩陣，其對角線元素由$A^{\mathrm{T}}A$的特徵值組成。

而且，$A^{\mathrm{T}}A$的特徵值都是非負的。事實上，令λ是$A^{\mathrm{T}}A$的一個特徵值，x是對應的特徵向量，則

$$\| Ax \|^2 = x^{\mathrm{T}}A^{\mathrm{T}}Ax = \lambda x^{\mathrm{T}}x = \lambda \| x \|^2$$

於是

$$\lambda = \frac{\| Ax \|^2}{\| x \|^2} \geqslant 0 \tag{15.3}$$

---

[2] 線性代數的基本知識可參見本章的參考文獻。

可以假設正交矩陣V的列的排列使得對應的特徵值形成降冪排列

$$\lambda_1 \geqslant \lambda_2 \geqslant \cdots \geqslant \lambda_n \geqslant 0$$

計算特徵值的平方根（實際就是矩陣A的奇異值）

$$\sigma_j = \sqrt{\lambda_j}, \quad j = 1, 2, \cdots, n$$

設矩陣A的秩是r，$rank(A) = r$，則矩陣$A^{\mathrm{T}}A$的秩也是r。由於$A^{\mathrm{T}}A$是對稱矩陣，它的秩等於正的特徵值的個數，所以

$$\lambda_1 \geqslant \lambda_2 \geqslant \cdots \geqslant \lambda_r > 0, \quad \lambda_{r+1} = \lambda_{r+2} = \cdots = \lambda_n = 0 \tag{15.4}$$

對應地有

$$\sigma_1 \geqslant \sigma_2 \geqslant \cdots \geqslant \sigma_r > 0, \quad \sigma_{r+1} = \sigma_{r+2} = \cdots = \sigma_n = 0 \tag{15.5}$$

令

$$V_1 = [v_1 \quad v_2 \quad \cdots \quad v_r], \quad V_2 = [v_{r+1} \quad v_{r+2} \quad \cdots \quad v_n]$$

其中$v_1, \cdots, v_r$為$A^{\mathrm{T}}A$的正特徵值對應的特徵向量，$v_{r+1}, \cdots, v_n$為 0 特徵值對應的特徵向量，則

$$V = [V_1 \quad V_2] \tag{15.6}$$

這就是矩陣A的奇異值分解中的n階正交矩陣V。

令

$$\Sigma_1 = \begin{bmatrix} \sigma_1 & & & \\ & \sigma_2 & & \\ & & \ddots & \\ & & & \sigma_r \end{bmatrix}$$

則Σ_1是一個r階對角矩陣，其對角線元素為按降冪排列的正的$\sigma_1, \cdots, \sigma_r$，於是$m \times n$矩形對角矩陣$\Sigma$可以表為

$$\Sigma = \begin{bmatrix} \Sigma_1 & 0 \\ 0 & 0 \end{bmatrix} \tag{15.7}$$

這就是矩陣A的奇異值分解中的$m \times n$矩形對角矩陣Σ。

下面推出後面要用到的一個公式。在式(15.6)中，V_2的列向量是$A^{\mathrm{T}}A$對應於特徵值為 0 的特徵向量。因此

$$A^{\mathrm{T}}Av_j = 0, \quad j = r+1, \cdots, n \tag{15.8}$$

於是，V_2的列向量組成了$A^{\mathrm{T}}A$的零空間$N(A^{\mathrm{T}}A)$，而$N(A^{\mathrm{T}}A) = N(A)$。所以$V_2$的列向量組成$A$的零空間的一組標準正交基底。因此，

$$AV_2 = 0 \tag{15.9}$$

由於V是正交矩陣，由式(15.6)可得

$$I = VV^{\mathrm{T}} = V_1V_1^{\mathrm{T}} + V_2V_2^{\mathrm{T}} \tag{15.10}$$

$$A = AI = AV_1V_1^{\mathrm{T}} + AV_2V_2^{\mathrm{T}} = AV_1V_1^{\mathrm{T}} \tag{15.11}$$

（2）確定U

接著構造m階正交實矩陣U。

令

$$u_j = \frac{1}{\sigma_j}Av_j, \quad j = 1,2,\cdots,r \tag{15.12}$$

$$U_1 = [u_1 \quad u_2 \quad \cdots \quad u_r] \tag{15.13}$$

則有

$$AV_1 = U_1\Sigma_1 \tag{15.14}$$

U_1的列向量組成了一組標準正交集，因為

$$u_i^{\mathrm{T}} u_j = \left(\frac{1}{\sigma_i} v_i^{\mathrm{T}} A^{\mathrm{T}}\right)\left(\frac{1}{\sigma_j} A v_j\right)$$

$$= \frac{1}{\sigma_i \sigma_j} v_i^{\mathrm{T}} (A^{\mathrm{T}} A v_j)$$

$$= \frac{\sigma_j}{\sigma_i} v_i^{\mathrm{T}} v_j$$

$$= \delta_{ij}, \quad i = 1,2,\cdots,r; \quad j = 1,2,\cdots,r \quad (15.15)$$

由式(15.12)和式(15.15)可知，$u_1, u_2, \cdots, u_r$組成A的列空間的一組標準正交基底，列空間的維數為r。如果將A看成是從R^n到R^m的線性變換，則A的列空間和A的值域$R(A)$是相同的。因此$u_1, u_2, \cdots, u_r$也是$R(A)$的一組標準正交基底。

若$R(A)^\perp$表示$R(A)$的正交補，則有$R(A)$的維數為r，$R(A)^\perp$的維數為$m - r$，兩者的維數之和等於m。而且有$R(A)^\perp = N(A^{\mathrm{T}})$成立。[3]

令$\{u_{r+1}, u_{r+2}, \cdots, u_m\}$為$N(A^{\mathrm{T}})$的一組標準正交基底，並令

$$U_2 = [u_{r+1} \quad u_{r+2} \quad \cdots \quad u_m]$$

$$U = [U_1 \quad U_2] \quad (15.16)$$

則$u_1, u_2, \cdots, u_m$組成了R^m的一組標準正交基底。因此，U是m階正交矩陣，這就是矩陣A的奇異值分解中的m階正交矩陣。

（3）證明$U\Sigma V^{\mathrm{T}} = A$

由式(15.6)、式(15.7)、式(15.11)、式(15.14)和式(15.16) 得

---

[3] 參照附錄 D。

$$\begin{aligned}
U\Sigma V^{\mathrm{T}} &= [U_1 \quad U_2]\begin{bmatrix} \Sigma_1 & 0 \\ 0 & 0 \end{bmatrix}\begin{bmatrix} V_1^{\mathrm{T}} \\ V_2^{\mathrm{T}} \end{bmatrix} \\
&= U_1\Sigma_1 V_1^{\mathrm{T}} \\
&= AV_1 V_1^{\mathrm{T}} \\
&= A
\end{aligned}$$

(15.17)

至此證明了矩陣A存在奇異值分解。

15.1.2 緊奇異值分解與截斷奇異值分解

定理 15.1 舉出的奇異值分解

$$A = U\Sigma V^{\mathrm{T}}$$

又稱為矩陣的完全奇異值分解（full singular value decomposition）。實際常用的是奇異值分解的緊湊形式和截斷形式。緊奇異值分解是與原始矩陣等秩的奇異值分解，截斷奇異值分解是比原始矩陣低秩的奇異值分解。

1. 緊奇異值分解

【定義 15.2】設有$m \times n$實矩陣A，其秩為$rank(A) = r$，$r \leqslant \min(m, n)$，則稱$U_r\Sigma_r V_r^{\mathrm{T}}$為$A$的緊奇異值分解（compact singular value decomposition），即

$$A = U_r\Sigma_r V_r^{\mathrm{T}}$$

(15.18)

其中U_r是$m \times r$矩陣，V_r是$n \times r$矩陣，Σ_r是r階對角矩陣；矩陣U_r由完全奇異值分解中U的前r列、矩陣V_r由V的前r列、矩陣Σ_r由Σ的前r個對角線元素得到。緊奇異值分解的對角矩陣Σ_r的秩與原始矩陣A的秩相等。

【**例 15.2**】由例 15.1 舉出的矩陣A的秩$r = 3$，

$$A = \begin{bmatrix} 1 & 0 & 0 & 0 \\ 0 & 0 & 0 & 4 \\ 0 & 3 & 0 & 0 \\ 0 & 0 & 0 & 0 \\ 2 & 0 & 0 & 0 \end{bmatrix}$$

A的緊奇異值分解是

$$A = U_r \Sigma_r V_r^T$$

其中

$$U_r = \begin{bmatrix} 0 & 0 & \sqrt{0.2} \\ 1 & 0 & 0 \\ 0 & 1 & 0 \\ 0 & 0 & 0 \\ 0 & 0 & \sqrt{0.8} \end{bmatrix}, \quad \Sigma_r = \begin{bmatrix} 4 & 0 & 0 \\ 0 & 3 & 0 \\ 0 & 0 & \sqrt{5} \end{bmatrix}, \quad V_r^T = \begin{bmatrix} 0 & 0 & 0 & 1 \\ 0 & 1 & 0 & 0 \\ 1 & 0 & 0 & 0 \end{bmatrix}$$

2. 截斷奇異值分解

在矩陣的奇異值分解中，只取最大的k個奇異值（$k < r$，r為矩陣的秩）對應的部分，就得到矩陣的截斷奇異值分解。實際應用中提到矩陣的奇異值分解時，通常指截斷奇異值分解。

【**定義 15.3**】設A為$m \times n$實矩陣，其秩$rank(A) = r$，且$0 < k < r$，則稱$U_k \Sigma_k V_k^T$ 為 矩 陣 A 的 截 斷 奇 異 值 分 解 （ truncated singular value decomposition）

$$A \approx U_k \Sigma_k V_k^T \tag{15.19}$$

其中U_k是$m \times k$矩陣，V_k是$n \times k$矩陣，Σ_k是k階對角矩陣；矩陣U_k由完全奇異值分解中U的前k列、矩陣V_k由V的前k列、矩陣Σ_k由Σ的前k個對角線元素得到。對角矩陣Σ_k的秩比原始矩陣A的秩低。

【例 15.3】由例 15.1 所舉出的矩陣A

$$A = \begin{bmatrix} 1 & 0 & 0 & 0 \\ 0 & 0 & 0 & 4 \\ 0 & 3 & 0 & 0 \\ 0 & 0 & 0 & 0 \\ 2 & 0 & 0 & 0 \end{bmatrix}$$

的秩為 3，若取$k = 2$則其截斷奇異值分解是

$$A \approx A_2 = U_2 \Sigma_2 V_2^{\mathrm{T}}$$

其中

$$U_2 = \begin{bmatrix} 0 & 0 \\ 1 & 0 \\ 0 & 1 \\ 0 & 0 \\ 0 & 0 \end{bmatrix}, \quad \Sigma_2 = \begin{bmatrix} 4 & 0 \\ 0 & 3 \end{bmatrix}, \quad V_2^{\mathrm{T}} = \begin{bmatrix} 0 & 0 & 0 & 1 \\ 0 & 1 & 0 & 0 \end{bmatrix}$$

$$A_2 = U_2 \Sigma_2 V_2^{\mathrm{T}} = \begin{bmatrix} 0 & 0 & 0 & 0 \\ 0 & 0 & 0 & 4 \\ 0 & 3 & 0 & 0 \\ 0 & 0 & 0 & 0 \\ 0 & 0 & 0 & 0 \end{bmatrix}$$

這裡的U_2，V_2是例 15.1 的U和V的前 2 列，Σ_2是Σ的前 2 行前 2 列。A_2與A比較，A的元素 1 和 2 在A_2中均變成 0。

在實際應用中，常常需要對矩陣的資料進行壓縮，將其近似表示，奇異值分解提供了一種方法。後面將要敘述，奇異值分解是在平方損失（Frobenius 範數）意義下對矩陣的最優近似。緊奇異值分解對應著無失真壓縮，截斷奇異值分解對應著失真壓縮。

15.1.3 幾何解釋

從線性變換的角度理解奇異值分解，$m \times n$矩陣A表示從n維空間R^n到m維空間R^m的一個線性變換，

$$T: x \rightarrow Ax$$

$x \in R^n$，$Ax \in R^m$，x和Ax分別是各自空間的向量。線性變換可以分解為三個簡單的變換：一個坐標系的旋轉或反射變換、一個坐標軸的縮放變換、另一個坐標系的旋轉或反射變換。奇異值定理保證這種分解一定存在。這就是奇異值分解的幾何解釋。

對矩陣A進行奇異值分解，得到$A = U\Sigma V^T$，V和U都是正交矩陣，所以V的列向量$v_1, v_2, \cdots, v_n$ 組成R^n空間的一組標準正交基底，表示R^n中的正交坐標系的旋轉或反射變換；U的列向量$u_1, u_2, \cdots, u_m$ 組成R^m空間的一組標準正交基底，表示R^m中的正交坐標系的旋轉或反射變換；Σ的對角元素$\sigma_1, \sigma_2, \cdots, \sigma_n$是一組非負實數，表示$R^n$中的原始正交坐標系坐標軸的$\sigma_1, \sigma_2, \cdots, \sigma_n$倍的縮放變換。

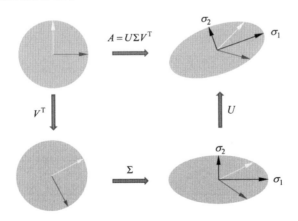

圖 15.1 奇異值分解的幾何解釋

任意一個向量$x \in R^n$，經過基於$A = U\Sigma V^T$的線性變換，等值於經過坐標系的旋轉或反射變換V^T，坐標軸的縮放變換Σ，以及坐標系的旋轉或反射變

換U，得到向量$Ax \in R^m$。圖 15.1 舉出直觀的幾何解釋。原始空間的標準正交基底（紅色與黃色），經過坐標系的旋轉變換V^T、坐標軸的縮放變換Σ（黑色σ_1, σ_2）、坐標系的旋轉變換U，得到和經過線性變換A等值的結果。

下面透過一個例子直觀地說明奇異值分解的幾何意義。

【例 15.4】給定一個 2 階矩陣

$$A = \begin{bmatrix} 3 & 1 \\ 2 & 1 \end{bmatrix}$$

其奇異值分解為

$$U = \begin{bmatrix} 0.8174 & -0.5760 \\ 0.5760 & 0.8174 \end{bmatrix}, \quad \Sigma = \begin{bmatrix} 3.8643 & 0 \\ 0 & 0.2588 \end{bmatrix}, \quad V^T = \begin{bmatrix} 0.9327 & 0.3606 \\ -0.3606 & 0.9327 \end{bmatrix}$$

觀察基於矩陣A的奇異值分解將R^2的標準正交基底

$$e_1 = \begin{bmatrix} 1 \\ 0 \end{bmatrix}, \quad e_2 = \begin{bmatrix} 0 \\ 1 \end{bmatrix}$$

進行線性轉換的情況。

首先，V^T表示一個旋轉變換，將標準正交基底e_1，e_2旋轉，得到向量$V^T e_1$，$V^T e_2$：

$$V^T e_1 = \begin{bmatrix} 0.9327 \\ -0.3606 \end{bmatrix}, \quad V^T e_2 = \begin{bmatrix} 0.3606 \\ 0.9327 \end{bmatrix}$$

其次，Σ表示一個縮放變換，將向量$V^T e_1$，$V^T e_2$在坐標軸方向縮放σ_1倍和σ_2倍，得到向量$\Sigma V^T e_1$，$\Sigma V^T e_2$：

$$\Sigma V^T e_1 = \begin{bmatrix} 3.6042 \\ -0.0933 \end{bmatrix}, \quad \Sigma V^T e_2 = \begin{bmatrix} 1.3935 \\ 0.2414 \end{bmatrix}$$

最後，U表示一個旋轉變換，再將向量$\Sigma V^T e_1$，$\Sigma V^T e_2$旋轉，得到向量$U\Sigma V^T e_1$，$U\Sigma V^T e_2$，也就是向量Ae_1和Ae_2：

$$Ae_1 = U\Sigma V^{\mathrm{T}} e_1 = \begin{bmatrix} 3 \\ 2 \end{bmatrix}, \quad Ae_2 = U\Sigma V^{\mathrm{T}} e_2 \begin{bmatrix} 1 \\ 1 \end{bmatrix}$$

綜上，矩陣的奇異值分解也可以看作是將其對應的線性變換分解為旋轉變換、縮放變換及旋轉變換的組合。根據定理 15.1，這個變換的組合一定存在。

15.1.4 主要性質

（1）設矩陣A的奇異值分解為$A = U\Sigma V^{\mathrm{T}}$，則以下關係成立：

$$A^{\mathrm{T}}A = (U\Sigma V^{\mathrm{T}})^{\mathrm{T}}(U\Sigma V^{\mathrm{T}}) = V(\Sigma^{\mathrm{T}}\Sigma)V^{\mathrm{T}} \qquad (15.20)$$

$$AA^{\mathrm{T}} = (U\Sigma V^{\mathrm{T}})(U\Sigma V^{\mathrm{T}})^{\mathrm{T}} = U(\Sigma\Sigma^{\mathrm{T}})U^{\mathrm{T}} \qquad (15.21)$$

也就是說，矩陣$A^{\mathrm{T}}A$和AA^{T}的特徵分解存在，且可以由矩陣A的奇異值分解的矩陣表示。V的列向量是$A^{\mathrm{T}}A$的特徵向量，U的列向量是AA^{T}的特徵向量，Σ的奇異值是 $A^{\mathrm{T}}A$和AA^{T}的特徵值的平方根。

（2）在矩陣A的奇異值分解中，奇異值、左奇異向量和右奇異向量之間存在對應關係。

由$A = U\Sigma V^{\mathrm{T}}$易知

$$AV = U\Sigma$$

比較這一等式兩端的第j列，得到

$$Av_j = \sigma_j u_j, \quad j = 1,2,\cdots,n \qquad (15.22)$$

這是矩陣A的右奇異向量和奇異值、左奇異向量的關係。

類似地，由

$$A^{\mathrm{T}}U = V\Sigma^{\mathrm{T}}$$

得到

$$A^{\mathrm{T}}u_j = \sigma_j v_j, \quad j = 1,2,\cdots,n \tag{15.23}$$

$$A^{\mathrm{T}}u_j = 0, \quad j = n+1, n+2, \cdots, m \tag{15.24}$$

這是矩陣A的左奇異向量和奇異值、右奇異向量的關係。

（3）矩陣A的奇異值分解中，奇異值$\sigma_1, \sigma_2, \cdots, \sigma_n$是唯一的，而矩陣$U$和$V$不是唯一的。

（4）矩陣A和Σ的秩相等，等於正奇異值σ_i的個數r（包含重複的奇異值）。

（5）矩陣A的r個右奇異向量$v_1, v_2, \cdots, v_r$組成A^{T}的值域$R(A^{\mathrm{T}})$的一組標準正交基底。因為矩陣A^{T}是從R^m映射到R^n的線性變換，則A^{T}的值域$R(A^{\mathrm{T}})$和A^{T}的列空間是相同的，$v_1, v_2, \cdots, v_r$是A^{T}的一組標準正交基底，因而也是$R(A^{\mathrm{T}})$的一組標準正交基底。[4]

矩陣A的$n-r$個右奇異向量$v_{r+1}, v_{r+2}, \cdots, v_n$組成$A$的零空間$N(A)$的一組標準正交基底。

矩陣A的r個左奇異向量$u_1, u_2, \cdots, u_r$組成值域$R(A)$的一組標準正交基底。

矩陣A的$m-r$個左奇異向量$u_{r+1}, u_{r+2}, \cdots, u_m$組成$A^{\mathrm{T}}$的零空間$N(A^{\mathrm{T}})$的一組標準正交基底。

---

[4] 參照附錄 D。

15.2 奇異值分解的計算

奇異值分解基本定理證明的過程蘊含了奇異值分解的計算方法。矩陣 A 的奇異值分解可以透過求對稱矩陣 $A^{\mathrm{T}}A$ 的特徵值和特徵向量得到。$A^{\mathrm{T}}A$ 的特徵向量組成正交矩陣 V 的列；$A^{\mathrm{T}}A$ 的特徵值 λ_j 的平方根為奇異值 σ_i，即

$$\sigma_j = \sqrt{\lambda_j}, \quad j = 1, 2, \cdots, n$$

對其由大到小排列作為對角線元素，組成對角矩陣 Σ；求正奇異值對應的左奇異向量，再求擴充的 A^{T} 的標準正交基底，組成正交矩陣 U 的列。從而得到 A 的奇異值分解 $A = U\Sigma V^{\mathrm{T}}$。

給定 $m \times n$ 矩陣 A，可以按照上面的敘述寫出矩陣奇異值分解的計算過程。

（1）首先求 $A^{\mathrm{T}}A$ 的特徵值和特徵向量。

計算對稱矩陣 $W = A^{\mathrm{T}}A$。

求解特徵方程式

$$(W - \lambda I)x = 0$$

得到特徵值 λ_i，並將特徵值由大到小排列

$$\lambda_1 \geqslant \lambda_2 \geqslant \cdots \geqslant \lambda_n \geqslant 0$$

將特徵值 λ_i（$i = 1, 2, \cdots, n$）代入特徵方程式求得對應的特徵向量。

（2）求 n 階正交矩陣 V

將特徵向量單位化，得到單位特徵向量 $v_1, v_2, \cdots, v_n$，組成 n 階正交矩陣 V：

$$V = [v_1 \ v_2 \ \cdots \ v_n]$$

（3）求 $m \times n$ 對角矩陣 Σ

計算 A 的奇異值

$$\sigma_i = \sqrt{\lambda_i}, \quad i = 1, 2, \cdots, n$$

構造$m \times n$矩形對角矩陣Σ，主對角線元素是奇異值，其餘元素是零，

$$\Sigma = \mathrm{diag}(\sigma_1, \sigma_2, \cdots, \sigma_n)$$

（4）求m階正交矩陣U

對A的前r個正奇異值，令

$$u_j = \frac{1}{\sigma_j} A v_j, \quad j = 1, 2, \cdots, r$$

得到

$$U_1 = [u_1 \quad u_2 \quad \cdots \quad u_r]$$

求A^{T}的零空間的一組標準正交基底$\{u_{r+1}, u_{r+2}, \cdots, u_m\}$，令

$$U_2 = [u_{r+1} \quad u_{r+2} \quad \cdots \quad u_m]$$

並令

$$U = [U_1 \quad U_2]$$

（5）得到奇異值分解

$$A = U \Sigma V^{\mathrm{T}}$$

下面透過一個簡單的例題，說明奇異值分解的演算法。

【例 15.5】試求矩陣

$$A = \begin{bmatrix} 1 & 1 \\ 2 & 2 \\ 0 & 0 \end{bmatrix}$$

的奇異值分解。

【解】（1）求矩陣$A^{\mathrm{T}}A$的特徵值和特徵向量

求對稱矩陣$A^{\mathrm{T}}A$

$$A^{\mathrm{T}}A = \begin{bmatrix} 1 & 2 & 0 \\ 1 & 2 & 0 \end{bmatrix}\begin{bmatrix} 1 & 1 \\ 2 & 2 \\ 0 & 0 \end{bmatrix} = \begin{bmatrix} 5 & 5 \\ 5 & 5 \end{bmatrix}$$

特徵值λ和特徵向量x滿足特徵方程式

$$(A^{\mathrm{T}}A - \lambda I)x = 0$$

得到齊次線性方程組

$$\begin{cases} (5-\lambda)x_1 + 5x_2 = 0 \\ 5x_1 + (5-\lambda)x_2 = 0 \end{cases}$$

該方程組有非零解的充要條件是

$$\begin{vmatrix} 5-\lambda & 5 \\ 5 & 5-\lambda \end{vmatrix} = 0$$

即

$$\lambda^2 - 10\lambda = 0$$

解此方程式，得矩陣$A^{\mathrm{T}}A$的特徵值$\lambda_1 = 10$和$\lambda_2 = 0$。

將特徵值$\lambda_1 = 10$代入線性方程組，得到對應的單位特徵向量

$$v_1 = \begin{bmatrix} \dfrac{1}{\sqrt{2}} \\ \dfrac{1}{\sqrt{2}} \end{bmatrix}$$

同樣得到特徵值$\lambda_2 = 0$對應的單位特徵向量

$$v_2 = \begin{bmatrix} \dfrac{1}{\sqrt{2}} \\ -\dfrac{1}{\sqrt{2}} \end{bmatrix}$$

（2）求正交矩陣V

構造正交矩陣V

$$V = \begin{bmatrix} \dfrac{1}{\sqrt{2}} & \dfrac{1}{\sqrt{2}} \\ \dfrac{1}{\sqrt{2}} & -\dfrac{1}{\sqrt{2}} \end{bmatrix}$$

（3）求對角矩陣Σ

奇異值為$\sigma_1 = \sqrt{\lambda_1} = \sqrt{10}$和$\sigma_2 = 0$。構造對角矩陣

$$\Sigma = \begin{bmatrix} \sqrt{10} & 0 \\ 0 & 0 \\ 0 & 0 \end{bmatrix}$$

注意在Σ中要加上零行向量，使得Σ能夠與U，V進行矩陣乘法運算。

（4）求正交矩陣U

基於A的正奇異值計算得到列向量u_1

$$u_1 = \frac{1}{\sigma_1} A v_1 = \frac{1}{\sqrt{10}} \begin{bmatrix} 1 & 1 \\ 2 & 2 \\ 0 & 0 \end{bmatrix} \begin{bmatrix} \dfrac{1}{\sqrt{2}} \\ \dfrac{1}{\sqrt{2}} \end{bmatrix} = \begin{bmatrix} \dfrac{1}{\sqrt{5}} \\ \dfrac{2}{\sqrt{5}} \\ 0 \end{bmatrix}$$

列向量u_2，u_3是A^{T}的零空間$N(A^{\mathrm{T}})$的一組標準正交基底。為此，求解以下線性方程組

$$A^{\mathrm{T}} x = \begin{bmatrix} 1 & 2 & 0 \\ 1 & 2 & 0 \end{bmatrix} \begin{bmatrix} x_1 \\ x_2 \\ x_3 \end{bmatrix} = \begin{bmatrix} 0 \\ 0 \end{bmatrix}$$

即

$$x_1 + 2x_2 + 0x_3 = 0$$
$$x_1 = -2x_2 + 0x_3$$

分別取(x_2, x_3)為$(1,0)$和$(0,1)$，得到$N(A^{\mathrm{T}})$的基

$$(-2,1,0)^{\mathrm{T}}, \quad (0,0,1)^{\mathrm{T}}$$

$N(A^T)$的一組標準正交基底是

$$u_2 = \left(-\frac{2}{\sqrt{5}}, \frac{1}{\sqrt{5}}, 0\right)^T, \quad u_3 = (0,0,1)^T$$

構造正交矩陣U

$$U = \begin{bmatrix} \dfrac{1}{\sqrt{5}} & -\dfrac{2}{\sqrt{5}} & 0 \\ \dfrac{2}{\sqrt{5}} & \dfrac{1}{\sqrt{5}} & 0 \\ 0 & 0 & 1 \end{bmatrix}$$

（5）矩陣A的奇異值分解

$$A = U\Sigma V^T = \begin{bmatrix} \dfrac{1}{\sqrt{5}} & -\dfrac{2}{\sqrt{5}} & 0 \\ \dfrac{2}{\sqrt{5}} & \dfrac{1}{\sqrt{5}} & 0 \\ 0 & 0 & 1 \end{bmatrix} \begin{bmatrix} \sqrt{10} & 0 \\ 0 & 0 \\ 0 & 0 \end{bmatrix} \begin{bmatrix} \dfrac{1}{\sqrt{2}} & \dfrac{1}{\sqrt{2}} \\ \dfrac{1}{\sqrt{2}} & -\dfrac{1}{\sqrt{2}} \end{bmatrix}$$

上面的演算法和例題只是為了說明計算的過程，並不是實際應用中的演算法。可以看出，奇異值分解演算法關鍵在於$A^T A$的特徵值的計算。實際應用的奇異值分解演算法是透過求$A^T A$的特徵值進行，但不直接計算$A^T A$。按照這個思路產生了許多矩陣奇異值分解的有效演算法，這裡不予介紹，讀者可以參考文獻[3, 4]。

15.3 奇異值分解與矩陣近似

15.3.1 Frobenius 範數

奇異值分解也是一種矩陣近似的方法，這個近似是在 Frobenius 範數（Frobenius norm）意義下的近似。矩陣的 Frobenius 範數是向量的L_2範數的直接推廣，對應著機器學習中的平方損失函數。

【定義 15.4】**Frobenius 範數**：設矩陣$A \in R^{m \times n}$，$A = [a_{ij}]_{m \times n}$，定義矩陣$A$的 Frobenius 範數為

$$\| A \|_F = \left(\sum_{i=1}^{m} \sum_{j=1}^{n} (a_{ij})^2 \right)^{\frac{1}{2}} \tag{15.25}$$

【引理 15.1】設矩陣$A \in R^{m \times n}$，A的奇異值分解為$U\Sigma V^{\mathrm{T}}$，其中$\Sigma = diag(\sigma_1, \sigma_2, \cdots, \sigma_n)$，則

$$\| A \|_F = (\sigma_1^2 + \sigma_2^2 + \cdots + \sigma_n^2)^{\frac{1}{2}} \tag{15.26}$$

【證明】一般地，若Q是m階正交矩陣，則有

$$\| QA \|_F = \| A \|_F \tag{15.27}$$

因為

$$\| QA \|_F^2 = \| (Qa_1, Qa_2, \cdots, Qa_n) \|_F^2$$

$$= \sum_{i=1}^{n} \| Qa_i \|_2^2 = \sum_{i=1}^{n} \| a_i \|_2^2 = \| A \|_F^2$$

同樣，若P是n階正交矩陣，則有

$$\| AP^{\mathrm{T}} \|_F = \| A \|_F \tag{15.28}$$

故

$$\| A \|_F = \| U\Sigma V^{\mathrm{T}} \|_F = \| \Sigma \|_F \qquad (15.29)$$

即

$$\| A \|_F = (\sigma_1^2 + \sigma_2^2 + \cdots + \sigma_n^2)^{\frac{1}{2}} \qquad (15.30)$$

15.3.2 矩陣的最優近似

奇異值分解是在平方損失（Frobenius 範數）意義下對矩陣的最優近似，即資料壓縮。

【定理 15.2】設矩陣 $A \in R^{m \times n}$，矩陣的秩 $rank(A) = r$，並設 M 為 $R^{m \times n}$ 中所有秩不超過 k 的矩陣集合，$0 < k < r$，則存在一個秩為 k 的矩陣 $X \in M$，使得

$$\| A - X \|_F = \min_{S \in M} \| A - S \|_F \qquad (15.31)$$

稱矩陣 X 為矩陣 A 在 Frobenius 範數意義下的最優近似。

本書不證明這一定理，將應用這個結果，透過矩陣 A 的奇異值分解求出近似矩陣 X。

【定理 15.3】設矩陣 $A \in R^{m \times n}$，矩陣的秩 $rank(A) = r$，有奇異值分解 $A = U\Sigma V^{\mathrm{T}}$，並設 M 為 $R^{m \times n}$ 中所有秩不超過 k 的矩陣的集合，$0 < k < r$，若秩為 k 的矩陣 $X \in M$ 滿足

$$\| A - X \|_F = \min_{S \in M} \| A - S \|_F \qquad (15.32)$$

則

$$\| A - X \|_F = (\sigma_{k+1}^2 + \sigma_{k+2}^2 + \cdots + \sigma_n^2)^{\frac{1}{2}} \qquad (15.33)$$

特別地，若$A' = U\Sigma'V^{\mathrm{T}}$，其中

$$\Sigma' = \begin{bmatrix} \sigma_1 & & & & & \\ & \ddots & & & 0 & \\ & & \sigma_k & & & \\ & & & 0 & & \\ & 0 & & & \ddots & \\ & & & & & 0 \end{bmatrix} = \begin{bmatrix} \Sigma_k & 0 \\ 0 & 0 \end{bmatrix}$$

則

$$\| A - A' \|_F = (\sigma_{k+1}^2 + \sigma_{k+2}^2 + \cdots + \sigma_n^2)^{\frac{1}{2}} = \min_{S \in \mathcal{M}} \| A - S \|_F \qquad (15.34)$$

【證明】令$X \in M$為滿足式(15.32)的一個矩陣。由於

$$\| A - X \|_F \leqslant \| A - A' \|_F = (\sigma_{k+1}^2 + \sigma_{k+2}^2 + \cdots + \sigma_n^2)^{\frac{1}{2}} \quad (15.35)$$

下面證明

$$\| A - X \|_F \geqslant (\sigma_{k+1}^2 + \sigma_{k+2}^2 + \cdots + \sigma_n^2)^{\frac{1}{2}}$$

於是式(15.33)成立。

設X的奇異值分解為$Q\Omega P^{\mathrm{T}}$，其中

$$\Omega = \begin{bmatrix} \omega_1 & & & & & \\ & \ddots & & & 0 & \\ & & \omega_k & & & \\ & & & 0 & & \\ & 0 & & & \ddots & \\ & & & & & 0 \end{bmatrix} = \begin{bmatrix} \Omega_k & 0 \\ 0 & 0 \end{bmatrix}$$

若令矩陣$B = Q^{\mathrm{T}}AP$，則$A = QBP^{\mathrm{T}}$。由此得到

$$\| A - X \|_F = \| Q(B - \Omega)P^{\mathrm{T}} \|_F = \| B - \Omega \|_F \qquad (15.36)$$

用Ω分塊方法對B分塊

$$B = \begin{bmatrix} B_{11} & B_{12} \\ B_{21} & B_{22} \end{bmatrix}$$

其中B_{11}是$k \times k$子矩陣，B_{12}是$k \times (n-k)$子矩陣，B_{21}是$(m-k) \times k$子矩陣，B_{22}是$(m-k) \times (n-k)$子矩陣。可得

$$\| A - X \|_F^2 = \| B - \Omega \|_F^2$$

$$= \| B_{11} - \Omega_k \|_F^2 + \| B_{12} \|_F^2 + \| B_{21} \|_F^2 + \| B_{22} \|_F^2 \qquad (15.37)$$

現證$B_{12} = 0$，$B_{21} = 0$。用反證法。若$B_{12} \neq 0$，令

$$Y = Q \begin{bmatrix} B_{11} & B_{12} \\ 0 & 0 \end{bmatrix} P^{\mathrm{T}}$$

則$Y \in M$，且

$$\| A - Y \|_F^2 = \| B_{21} \|_F^2 + \| B_{22} \|_F^2 < \| A - X \|_F^2 \qquad (15.38)$$

這與X的定義式(15.35) 矛盾，證明了$B_{12} = 0$。同樣可證$B_{21} = 0$。於是

$$\| A - X \|_F^2 = \| B_{11} - \Omega_k \|_F^2 + \| B_{22} \|_F^2 \qquad (15.39)$$

再證$B_{11} = \Omega_k$。為此令

$$Z = Q \begin{bmatrix} B_{11} & 0 \\ 0 & 0 \end{bmatrix} P^{\mathrm{T}}$$

則$Z \in M$，且

$$\| A - Z \|_F^2 = \| B_{22} \|_F^2 \leqslant \| B_{11} - \Omega_k \|_F^2 + \| B_{22} \|_F^2 = \| A - X \|_F^2 \qquad (15.40)$$

由式(15.35)知，$\| B_{11} - \Omega_k \|_F^2 = 0$，即$B_{11} = \Omega_k$。

最後看B_{22}。若$(m-k) \times (n-k)$子矩陣B_{22}有奇異值分解$U_1 \Lambda V_1^{\mathrm{T}}$，則

$$\| A - X \|_F = \| B_{22} \|_F = \| \Lambda \|_F \qquad (15.41)$$

證明Λ的對角線元素為A的奇異值。為此，令

$$U_2 = \begin{bmatrix} I_k & 0 \\ 0 & U_1 \end{bmatrix}, \quad V_2 = \begin{bmatrix} I_k & 0 \\ 0 & V_1 \end{bmatrix}$$

其中I_k是k階單位矩陣，U_2，V_2的分塊與B的分塊一致。注意到B及B_{22}的奇異值分解，即得

$$U_2^{\mathrm{T}} Q^{\mathrm{T}} A P V_2 = \begin{bmatrix} \Omega_k & 0 \\ 0 & \Lambda \end{bmatrix} \tag{15.42}$$

$$A = (Q U_2) \begin{bmatrix} \Omega_k & 0 \\ 0 & \Lambda \end{bmatrix} (P V_2)^{\mathrm{T}} \tag{15.43}$$

由此可知Λ的對角線元素為A的奇異值。故有

$$\| A - X \|_F = \| \Lambda \|_F \geqslant (\sigma_{k+1}^2 + \sigma_{k+2}^2 + \cdots + \sigma_n^2)^{\frac{1}{2}} \tag{15.44}$$

於是證明了

$$\| A - X \|_F = (\sigma_{k+1}^2 + \sigma_{k+2}^2 + \cdots + \sigma_n^2)^{\frac{1}{2}} = \| A - A' \|_F$$

定理 15.3 表明，在秩不超過k的$m \times n$矩陣的集合中，存在矩陣A的 Frobenius 範數意義下的最優近似矩陣X。$A' = U \Sigma' V^{\mathrm{T}}$是達到最優值的一個矩陣。

前面定義了矩陣的緊奇異值分解與截斷奇異值分解。事實上緊奇異值分解是在 Frobenius 範數意義下的無失真壓縮，截斷奇異值分解是失真壓縮。截斷奇異值分解得到的矩陣的秩為k，通常遠小於原始矩陣的秩r，所以是由低秩矩陣實現了對原始矩陣的壓縮。

15.3.3 矩陣的外積展開式

下面介紹利用外積展開式對矩陣A的近似。矩陣A的奇異值分解$U\Sigma V^{\mathrm{T}}$也可以由外積形式表示。事實上，若將A的奇異值分解看成矩陣$U\Sigma$和V^{T}的乘積，將$U\Sigma$按列向量分塊，將V^{T}按行向量分塊，即得

$$U\Sigma = \begin{bmatrix} \sigma_1 u_1 & \sigma_2 u_2 & \cdots & \sigma_n u_n \end{bmatrix}$$

$$V^{\mathrm{T}} = \begin{bmatrix} v_1^{\mathrm{T}} \\ v_2^{\mathrm{T}} \\ \vdots \\ v_n^{\mathrm{T}} \end{bmatrix}$$

則

$$A = \sigma_1 u_1 v_1^{\mathrm{T}} + \sigma_2 u_2 v_2^{\mathrm{T}} + \cdots + \sigma_n u_n v_n^{\mathrm{T}} \tag{15.45}$$

式(15.45)稱為矩陣A的外積展開式，其中$u_k v_k^{\mathrm{T}}$為$m \times n$矩陣，是列向量u_k和行向量v_k^{T}的外積，其第i行第j列元素為u_k的第i個元素與v_k^{T}的第j個元素的乘積。即

$$u_i v_j^{\mathrm{T}} = \begin{bmatrix} u_{1i} \\ u_{2i} \\ \vdots \\ u_{mi} \end{bmatrix} \begin{bmatrix} v_{1j} & v_{2j} & \cdots & v_{nj} \end{bmatrix} = \begin{bmatrix} u_{1i}v_{1j} & u_{1i}v_{2j} & \cdots & u_{1i}v_{nj} \\ u_{2i}v_{1j} & u_{2i}v_{2j} & \cdots & u_{2i}v_{nj} \\ \vdots & \vdots & & \vdots \\ u_{mi}v_{1j} & u_{mi}v_{2j} & \cdots & u_{mi}v_{nj} \end{bmatrix}$$

A的外積展開式也可以寫成下面的形式

$$A = \sum_{k=1}^{n} A_k = \sum_{k=1}^{n} \sigma_k u_k v_k^{\mathrm{T}} \tag{15.46}$$

其中$A_k = \sigma_k u_k v_k^{\mathrm{T}}$是$m \times n$矩陣。式(15.46)將矩陣$A$分解為矩陣的有序加權和。

由矩陣A的外積展開式知，若A的秩為n，則

$$A = \sigma_1 u_1 v_1^{\mathrm{T}} + \sigma_2 u_2 v_2^{\mathrm{T}} + \cdots + \sigma_n u_n v_n^{\mathrm{T}} \tag{15.47}$$

設矩陣

$$A_{n-1} = \sigma_1 u_1 v_1^{\mathrm{T}} + \sigma_2 u_2 v_2^{\mathrm{T}} + \cdots + \sigma_{n-1} u_{n-1} v_{n-1}^{\mathrm{T}}$$

則A_{n-1}的秩為$n-1$，並且A_{n-1}是秩為$n-1$矩陣在 Frobenius 範數意義下A的最優近似矩陣。

類似地，設矩陣

$$A_{n-2} = \sigma_1 u_1 v_1^{\mathrm{T}} + \sigma_2 u_2 v_2^{\mathrm{T}} + \cdots + \sigma_{n-2} u_{n-2} v_{n-2}^{\mathrm{T}}$$

則A_{n-2}的秩為$n-2$，並且A_{n-2}是秩為$n-2$矩陣中在 Frobenius 範數意義下A的最優近似矩陣。依此類推。一般地，設矩陣

$$A_k = \sigma_1 u_1 v_1^{\mathrm{T}} + \sigma_2 u_2 v_2^{\mathrm{T}} + \cdots + \sigma_k u_k v_k^{\mathrm{T}}$$

則A_k的秩為k，並且A_k是秩為k的矩陣中在 Frobenius 範數意義下A的最優近似矩陣。矩陣A_k就是A的截斷奇異值分解。

由於通常奇異值σ_i遞減很快，所以k取很小值時，A_k也可以對A有很好的近似。

【例 15.6】由例 15.1 舉出的矩陣

$$A = \begin{bmatrix} 1 & 0 & 0 & 0 \\ 0 & 0 & 0 & 4 \\ 0 & 3 & 0 & 0 \\ 0 & 0 & 0 & 0 \\ 2 & 0 & 0 & 0 \end{bmatrix}$$

的秩為 3，求A的秩為 2 的最優近似。

【解】由例 15.3 可知

$$u_1 = \begin{bmatrix} 0 \\ 1 \\ 0 \\ 0 \\ 0 \end{bmatrix}, \quad u_2 = \begin{bmatrix} 0 \\ 0 \\ 1 \\ 0 \\ 0 \end{bmatrix}, \quad v_1 = \begin{bmatrix} 0 \\ 0 \\ 0 \\ 1 \end{bmatrix}, \quad v_2 = \begin{bmatrix} 0 \\ 1 \\ 0 \\ 0 \end{bmatrix}$$

$$\sigma_1 = 4, \quad \sigma_2 = 3$$

於是得到

$$A_2 = \sigma_1 u_1 v_1^{\mathrm{T}} + \sigma_2 u_2 v_2^{\mathrm{T}} = \begin{bmatrix} 0 & 0 & 0 & 0 \\ 0 & 0 & 0 & 4 \\ 0 & 3 & 0 & 0 \\ 0 & 0 & 0 & 0 \\ 0 & 0 & 0 & 0 \end{bmatrix}$$

以此矩陣作為A的最優近似。

本章概要

1. 矩陣的奇異值分解是指將$m \times n$實矩陣A表示為以下三個實矩陣乘積形式的運算

$$A = U\Sigma V^{\mathrm{T}}$$

其中U是m階正交矩陣，V是n階正交矩陣，Σ是$m \times n$矩形對角矩陣

$$\Sigma = \mathrm{diag}(\sigma_1, \sigma_2, \cdots, \sigma_p), \quad p = \min\{m, n\}$$

其對角線元素非負，且滿足

$$\sigma_1 \geqslant \sigma_2 \geqslant \cdots \geqslant \sigma_p \geqslant 0$$

2. 任意給定一個實矩陣，其奇異值分解一定存在，但並不唯一。

3. 奇異值分解包括緊奇異值分解和截斷奇異值分解。緊奇異值分解是與

原始矩陣等秩的奇異值分解，截斷奇異值分解是比原始矩陣低秩的奇異值分解。

4. 奇異值分解有明確的幾何解釋。奇異值分解對應三個連續的線性變換：一個旋轉變換，一個縮放變換和另一個旋轉變換。第一個和第三個旋轉變換分別基於空間的標準正交基底進行。

5. 設矩陣A的奇異值分解為$A = U\Sigma V^{\mathrm{T}}$，則有

$$A^{\mathrm{T}}A = V(\Sigma^{\mathrm{T}}\Sigma)V^{\mathrm{T}}$$

$$AA^{\mathrm{T}} = U(\Sigma\Sigma^{\mathrm{T}})U^{\mathrm{T}}$$

即對稱矩陣$A^{\mathrm{T}}A$和AA^{T}的特徵分解可以由矩陣A的奇異值分解矩陣表示。

6. 矩陣A的奇異值分解可以透過求矩陣$A^{\mathrm{T}}A$的特徵值和特徵向量得到：$A^{\mathrm{T}}A$的特徵向量組成正交矩陣V的列；從AA^{T}的特徵值λ_j的平方根得到奇異值σ_i，即

$$\sigma_j = \sqrt{\lambda_j}, \quad j = 1,2,\cdots,n$$

對其由大到小排列，作為對角線元素，組成對角矩陣Σ；求正奇異值對應的左奇異向量，再求擴充的A^{T}的標準正交基底，組成正交矩陣U的列。

7. 矩陣$A = \left[a_{ij}\right]_{m \times n}$的 Frobenius 範數定義為

$$\| A \|_F = \left(\sum_{i=1}^{m} \sum_{j=1}^{n} (a_{ij})^2 \right)^{\frac{1}{2}}$$

在秩不超過k的$m \times n$矩陣的集合中，存在矩陣A的 Frobenius 範數意義下的最優近似矩陣X。秩為k的截斷奇異值分解得到的矩陣A_k能夠達到這個最優值。奇異值分解是 Frobenius 範數意義下，也就是平方損失意義下的矩陣最優近似。

8. 任意一個實矩陣A可以由其外積展開式表示

$$A = \sigma_1 u_1 v_1^{\mathrm{T}} + \sigma_2 u_2 v_2^{\mathrm{T}} + \cdots + \sigma_n u_n v_n^{\mathrm{T}}$$

其中$u_k v_k^{\mathrm{T}}$為$m \times n$矩陣，是列向量u_k和行向量v_k^{T}的外積，σ_k為奇異值，u_k，v_k^{T}，σ_k透過矩陣A的奇異值分解得到。

繼續閱讀

要進一步了解奇異值分解及相關內容可以輔助線性代數教材，例如文獻[1, 2]，也可以觀看網上公開課程，例如"MIT 18.06SC Linear Algebra"，文獻[2]為其教科書。在電腦上奇異值分解通常用數值計算方法進行，奇異值分解的數值計算方法,可參閱文獻[3, 4]。本章介紹的奇異值分解是定義在矩陣上的，奇異值分解可以擴充到張量（tensor），有兩種不同的定義，張量奇異值分解詳見文獻[5]。

習題

15.1 試求矩陣

$$A = \begin{bmatrix} 1 & 2 & 0 \\ 2 & 0 & 2 \end{bmatrix}$$

的奇異值分解。

15.2 試求矩陣

$$A = \begin{bmatrix} 2 & 4 \\ 1 & 3 \\ 0 & 0 \\ 0 & 0 \end{bmatrix}$$

的奇異值分解並寫出其外積展開式.

15.3 比較矩陣的奇異值分解與對稱矩陣的對角化的異同。

15.4 證明任何一個秩為 1 的矩陣可寫成兩個向量的外積形式，並舉出實例。

15.5 搜索中的點擊資料記錄使用者搜索時提交的查詢敘述，點擊的網頁 URL，以及點擊的次數，組成一個二部圖，其中一個節點集合$\{q_i\}$表示查詢，另一個節點集合$\{u_j\}$表示 URL，邊表示點擊關係，邊上的權重表示點擊次數。圖 15.2 是一個簡化的點擊資料例。點擊資料可以由矩陣表示，試對該矩陣進行奇異值分解，並解釋得到的三個矩陣所表示的內容。

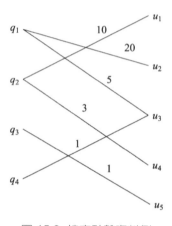

圖 15.2 搜索點擊資料例

參考文獻

[1] Leon S J. Linear algebra with applications. Pearson, 2009.（中譯本：線性代數. 張文博，張麗靜譯. 北京：機械工業出版社，2007.）.

[2] Strang G. Introduction to linear algebra. Fourth Edition. Wellesley-Cambridge Press, 2009.

[3] Cline A K. Dhillon I S. Computation of the singular value decomposition, Handbook of linear algebra. CRC Press, 2006.

[4] 徐樹方. 矩陣計算的理論與方法. 北京：北京大學出版社，1995.

[5] Kolda T G, Bader B W. Tensor decompositions and applications. SIAM Review, 2009, 51(3): 455–500.

主成分分析

主成分分析(principal component analysis, PCA) 是一種常用的無監督學習方法,這一方法利用正交變換把由線性相關變數表示的觀測資料轉換為少數幾個由線性無關變數表示的資料,線性無關的變數稱為主成分。主成分的個數通常小於原始變數的個數,所以主成分分析屬於降維方法。主成分分析主要用於發現資料中的基本結構,即資料中變數之間的關係,是資料分析的有力工具,也用於其他機器學習方法的前處理。主成分分析屬於多元統計分析的經典方法,首先由 Pearson 於 1901 年提出,但只是針對非隨機變數,1933 年由 Hotelling 推廣到隨機變數。

本章 16.1 節介紹主成分分析的基本想法,敘述整體主成分分析的定義、定理與性質。16.2 節介紹樣本主成分分析的概念,重點敘述主成分分析的演算法,包括協方差矩陣的特徵值分解方法和資料矩陣的奇異值分解方法。

16.1 整體主成分分析

16.1.1 基本想法

統計分析中,資料的變數之間可能存在相關性,以致增加了分析的難度。於是,考慮由少數不相關的變數來代替相關的變數,用來表示資料,並且要求能夠保留資料中的大部分資訊。

主成分分析中,首先對給定資料進行規範化,使得資料每一變數的平均值為 0,方差為 1。之後對資料進行正交變換,原來由線性相關變數表示的資料,透過正交變換變成由若干個線性無關的新變數表示的資料。新變數是可能的正交變換中變數的方差的和 (資訊保存) 最大的,方差表示在新變數上資訊的大小。將新變數依次稱為第一主成分、第二主成分等。這就是主成分分析的基本思想。透過主成分分析,可以利用主成分近似地表示原始資料,這可理解為發現資料的「基本結構」;也可以把資料由少數主成分表示,這可理解為對資料降維。

下面舉出主成分分析的直觀解釋。資料集合中的樣本由實數空間(正交坐標系)中的點表示,空間的一個坐標軸表示一個變數,規範化處理後得到的資料分佈在原點附近。對原坐標系中的資料進行主成分分析等值於進行坐標系旋轉變換,將資料投影到新坐標系的坐標軸上;新坐標系的第一坐標軸、第二坐標軸等分別表示第一主成分、第二主成分等,資料在每一軸上的座標值的平方表示對應變數的方差;並且,這個坐標系是在所有可能的新的坐標系中,坐標軸上的方差的和最大的。

例如,資料由兩個變數x_1和x_2表示,存在於二維空間中,每個點表示一個樣本,如圖 16.1(a)所示。對資料已做規範化處理,可以看出,這些資料分佈在以原點為中心的左下至右上傾斜的橢圓之內。很明顯在這個資料中的變數x_1和x_2是線性相關的,具體地,當知道其中一個變數x_1的取值時,對另一個變數x_2的預測不是完全隨機的;反之亦然。

主成分分析對資料進行正交變換，具體地，對原坐標系進行旋轉變換，並將資料在新坐標系表示，如圖 16.1(b)所示。資料在原坐標系由變數x_1和x_2表示，透過正交變換後，在新坐標系裡，由變數y_1和y_2表示。主成分分析選擇方差最大的方向 （第一主成分）作為新坐標系的第一坐標軸，即y_1軸，在這裡意味著選擇橢圓的長軸作為新坐標系的第一坐標軸；之後選擇與第一坐標軸正交，且方差次之的方向（第二主成分）作為新坐標系的第二坐標軸，即y_2軸，在這裡意味著選擇橢圓的短軸作為新坐標系的第二坐標軸。在新坐標系裡，資料中的變數y_1和y_2是線性無關的，當知道其中一個變數y_1的取值時，對另一個變數y_2的預測是完全隨機的；反之亦然·如果主成分分析只取第一主成分，即新坐標系的y_1軸，那麼等值於將資料投影在橢圓長軸上，用這個主軸表示資料，將二維空間的資料壓縮到一維空間中。

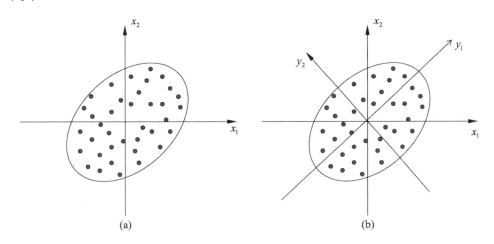

圖 16.1 主成分分析的範例

下面再看方差最大的解釋。假設有兩個變數x_1和x_2，三個樣本點A、B、C，樣本分佈在由x_1和x_2軸組成的坐標系中，如圖 16.2 所示。對坐標系進行旋轉變換，得到新的坐標軸y_1，表示新的變數y_1。樣本點A、B、C在y_1軸上投影，得到y_1軸的座標值A'、B'、C'。座標值的平方和$OA'^2 + OB'^2 + OC'^2$表示樣本在變數y_1上的方差和。主成分分析旨在選取正交變換中方差

最大的變數，作為第一主成分，也就是旋轉變換中座標值的平方和最大的軸。注意到旋轉變換中樣本點到原點的距離的平方和 $OA^2 + OB^2 + OC^2$ 保持不變，根據畢氏定理，座標值的平方和 $OA'^2 + OB'^2 + OC'^2$ 最大等值於樣本點到 y_1 軸的距離的平方和 $AA'^2 + BB'^2 + CC'^2$ 最小。所以，等值地，主成分分析在旋轉變換中選取離樣本點的距離平方和最小的軸，作為第一主成分。第二主成分等的選取，在保證與已選坐標軸正交的條件下，類似地進行。

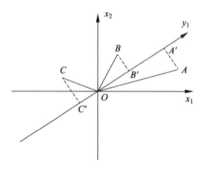

圖 16.2 主成分的幾何解釋

在資料整體（population）上進行的主成分分析稱為整體主成分分析，在有限樣本上進行的主成分分析稱為樣本主成分分析，前者是後者的基礎。以下分別予以介紹。

16.1.2 定義和匯出

假設 $\mathbf{x} = (x_1, x_2, \cdots, x_m)^{\mathrm{T}}$ 是 m 維隨機變數，其均值向量是 $\mathbf{\mu}$

$$\mathbf{\mu} = E(\mathbf{x}) = (\mu_1, \mu_2, \cdots, \mu_m)^{\mathrm{T}}$$

協方差矩陣是 Σ

$$\Sigma = cov(\mathbf{x}, \mathbf{x}) = E[(\mathbf{x} - \mathbf{\mu})(\mathbf{x} - \mathbf{\mu})^{\mathrm{T}}]$$

考慮由 m 維隨機變數 $\mathbf{x}$ 到 m 維隨機變數 $\mathbf{y} = (y_1, y_2, \cdots, y_m)^{\mathrm{T}}$ 的線性變換

$$y_i = \alpha_i^{\mathrm{T}}\mathbf{x} = \alpha_{1i}x_1 + \alpha_{2i}x_2 + \cdots + \alpha_{mi}x_m \tag{16.1}$$

其中$\alpha_i^{\mathrm{T}} = (\alpha_{1i}, \alpha_{2i}, \cdots, \alpha_{mi})$，$i = 1,2,\cdots,m$。

由隨機變數的性質可知，

$$E(y_i) = \alpha_i^{\mathrm{T}} \mu, \quad i = 1,2,\cdots,m \tag{16.2}$$

$$var(y_i) = \alpha_i^{\mathrm{T}} \Sigma \alpha_i, \quad i = 1,2,\cdots,m \tag{16.3}$$

$$cov(y_i, y_j) = \alpha_i^{\mathrm{T}} \Sigma \alpha_j, \quad i = 1,2,\cdots,m; \quad j = 1,2,\cdots,m \tag{16.4}$$

下面舉出整體主成分的定義。

【定義 16.1】整體主成分：給定一個如式(16.1)所示的線性變換，如果它
們滿足下列條件：

（1）係數向量α_i^{T}是單位向量，即$\alpha_i^{\mathrm{T}} \alpha_i = 1$，$i = 1,2,\cdots,m$；
（2）變數y_i與y_j互不相關，即$cov(y_i, y_j) = 0(i \neq j)$；
（3）變數y_1是**x**的所有線性變換中方差最大的；y_2是與y_1不相關的**x**的所
　　有線性變換中方差最大的；一般地，y_i是與$y_1, y_2, \cdots, y_{i-1}$（$i =$
　　$1,2,\cdots,m$）都不相關的**x**的所有線性變換中方差最大的；這時分別稱
　　$y_1, y_2, \cdots, y_m$為**x**的第一主成分、第二主成分、…、第m主成分。

定義中的條件(1)表明線性變換是正交變換，$\alpha_1, \alpha_2, \cdots, \alpha_m$是其一組標準正
交基底，

$$\alpha_i^{\mathrm{T}} \alpha_j = \begin{cases} 1, & i = j \\ 0, & i \neq j \end{cases}$$

條件（2）（3）舉出了一個求主成分的方法：第一步，在**x**的所有線性變
換

$$\alpha_1^{\mathrm{T}} \mathbf{x} = \sum_{i=1}^{m} \alpha_{i1} x_i$$

中，在$\alpha_1^{\mathrm{T}} \alpha_1 = 1$條件下，求方差最大的，得到**x**的第一主成分；第二步，
在與$\alpha_1^{\mathrm{T}} \mathbf{x}$不相關的**x**的所有線性變換

$$\alpha_2^{\mathrm{T}}\mathbf{x} = \sum_{i=1}^{m} \alpha_{i2}x_i$$

中，在 $\alpha_2^{\mathrm{T}}\alpha_2 = 1$ 條件下，求方差最大的，得到 $\mathbf{x}$ 的第二主成分；第 k 步，在與 $\alpha_1^{\mathrm{T}}\mathbf{x}, \alpha_2^{\mathrm{T}}\mathbf{x}, \cdots, \alpha_{k-1}^{\mathrm{T}}\mathbf{x}$ 不相關的 $\mathbf{x}$ 的所有線性變換

$$\alpha_k^{\mathrm{T}}\mathbf{x} = \sum_{i=1}^{m} \alpha_{ik}x_i$$

中，在 $\alpha_k^{\mathrm{T}}\alpha_k = 1$ 條件下，求方差最大的，得到 $\mathbf{x}$ 的第 k 主成分；如此繼續下去，直到得到 $\mathbf{x}$ 的第 m 主成分。

16.1.3 主要性質

首先敘述一個關於整體主成分的定理。這一定理闡述了整體主成分與協方差矩陣的特徵值和特徵向量的關係，同時舉出了一個求主成分的方法。

【定理 16.1】設 $\mathbf{x}$ 是 m 維隨機變數，Σ 是 $\mathbf{x}$ 的協方差矩陣，Σ 的特徵值分別是 $\lambda_1 \geqslant \lambda_2 \geqslant \cdots \geqslant \lambda_m \geqslant 0$，特徵值對應的單位特徵向量分別是 $\alpha_1, \alpha_2, \cdots, \alpha_m$，則 $\mathbf{x}$ 的第 k 主成分是

$$y_k = \alpha_k^{\mathrm{T}}\mathbf{x} = \alpha_{1k}x_1 + \alpha_{2k}x_2 + \cdots + \alpha_{mk}x_m, \quad k = 1,2,\cdots,m \qquad (16.5)$$

$\mathbf{x}$ 的第 k 主成分的方差是

$$var(y_k) = \alpha_k^{\mathrm{T}}\Sigma\alpha_k = \lambda_k, \quad k = 1,2,\cdots,m \qquad (16.6)$$

即協方差矩陣 Σ 的第 k 個特徵值。[1]

---

[1] 若特徵值有重根，對應的特徵向量組成 m 維空間 R^m 的一個子空間，子空間的維數等於重根數，在子空間任取一個正交坐標系，這個坐標系的單位向量就可作為特徵向量。 這時坐標系的取法不唯一。

【證明】採用拉格朗日乘子法求出主成分。

首先求$\mathbf{x}$的第一主成分$y_1 = \alpha_1^{\mathrm{T}}\mathbf{x}$，即求係數向量$\alpha_1$。由定義 16.1 知，第一主成分的$\alpha_1$是在$\alpha_1^{\mathrm{T}}\alpha_1 = 1$條件下，$\mathbf{x}$的所有線性變換中使方差

$$var(\alpha_1^{\mathrm{T}}\mathbf{x}) = \alpha_1^{\mathrm{T}}\Sigma\alpha_1$$

達到最大的。

求第一主成分就是求解約束最佳化問題：

$$\max_{\alpha_1} \quad \alpha_1^{\mathrm{T}}\Sigma\alpha_1 \tag{16.7}$$

$$s.t. \quad \alpha_1^{\mathrm{T}}\alpha_1 = 1$$

定義拉格朗日函數

$$\alpha_1^{\mathrm{T}}\Sigma\alpha_1 - \lambda(\alpha_1^{\mathrm{T}}\alpha_1 - 1)$$

其中λ是拉格朗日乘子。將拉格朗日函數對α_1求導，並令其為 0，得

$$\Sigma\alpha_1 - \lambda\alpha_1 = 0$$

因此，λ是Σ的特徵值，α_1是對應的單位特徵向量。於是，目標函數

$$\alpha_1^{\mathrm{T}}\Sigma\alpha_1 = \alpha_1^{\mathrm{T}}\lambda\alpha_1 = \lambda\alpha_1^{\mathrm{T}}\alpha_1 = \lambda$$

假設α_1是Σ的最大特徵值λ_1對應的單位特徵向量，顯然α_1與λ_1是最佳化問題的解[2]。所以，$\alpha_1^{\mathrm{T}}x$組成第一主成分，其方差等於協方差矩陣的最大特徵值

$$var(\alpha_1^{\mathrm{T}}\mathbf{x}) = \alpha_1^{\mathrm{T}}\Sigma\alpha_1 = \lambda_1 \tag{16.8}$$

接著求$\mathbf{x}$的第二主成分$y_2 = \alpha_2^{\mathrm{T}}\mathbf{x}$。第二主成分的$\alpha_2$是在 $\alpha_2^{\mathrm{T}}\alpha_2 = 1$，且$\alpha_2^{\mathrm{T}}\mathbf{x}$

[2] 為了敘述方便，這裡將變數和其最優值用同一符號表示。

與$\alpha_1^{\mathrm{T}}\mathbf{x}$不相關的條件下，$\mathbf{x}$的所有線性變換中使方差

$$var(\alpha_2^{\mathrm{T}}\mathbf{x}) = \alpha_2^{\mathrm{T}}\varSigma\alpha_2$$

達到最大的。

求第二主成分需要求解約束最佳化問題

$$\max_{\alpha_2} \quad \alpha_2^{\mathrm{T}}\varSigma\alpha_2 \tag{16.9}$$

$$s.t. \quad \alpha_1^{\mathrm{T}}\varSigma\alpha_2 = 0, \qquad \alpha_2^{\mathrm{T}}\varSigma\alpha_1 = 0$$

$$\alpha_2^{\mathrm{T}}\alpha_2 = 1$$

注意到

$$\alpha_1^{\mathrm{T}}\varSigma\alpha_2 = \alpha_2^{\mathrm{T}}\varSigma\alpha_1 = \alpha_2^{\mathrm{T}}\lambda_1\alpha_1 = \lambda_1\alpha_2^{\mathrm{T}}\alpha_1 = \lambda_1\alpha_1^{\mathrm{T}}\alpha_2$$

以及

$$\alpha_1^{\mathrm{T}}\alpha_2 = 0, \qquad \alpha_2^{\mathrm{T}}\alpha_1 = 0$$

定義拉格朗日函數

$$\alpha_2^{\mathrm{T}}\varSigma\alpha_2 - \lambda(\alpha_2^{\mathrm{T}}\alpha_2 - 1) - \phi\alpha_2^{\mathrm{T}}\alpha_1$$

其中λ，ϕ是拉格朗日乘子。對α_2求導，並令其為 0，得

$$2\varSigma\alpha_2 - 2\lambda\alpha_2 - \phi\alpha_1 = 0 \tag{16.10}$$

將方程式左乘以α_1^{T}有

$$2\alpha_1^{\mathrm{T}}\varSigma\alpha_2 - 2\lambda\alpha_1^{\mathrm{T}}\alpha_2 - \phi\alpha_1^{\mathrm{T}}\alpha_1 = 0$$

此式前兩項為0，且$\alpha_1^{\mathrm{T}}\alpha_1 = 1$，匯出$\phi = 0$，因此式(16.10)成為

$$\varSigma\alpha_2 - \lambda\alpha_2 = 0$$

由此，λ是$\varSigma$的特徵值，α_2是對應的單位特徵向量。於是，目標函數

$$\alpha_2^{\mathrm{T}}\varSigma\alpha_2 = \alpha_2^{\mathrm{T}}\lambda\alpha_2 = \lambda\alpha_2^{\mathrm{T}}\alpha_2 = \lambda$$

假設α_2是Σ的第二大特徵值λ_2對應的單位特徵向量，顯然α_2與λ_2是以上最佳化問題的解[3]。於是$\alpha_2^T\mathbf{x}$組成第二主成分，其方差等於協方差矩陣的第二大特徵值，

$$var(\alpha_2^T\mathbf{x}) = \alpha_2^T\Sigma\alpha_2 = \lambda_2 \tag{16.11}$$

一般地，$\mathbf{x}$的第k主成分是$\alpha_k^T\mathbf{x}$，並且$var(\alpha_k^T\mathbf{x}) = \lambda_k$，這裡$\lambda_k$是$\Sigma$的第$k$個特徵值並且$\alpha_k$是對應的單位特徵向量。可以從第 k-1 個主成分出發遞推證明第k個主成分的情況，這裡省去。

按照上述方法求得第一、第二、直到第m主成分，其係數向量α_1，α_2，$\cdots$，α_m分別是 Σ 的第一個、第二個、直到第m個單位特徵向量，$\lambda_1, \lambda_2, \cdots, \lambda_m$分別是對應的特徵值。並且，第$k$主成分的方差等於$\Sigma$的第$k$個特徵值，

$$var(\alpha_k^T\mathbf{x}) = \alpha_k^T\Sigma\alpha_k = \lambda_k, \quad k = 1, 2, \cdots, m \tag{16.12}$$

定理證畢。

由定理 16.1 得到

【推論 **16.1**】m維隨機變數$\mathbf{y} = (y_1, y_2, \cdots, y_m)^T$的分量依次是$\mathbf{x}$的第一主成分到第$m$主成分的充要條件是：

（1）$\mathbf{y} = A^T\mathbf{x}$，$A$為正交矩陣

$$A = \begin{bmatrix} \alpha_{11} & \alpha_{12} & \cdots & \alpha_{1m} \\ \alpha_{21} & \alpha_{22} & \cdots & \alpha_{2m} \\ \vdots & \vdots & & \vdots \\ \alpha_{m1} & \alpha_{m2} & \cdots & \alpha_{mm} \end{bmatrix}$$

---

[3] 為了敘述方便，這裡將變數和其最優值用同一符號表示。

（2）**y**的協方差矩陣為對角矩陣

$$cov(\mathbf{y}) = \text{diag}(\lambda_1, \lambda_2, \cdots, \lambda_m)$$

$$\lambda_1 \geqslant \lambda_2 \geqslant \cdots \geqslant \lambda_m$$

其中λ_k是Σ的第k個特徵值，α_k是對應的單位特徵向量，$k = 1,2,\cdots,m$。

以上證明中，λ_k是Σ的第k個特徵值，α_k是對應的單位特徵向量，即

$$\Sigma\alpha_k = \lambda_k\alpha_k, \quad k = 1,2,\cdots,m \tag{16.13}$$

用矩陣表示即為

$$\Sigma A = A\Lambda \tag{16.14}$$

這裡$A = [\alpha_{ij}]_{m \times m}$，$\Lambda$是對角矩陣，其第$k$個對角元素是$\lambda_k$。因為$A$是正交矩陣，即$A^TA = AA^T = I$，由式(16.14)得到兩個公式

$$A^T\Sigma A = \Lambda \tag{16.15}$$

和

$$\Sigma = A\Lambda A^T \tag{16.16}$$

下面敘述整體主成分的性質：

（1）整體主成分**y**的協方差矩陣是對角矩陣

$$cov(\mathbf{y}) = \Lambda = \text{diag}(\lambda_1, \lambda_2, \cdots, \lambda_m) \tag{16.17}$$

（2）整體主成分**y**的方差之和等於隨機變數**x**的方差之和，即

$$\sum_{i=1}^{m} \lambda_i = \sum_{i=1}^{m} \sigma_{ii} \tag{16.18}$$

其中σ_{ii}是隨機變數x_i的方差，即協方差矩陣Σ的對角元素。事實上，利用式(16.16)及矩陣的跡（trace）的性質，可知

$$\sum_{i=1}^{m} var(x_i) = tr(\Sigma^{\mathrm{T}}) = tr(A\Lambda A^{\mathrm{T}}) = tr(A^{\mathrm{T}}\Lambda A)$$

$$= tr(\Lambda) = \sum_{i=1}^{m} \lambda_i = \sum_{i=1}^{m} var(y_i) \tag{16.19}$$

（3）第k個主成分y_k與變數x_i的相關係數$\rho(y_k, x_i)$稱為因數負荷量（factor loading），它表示第k個主成分y_k與變數x_i的相關關係。計算公式是

$$\rho(y_k, x_i) = \frac{\sqrt{\lambda_k}\alpha_{ik}}{\sqrt{\sigma_{ii}}}, \quad k, i = 1, 2, \cdots, m \tag{16.20}$$

因為

$$\rho(y_k, x_i) = \frac{cov(y_k, x_i)}{\sqrt{var(y_k)var(x_i)}} = \frac{cov(\alpha_k^{\mathrm{T}}\mathbf{x}, e_i^{\mathrm{T}}\mathbf{x})}{\sqrt{\lambda_k}\sqrt{\sigma_{ii}}}$$

其中e_i為基本單位向量，其第i個分量為 1，其餘為 0。再由協方差的性質

$$cov(\alpha_k^{\mathrm{T}}\mathbf{x}, e_i^{\mathrm{T}}\mathbf{x}) = \alpha_k^{\mathrm{T}}\Sigma e_i = e_i^{\mathrm{T}}\Sigma \alpha_k = \lambda_k e_i^{\mathrm{T}}\alpha_k = \lambda_k \alpha_{ik}$$

故得式(16.20)。

（4）第k個主成分y_k與m個變數的因數負荷量滿足

$$\sum_{i=1}^{m} \sigma_{ii}\rho^2(y_k, x_i) = \lambda_k \tag{16.21}$$

由式(16.20)有

$$\sum_{i=1}^{m} \sigma_{ii}\rho^2(y_k, x_i) = \sum_{i=1}^{m} \lambda_k \alpha_{ik}^2 = \lambda_k \alpha_k^{\mathrm{T}}\alpha_k = \lambda_k$$

（5）m個主成分與第i個變數x_i的因數負荷量滿足

$$\sum_{k=1}^{m} \rho^2(y_k, x_i) = 1 \tag{16.22}$$

由於 $y_1, y_2, \cdots, y_m$ 互不相關，故

$$\rho^2(x_i, (y_1, y_2, \cdots, y_m)) = \sum_{k=1}^{m} \rho^2(y_k, x_i)$$

又因 x_i 可以表為 $y_1, y_2, \cdots, y_m$ 的線性組合，所以 x_i 與 $y_1, y_2, \cdots, y_m$ 的相關係數的平方為 1，即

$$\rho^2(x_i, (y_1, y_2, \cdots, y_m)) = 1$$

故得式(16.22)。

16.1.4 主成分的個數

主成分分析的主要目的是降維，所以一般選擇 k（$k \ll m$）個主成分（線性無關變數）來代替 m 個原有變數（線性相關變數），使問題得以簡化，並能保留原有變數的大部分資訊。這裡所說的資訊是指原有變數的方差。為此，先舉出一個定理，說明選擇 k 個主成分是最優選擇。

【定理 16.2】對任意正整數 q，$1 \leqslant q \leqslant m$，考慮正交線性變換

$$\mathbf{y} = B^{\mathrm{T}}\mathbf{x} \tag{16.23}$$

其中 $\mathbf{y}$ 是 q 維向量，B^{T} 是 $q \times m$ 矩陣，令 $\mathbf{y}$ 的協方差矩陣為

$$\Sigma_{\mathbf{y}} = B^{\mathrm{T}}\Sigma B \tag{16.24}$$

則 $\Sigma_{\mathbf{y}}$ 的跡 $\mathrm{tr}(\Sigma_{\mathbf{y}})$ 在 $B = A_q$ 時取得最大值，其中矩陣 A_q 由正交矩陣 A 的前 q 列組成。

【證明】令 β_k 是 B 的第 k 列，由於正交矩陣 A 的列組成 m 維空間的基，所以 β_k 可以由 A 的列表示，即

$$\beta_k = \sum_{j=1}^{m} c_{jk}\alpha_j, \quad k = 1, 2, \cdots, q$$

等值地

$$B = AC \tag{16.25}$$

其中C是$m \times q$矩陣，其第j行第k列元素為c_{jk}。

首先，

$$B^{\mathrm{T}}\Sigma B = C^{\mathrm{T}}A^{\mathrm{T}}\Sigma AC = C^{\mathrm{T}}\Lambda C = \sum_{j=1}^{m} \lambda_j c_j c_j^{\mathrm{T}}$$

其中c_j^{T}是C的第j行。因此

$$
\begin{aligned}
\mathrm{tr}(B^{\mathrm{T}}\Sigma B) &= \sum_{j=1}^{m} \lambda_j \mathrm{tr}(c_j c_j^{\mathrm{T}}) \\
&= \sum_{j=1}^{m} \lambda_j \mathrm{tr}(c_j^{\mathrm{T}} c_j) \\
&= \sum_{j=1}^{m} \lambda_j c_j^{\mathrm{T}} c_j \\
&= \sum_{j=1}^{m} \sum_{k=1}^{q} \lambda_j c_{jk}^2
\end{aligned} \tag{16.26}
$$

其次，由式(16.25)及A的正交性知

$$C = A^{\mathrm{T}}B$$

由於A是正交的，B的列是正交的，所以

$$C^{\mathrm{T}}C = B^{\mathrm{T}}AA^{\mathrm{T}}B = B^{\mathrm{T}}B = I_q$$

即C的列也是正交的。於是

$$\mathrm{tr}(C^{\mathrm{T}}C) = \mathrm{tr}(I_q)$$

$$\sum_{j=1}^{m} \sum_{k=1}^{q} c_{jk}^2 = q \tag{16.27}$$

這樣，矩陣C可以認為是某個m階正交矩陣D的前q列。正交矩陣D的行也正交，所以滿足

$$d_j^T d_j = 1, \quad j = 1,2,\cdots,m$$

其中d_j^T是D的第j行。由於矩陣D的行包括矩陣C的行的前q個元素，所以

$$c_j^T c_j \leqslant 1, \quad j = 1,2,\cdots,m$$

即

$$\sum_{k=1}^{q} c_{jk}^2 \leqslant 1, \quad j = 1,2,\cdots,m \tag{16.28}$$

注意到在式(16.26)中$\sum_{k=1}^{q} c_{jk}^2$是λ_j的係數，由式(16.27)這些係數之和是q，且由式(16.28)知這些係數小於等於 1。因為$\lambda_1 \geqslant \lambda_2 \geqslant \cdots \geqslant \lambda_q \geqslant \cdots \geqslant \lambda_m$，顯然，當能找到$c_{jk}$使得

$$\sum_{k=1}^{q} c_{jk}^2 = \begin{cases} 1, & j = 1,\dots,q \\ 0, & j = q+1,\dots,m \end{cases} \tag{16.29}$$

時，$\sum_{j=1}^{m} \left(\sum_{k=1}^{q} c_{jk}^2 \right)\lambda_j$最大。而當$B = A_q$時，有

$$c_{jk} = \begin{cases} 1, & 1 \leqslant j = k \leqslant q \\ 0, & 其他 \end{cases}$$

滿足式(16.29)。所以，當$B = A_q$時，$\text{tr}(\Sigma_{\mathbf{y}})$達到最大值。

定理 16.2 表明，當$\mathbf{x}$的線性變換$\mathbf{y}$在$B = A_q$時，其協方差矩陣$\Sigma_{\mathbf{y}}$的跡 $\text{tr}(\Sigma_{\mathbf{y}})$取得最大值，這就是説，當取$A$的前$q$列取$\mathbf{x}$的前$q$個主成分時，能夠最大限度地保留原有變數方差的資訊。

【定理 16.3】考慮正交變換

$$\mathbf{y} = B^T\mathbf{x}$$

這裡B^T是$p \times m$矩陣，A和Σ_y的定義與定理 16.2 相同，則$tr(\Sigma_y)$在$B = A_p$時取得最小值，其中矩陣A_p由A的後p列組成。

證明類似定理 16.2，有興趣的讀者可以自行證明。定理 16.3 可以視為，當捨棄A的後p列，即捨棄變數$\mathbf{x}$的後p個主成分時，原有變數的方差的資訊損失最少。

以上兩個定理可以作為選擇k個主成分的理論依據。具體選擇k的方法，通常利用方差貢獻率。

【定義 16.2】第k主成分y_k的方差貢獻率定義為y_k的方差與所有方差之和的比，記作η_k

$$\eta_k = \frac{\lambda_k}{\sum_{i=1}^{m} \lambda_i} \tag{16.30}$$

k個主成分$y_1, y_2, \cdots, y_k$的累計方差貢獻率定義為k個方差之和與所有方差之和的比

$$\sum_{i=1}^{k} \eta_i = \frac{\sum_{i=1}^{k} \lambda_i}{\sum_{i=1}^{m} \lambda_i} \tag{16.31}$$

通常取k使得累計方差貢獻率達到規定的百分比以上，例如 70%～80% 以上。累計方差貢獻率反映了主成分保留資訊的比例，但它不能反映對某個原有變數x_i保留資訊的比例，這時通常利用k個主成分$y_1, y_2, \cdots, y_k$ 對原有變數x_i的貢獻率。

【定義 16.3】k個主成分$y_1, y_2, \cdots, y_k$對原有變數x_i的貢獻率定義為x_i與$(y_1, y_2, \cdots, y_k)$的相關係數的平方，記作v_i

$$v_i = \rho^2(x_i, (y_1, y_2, \cdots, y_k))$$

計算公式如下：

$$v_i = \rho^2(x_i, (y_1, y_2, \cdots, y_k)) = \sum_{j=1}^{k} \rho^2(x_i, y_j) = \sum_{j=1}^{k} \frac{\lambda_j \alpha_{ij}^2}{\sigma_{ii}} \tag{16.32}$$

16.1.5 規範化變數的整體主成分

在實際問題中，不同變數可能有不同的量綱，直接求主成分有時會產生不合理的結果。為了消除這個影響，常常對各個隨機變數實施規範化，使其均值為 0，方差為 1。

設 $\mathbf{x} = (x_1, x_2, \cdots, x_m)^{\mathrm{T}}$ 為 m 維隨機變數，x_i 為第 i 個隨機變數，$i = 1, 2, \cdots, m$，令

$$x_i^* = \frac{x_i - E(x_i)}{\sqrt{var(x_i)}}, \quad i = 1, 2, \cdots, m \tag{16.33}$$

其中$E(x_i)$，$var(x_i)$分別是隨機變數x_i的均值和方差，這時x_i^*就是x_i的規範化隨機變數。

顯然，規範化隨機變數的協方差矩陣就是相關矩陣R。主成分分析通常在規範化隨機變數的協方差矩陣即相關矩陣上進行。

對照整體主成分的性質可知，規範化隨機變數的整體主成分有以下性質：

（1）規範化變數主成分的協方差矩陣是

$$\Lambda^* = diag(\lambda_1^*, \lambda_2^*, \cdots, \lambda_m^*) \tag{16.34}$$

其中$\lambda_1^* \geqslant \lambda_2^* \geqslant \cdots \geqslant \lambda_m^* \geqslant 0$為相關矩陣$R$的特徵值。

（2）協方差矩陣的特徵值之和為m

$$\sum_{k=1}^{m} \lambda_k^* = m \tag{16.35}$$

（3）規範化隨機變數x_i^*與主成分y_k^*的相關係數（因數負荷量）為

$$\rho(y_k^*, x_i^*) = \sqrt{\lambda_k^*} e_{ik}^*, \quad k, i = 1, 2, \cdots, m \tag{16.36}$$

其中$e_k^* = (e_{1k}^*, e_{2k}^*, \cdots, e_{mk}^*)^{\mathrm{T}}$為矩陣$R$對應於特徵值$\lambda_k^*$的單位特徵向量。

（4）所有規範化隨機變數x_i^*與主成分y_k^*的相關係數的平方和等於λ_k^*

$$\sum_{i=1}^{m} \rho^2(y_k^*, x_i^*) = \sum_{i=1}^{m} \lambda_k^* e_{ik}^{*2} = \lambda_k^*, \quad k = 1,2,\cdots,m \quad (16.37)$$

（5）規範化隨機變數x_i^*與所有主成分y_k^*的相關係數的平方和等於 1

$$\sum_{k=1}^{m} \rho^2(y_k^*, x_i^*) = \sum_{k=1}^{m} \lambda_k^* e_{ik}^{*2} = 1, \quad i = 1,2,\cdots,m \quad (16.38)$$

16.2　樣本主成分分析

16.1 節敘述了整體主成分分析，是定義在樣本整體上的。在實際問題中，需要在觀測資料上進行主成分分析，這就是樣本主成分分析。有了整體主成分的概念，容易理解樣本主成分的概念。樣本主成分也和整體主成分具有相同的性質。所以本節重點敘述樣本主成分的演算法

16.2.1　樣本主成分的定義和性質

假設對m維隨機變數$\mathbf{x} = (x_1, x_2, \cdots, x_m)^{\mathrm{T}}$進行$n$次獨立觀測，$\mathbf{x}_1, \mathbf{x}_2, \cdots, \mathbf{x}_n$表示觀測樣本，其中$\mathbf{x}_j = (x_{1j}, x_{2j}, \cdots, x_{mj})^{\mathrm{T}}$表示第$j$個觀測樣本，$x_{ij}$表示第$j$個觀測樣本的第$i$個變數，$j = 1,2,\cdots,n$。觀測資料用樣本矩陣$\mathbf{X}$表示，記作

$$X = [\mathbf{x}_1 \quad \mathbf{x}_2 \quad \cdots \quad \mathbf{x}_n] = \begin{bmatrix} x_{11} & x_{12} & \cdots & x_{1n} \\ x_{21} & x_{22} & \cdots & x_{2n} \\ \vdots & \vdots & & \vdots \\ x_{m1} & x_{m2} & \cdots & x_{mn} \end{bmatrix} \quad (16.39)$$

給定樣本矩陣X，可以估計樣本均值，以及樣本協方差。樣本均值向量$\bar{x}$為

$$\bar{x} = \frac{1}{n} \sum_{j=1}^{n} \mathbf{x}_j \qquad (16.40)$$

樣本協方差矩陣S為

$$S = [s_{ij}]_{m \times m}$$

$$s_{ij} = \frac{1}{n-1} \sum_{k=1}^{n} (x_{ik} - \bar{x}_i)(x_{jk} - \bar{x}_j), \quad i, j = 1, 2, \cdots, m \qquad (16.41)$$

其中$\bar{x}_i = \frac{1}{n} \sum_{k=1}^{n} x_{ik}$為第$i$個變數的樣本均值，$\bar{x}_j = \frac{1}{n} \sum_{k=1}^{n} x_{jk}$為第$j$個變數的樣本均值。

樣本相關矩陣R為

$$R = [r_{ij}]_{m \times m}, \quad r_{ij} = \frac{s_{ij}}{\sqrt{s_{ii} s_{jj}}}, \quad i, j = 1, 2, \cdots, m \qquad (16.42)$$

定義m維向量$\mathbf{x} = (x_1, x_2, \cdots, x_m)^{\mathrm{T}}$到$m$維向量$\mathbf{y} = (y_1, y_2, \cdots, y_m)^{\mathrm{T}}$的線性變換

$$\mathbf{y} = A^{\mathrm{T}} \mathbf{x} \qquad (16.43)$$

其中

$$A = [a_1 \quad a_2 \quad \cdots \quad a_m] = \begin{bmatrix} a_{11} & a_{12} & \cdots & a_{1m} \\ a_{21} & a_{22} & \cdots & a_{2m} \\ \vdots & \vdots & & \vdots \\ a_{m1} & a_{m2} & \cdots & a_{mm} \end{bmatrix}$$

$$a_i = (a_{1i}, a_{2i}, \cdots, a_{mi})^{\mathrm{T}}, \quad i = 1, 2, \cdots, m$$

考慮式(16.43)的任意一個線性變換

$$\mathbf{y}_i = a_i^{\mathrm{T}} \mathbf{x} = a_{1i} \mathbf{x}_1 + a_{2i} \mathbf{x}_2 + \cdots + a_{mi} \mathbf{x}_m, \quad i = 1, 2, \cdots, m \qquad (16.44)$$

其中y_i是m維向量$\mathbf{y}$的第i個變數，對應於容量為n的樣本$\mathbf{x}_1, \mathbf{x}_2, \cdots, \mathbf{x}_n$，$y_i$的樣本均值$\bar{y}_i$為

$$\bar{y}_i = \frac{1}{n}\sum_{j=1}^{n} a_i^T \mathbf{x}_j = a_i^T \bar{\mathbf{x}} \tag{16.45}$$

其中$\bar{\mathbf{x}}$是隨機向量$\mathbf{x}$的樣本均值

$$\bar{\mathbf{x}} = \frac{1}{n}\sum_{j=1}^{n} \mathbf{x}_j$$

y_i的樣本方差$var(y_i)$為

$$var(y_i) = \frac{1}{n-1}\sum_{j=1}^{n}(a_i^T\mathbf{x}_j - a_i^T\bar{\mathbf{x}})^2$$

$$= a_i^T\left[\frac{1}{n-1}\sum_{j=1}^{n}(\mathbf{x}_j-\bar{\mathbf{x}})(\mathbf{x}_j-\bar{\mathbf{x}})^T\right]a_i = a_i^T S a_i \tag{16.46}$$

對任意兩個線性變換$y_i = \alpha_i^T\mathbf{x}$，$y_k = \alpha_k^T\mathbf{x}$，對應於容量為$n$的樣本$\mathbf{x}_1, \mathbf{x}_2, \cdots, \mathbf{x}_n$，$y_i$，$y_k$的樣本協方差為

$$cov(y_i, y_k) = a_i^T S a_k \tag{16.47}$$

現在舉出樣本主成分的定義。

【**定義 16.4**】**樣本主成分**：給定樣本矩陣$\mathbf{X}$。樣本第一主成分$y_1 = a_1^T\mathbf{x}$是在$a_1^T a_1 = 1$條件下，使得$a_1^T\mathbf{x}_j$（$j = 1,2,\cdots,n$）的樣本方差$a_1^T S a_1$最大的$\mathbf{x}$的線性變換；樣本第二主成分$y_2 = a_2^T\mathbf{x}$是在$a_2^T a_2 = 1$和$a_2^T\mathbf{x}_j$與$a_1^T\mathbf{x}_j$（$j = 1,2,\cdots,n$）的樣本協方差$a_1^T S a_2 = 0$條件下，使得$a_2^T\mathbf{x}_j$（$j = 1,2,\cdots,n$）的樣本方差$a_2^T S a_2$最大的$\mathbf{x}$的線性變換；一般地，樣本第i主成分$y_i = a_i^T\mathbf{x}$是在$a_i^T a_i = 1$和$a_i^T\mathbf{x}_j$與$a_k^T\mathbf{x}_j$（$k < i$，$j = 1,2,\cdots,n$）的樣本協方差$a_k^T S a_i = 0$條件下，使得$a_i^T\mathbf{x}_j$（$j = 1,2,\cdots,n$）的樣本方差$a_i^T S a_i$最大的$\mathbf{x}$的線性變換。

樣本主成分與整體主成分具有同樣的性質。這從樣本主成分的定義容易看出。只要以樣本協方差矩陣S代替總體協方差矩陣Σ即可。整體主成分的定

理 16.2 及定理 16.3 對樣本主成分依然成立。樣本主成分的性質不再重述。

在使用樣本主成分時,一般假設樣本資料是規範化的,即對樣本矩陣作如下變換:

$$x_{ij}^* = \frac{x_{ij} - \bar{x}_i}{\sqrt{s_{ii}}}, \quad i = 1,2,\cdots,m; \quad j = 1,2,\cdots,n \tag{16.48}$$

其中

$$\bar{x}_i = \frac{1}{n}\sum_{j=1}^{n} x_{ij}, \quad i = 1,2,\cdots,m$$

$$s_{ii} = \frac{1}{n-1}\sum_{j=1}^{n} (x_{ij} - \bar{x}_i)^2, \quad i = 1,2,\cdots,m$$

為了方便,以下將規範化變數x_{ij}^*仍記作x_{ij},規範化的樣本矩陣仍記作X。這時,樣本協方差矩陣S就是樣本相關矩陣R

$$R = \frac{1}{n-1}XX^{\mathrm{T}} \tag{16.49}$$

樣本協方差矩陣S是總體協方差矩陣Σ的無偏估計,樣本相關矩陣R是整體相關矩陣的無偏估計,S的特徵值和特徵向量是Σ的特徵值和特徵向量的極大似然估計。關於這個問題本書不作討論,有興趣的讀者可參閱多元統計的書籍,例如文獻[1]。

16.2.2 相關矩陣的特徵值分解演算法

傳統的主成分分析透過資料的協方差矩陣或相關矩陣的特徵值分解進行,現在常用的方法是透過資料矩陣的奇異值分解進行。首先敘述資料的協方差矩陣或相關矩陣的特徵值分解方法。

給定樣本矩陣X，利用資料的樣本協方差矩陣或者樣本相關矩陣的特徵值分解進行主成分分析。具體步驟如下：

（1）對觀測資料按式(16.48)進行規範化處理，得到規範化資料矩陣，仍以X表示。

（2）依據規範化資料矩陣，計算樣本相關矩陣R

$$R = [r_{ij}]_{m \times m} = \frac{1}{n-1} X X^{\mathrm{T}}$$

其中

$$r_{ij} = \frac{1}{n-1} \sum_{l=1}^{n} x_{il} x_{lj}, \quad i,j = 1,2,\cdots,m$$

（3）求樣本相關矩陣R的k個特徵值和對應的k個單位特徵向量。
求解R的特徵方程式

$$|R - \lambda I| = 0$$

得R的m個特徵值

$$\lambda_1 \geqslant \lambda_2 \geqslant \cdots \geqslant \lambda_m$$

求方差貢獻率$\sum_{i=1}^{k} \eta_i$達到預定值的主成分個數k。

求前k個特徵值對應的單位特徵向量

$$a_i = (a_{1i}, a_{2i}, \cdots, a_{mi})^{\mathrm{T}}, \quad i = 1,2,\cdots,k$$

（4）求k個樣本主成分
以k個單位特徵向量為係數進行線性變換，求出k個樣本主成分

$$y_i = a_i^{\mathrm{T}} \mathbf{x}, \quad i = 1,2,\cdots,k \tag{16.50}$$

（5）計算k個主成分y_j與原變數x_i的相關係數$\rho(x_i, y_j)$，以及k個主成分對原變數x_i的貢獻率v_i。

（6）計算n個樣本的k個主成分值

將規範化樣本資料代入k個主成分式(16.50)，得到n個樣本的主成分值。第j個樣本$\mathbf{x}_j = (x_{1j}, x_{2j}, \cdots, x_{mj})^\mathrm{T}$的第$i$主成分值是

$$y_{ij} = (a_{1i}, a_{2i}, \cdots, a_{mi})(x_{1j}, x_{2j}, \cdots, x_{mj})^\mathrm{T} = \sum_{l=1}^{m} a_{li} x_{lj}$$

$$i = 1, 2, \cdots, m, \quad j = 1, 2, \cdots, n$$

主成分分析得到的結果可以用於其他機器學習方法的輸入。比如，將樣本點投影到以主成分為坐標軸的空間中，然後應用聚類演算法，就可以對樣本點進行聚類。

下面舉例說明主成分分析方法。

【例 16.1】假設有n個學生參加四門課程的考試，將學生們的考試成績看作隨機變數的取值，對考試成績資料進行標準化處理，得到樣本相關矩陣R，列於表 16.1。

表 16.1 樣本相關矩陣R

課程	語文	外語	數學	物理
語文	1	0.44	0.29	0.33
外語	0.44	1	0.35	0.32
數學	0.29	0.35	1	0.60
物理	0.33	0.32	0.60	1

試對資料進行主成分分析。

【解】設變數x_1, x_2, x_3, x_4分別表示語文、外語、數學、物理的成績。對樣本相關矩陣進行特徵值分解，得到相關矩陣的特徵值，並按大小排序，

$$\lambda_1 = 2.17, \quad \lambda_2 = 0.87, \quad \lambda_3 = 0.57, \quad \lambda_4 = 0.39$$

這些特徵值就是各主成分的方差貢獻率。假設要求主成分的累計方差貢獻率大於 75％，那麼只需取前兩個主成分即可，即$k = 2$，因為

$$\frac{\lambda_1 + \lambda_2}{\sum_{i=1}^4 \lambda_i} = 0.76$$

求出對應於特徵值λ_1, λ_2的單位特徵向量，列於表 16.2，表中最後一列為主成分的方差貢獻率。

表 16.2　單位特徵向量和主成分的方差貢獻率

項目	x_1	x_2	x_3	x_4	方差貢獻率
y_1	0.460	0.476	0.523	0.537	0.543
y_2	0.574	0.486	−0.476	−0.456	0.218

由此按照式(16.50)可得第一、第二主成分：

$$y_1 = 0.460x_1 + 0.476x_2 + 0.523x_3 + 0.537x_4$$

$$y_2 = 0.574x_1 + 0.486x_2 - 0.476x_3 - 0.456x_4$$

這就是主成分分析的結果。變數y_1和y_2表示第一、第二主成分。

接下來由特徵值和單位特徵向量求出第一、第二主成分的因數負荷量，以及第一、第二主成分對變數x_i的貢獻率，列於表 16.3。

表 16.3　主成分的因數負荷量和貢獻率

項目	x_1	x_2	x_3	x_4
y_1	0.678	0.701	0.770	0.791
y_2	0.536	0.453	−0.444	−0.425
y_1, y_2對x_i的貢獻率	0.747	0.697	0.790	0.806

從表 16.3 中可以看出，第一主成分y_1對應的因數負荷量$\rho(y_1, x_i), i = 1,2,3,4$,均為正數，表明各門課程成績提高都可使$y_1$提高，也就是說，第一主成分$y_1$反映了學生的整體成績。還可以看出，因數負荷量的數值相近，且$\rho(y_1, x_4)$的數值最大，這表明物理成績在整體成績中占最重要位置。

第二主成分y_2對應的因數負荷量$\rho(y_2, x_i), i = 1,2,3,4$,有正有負，正的是語文和外語，負的是數學和物理，表明文科成績提高都可使y_2提高，而理科

成績提高都可使y_2降低,也就是説,第二主成分y_2反映了學生的文科成績
與理科成績的關係。

圖 16.3 將原變數x_1, x_2, x_3, x_4(分別表示語文、外語、數學、物理)和主成
分y_1, y_2(分別表示整體成績、文科對理科成績)的因數負荷量在平面坐
標系中表示。可以看出變數之間的關係。4 個原變數聚成了兩類;因數負
荷量相近的語文、外語為一類,數學、物理為一類,前者反映文科課程成
績,後者反映理科課程成績。

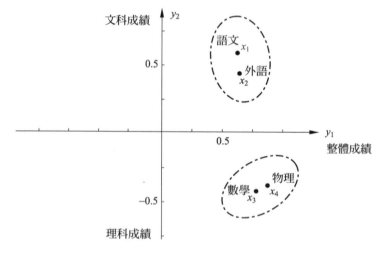

圖 16.3 因數負荷量的分佈圖

16.2.3 資料矩陣的奇異值分解演算法

給定樣本矩陣X,利用資料矩陣奇異值分解進行主成分分析。具體過程如
下。這裡假設有k個主成分。

參照式(15.19),對於$m \times n$實矩陣A,假設其秩為r,$0 < k < r$,則可以將
矩陣A進行截斷奇異值分解

$$A \approx U_k \Sigma_k V_k^{\mathrm{T}}$$

式中U_k是$m \times k$矩陣,V_k是$n \times k$矩陣,Σ_k是k階對角矩陣;U_k,V_k 分別由

取A的完全奇異值分解的矩陣U，V的前k列，Σ_k由取A的完全奇異值分解的矩陣Σ 的前k個對角線元素得到。

定義一個新的$n \times m$矩陣X'

$$X' = \frac{1}{\sqrt{n-1}}X^{\mathrm{T}} \tag{16.51}$$

X'的每一列均值為零。不難得知，

$$X'^{\mathrm{T}}X' = \left(\frac{1}{\sqrt{n-1}}X^{\mathrm{T}}\right)^{\mathrm{T}}\left(\frac{1}{\sqrt{n-1}}X^{\mathrm{T}}\right)$$

$$= \frac{1}{n-1}XX^{\mathrm{T}} \tag{16.52}$$

即$X'^{\mathrm{T}}X'$等於X的協方差矩陣S_X。

$$S_X = X'^{T}X' \tag{16.53}$$

主成分分析歸結於求協方差矩陣S_X的特徵值和對應的單位特徵向量，所以問題轉化為求矩陣$X'^{T}X'$ 的特徵值和對應的單位特徵向量。

假設X'的截斷奇異值分解為$X' = U\Sigma V^{\mathrm{T}}$，那麼$V$的列向量就是$S_X = X'^{T}X'$ 的單位特徵向量。因此，V的列向量組成X的主成分的正交直角坐標系。於是，求X主成分可以透過求X'的奇異值分解來實現。具體演算法如下。

【演算法 16.1】主成分分析演算法

輸入：$m \times n$樣本矩陣X，其每一行元素的均值為零；
輸出：$k \times n$樣本主成分矩陣Y。
參數：主成分個數k

（1）構造新的$n \times m$矩陣

$$X' = \frac{1}{\sqrt{n-1}}X^{T}$$

X'每一列的均值為零。

（2）對矩陣X'進行截斷奇異值分解，得到

$$X' = U\Sigma V^{\mathrm{T}}$$

有k個奇異值、奇異向量。矩陣V^{T}和X的乘積組成樣本主成分矩陣。

（3）求$k \times n$樣本主成分矩陣

$$Y = V^{\mathrm{T}}X$$

本章概要

1. 假設$\mathbf{x}$為m維隨機變數，其均值為$\boldsymbol{\mu}$，協方差矩陣為Σ。

   考慮由m維隨機變數$\mathbf{x}$到m維隨機變數$\mathbf{y}$的線性變換

$$y_i = \alpha_i^{\mathrm{T}}\mathbf{x} = \sum_{k=1}^{m} \alpha_{ki}x_k, \quad i = 1,2,\cdots,m$$

   其中$\alpha_i^{\mathrm{T}} = (\alpha_{1i},\alpha_{2i},\cdots,\alpha_{mi})$。

   如果該線性變換滿足以下條件，則稱之為整體主成分：

   （1）$\alpha_i^{\mathrm{T}}\alpha_i = 1$，$i = 1,2,\cdots,m$；

   （2）$cov(y_i,y_j) = 0(i \neq j)$；

   （3）變數y_1是$\mathbf{x}$的所有線性變換中方差最大的；y_2是與y_1不相關的$\mathbf{x}$的所有線性變換中方差最大的；一般地，y_i是與$y_1,y_2,\cdots,y_{i-1}$，$(i = 1,2,\cdots,m)$都不相關的$\mathbf{x}$的所有線性變換中方差最大的；這時分別稱$y_1,y_2,\cdots,y_m$為$\mathbf{x}$的第一主成分、第二主成分、$\cdots$、第m主成分。

2. 假設$\mathbf{x}$是m維隨機變數，其協方差矩陣是Σ，Σ的特徵值分別是$\lambda_1 \geq \lambda_2 \geq \cdots \geq \lambda_m \geq 0$，特徵值對應的單位特徵向量分別是$\alpha_1,\alpha_2,\cdots,\alpha_m$，則$\mathbf{x}$的第$i$主成分可以寫作

$$y_i = \alpha_i^{\mathrm{T}}\mathbf{x} = \sum_{k=1}^{m} \alpha_{ki}x_k, \quad i = 1,2,\cdots,m$$

並且，**x**的第i主成分的方差是協方差矩陣Σ的第i個特徵值，即

$$var(y_i) = \alpha_i^T \Sigma \alpha_i = \lambda_i$$

3. 主成分有以下性質：

    主成分**y**的協方差矩陣是對角矩陣

    $$cov(\mathbf{y}) = \Lambda = diag(\lambda_1, \lambda_2, \cdots, \lambda_m)$$

    主成分**y**的方差之和等於隨機變數**x**的方差之和

    $$\sum_{i=1}^{m} \lambda_i = \sum_{i=1}^{m} \sigma_{ii}$$

    其中σ_{ii}是x_i的方差，即協方差矩陣Σ的對角線元素。
    主成分y_k與變數x_i的相關係數$\rho(y_k, x_i)$稱為因數負荷量(factor loading)，
    它表示第k個主成分y_k與變數x_i的相關關係，即y_k對x_i的貢獻程度。

    $$\rho(y_k, x_i) = \frac{\sqrt{\lambda_k}\alpha_{ik}}{\sqrt{\sigma_{ii}}}, \quad k, i = 1, 2, \cdots, m$$

4. 樣本主成分分析就是基於樣本協方差矩陣的主成分分析。
    給定樣本矩陣

    $$X = \begin{bmatrix} \mathbf{x}_1 & \mathbf{x}_2 & \cdots & \mathbf{x}_n \end{bmatrix} = \begin{bmatrix} x_{11} & x_{12} & \cdots & x_{1n} \\ x_{21} & x_{22} & \cdots & x_{2n} \\ \vdots & \vdots & & \vdots \\ x_{m1} & x_{m2} & \cdots & x_{mn} \end{bmatrix}$$

    其中$\mathbf{x}_j = (x_{1j}, x_{2j}, \cdots, x_{mj})^T$是**x**的第$j$個獨立觀測樣本，$j = 1, 2, \cdots, n$。
    X的樣本協方差矩陣

    $$S = [s_{ij}]_{m \times m}, \quad s_{ij} = \frac{1}{n-1} \sum_{k=1}^{n} (x_{ik} - \bar{x}_i)(x_{jk} - \bar{x}_j)$$

    $$i = 1, 2, \cdots, m, \quad j = 1, 2, \cdots, m$$

其中$\bar{x}_i = \frac{1}{n}\sum_{k=1}^{n} x_{ik}$。

給定樣本資料矩陣X，考慮向量$\mathbf{x}$到$\mathbf{y}$的線性變換

$$\mathbf{y} = A^{\mathrm{T}}\mathbf{x}$$

這裡

$$A = \begin{bmatrix} a_1 & a_2 & \cdots & a_m \end{bmatrix} = \begin{bmatrix} a_{11} & a_{12} & \cdots & a_{1m} \\ a_{21} & a_{22} & \cdots & a_{2m} \\ \vdots & \vdots & & \vdots \\ a_{m1} & a_{m2} & \cdots & a_{mm} \end{bmatrix}$$

如果該線性變換滿足以下條件，則稱之為樣本主成分。樣本第一主成分$y_1 = a_1^{\mathrm{T}}\mathbf{x}$是在$a_1^{\mathrm{T}}a_1 = 1$條件下，使得$a_1^{\mathrm{T}}\mathbf{x}_j$（$j = 1,2,\cdots,n$）的樣本方差$a_1^{\mathrm{T}}Sa_1$最大的$\mathbf{x}$的線性變換；樣本第二主成分$y_2 = a_2^{\mathrm{T}}\mathbf{x}$是在$a_2^{\mathrm{T}}a_2 = 1$和$a_2^{\mathrm{T}}\mathbf{x}_j$與$a_1^{\mathrm{T}}\mathbf{x}_j$（$j = 1,2,\cdots,n$）的樣本協方差$a_1^{\mathrm{T}}Sa_2 = 0$條件下，使得$a_2^{\mathrm{T}}\mathbf{x}_j$（$j = 1,2,\cdots,n$）的樣本方差$a_2^{\mathrm{T}}Sa_2$最大的$\mathbf{x}$的線性變換；一般地，樣本第$i$主成分$y_i = a_i^{\mathrm{T}}\mathbf{x}$是在$a_i^{\mathrm{T}}a_i = 1$和$a_i^{\mathrm{T}}\mathbf{x}_j$與$a_k^{\mathrm{T}}\mathbf{x}_j$（$k < i$，$j = 1,2,\cdots,n$）的樣本協方差$a_k^{\mathrm{T}}Sa_i = 0$條件下，使得$a_i^{\mathrm{T}}\mathbf{x}_j$（$j = 1,2,\cdots,n$）的樣本方差$a_i^{\mathrm{T}}Sa_i$最大的$\mathbf{x}$的線性變換。

5. 主成分分析方法主要有兩種，可以透過相關矩陣的特徵值分解或樣本矩陣的奇異值分解進行。

（1）相關矩陣的特徵值分解演算法。針對$m \times n$樣本矩陣X，求樣本相關矩陣

$$R = \frac{1}{n-1} XX^{\mathrm{T}}$$

再求樣本相關矩陣的k個特徵值和對應的單位特徵向量，構造正交矩陣

$$V = (v_1, v_2, \cdots, v_k)$$

V的每一列對應一個主成分，得到$k \times n$樣本主成分矩陣

$$Y = V^{\mathrm{T}}X$$

（2）矩陣X的奇異值分解演算法。針對$m \times n$樣本矩陣X

$$X' = \frac{1}{\sqrt{n-1}}X^{\mathrm{T}}$$

對矩陣X'進行截斷奇異值分解，保留k個奇異值、奇異向量，得到

$$X' = USV^{\mathrm{T}}$$

V的每一列對應一個主成分，得到$k \times n$樣本主成分矩陣Y

$$Y = V^{\mathrm{T}}X$$

繼續閱讀

要進一步了解主成分分析，可參閱文獻[1~4]。可以透過核方法隱式地在高維空間中進行主成分分析，相關的方法稱為核主成分分析（kernel principal component analysis）[5]。主成分分析是關於一組變數之間的相關關係的分析方法，典型相關分析（canonical correlation analysis）是關於兩組變數之間的相關關係的分析方法[6]。近年，強健的主成分分析 （robust principal component analysis）被提出，是主成分分析的擴充，適合於嚴重受損資料的基本結構發現[7]。

習題

16.1 對以下樣本資料進行主成分分析：

$$X = \begin{bmatrix} 2 & 3 & 3 & 4 & 5 & 7 \\ 2 & 4 & 5 & 5 & 6 & 8 \end{bmatrix}$$

16.2 證明樣本協方差矩陣S是整體協方差矩陣方差Σ的無偏估計。

16.3 設X為資料規範化樣本矩陣，則主成分等值于求解以下最佳化問題：

$$\min_{L} \quad \| X - L \|_F$$
$$s.t. \quad rank(L) \leqslant k$$

這裡F是 Frobenius 範數，k是主成分個數。試問為什麼？

參考文獻

[1]   方開泰. 實用多元統計分析. 上海：華東師範大學出版社，1989.

[2]   夏紹瑋，楊家本，楊振斌. 系統工程概論. 北京：清華大學出版社，1995.

[3]   Jolliffe I. Principal component analysis, Second Edition. John Wiley & Sons, 2002.

[4]   Shlens J. A tutorial on principal component analysis. arXiv preprint arXiv：14016.1100, 2014.

[5]   Schölkopf B, Smola A, Müller K-R. Kernel principal component analysis. Artificial Neural Networks—ICANN'97. Springer, 1997: 583–588.

[6]   Hardoon D R, Szedmak S, Shawe-Taylor J. Canonical correlation analysis: an overview with application to learning methods. Neural Computation, 2004, 16(12): 2639–2664.

[7]   Candes E J, Li X D, Ma Y, et al. Robust principal component analysis？Journal of the ACM (JACM), 2011, 58(3): 11.

潛在語義分析

潛在語義分析（latent semantic analysis，LSA）是一種無監督學習方法，主要用於文字的話題分析，其特點是透過矩陣分解發現文字與單字之間的基於話題的語義關係。潛在語義分析由 Deerwester 等於 1990 年提出，最初應用於文字資訊檢索，所以也被稱為潛在語義索引（latent semantic indexing，LSI），在推薦系統、影像處理、生物資訊學等領域也有廣泛應用。

文字資訊處理中，傳統的方法以單字向量表示文字的語義內容，以單字向量空間的度量表示文字之間的語義相似度。潛在語義分析旨在解決這種方法不能準確表示語義的問題，試圖從大量的文字資料中發現潛在的話題，以話題向量表示文字的語義內容，以話題向量空間的度量更準確地表示文字之間的語義相似度。這也是話題分析（topic modeling）的基本想法。

潛在語義分析使用的是非機率的話題分析模型。具體地，將文字集合表示為單字 - 文字矩陣，對單字 - 文字矩陣進行奇異值分解，從而得到話題向量空間，以及文字在話題向量空間的表示。奇異值分解（singular value decomposition，SVD）即在第 15 章介紹的矩陣因數分解方法，其特點是分解的矩陣正交。

非負矩陣分解（non-negative matrix factorization，NMF）是另一種矩陣的因數分解方法，其特點是分解的矩陣非負。1999 年 Lee 和 Sheung 的論文

[3]發表之後，非負矩陣分解引起高度重視和廣泛使用。非負矩陣分解也可以用於話題分析。

本章 17.1 節介紹單字向量空間模型和話題向量空間模型，指出進行潛在語義分析的必要性。17.2 節敘述潛在語義分析的奇異值分解演算法。17.3 節敘述非負矩陣分解演算法。

17.1 單字向量空間與話題向量空間

17.1.1 單字向量空間

文字資訊處理，比如文字資訊檢索、文字資料探勘的一個核心問題是對文字的語義內容進行表示，並進行文字之間的語義相似度計算。最簡單的方法是利用向量空間模型（vector space model, VSM），也就是單字向量空間模型（word vector space model）。向量空間模型的基本想法是，給定一個文字，用一個向量表示該文字的「語義」，向量的每一維對應一個單字，其數值為該單字在該文字中出現的頻數或權值；基本假設是文字中所有單字的出現情況表示了文字的語義內容；文字集合中的每個文字都表示為一個向量，存在于一個向量空間；向量空間的度量，如內積或標準化內積表示文字之間的「語義相似度」。

例如，文字資訊檢索的任務是，使用者提出查詢時，幫助使用者找到與查詢最相關的文字，以排序的形式展示給使用者。一個最簡單的做法是採用單字向量空間模型，將查詢與文字表示為單字的向量，計算查詢向量與文字向量的內積，作為語義相似度，以這個相似度的高低對文字進行排序。在這裡，查詢被看成是一個偽文字，查詢與文字的語義相似度表示查詢與文字的相關性。

下面舉出嚴格定義。給定一個含有 n 個文字的集合 $D = \{d_1, d_2, \cdots, d_n\}$，以及在所有文字中出現的 m 個單字的集合 $W = \{w_1, w_2, \cdots, w_m\}$。將單字在文

字中出現的資料用一個單字 - 文字矩陣（word-document matrix）表示，記
作 X

$$X = \begin{bmatrix} x_{11} & x_{12} & \cdots & x_{1n} \\ x_{21} & x_{22} & \cdots & x_{2n} \\ \vdots & \vdots & & \vdots \\ x_{m1} & x_{m2} & \cdots & x_{mn} \end{bmatrix} \tag{17.1}$$

這是一個 $m \times n$ 矩陣，元素 x_{ij} 表示單字 w_i 在文字 d_j 中出現的頻數或權值。
由於單字的種類很多，而每個文字中出現單字的種類通常較少，所以單字
- 文字矩陣是一個稀疏矩陣。

權值通常用單字頻率 - 逆文字頻率（term frequency-inverse document
frequency，TF-IDF）表示，其定義是

$$TFIDF_{ij} = \frac{\mathrm{tf}_{ij}}{\mathrm{tf}_{\cdot j}} \log \frac{\mathrm{df}}{\mathrm{df}_i}, \quad i = 1,2,\cdots,m; \quad j = 1,2,\cdots,n \tag{17.2}$$

式中 tf_{ij} 是單字 w_i 出現在文字 d_j 中的頻數，$\mathrm{tf}_{\cdot j}$ 是文字 d_j 中出現的所有單字
的頻數之和，df_i 是含有單字 w_i 的文字數，df 是文字集合 D 的全部文字數。
直觀上，一個單字在一個文字中出現的頻數越高，這個單字在這個文字中
的重要度就越高；一個單字在整個文字集合中出現的文字數越少，這個單
字就越能表示其所在文字的特點，重要度就越高；一個單字在一個文字的
TF-IDF 是兩種重要度的積，表示綜合重要度。

單字向量空間模型直接使用單字 - 文字矩陣的資訊。單字 - 文字矩陣的第 j
列向量 x_j 表示文字 d_j

$$x_j = \begin{bmatrix} x_{1j} \\ x_{2j} \\ \vdots \\ x_{mj} \end{bmatrix}, \quad j = 1,2,\cdots,n \tag{17.3}$$

其中 x_{ij} 是單字 w_i 在文字 d_j 的權值，$i = 1,2,\cdots,m$，權值越大，該單字在該
文字中的重要度就越高。這時矩陣 X 也可以寫作 $X = [x_1 \quad x_2 \quad \cdots \quad x_n]$。

兩個單字向量的內積或標準化內積（餘弦）表示對應的文字之間的語義相似度。因此，文字d_i與d_j之間的相似度為

$$x_i \cdot x_j, \quad \frac{x_i \cdot x_j}{\|x_i\|\|x_j\|} \tag{17.4}$$

式中·表示向量的內積，∥·∥ 表示向量的範數。

直觀上，在兩個文字中共同出現的單字越多，其語義內容就越相近，這時，對應的單字向量同不為零的維度就越多，內積就越大（單字向量元素的值都是非負的），表示兩個文字在語義內容上越相似。這個模型雖然簡單，卻能極佳地表示文字之間的語義相似度，與人們對語義相似度的判斷接近，在一定程度上能夠滿足應用的需求，至今仍在文字資訊檢索、文字資料探勘等領域被廣泛使用，可以認為是文字資訊處理的一個基本原理。注意，兩個文字的語義相似度並不是由一兩個單字是否在兩個文字中出現決定，而是由所有的單字在兩個文字中共同出現的「模式」決定。

單字向量空間模型的優點是模型簡單，計算效率高。因為單字向量通常是稀疏的，兩個向量的內積計算只需要在其同不為零的維度上進行即可，需要的計算很少，可以高效率地完成。單字向量空間模型也有一定的局限性，表現在內積相似度未必能夠準確表達兩個文字的語義相似度上。因為自然語言的單字具有一詞多義性（polysemy）及多詞一義性（synonymy），即同一個單字可以表示多個語義，多個單字可以表示同一個語義，所以基於單字向量的相似度計算存在不精確的問題。

圖 17.1 舉出一個例子。單字 - 文字矩陣，每一行表示一個單字，每一列表示一個文字，矩陣的每一個元素表示單字在文字中出現的頻數，頻數 0 省略。單字向量空間模型中，文字d_1與d_2相似度並不高，儘管兩個文字的內容相似，這是因為同義字"airplane"與"aircraft"被當作了兩個獨立的單字，單字向量空間模型不考慮單字的同義性，在此情況下無法進行準確的相似度計算。另一方面，文字d_3與d_4有一定的相似度，儘管兩個文字的內容並不相似，這是因為單字"apple"具有多義，可以表示"apple computer"和

"fruit"，單字向量空間模型不考慮單字的多義性，在此情況下也無法進行
準確的相似度計算。

	d_1	d_2	d_3	d_4
airplane	2			
aircraft		2		
computer			1	
apple			2	3
fruit				1
produce	1	2	2	1

圖 17.1 單字 - 文字矩陣例

17.1.2 話題向量空間

兩個文字的語義相似度可以表現在兩者的話題相似度上。所謂話題
（topic），並沒有嚴格的定義，就是指文字所討論的內容或主題。一個文
字一般含有若干個話題。如果兩個文字的話題相似，那麼兩者的語義應該
也相似。話題可以由若干個語義相關的單字表示，同義字（如"airplane"與
"aircraft"）可以表示同一個話題，而多義詞（如"apple"）可以表示不同的
話題。這樣，基於話題的模型就可以解決上述基於單字的模型存在的問
題。

可以設想定義一種話題向量空間模型（topic vector space model）。給定一
個文字，用話題空間的一個向量表示該文字，該向量的每一分量對應一個
話題，其數值為該話題在該文字中出現的權值。用兩個向量的內積或標準
化內積表示對應的兩個文字的語義相似度。注意話題的個數通常遠遠小於
單字的個數，話題向量空間模型更加抽象。事實上潛在語義分析正是建構
話題向量空間的方法（即話題分析的方法），單字向量空間模型與話題向
量空間模型可以互為補充，現實中，兩者可以同時使用。

1. 話題向量空間

給定一個文字集合 $D = \{d_1, d_2, \cdots, d_n\}$ 和一個對應的單字集合 $W = \{w_1, w_2, \cdots, w_m\}$。可以獲得其單字 - 文字矩陣 X，X 組成原始的單字向量空間，每一列是一個文字在單字向量空間中的表示。

$$X = \begin{bmatrix} x_{11} & x_{12} & \cdots & x_{1n} \\ x_{21} & x_{22} & \cdots & x_{2n} \\ \vdots & \vdots & & \vdots \\ x_{m1} & x_{m2} & \cdots & x_{mn} \end{bmatrix} \qquad (17.5)$$

矩陣 X 也可以寫作 $X = [x_1 \quad x_2 \quad \cdots \quad x_n]$。

假設所有文字共含有 k 個話題。假設每個話題由一個定義在單字集合 W 上的 m 維向量表示，稱為話題向量，即

$$t_l = \begin{bmatrix} t_{1l} \\ t_{2l} \\ \vdots \\ t_{ml} \end{bmatrix}, \quad l = 1, 2, \cdots, k \qquad (17.6)$$

其中 t_{il} 是單字 w_i 在話題 t_l 的權值，$i = 1, 2, \cdots, m$，權值越大，該單字在該話題中的重要度就越高。這 k 個話題向量 $t_1, t_2, \cdots, t_k$ 張成一個話題向量空間（topic vector space），維數為 k。注意話題向量空間 T 是單字向量空間 X 的一個子空間。

話題向量空間 T 也可以表示為一個矩陣，稱為單字 - 話題矩陣（word-topic matrix），記作

$$T = \begin{bmatrix} t_{11} & t_{12} & \cdots & t_{1k} \\ t_{21} & t_{22} & \cdots & t_{2k} \\ \vdots & \vdots & & \vdots \\ t_{m1} & t_{m2} & \cdots & t_{mk} \end{bmatrix} \qquad (17.7)$$

矩陣 T 也可以寫作 $T = [t_1 \quad t_2 \quad \cdots \quad t_k]$。

2. 文字在話題向量空間的表示

現在考慮文字集合 D 的文字 d_j，在單字向量空間中由一個向量 x_j 表示，將 x_j 投影到話題向量空間 T 中，得到在話題向量空間的一個向量 y_j，y_j 是一個 k 維向量，其運算式為

$$y_j = \begin{bmatrix} y_{1j} \\ y_{2j} \\ \vdots \\ y_{kj} \end{bmatrix}, \quad j = 1,2,\cdots,n \qquad (17.8)$$

其中 y_{lj} 是文字 d_j 在話題 t_l 的權值，$l = 1,2,\cdots,k$，權值越大，該話題在該文字中的重要度就越高。

矩陣 Y 表示話題在文字中出現的情況，稱為話題－文字矩陣（topic-document matrix），記作

$$Y = \begin{bmatrix} y_{11} & y_{12} & \cdots & y_{1n} \\ y_{21} & y_{22} & \cdots & y_{2n} \\ \vdots & \vdots & & \vdots \\ y_{k1} & y_{k2} & \cdots & y_{kn} \end{bmatrix} \qquad (17.9)$$

矩陣 Y 也可以寫作 $Y = \begin{bmatrix} y_1 & y_2 & \cdots & y_n \end{bmatrix}$。

3. 從單字向量空間到話題向量空間的線性變換

這樣一來，在單字向量空間的文字向量 x_j 可以透過它在話題空間中的向量 y_j 近似表示，具體地由 k 個話題向量以 y_j 為係數的線性組合近似表示。

$$x_j \approx y_{1j}t_1 + y_{2j}t_2 + \cdots + y_{kj}t_k, \quad j = 1,2,\cdots,n \qquad (17.10)$$

所以，單字－文字矩陣 X 可以近似的表示為單字－話題矩陣 T 與話題－文字矩陣 Y 的乘積形式。這就是潛在語義分析。

$$X \approx TY \qquad (17.11)$$

直觀上潛在語義分析是將文字在單字向量空間的表示透過線性變換轉換為在話題向量空間中的表示，如圖 17.2 所示。這個線性變換由矩陣因數分解式(17.11)的形式表現。圖 17.3 示意性的表示實現潛在語義分析的矩陣因數分解。

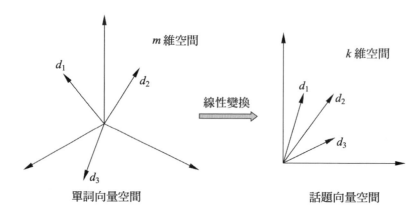

圖 17.2 將文字在單字向量空間的表示透過線性變換轉換為話題空間的表示

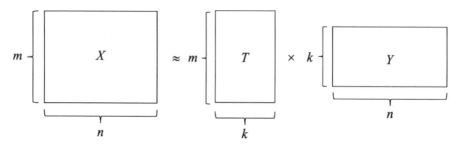

圖 17.3 潛在語義分析透過矩陣因數分解實現，單字 - 文字矩陣X可以近似的
表示為單字 - 話題矩陣T與話題 - 文字矩陣Y的乘積形式

在原始的單字向量空間中，兩個文字d_i與d_j的相似度可以由對應的向量的內積表示，即$x_i \cdot x_j$。經過潛在語義分析之後，在話題向量空間中，兩個文字d_i與d_j的相似度可以由對應的向量的內積即$y_i \cdot y_j$表示。

要進行潛在語義分析，需要同時決定兩部分的內容，一是話題向量空間T，二是文字在話題空間的表示Y，使兩者的乘積是原始矩陣資料的近似，而這一結果完全從話題 - 文字矩陣的資訊中獲得。

17.2 潛在語義分析演算法

潛在語義分析利用矩陣奇異值分解，具體地，對單字 - 文字矩陣進行奇異值分解，將其左矩陣作為話題向量空間，將其對角矩陣與右矩陣的乘積作為文字在話題向量空間的表示。

17.2.1 矩陣奇異值分解演算法

1. 單字 - 文字矩陣

給定文字集合 $D = \{d_1, d_2, \cdots, d_n\}$ 和單字集合 $W = \{w_1, w_2, \cdots, w_m\}$。潛在語義分析首先將這些資料表成一個單字 - 文字矩陣

$$X = \begin{bmatrix} x_{11} & x_{12} & \cdots & x_{1n} \\ x_{21} & x_{22} & \cdots & x_{2n} \\ \vdots & \vdots & & \vdots \\ x_{m1} & x_{m2} & \cdots & x_{mn} \end{bmatrix} \tag{17.12}$$

這是一個 $m \times n$ 矩陣，元素 x_{ij} 表示單字 w_i 在文字 d_j 中出現的頻數或權值。

2. 截斷奇異值分解

潛在語義分析根據確定的話題個數 k 對單字 - 文字矩陣 X 進行截斷奇異值分解

$$X \approx U_k \Sigma_k V_k^{\mathrm{T}} = \begin{bmatrix} u_1 & u_2 & \cdots & u_k \end{bmatrix} \begin{bmatrix} \sigma_1 & 0 & 0 & 0 \\ 0 & \sigma_2 & 0 & 0 \\ 0 & 0 & \ddots & 0 \\ 0 & 0 & 0 & \sigma_k \end{bmatrix} \begin{bmatrix} v_1^{\mathrm{T}} \\ v_2^{\mathrm{T}} \\ \vdots \\ v_k^{\mathrm{T}} \end{bmatrix} \tag{17.13}$$

式中 $k \leqslant n \leqslant m$，$U_k$ 是 $m \times k$ 矩陣，它的列由 X 的前 k 個互相正交的左奇異向量組成，Σ_k 是 k 階對角方陣，對角元素為前 k 個最大奇異值，V_k 是 $n \times k$ 矩陣，它的列由 X 的前 k 個互相正交的右奇異向量組成。

3. 話題向量空間

在單字－文字矩陣X的截斷奇異值分解式(17.13)中，矩陣U_k的每一個列向量$u_1, u_2, \cdots, u_k$表示一個話題，稱為話題向量。由這k個話題向量張成一個子空間

$$U_k = \begin{bmatrix} u_1 & u_2 & \cdots & u_k \end{bmatrix}$$

稱為話題向量空間。

4. 文字的話題空間表示

有了話題向量空間，接著考慮文字在話題空間的表示。將式(17.13)寫作

$$X = \begin{bmatrix} x_1 & x_2 & \cdots & x_n \end{bmatrix} \approx U_k \Sigma_k V_k^{\mathrm{T}}$$

$$= \begin{bmatrix} u_1 & u_2 & \cdots & u_k \end{bmatrix} \begin{bmatrix} \sigma_1 & & & \\ & \sigma_2 & & 0 \\ & 0 & \ddots & \\ & & & \sigma_k \end{bmatrix} \begin{bmatrix} v_{11} & v_{21} & \cdots & v_{n1} \\ v_{12} & v_{22} & \cdots & v_{n2} \\ \vdots & \vdots & & \vdots \\ v_{1k} & v_{2k} & \cdots & v_{nk} \end{bmatrix}$$

$$= \begin{bmatrix} u_1 & u_2 & \cdots & u_k \end{bmatrix} \begin{bmatrix} \sigma_1 v_{11} & \sigma_1 v_{21} & \cdots & \sigma_1 v_{n1} \\ \sigma_2 v_{12} & \sigma_2 v_{22} & \cdots & \sigma_2 v_{n2} \\ \vdots & \vdots & & \vdots \\ \sigma_k v_{1k} & \sigma_k v_{2k} & \cdots & \sigma_k v_{nk} \end{bmatrix} \qquad (17.14)$$

其中

$$u_l = \begin{bmatrix} u_{1l} \\ u_{2l} \\ \vdots \\ u_{ml} \end{bmatrix}, \quad l = 1, 2, \cdots, k$$

由式(17.14)知，矩陣X的第j列向量x_j滿足

$$x_j \approx U_k(\Sigma_k V_k^{\mathrm{T}})_j$$

$$= \begin{bmatrix} u_1 & u_2 & \cdots & u_k \end{bmatrix} \begin{bmatrix} \sigma_1 v_{j1} \\ \sigma_2 v_{j2} \\ \vdots \\ \sigma_k v_{jk} \end{bmatrix}$$

$$= \sum_{l=1}^{k} \sigma_l v_{jl} u_l, \quad j = 1, 2, \cdots, n \qquad (17.15)$$

式中$(\Sigma_k V_k^{\mathrm{T}})_j$是矩陣$(\Sigma_k V_k^{\mathrm{T}})$的第$j$列向量。式(17.15)是文字$d_j$的近似運算式，由$k$個話題向量$u_l$的線性組合組成。矩陣$(\Sigma_k V_k^{\mathrm{T}})$的每一個列向量

$$\begin{bmatrix} \sigma_1 v_{11} \\ \sigma_2 v_{12} \\ \vdots \\ \sigma_k v_{1k} \end{bmatrix}, \quad \begin{bmatrix} \sigma_1 v_{21} \\ \sigma_2 v_{22} \\ \vdots \\ \sigma_k v_{2k} \end{bmatrix}, \quad \cdots, \quad \begin{bmatrix} \sigma_1 v_{n1} \\ \sigma_2 v_{n2} \\ \vdots \\ \sigma_k v_{nk} \end{bmatrix}$$

是一個文字在話題向量空間的表示。

綜上，可以透過對單字 - 文字矩陣的奇異值分解進行潛在語義分析

$$X \approx U_k \Sigma_k V_k^{\mathrm{T}} = U_k(\Sigma_k V_k^{\mathrm{T}}) \qquad (17.16)$$

得到話題空間U_k，以及文字在話題空間的表示$(\Sigma_k V_k^{\mathrm{T}})$。

17.2.2 例子

下面介紹潛在語義分析的一個例子[1]。假設有 9 個文字，11 個單字，單字 - 文字矩陣X為11×9矩陣，矩陣的元素是單字在文字中出現的頻數，表示如下：

---

[1] http://www.puffinwarellc.com/index.php/news-and-articles/articles/33-latent-semantic-anal-ysis-tutorial.html?showall=1

Index Words	Titles								
	T1	T2	T3	T4	T5	T6	T7	T8	T9
book			1	1					
dads						1			1
dummies		1						1	
estate							1		1
guide	1					1			
investing	1	1	1	1	1	1	1	1	1
market	1		1						
real							1		1
rich						2			1
stock	1		1					1	
value				1	1				

進行潛在語義分析。實施對矩陣的截斷奇異值分解，假設話題的個數是 3，矩陣的截斷奇異值分解結果為

Book	0.15	−0.27	0.04
Dads	0.24	0.38	−0.09
Dummies	0.13	−0.17	0.07
Estate	0.18	0.19	0.45
Guide	0.22	0.09	−0.46
Investing	0.74	−0.21	0.21
Market	0.18	−0.30	−0.28
Real	0.18	0.19	0.45
Rich	0.36	0.59	−0.34
Stock	0.25	−0.42	−0.28
Value	0.12	−0.14	0.23

$$* \begin{bmatrix} 3.91 & 0 & 0 \\ 0 & 2.61 & 0 \\ 0 & 0 & 2.00 \end{bmatrix} *$$

T1	T2	T3	T4	T5	T6	T7	T8	T9
0.35	0.22	0.34	0.26	0.22	0.49	0.28	0.29	0.44
−0.32	−0.15	−0.46	−0.24	−0.14	0.55	0.07	−0.31	0.44
−0.41	0.14	−0.16	0.25	0.22	−0.51	0.55	0.00	0.34

可以看出，左矩陣 U_3 有 3 個列向量（左奇異向量）。第 1 列向量 u_1 的值均為正，第 2 列向量 u_2 和第 3 列向量 u_3 的值有正有負。中間的對角矩陣 Σ_3 的元素是 3 個由大到小的奇異值（正值）。右矩陣是 V_3^T，其轉置矩陣 V_3 也有 3 個列向量（右奇異向量）。第 1 列向量 v_1 的值也都為正，第 2 列向量 v_2 和第 3 列向量 v_3 的值有正有負。

現在，將 Σ_3 與 V_3^T 相乘，整體變成兩個矩陣乘積的形式

$X \approx U_3(\Sigma_3 V_3^{\mathrm{T}})$

$$
= \begin{bmatrix}
0.15 & -0.27 & 0.04 \\
0.24 & 0.38 & -0.09 \\
0.13 & -0.17 & 0.07 \\
0.18 & 0.19 & 0.45 \\
0.22 & 0.09 & -0.46 \\
0.74 & -0.21 & 0.21 \\
0.18 & -0.30 & -0.28 \\
0.18 & 0.19 & 0.45 \\
0.36 & 0.59 & -0.34 \\
0.25 & -0.42 & -0.28 \\
0.12 & -0.14 & 0.23
\end{bmatrix}
\begin{bmatrix}
1.37 & 0.86 & 1.33 & 1.02 & 0.86 & 1.92 & 1.09 & 1.13 & 1.72 \\
-0.84 & -0.39 & -1.20 & -0.63 & -0.37 & 1.44 & 0.18 & -0.81 & 1.15 \\
-0.82 & 0.28 & -0.32 & 0.50 & 0.44 & -1.02 & 1.10 & 0.00 & 0.68
\end{bmatrix}
$$

矩陣U_3有 3 個列向量，表示 3 個話題，矩陣U_3表示話題向量空間。矩陣$(\Sigma_3 V_3^{\mathrm{T}})$有 9 個列向量，表示 9 個文字，矩陣$(\Sigma_3 V_3^{\mathrm{T}})$是文字集合在話題向量空間的表示。

17.3 非負矩陣分解演算法

非負矩陣分解也可以用於話題分析。對單字 - 文字矩陣進行非負矩陣分解，將其左矩陣作為話題向量空間，將其右矩陣作為文字在話題向量空間的表示。注意通常單字 - 文字矩陣是非負的。

17.3.1 非負矩陣分解

若一個矩陣的所有元素非負，則稱該矩陣為非負矩陣，若X是非負矩陣，則記作$X \geqslant 0$。

給定一個非負矩陣$X \geqslant 0$，找到兩個非負矩陣$W \geqslant 0$和$H \geqslant 0$，使得

$$X \approx WH \tag{17.17}$$

即將非負矩陣X分解為兩個非負矩陣W和H的乘積的形式，稱為非負矩陣分解。因為WH與X完全相等很難實現，所以只要求WH與X近似相等。

假設非負矩陣 X 是 $m \times n$ 矩陣，非負矩陣 W 和 H 分別為 $m \times k$ 矩陣和 $k \times n$ 矩陣。假設 $k < \min(m, n)$，即 W 和 H 小於原矩陣 X，所以非負矩陣分解是對原資料的壓縮。

由式(17.17)知，矩陣 X 的第 j 列向量 x_j 滿足

$$x_j \approx W h_j$$

$$= \begin{bmatrix} w_1 & w_2 & \cdots & w_k \end{bmatrix} \begin{bmatrix} h_{1j} \\ h_{2j} \\ \vdots \\ h_{kj} \end{bmatrix}$$

$$= \sum_{l=1}^{k} h_{lj} w_l, \quad j = 1, 2, \cdots, n \tag{17.18}$$

其中 h_j 是矩陣 H 的第 j 列，w_l 是矩陣 W 的第 l 列，h_{lj} 是 h_j 的第 l 個元素，$l = 1, 2, \cdots, k$。

式(17.18)表示，矩陣 X 的第 j 列 x_j 可以由矩陣 W 的 k 個列 w_l 的線性組合逼近，線性組合的係數是矩陣 H 的第 j 列 h_j 的元素。這裡矩陣 W 的列向量為一組基，矩陣 H 的列向量為線性組合係數。稱 W 為基矩陣，H 為係數矩陣。非負矩陣分解旨在用較少的基向量、係數向量來表示較大的資料矩陣。

17.3.2 潛在語義分析模型

給定一個 $m \times n$ 非負的單字 - 文字矩陣 $X \geqslant 0$。假設文字集合共包含 k 個話題，對 X 進行非負矩陣分解。即求非負的 $m \times k$ 矩陣 $W \geqslant 0$ 和 $k \times n$ 矩陣 $H \geqslant 0$，使得

$$X \approx WH \tag{17.19}$$

令 $W = \begin{bmatrix} w_1 & w_2 & \cdots & w_k \end{bmatrix}$ 為話題向量空間，$w_1, w_2, \cdots, w_k$ 表示文字集合的 k 個話題，令 $H = \begin{bmatrix} h_1 & h_2 & \cdots & h_n \end{bmatrix}$ 為文字在話題向量空間的表示，

$h_1, h_2, \cdots, h_n$ 表示文字集合的 n 個文字。這就是基於非負矩陣分解的潛在語義分析模型。

非負矩陣分解具有很直觀的解釋,話題向量和文字向量都非負,對應著「偽機率分佈」,向量的線性組合表示局部疊加組成整體。

17.3.3 非負矩陣分解的形式化

非負矩陣分解可以形式化為最佳化問題求解。首先定義損失函數或代價函數。

第一種損失函數是平方損失。設兩個非負矩陣 $A = [a_{ij}]_{m \times n}$ 和 $B = [b_{ij}]_{m \times n}$,平方損失函式定義為

$$\| A - B \|^2 = \sum_{i,j} (a_{ij} - b_{ij})^2 \tag{17.20}$$

其下界是 0,當且僅當 $A = B$ 時達到下界。

另一種損失函數是散度(divergence)。設兩個非負矩陣 $A = [a_{ij}]_{m \times n}$ 和 $B = [b_{ij}]_{m \times n}$,散度損失函式定義為

$$D(A \parallel B) = \sum_{i,j} \left(a_{ij} \log \frac{a_{ij}}{b_{ij}} - a_{ij} + b_{ij} \right) \tag{17.21}$$

其下界也是 0,當且僅當 $A = B$ 時達到下界。A 和 B 不對稱。當 $\sum_{i,j} a_{ij} = \sum_{i,j} b_{ij} = 1$ 時散度損失函數退化為 Kullback-Leiber 散度或相對熵,這時 A 和 B 是機率分佈。

接著定義以下的最佳化問題。

目標函數 $\| X - WH \|^2$ 關於 W 和 H 的最小化,滿足限制條件 $W, H \geqslant 0$,即

$$\min_{W,H} \quad \| X - WH \|^2 \tag{17.22}$$

$$\text{s.t.} \quad W, H \geqslant 0$$

或者，目標函數 $D(X \parallel WH)$ 關於 W 和 H 的最小化，滿足限制條件 $W, H \geqslant 0$，即

$$\min_{W,H} \quad D(X \parallel WH) \tag{17.23}$$

$$s.t. \quad W, H \geqslant 0$$

17.3.4 演算法

考慮求解最佳化問題(17.22)和問題(17.23)。由於目標函數 $\parallel X - WH \parallel^2$ 和 $D(X \parallel WH)$ 只是對變數 W 和 H 之一的凸函數，而非同時對兩個變數的凸函數，因此找到全域最優（最小值）比較困難，可以透過數值最佳化方法求局部最優（極小值）。梯度下降法比較容易實現，但是收斂速度慢。共軛梯度法收斂速度快，但實現比較複雜。Lee 和 Seung 提出了新的基於「乘法更新規則」的最佳化演算法，交替地對 W 和 H 進行更新，其理論依據是下面的定理。

【定理 17.1】平方損失 $\parallel X - WH \parallel^2$ 對下列乘法更新規則

$$H_{lj} \leftarrow H_{lj} \frac{(W^{\mathrm{T}} X)_{lj}}{(W^{\mathrm{T}} WH)_{lj}} \tag{17.24}$$

$$W_{il} \leftarrow W_{il} \frac{(X H^{\mathrm{T}})_{il}}{(WH H^{\mathrm{T}})_{il}} \tag{17.25}$$

是非增的。當且僅當 W 和 H 是平方損失函數的穩定點時函數的更新不變。

【定理 17.2】散度損失 $D(X - WH)$ 對下列乘法更新規則

$$H_{lj} \leftarrow H_{lj} \frac{\sum_i [W_{il} x_{ij} / (WH)_{ij}]}{\sum_i W_{il}} \tag{17.26}$$

$$W_{il} \leftarrow W_{il} \frac{\sum_j [H_{lj} x_{ij} / (WH)_{ij}]}{\sum_j H_{lj}} \tag{17.27}$$

是非增的。當且僅當 W 和 H 是散度損失函數的穩定點時函數的更新不變。

定理 17.1 和定理 17.2 舉出了乘法更新規則。定理的證明可以參閱文獻[4]。

現敘述非負矩陣分解的演算法。只介紹第一個問題(17.22)的演算法，第二個問題(17.23)的演算法類似。

最佳化目標函數是$\| X - WH \|^2$，為了方便將目標函數乘以$1/2$，其最優解與原問題相同，記作

$$J(W,H) = \frac{1}{2} \| X - WH \|^2 = \frac{1}{2} \sum [X_{ij} - (WH)_{ij}]^2$$

應用梯度下降法求解。首先求目標函數的梯度

$$\frac{\partial J(W,H)}{\partial W_{il}} = -\sum_j [X_{ij} - (WH)_{ij}]H_{lj}$$

$$= -[(XH^{\mathrm{T}})_{il} - (WHH^{\mathrm{T}})_{il}] \tag{17.28}$$

同樣可得

$$\frac{\partial J(W,H)}{\partial H_{lj}} = -[(W^{\mathrm{T}}X)_{lj} - (W^{\mathrm{T}}WH)_{lj}] \tag{17.29}$$

然後求得梯度下降法的更新規則，由式(17.28)和式(17.29)有

$$W_{il} = W_{il} + \lambda_{il}[(XH^{\mathrm{T}})_{il} - (WHH^{\mathrm{T}})_{il}] \tag{17.30}$$

$$H_{lj} = H_{lj} + \mu_{lj}[(W^{\mathrm{T}}X)_{lj} - (W^{\mathrm{T}}WH)_{lj}] \tag{17.31}$$

式中λ_{il}，μ_{lj}是步進值。選取

$$\lambda_{il} = \frac{W_{il}}{(WHH^{\mathrm{T}})_{il}}, \quad \mu_{lj} = \frac{H_{lj}}{(W^{\mathrm{T}}WH)_{lj}} \tag{17.32}$$

即得乘法更新規則

$$W_{il} = W_{il} \frac{(XH^{\mathrm{T}})_{il}}{(WHH^{\mathrm{T}})_{il}}, \quad i = 1,2,\cdots,m; \quad l = 1,2,\cdots,k \tag{17.33}$$

$$H_{lj} = H_{lj} \frac{(W^{\mathrm{T}}X)_{lj}}{(W^{\mathrm{T}}WH)_{lj}}, \quad l = 1,2,\cdots,k; \quad j = 1,2,\cdots,n \tag{17.34}$$

選取初始矩陣W和H為非負矩陣，可以保證迭代過程及結果的矩陣W和H均為非負。

下面敘述基於乘法更新規則的矩陣非負分解迭代演算法。演算法交替對W和H迭代，每次迭代對W的列向量歸一化，使基向量為單位向量。

【演算法 17.1】非負矩陣分解的迭代演算法

輸入：單字 - 文字矩陣$X \geqslant 0$，文字集合的話題個數k，最大迭代次數t；
輸出：話題矩陣W，文字表示矩陣H。

（1）初始化

　　　$W \geqslant 0$，並對W的每一列資料歸一化；

　　　$H \geqslant 0$；

（2）迭代

　　　對迭代次數由 1 到t執行下列步驟：

　　　（a）更新W的元素，對l從 1 到k，i從 1 到m按式(17.33)更新W_{il}；

　　　（b）更新H的元素，對l從 1 到k，j從 1 到n按式(17.34)更新H_{lj}。

本章概要

1. 單字向量空間模型透過單字的向量表示文字的語義內容。以單字 - 文字矩陣X為輸入，其中每一行對應一個單字，每一列對應一個文字，每一個元素表示單字在文字中的頻數或權值（如 TF-IDF）。

$$X = \begin{bmatrix} x_{11} & x_{12} & \cdots & x_{1n} \\ x_{21} & x_{22} & \cdots & x_{2n} \\ \vdots & \vdots & & \vdots \\ x_{m1} & x_{m2} & \cdots & x_{mn} \end{bmatrix}$$

單字向量空間模型認為，這個矩陣的每一列向量是單字向量，表示一個文字，兩個單字向量的內積或標準化內積表示文字之間的語義相似度。

2. 話題向量空間模型透過話題的向量表示文字的語義內容。假設有話題 - 文字矩陣

$$Y = \begin{bmatrix} y_{11} & y_{12} & \cdots & y_{1n} \\ y_{21} & y_{22} & \cdots & y_{2n} \\ \vdots & \vdots & & \vdots \\ y_{k1} & y_{k2} & \cdots & y_{kn} \end{bmatrix}$$

其中每一行對應一個話題，每一列對應一個文字，每一個元素表示話題在文字中的權值。話題向量空間模型認為，這個矩陣的每一列向量是話題向量，表示一個文字，兩個話題向量的內積或標準化內積表示文字之間的語義相似度。假設有單字 - 話題矩陣T

$$T = \begin{bmatrix} t_{11} & t_{12} & \cdots & t_{1k} \\ t_{21} & t_{22} & \cdots & t_{2k} \\ \vdots & \vdots & & \vdots \\ t_{m1} & t_{m2} & \cdots & t_{mk} \end{bmatrix}$$

其中每一行對應一個單字，每一列對應一個話題，每一個元素表示單字在話題中的權值。

給定一個單字 - 文字矩陣X

$$X = \begin{bmatrix} x_{11} & x_{12} & \cdots & x_{1n} \\ x_{21} & x_{22} & \cdots & x_{2n} \\ \vdots & \vdots & & \vdots \\ x_{m1} & x_{m2} & \cdots & x_{mn} \end{bmatrix}$$

潛在語義分析的目標是，找到合適的單字 - 話題矩陣T與話題 - 文字矩陣Y，將單字 - 文字矩陣X近似的表示為T與Y的乘積形式。

$$X \approx TY$$

等值地，潛在語義分析將文字在單字向量空間的表示X透過線性變換T轉換為話題向量空間中的表示Y。

潛在語義分析的關鍵是對單字 - 文字矩陣進行以上的矩陣因數分解（話題分析）。

3. 潛在語義分析的演算法是奇異值分解。透過對單字 - 文字矩陣進行截斷奇異值分解，得到

$$X \approx U_k \Sigma_k V_k^{\mathrm{T}} = U_k(\Sigma_k V_k^{\mathrm{T}})$$

矩陣 U_k 表示話題空間，矩陣 $(\Sigma_k V_k^{\mathrm{T}})$ 是文字在話題空間的表示。

4. 非負矩陣分解也可以用於話題分析。非負矩陣分解將非負的單字 - 文字矩陣近似分解成兩個非負矩陣 W 和 H 的乘積，得到

$$X \approx WH$$

矩陣 W 表示話題空間，矩陣 H 是文字在話題空間的表示。

非負矩陣分解可以表為以下的最佳化問題：

$$\min_{W,H} \| X - WH \|^2$$

$$s.t. \quad W,H \geqslant 0$$

非負矩陣分解的演算法是迭代演算法。乘法更新規則的迭代演算法，交替地對 W 和 H 進行更新。本質是梯度下降法，透過定義特殊的步進值和非負的初值，保證迭代過程及結果的矩陣 W 和 H 均為非負。

繼續閱讀

文獻[1]為潛在語義分析的原始論文，相關的介紹還有文獻[2]，主要是關於基於矩陣奇異值分解的潛在語義分析。基於非負矩陣分解的潛在語義分析可以參照文獻[3 ～ 5]。還有基於稀疏矩陣分解的方法 [6]。後兩種方法可以透過平行計算實現，大大提高計算效率。

習題

17.1 試將圖 17.1 的例子進行潛在語義分析，並對結果進行觀察。

17.2 舉出損失函數是散度損失時的非負矩陣分解（潛在語義分析）的演算法。

17.3 舉出潛在語義分析的兩種演算法的計算複雜度，包括奇異值分解法和非負矩陣分解法。

17.4 列出潛在語義分析與主成分分析的異同。

參考文獻

[1] Deerwester S C, Dumais S T, Landauer T K, et al. Indexing by latent semantic analysis. Journal of the Association for Information Science and Technology, 1990, 41: 391–407.

[2] Landauer T K. Latent semantic analysis. In: Encyclopedia of Cognitive Science, Wiley, 2006.

[3] Lee D D, Seung H S. Learning the parts of objects by non-negative matrix factorization. Nature, 1999, 401(6755): 788–791.

[4] Lee D D, Seung H S. Algorithms for non-negative matrix factorization. Advances in Neural Information Processing Systems, 2001: 556–562.

[5] Xu W, Liu X, Gong Y. Document clustering based on non-negative matrix factorization. Proceedings of the 26th Annual International ACM SIGIR Conference on Research and Development in Information Retrieval, 2003.

[6] Wang Q, Xu J, Li H, et al. Regularized latent semantic indexing. Proceedings of the 34th International ACM SIGIR Conference on Research and Development in Information Retrieval, 2011.

17.3 非負矩陣分解演算法

18

機率潛在語義分析

機率潛在語義分析（probabilistic latent semantic analysis, PLSA），也稱機率潛在語義索引（probabilistic latent semantic indexing, PLSI），是一種利用機率生成模型對文字集合進行話題分析的無監督學習方法。模型的最大特點是用隱變數表示話題；整個模型表示文字生成話題，話題生成單字，從而得到單字 - 文字共現資料的過程；假設每個文字由一個話題分佈決定，每個話題由一個單字分佈決定。

機率潛在語義分析受潛在語義分析的啟發，1999 年由 Hofmann 提出，前者基於機率模型，後者基於非機率模型。機率潛在語義分析最初用於文字資料探勘，後來擴充到其他領域。

首先在 18.1 節敘述機率潛在語義分析的模型，包括生成模型和共現模型。然後在 18.2 節介紹機率潛在語義分析模型的學習策略和演算法。

18.1 機率潛在語義分析模型

首先敘述機率潛在語義分析的直觀解釋。機率潛在語義分析模型有生成模型，以及等值的共現模型。先介紹生成模型，然後介紹共現模型，最後講解模型的性質。

18.1.1 基本想法

給定一個文字集合，每個文字討論若干個話題,每個話題由若干個單字表示。對文字集合進行機率潛在語義分析，就能夠發現每個文字的話題，以及每個話題的單字。話題是不能從資料中直接觀察到的，是潛在的。

文字集合轉換為文字 - 單字共現資料，具體表現為單字 - 文字矩陣，圖 18.1 舉出一個單字 - 文字矩陣的例子。每一行對應一個單字，每一列對應一個文字，每一個元素表示單字在文字中出現的次數。一個話題表示一個語義內容。文字資料基於如下的機率模型產生（共現模型）：首先有話題的機率分佈，然後有話題給定條件下文字的條件機率分佈，以及話題給定條件下單字的條件機率分佈。機率潛在語義分析就是發現由隱變數表示的話題，即潛在語義。直觀上，語義相近的單字、語義相近的文字會被聚到相同的「軟的類別」中，而話題所表示的就是這樣的軟的類別。假設有 3 個潛在的話題，圖中紅、綠、藍框各自表示一個話題。

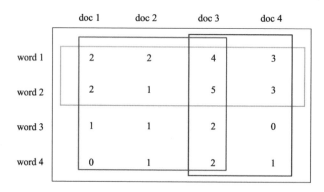

圖 18.1 機率潛在語義分析的直觀解釋

18.1.2 生成模型

假設有單字集合 $W = \{w_1, w_2, \cdots, w_M\}$，其中 M 是單字個數；文字（指標）集合 $D = \{d_1, d_2, \cdots, d_N\}$，其中 N 是文字個數；話題集合 $Z = \{z_1, z_2, \cdots, z_K\}$，其中 K 是預先設定的話題個數。隨機變數 w 取值於單字集合；隨機變數 d 取

值於文字集合，隨機變數z取值於話題集合。機率分佈$P(d)$、條件機率分佈$P(z|d)$、條件機率分佈$P(w|z)$皆屬於多項分佈，其中$P(d)$表示生成文字d的機率，$P(z|d)$表示文字d生成話題z的機率，$P(w|z)$表示話題z生成單字w的機率。

每個文字d擁有自己的話題機率分佈$P(z|d)$，每個話題z擁有自己的單字機率分佈$P(w|z)$；也就是說一個文字的內容由其相關話題決定，一個話題的內容由其相關單字決定。

生成模型透過以下步驟生成文字 - 單字共現資料：

（1）依據機率分佈$P(d)$，從文字（指標）集合中隨機選取一個文字d，共生成N個文字；針對每個文字，執行以下操作；

（2）在文字d給定條件下，依據條件機率分佈$P(z|d)$，從話題集合隨機選取一個話題z，共生成L個話題，這裡L是文字長度；

（3）在話題z給定條件下，依據條件機率分佈$P(w|z)$，從單字集合中隨機選取一個單字w。

注意這裡為敘述方便，假設文字都是等長的，現實中不需要這個假設。

生成模型中，單字變數w與文字變數d是觀測變數，話題變數z是隱變數。也就是說模型生成的是單字 - 話題 - 文字三元組 (w, z, d)的集合，但觀測到的是單字 - 文字二元組(w, d)的集合，觀測資料表示為單字 - 文字矩陣T的形式，矩陣T的行表示單字，列表示文字，元素表示單字 - 文字對(w, d)的出現次數。

從資料的生成過程可以推出，文字 - 單字共現資料T的生成機率為所有單字 - 文字對(w, d)的生成機率的乘積，

$$P(T) = \prod_{(w,d)} P(w, d)^{n(w,d)} \tag{18.1}$$

這裡$n(w, d)$表示(w, d)的出現次數，單字 - 文字對出現的總次數是$N \times L$。

每個單字 - 文字對(w, d)的生成機率由以下公式決定：

$$P(w, d) = P(d)P(w|d)$$

$$= P(d) \sum_z P(w, z|d)$$

$$= P(d) \sum_z P(z|d)P(w|z) \qquad (18.2)$$

式(18.2)即生成模型的定義。

生成模型假設在話題z給定條件下，單字w與文字d條件獨立，即

$$P(w, z|d) = P(z|d)P(w|z) \qquad (18.3)$$

生成模型屬於機率有向圖模型，可以用有向圖（directed graph）表示，如圖 18.2 所示。圖中實心圓表示觀測變數，空心圓表示隱變數，箭頭表示機率依存關係，方框表示多次重複，方框內數字表示重複次數。文字變數d是一個觀測變數，話題變數z是一個隱變數，單字變數w是一個觀測變數。

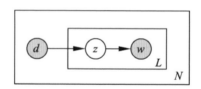

圖 18.2 機率潛在語義分析的生成模型

18.1.3 共現模型

可以定義與以上的生成模型等值的共現模型。

文字 - 單字共現資料T的生成機率為所有單字 - 文字對(w, d)的生成機率的乘積：

$$P(T) = \prod_{(w,d)} P(w, d)^{n(w,d)} \qquad (18.4)$$

每個單字 - 文字對(w, d)的機率由以下公式決定：

$$P(w, d) = \sum_{z \in Z} P(z)P(w|z)P(d|z) \tag{18.5}$$

式(18.5)即共現模型的定義。容易驗證，生成模型(18.2)和共現模型(18.5)是等值的。

共現模型假設在話題z給定條件下，單字w與文字d是條件獨立的，即

$$P(w, d|z) = P(w|z)P(d|z) \tag{18.6}$$

圖 18.3 所示是共現模型。圖中文字變數d是一個觀測變數，單字變數w是一個觀測變數，話題變數z是一個隱變數。圖 18.1 是共現模型的直觀解釋。

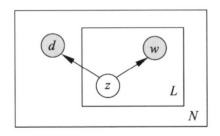

圖 18.3 機率潛在語義模型的共現模型

雖然生成模型與共現模型在機率公式意義上是等值的，但是擁有不同的性質。生成模型刻畫文字 - 單字共現資料生成的過程，共現模型描述文字 - 單字共現資料擁有的模式。生成模型式(18.2)中單字變數w與文字變數d是非對稱的，而共現模型式(18.5)中單字變數w與文字變數d是對稱的；所以前者也稱為非對稱模型，後者也稱為對稱模型。由於兩個模型的形式不同，其學習演算法的形式也不同。

18.1.4 模型性質

1. 模型參數

如果直接定義單字與文字的共現機率$P(w, d)$，模型參數的個數是$O(M \cdot N)$，其中M是單字數，N是文字數。機率潛在語義分析的生成模型和共現模型的參數個數是$O(M \cdot K + N \cdot K)$，其中K是話題數。現實中$K \ll M$，所以機率潛在語義分析透過話題對資料進行了更簡潔地表示，減少了學習過程中過擬合的可能性。圖 18.4 顯示模型中文字、話題、單字之間的關係。

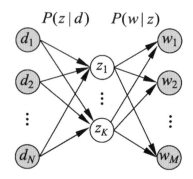

圖 18.4 機率潛在語義分析中文字、話題、單字之間的關係

2. 模型的幾何解釋

下面舉出生成模型的幾何解釋。機率分佈$P(w|d)$ 表示文字d生成單字w的機率，

$$\sum_{i=1}^{M} P(w_i|d) = 1, \quad 0 \leqslant P(w_i|d) \leqslant 1, \quad i = 1, \cdots, M$$

可以由M維空間的$(M-1)$單純形（simplex）中的點表示。圖 18.5 為三維空間的情況。單純形上的每個點表示一個分佈 $P(w|d)$（分佈的參數向量），所有的分佈$P(w|d)$（分佈的參數向量）都在單純形上，稱這個$(M-1)$ 單純形為單字單純形。

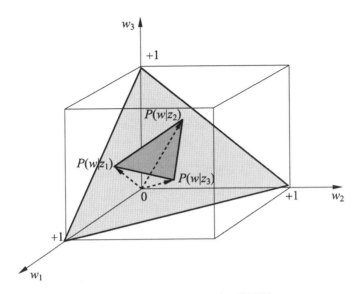

圖 18.5 單字單純形與話題單純形

從式(18.2)可知,機率潛在分析模型（生成模型）中的文字機率分佈
$P(w|d)$有下面的關係成立：

$$P(w|d) = \sum_z P(z|d)P(w|z)$$ (18.7)

這裡機率分佈$P(w|z)$表示話題z生成單字w的機率。

機率分佈$P(w|z)$也存在於M維空間中的$(M-1)$單純形之中。如果有K個話
題,那麼就有K個機率分佈$P(w|z_k)$,$k = 1,2,\cdots,K$,由$(M-1)$單純形上的
K個點表示（參照圖 18.5）。以這K個點為頂點,組成一個$(K-1)$單純
形,稱為話題單純形。話題單純形是單字單純形的子單純形。參閱圖
18.5。

從式(18.7)知,生成模型中文字的分佈$P(w|d)$可以由K個話題的分佈
$P(w|z_k)$,$k = 1,\cdots,K$,的線性組合表示,文字對應的點就在K個話題的點
組成的$(K-1)$話題單純形中。這就是生成模型的幾何解釋。注意通常
$K \ll M$,機率潛在語義模型存在於一個相對很小的參數空間中。圖 18.5 中

顯示的是$M = 3$，$K = 3$時的情況。當$K = 2$時話題單純形是一個線段，當$K = 1$時話題單純形是一個點。

3. 與潛在語義分析的關係

機率潛在語義分析模型（共現模型）可以在潛在語義分析模型的框架下描述。圖 18.6 顯示潛在語義分析，對單字 - 文字矩陣進行奇異值分解得到$X = U\Sigma V^{\mathrm{T}}$，其中$U$和$V$為正交矩陣，$\Sigma$為非負降冪對角矩陣（參照第 17 章）。

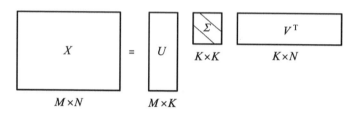

圖 18.6 機率潛在語義分析與潛在語義分析的關係

共現模型(18.5)也可以表示為三個矩陣乘積的形式。這樣，機率潛在語義分析與潛在語義分析的對應關係可以從中看得很清楚。下面是共現模型的矩陣乘積形式：

$$
\begin{aligned}
X' &= U'\Sigma'V'^{\mathrm{T}} \\
X' &= [P(w, d)]_{M \times N} \\
U' &= [P(w|z)]_{M \times K} \\
\Sigma' &= [P(z)]_{K \times K} \\
V' &= [P(d|z)]_{N \times K}
\end{aligned}
\tag{18.8}
$$

機率潛在語義分析模型(18.8)中的矩陣U'和V'是非負的、規範化的，表示條件機率分佈，而潛在語義分析模型中的矩陣U和V是正交的，未必非負，並不表示機率分佈。

| 18.2 機率潛在語義分析的演算法

機率潛在語義分析模型是含有隱變數的模型，其學習通常使用 EM 演算法。本節介紹生成模型學習的 EM 演算法。

EM 演算法是一種迭代演算法，每次迭代包括交替的兩步：E 步，求期望；M 步，求極大。E 步是計算Q函數，即完全資料的對數似然函數對不完全資料的條件分佈的期望。M 步是對Q函數極大化，更新模型參數。詳細介紹見第 9 章。下面敘述生成模型的 EM 演算法。

設單字集合為$W = \{w_1, w_2, \cdots, w_M\}$，文字集合為$D = \{d_1, d_2, \cdots, d_N\}$，話題集合為$Z = \{z_1, z_2, \cdots, z_K\}$。給定單字 - 文字共現資料 $T = \{n(w_i, d_j)\}, i = 1, 2, \cdots, M, \ j = 1, 2, \cdots, N$，目標是估計機率潛在語義分析模型（生成模型）的參數。如果使用極大似然估計，對數似然函數是

$$L = \sum_{i=1}^{M} \sum_{j=1}^{N} n(w_i, d_j) \log P(w_i, d_j)$$

$$= \sum_{i=1}^{M} \sum_{j=1}^{N} n(w_i, d_j) \log \left[\sum_{k=1}^{K} P(w_i|z_k) P(z_k|d_j) \right]$$

但是模型含有隱變數，對數似然函數的最佳化無法用解析方法求解，這時使用 EM 演算法。應用 EM 演算法的核心是定義Q函數。

E 步：計算Q函數

Q函數為完全資料的對數似然函數對不完全資料的條件分佈的期望。針對機率潛在語義分析的生成模型，Q函數是

$$Q = \sum_{k=1}^{K} \left\{ \sum_{j=1}^{N} n(d_j) \left[\log P(d_j) + \sum_{i=1}^{M} \frac{n(w_i, d_j)}{n(d_j)} \log P(w_i|z_k) P(z_k|d_j) \right] \right\} P(z_k|w_i, d_j)$$

$$\tag{18.9}$$

式中$n(d_j) = \sum_{i=1}^{M} n(w_i, d_j)$表示文字$d_j$中的單字個數，$n(w_i, d_j)$表示單字$w_i$在文字$d_j$中出現的次數。條件機率分佈$P(z_k|w_i, d_j)$代表不完全資料，是已知變數。條件機率分佈 $P(w_i|z_k)$和$P(z_k|d_j)$的乘積代表完全資料，是未知變數。

由於可以從資料中直接統計得出$P(d_j)$的估計，這裡只考慮$P(w_i|z_k)$，$P(z_k|d_j)$的估計，可將Q函數簡化為函數Q'

$$Q' = \sum_{i=1}^{M} \sum_{j=1}^{N} n(w_i, d_j) \sum_{k=1}^{K} P(z_k|w_i, d_j)\log[P(w_i|z_k)P(z_k|d_j)] \quad (18.10)$$

Q'函數中的$P(z_k|w_i, d_j)$可以根據貝氏公式計算

$$P(z_k|w_i, d_j) = \frac{P(w_i|z_k)P(z_k|d_j)}{\sum_{k=1}^{K} P(w_i|z_k)P(z_k|d_j)} \quad (18.11)$$

其中$P(z_k|d_j)$和$P(w_i|z_k)$由上一步迭代得到。

M 步：極大化Q函數。

透過約束最佳化求解Q函數的極大值，這時$P(z_k|d_j)$和$P(w_i|z_k)$是變數。因為變數 $P(w_i|z_k)$，$P(z_k|d_j)$形成機率分佈，滿足限制條件

$$\sum_{i=1}^{M} P(w_i|z_k) = 1, \quad k = 1,2,\cdots,K$$

$$\sum_{k=1}^{K} P(z_k|d_j) = 1, \quad j = 1,2,\cdots,N$$

應用拉格朗日法，引入拉格朗日乘子τ_k和ρ_j，定義拉格朗日函數Λ

$$\Lambda = Q' + \sum_{k=1}^{K} \tau_k(1 - \sum_{i=1}^{M} P(w_i|z_k)) + \sum_{j=1}^{N} \rho_j(1 - \sum_{k=1}^{K} P(z_k|d_j))$$

將拉格朗日函數Λ分別對$P(w_i|z_k)$和$P(z_k|d_j)$求偏導數，並令其等於 0，得到下面的方程組

$$\sum_{j=1}^{N} n(w_i, d_j)P(z_k|w_i, d_j) - \tau_k P(w_i|z_k) = 0, \quad i = 1,2,\cdots,M; \quad k = 1,2,\cdots,K$$

$$\sum_{i=1}^{M} n(w_i, d_j)P(z_k|w_i, d_j) - \rho_j P(z_k|d_j) = 0, \quad j = 1,2,\cdots,N; \quad k = 1,2,\cdots,K$$

解方程組得到 M 步的參數估計公式：

$$P(w_i|z_k) = \frac{\sum_{j=1}^{N} n(w_i, d_j)P(z_k|w_i, d_j)}{\sum_{m=1}^{M} \sum_{j=1}^{N} n(w_m, d_j)P(z_k|w_m, d_j)} \qquad (18.12)$$

$$P(z_k|d_j) = \frac{\sum_{i=1}^{M} n(w_i, d_j)P(z_k|w_i, d_j)}{n(d_j)} \qquad (18.13)$$

複習有下面的演算法：

【演算法 18.1】機率潛在語義模型參數估計的 EM 演算法

輸入：設單字集合為$W = \{w_1, w_2, \cdots, w_M\}$，文字集合為$D = \{d_1, d_2, \cdots, d_N\}$，話題集合為$Z = \{z_1, z_2, \cdots, z_K\}$，共現資料$\{n(w_i, d_j)\}, i = 1,2,\cdots,M, j = 1,2,\cdots,N$；

輸出：$P(w_i|z_k)$和$P(z_k|d_j)$。

（1）設定參數$P(w_i|z_k)$和$P(z_k|d_j)$的初值。

（2）迭代執行以下 E 步，M 步，直到收斂為止。

E 步：

$$P(z_k|w_i, d_j) = \frac{P(w_i|z_k)P(z_k|d_j)}{\sum_{k=1}^{K} P(w_i|z_k)P(z_k|d_j)}$$

M 步：

$$P(w_i|z_k) = \frac{\sum_{j=1}^{N} n(w_i, d_j)P(z_k|w_i, d_j)}{\sum_{m=1}^{M} \sum_{j=1}^{N} n(w_m, d_j)P(z_k|w_m, d_j)}$$

$$P(z_k|d_j) = \frac{\sum_{i=1}^{M} n(w_i, d_j) P(z_k|w_i, d_j)}{n(d_j)}$$

本章概要

1. 機率潛在語義分析是利用機率生成模型對文字集合進行話題分析的方法。機率潛在語義分析受潛在語義分析的啟發提出,兩者可以透過矩陣分解連結起來。

   給定一個文字集合,透過機率潛在語義分析,可以得到各個文字生成話題的條件機率分佈,以及各個話題生成單字的條件機率分佈。

   機率潛在語義分析的模型有生成模型,以及等值的共現模型。其學習策略是觀測資料的極大似然估計,其學習演算法是 EM 演算法。

2. 生成模型表示文字生成話題,話題生成單字,從而得到單字 - 文字共現資料的過程;假設每個文字由一個話題分佈決定,每個話題由一個單字分佈決定。單字變數 w 與文字變數 d 是觀測變數話題變數 z 是隱變數。生成模型的定義如下:

$$P(T) = \prod_{(w,d)} P(w,d)^{n(w,d)}$$

$$P(w,d) = P(d)P(w|d) = P(d) \sum_{z} P(z|d)P(w|z)$$

3. 共現模型描述文字單字共現資料擁有的模式。共現模型的定義如下:

$$P(T) = \prod_{(w,d)} P(w,d)^{n(w,d)}$$

$$P(w,d) = \sum_{z \in Z} P(z)P(w|z)P(d|z)$$

4. 機率潛在語義分析的模型的參數個數是 $O(M \cdot K + N \cdot K)$。現實中 $K \ll M$,所以機率潛在語義分析透過話題對資料進行了更簡潔地表示,實現了資料壓縮。

5. 模型中的機率分佈$P(w|d)$可以由參數空間中的單純形表示。M維參數空間中，單字單純形表示所有可能的文字的分佈，在其中的話題單純形表示在K個話題定義下的所有可能的文字的分佈。話題單純形是單字單純形的子集，表示潛在語義空間。

6. 機率潛在語義分析的學習通常採用 EM 演算法。透過迭代學習模型的參數，$P(w|z)$和$P(z|d)$，而$P(d)$可直接統計得出。

繼續閱讀

機率潛在語義分析的原始文獻有[1-3]。在文獻[4]中，作者討論了機率潛在語義分析與非負矩陣分解的關係。

習題

18.1 證明生成模型與共現模型是等值的。

18.2 推導共現模型的 EM 演算法。

18.3 對以下文字資料集進行機率潛在語義分析。

Index Words	Titles								
	T1	T2	T3	T4	T5	T6	T7	T8	T9
book			1	1					
dads						1			1
dummies		1						1	
estate							1		1
guide	1					1			
investing	1	1	1	1	1	1	1	1	1
market	1		1						
real							1		1
rich						2			1
stock	1		1					1	
value				1	1				

參考文獻

[1]   Hofmann T. Probabilistic latent semantic analysis. Proceedings of the Fifteenth Conference on Uncertainty in Artificial Intelligence, 1999: 289–296.

[2]   Hofmann T. Probabilistic latent semantic indexing. Proceedings of the 22nd Annual International ACM SIGIR Conference on Research and Development in Information Retrieval, 1999.

[3]   Hofmann T. Unsupervised learning by probabilistic latent semantic analysis. Machine Learning, 2001, 42: 177–196.

[4]   Ding C, Li T, Peng W. On the equivalence between non-negative matrix factorization and probabilistic latent semantic indexing. Computational Statistics & Data Analysis, 2008, 52(8): 3913–3927.

馬可夫鏈蒙地卡羅法

蒙地卡羅法（Monte Carlo method），也稱為統計模擬方法（statistical simulation method），是透過從機率模型的隨機抽樣進行近似數值計算的方法。馬可夫鏈蒙地卡羅法（Markov Chain Monte Carlo，MCMC），則是以馬可夫鏈（Markov chain）為機率模型的蒙地卡羅法。馬可夫鏈蒙地卡羅法建構一個馬可夫鏈，使其平穩分佈就是要進行抽樣的分佈，首先基於該馬可夫鏈進行隨機遊走，產生樣本的序列，之後使用該平穩分佈的樣本進行近似數值計算。

Metropolis-Hastings 演算法是最基本的馬可夫鏈蒙地卡羅法，Metropolis 等人在 1953 年提出原始的演算法，Hastings 在 1970 年對之加以推廣，形成了現在的形式。吉布斯抽樣（Gibbs sampling）是更簡單、使用更廣泛的馬可夫鏈蒙地卡羅法，1984 年由 S. Geman 和 D. Geman 提出。

馬可夫鏈蒙地卡羅法被應用於機率分佈的估計、定積分的近似計算、最佳化問題的近似求解等問題，特別是被應用於統計學習中機率模型的學習與推理，是重要的統計學習計算方法。

本章首先在 19.1 節介紹一般的蒙地卡羅法，在 19.2 節介紹馬可夫鏈，然後在 19.3 節敘述馬可夫鏈蒙地卡羅的一般方法，最後在 19.4 節和 19.5 節分別說明 Metropolis-Hastings 演算法和吉布斯抽樣。

19.1 蒙地卡羅法

本節介紹一般的蒙地卡羅法在隨機抽樣、數學期望估計、定積分計算的應用。馬可夫鏈蒙地卡羅法是蒙地卡羅法的一種方法。

19.1.1 隨機抽樣

統計學和機器學習的目的是基於資料對機率分佈的特徵進行推斷,蒙地卡羅法要解決的問題是,假設機率分佈的定義已知,透過抽樣獲得機率分佈的隨機樣本,並透過得到的隨機樣本對機率分佈的特徵進行分析。比如,從樣本得到經驗分佈,從而估計整體分佈;或者從樣本計算出樣本均值,從而估計整體期望。所以蒙地卡羅法的核心是隨機抽樣(random sampling)。

一般的蒙地卡羅法有直接抽樣法、接受 - 拒絕抽樣法、重要性抽樣法等。接受 - 拒絕抽樣法、重要性抽樣法適合於機率密度函數複雜(如密度函數含有多個變數,各變數相互不獨立,密度函數形式複雜),不能直接抽樣的情況。

這裡介紹接受 - 拒絕抽樣法(accept-reject sampling method)。假設有隨機變數x,取值$x \in X$,其機率密度函數為$p(x)$。目標是得到該機率分佈的隨機樣本,以對這個機率分佈進行分析。

接受 - 拒絕法的基本想法如下。假設$p(x)$不可以直接抽樣。找一個可以直接抽樣的分佈,稱為建議分佈(proposal distribution)。假設$q(x)$是建議分佈的機率密度函數,並且有$q(x)$的c倍一定大於等於$p(x)$,其中 $c > 0$,如圖 19.1 所示。按照$q(x)$進行抽樣,假設得到結果是x^*,再按照$\frac{p(x^*)}{cq(x^*)}$ 的比例隨機決定是否接受x^*。直觀上,落到$p(x^*)$範圍內的就接受(綠色),落到$p(x^*)$範圍外的就拒絕(紅色)。接受 - 拒絕法實際是按照$p(x)$的涵蓋面積(或涵蓋體積)占$cq(x)$的涵蓋面積(或涵蓋體積)的比例進行抽樣。

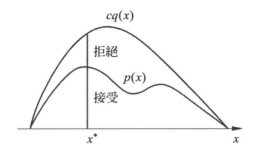

圖 19.1 接受 - 拒絕抽樣法

接受 - 拒絕法的具體演算法如下。

【演算法 19.1】接受 - 拒絕法

輸入：抽樣的目標機率分佈的機率密度函數$p(x)$；

輸出：機率分佈的隨機樣本$x_1, x_2, \cdots, x_n$。

參數：樣本數n

（1）選擇機率密度函數為$q(x)$的機率分佈，作為建議分佈，使其對任一x滿足$cq(x) \geqslant p(x)$，其中$c > 0$。

（2）按照建議分佈$q(x)$隨機抽樣得到樣本x^*，再按照均勻分佈在$(0,1)$範圍內抽樣得到u。

（3）如果$u \leqslant \dfrac{p(x^*)}{cq(x^*)}$，則將$x^*$作為抽樣結果；否則，回到步驟(2)。

（4）直到得到n個隨機樣本，結束。

接受 - 拒絕法的優點是容易實現，缺點是效率可能不高。如果$p(x)$的涵蓋體積占$cq(x)$的涵蓋體積的比例很低，就會導致拒絕的比例很高，抽樣效率很低。注意，一般是在高維空間進行抽樣，即使$p(x)$與$cq(x)$很接近，兩者涵蓋體積的差異也可能很大（與我們在三維空間的直觀不同）。

19.1.2 **數學期望估計**

一般的蒙地卡羅法，如直接抽樣法、接受 - 拒絕抽樣法、重要性抽樣法，也可以用於數學期望估計（estimation of mathematical expectation）。假設

有隨機變數x，取值$x \in X$，其機率密度函數為$p(x)$，$f(x)$為定義在X上的函數，目標是求函數$f(x)$關於密度函數$p(x)$的數學期望$E_{p(x)}[f(x)]$。

針對這個問題，蒙地卡羅法按照機率分佈$p(x)$獨立地取出n個樣本$x_1, x_2, \cdots, x_n$，比如用以上的抽樣方法，之後計算函數$f(x)$的樣本均值$\hat{f}_n$

$$\hat{f}_n = \frac{1}{n} \sum_{i=1}^{n} f(x_i) \tag{19.1}$$

作為數學期望$E_{p(x)}[f(x)]$的近似值。

根據大數定律可知，當樣本容量增大時，樣本均值以機率 1 收斂於數學期望：

$$\hat{f}_n \to E_{p(x)}[f(x)], \quad n \to \infty \tag{19.2}$$

這樣就獲得了數學期望的近似計算方法：

$$E_{p(x)}[f(x)] \approx \frac{1}{n} \sum_{i=1}^{n} f(x_i) \tag{19.3}$$

19.1.3　積分計算

一般的蒙地卡羅法也可以用於定積分的近似計算，稱為蒙地卡羅積分（Monte Carlo integration）。假設有一個函數$h(x)$，目標是計算該函數的積分

$$\int_X h(x)\mathrm{d}x$$

如果能夠將函數$h(x)$分解成一個函數$f(x)$和一個機率密度函數$p(x)$的乘積的形式，那麼就有

$$\int_X h(x)\mathrm{d}x = \int_X f(x)p(x)\mathrm{d}x = E_{p(x)}[f(x)] \tag{19.4}$$

於是函數$h(x)$的積分可以表示為函數$f(x)$關於機率密度函數$p(x)$的數學期望。實際上，給定一個機率密度函數$p(x)$，只要取$f(x) = \dfrac{h(x)}{p(x)}$，就可得式 (19.4)。就是説，任何一個函數的積分都可以表示為某一個函數的數學期望的形式。而函數的數學期望又可以透過函數的樣本均值估計。於是，就可以利用樣本均值來近似計算積分。這就是蒙地卡羅積分的基本想法。

$$\int_X h(x)\mathrm{d}x = E_{p(x)}[f(x)] \approx \frac{1}{n}\sum_{i=1}^{n} f(x_i) \tag{19.5}$$

【例 19.1】[1]用蒙地卡羅積分法求$\int_0^1 \mathrm{e}^{-x^2/2}\mathrm{d}x$

【解】令$f(x) = \mathrm{e}^{-x^2/2}$

$$p(x) = 1 \quad (0 < x < 1)$$

也就是説，假設隨機變數x在$(0,1)$區間遵循均勻分佈。

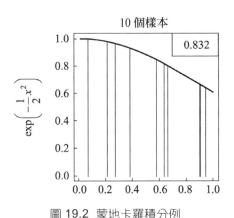

圖 19.2 蒙地卡羅積分例

使用蒙地卡羅積分法，如圖 19.2 所示，在$(0,1)$區間按照均勻分佈取出 10 個隨機樣本$x_1, x_2, \cdots, x_{10}$。計算樣本的函數均值$\hat{f}_{10}$

---

[1] 例 19.1～ 例 19.2 來自 Jarad Niemi。

$$\hat{f}_{10} = \frac{1}{10} \sum_{i=1}^{10} e^{-x_i^2/2} = 0.832$$

也就是積分的近似。隨機樣本數越大，計算就越精確。

例 **19.2** 用蒙地卡羅積分法求 $\int_{-\infty}^{\infty} x \frac{1}{\sqrt{2}} \exp\left(\frac{-x^2}{2}\right) dx$。

【解】令 $f(x) = x$

$$p(x) = \frac{1}{\sqrt{2}} \exp\left(\frac{-x^2}{2}\right)$$

$p(x)$ 是標準正態分佈的密度函數。

使用蒙地卡羅積分法，按照標準正態分佈在區間 $(-\infty, \infty)$ 抽樣 $x_1, x_2, \cdots, x_n$，取其平均值，就得到要求的積分值。當樣本增大時，積分值趨於 0。

本章介紹的馬可夫鏈蒙地卡羅法也適合於機率密度函數複雜，不能直接抽樣的情況，旨在解決一般的蒙地卡羅法，如接受 - 拒絕抽樣法、重要性抽樣法，抽樣效率不高的問題。一般的蒙地卡羅法中的抽樣樣本是獨立的，而馬可夫鏈蒙地卡羅法中的抽樣樣本不是獨立的，樣本序列形成馬可夫鏈。

19.2 馬可夫鏈

本節首先舉出馬可夫鏈的定義，之後介紹馬可夫鏈的一些性質。馬可夫鏈蒙地卡羅法用到這些性質。

19.2.1 基本定義

【定義 **19.1**】馬可夫鏈：考慮一個隨機變數的序列 $X = \{X_0, X_1, \cdots, X_t, \cdots\}$，這裡 X_t 表示時刻 t 的隨機變數，$t = 0, 1, 2, \cdots$。每個隨機變數 X_t（$t =$

0,1,2,…）的取值集合相同，稱為狀態空間，表示為S。隨機變數可以是離散的，也可以是連續的。以上隨機變數的序列組成隨機過程（stochastic process）。

假設在時刻 0 的隨機變數X_0遵循機率分佈$P(X_0) = \pi_0$，稱為初始狀態分佈。在某個時刻$t \geqslant 1$的隨機變數X_t與前一個時刻的隨機變數X_{t-1}之間有條件分佈$P(X_t|X_{t-1})$，如果X_t只依賴於X_{t-1}，而不依賴於過去的隨機變數$\{X_0, X_1, \cdots, X_{t-2}\}$，這一性質稱為馬可夫性，即

$$P(X_t|X_0, X_1, \cdots, X_{t-1}) = P(X_t|X_{t-1}), \quad t = 1, 2, \cdots \qquad (19.6)$$

具有馬可夫性的隨機序列$X = \{X_0, X_1, \cdots, X_t, \cdots\}$稱為馬可夫鏈（Markov chain），或馬可夫過程（Markov process）。條件機率分佈$P(X_t|X_{t-1})$稱為馬可夫鏈的轉移機率分佈。轉移機率分佈決定了馬可夫鏈的特性。

馬可夫性的直觀解釋是「未來只依賴於現在（假設現在已知），而與過去無關」。這個假設在許多應用中是合理的。

若轉移機率分佈$P(X_t|X_{t-1})$與t無關，即

$$P(X_{t+s}|X_{t-1+s}) = P(X_t|X_{t-1}), \quad t = 1, 2, \cdots; \quad s = 1, 2, \cdots \qquad (19.7)$$

則稱該馬可夫鏈為時間齊次的馬可夫鏈（time homogenous Markov chain）。本書中提到的馬可夫鏈都是時間齊次的。

以上定義的是一階馬可夫鏈，可以擴充到n階馬可夫鏈，滿足n階馬可夫性

$$P(X_t|X_0 X_1 \cdots X_{t-2} X_{t-1}) = P(X_t|X_{t-n} \cdots X_{t-2} X_{t-1}) \qquad (19.8)$$

本書主要考慮一階馬可夫鏈。容易驗證n階馬可夫鏈可以轉換為一階馬可夫鏈。

19.2.2 離散狀態馬可夫鏈

1. 轉移機率矩陣和狀態分佈

離散狀態馬可夫鏈 $X = \{X_0, X_1, \cdots, X_t, \cdots\}$，隨機變數 X_t（$t = 0,1,2,\cdots$）定義在離散空間 S，轉移機率分佈可以由矩陣表示。

若馬可夫鏈在時刻 $(t-1)$ 處於狀態 j，在時刻 t 移動到狀態 i，將轉移機率記作

$$p_{ij} = (X_t = i | X_{t-1} = j), \quad i = 1,2,\cdots; \quad j = 1,2,\cdots \qquad (19.9)$$

滿足

$$p_{ij} \geqslant 0, \quad \sum_i p_{ij} = 1$$

馬可夫鏈的轉移機率 p_{ij} 可以由矩陣表示，即

$$P = \begin{bmatrix} p_{11} & p_{12} & p_{13} & \cdots \\ p_{21} & p_{22} & p_{23} & \cdots \\ p_{31} & p_{32} & p_{33} & \cdots \\ \cdots & \cdots & \cdots & \cdots \end{bmatrix} \qquad (19.10)$$

稱為馬可夫鏈的轉移機率矩陣，轉移機率矩陣 P 滿足條件 $p_{ij} \geqslant 0$，$\sum_i p_{ij} = 1$。滿足這兩個條件的矩陣稱為隨機矩陣（stochastic matrix）。注意這裡矩陣列元素之和為 1。

考慮馬可夫鏈 $X = \{X_0, X_1, \cdots, X_t, \cdots\}$ 在時刻 t（$t = 0,1,2,\cdots$）的機率分佈，稱為時刻 t 的狀態分佈，記作

$$\pi(t) = \begin{bmatrix} \pi_1(t) \\ \pi_2(t) \\ \vdots \end{bmatrix} \qquad (19.11)$$

其中 $\pi_i(t)$ 表示時刻 t 狀態為 i 的機率 $P(X_t = i)$，

$$\pi_i(t) = P(X_t = i), \quad i = 1,2,\cdots$$

特別地,馬可夫鏈的初始狀態分佈可以表示為

$$\pi(0) = \begin{bmatrix} \pi_1(0) \\ \pi_2(0) \\ \vdots \end{bmatrix} \tag{19.12}$$

其中$\pi_i(0)$表示時刻0狀態為i的機率$P(X_0 = i)$。通常初始分佈$\pi(0)$的向量只有一個分量是 1,其餘分量都是 0,表示馬可夫鏈從一個具體狀態開始。

有限離散狀態的馬可夫鏈可以由有向圖表示。節點表示狀態,邊表示狀態之間的轉移,邊上的數值表示轉移機率。從一個初始狀態出發,根據有向邊上定義的機率在狀態之間隨機跳躍(或隨機轉移),就可以產生狀態的序列。馬可夫鏈實際上是刻畫隨時間在狀態之間轉移的模型,假設未來的轉移狀態只依賴於現在的狀態,而與過去的狀態無關。

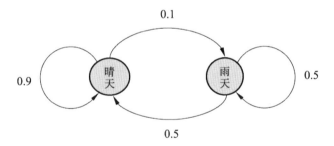

圖 19.3 馬可夫鏈例

下面透過一個簡單的例子舉出馬可夫鏈的直觀解釋。假設觀察某地的天氣,按日依次是「晴,雨,晴,晴,晴,雨,晴 ……」,具有一定的規律。馬可夫鏈可以刻畫這個過程。假設天氣的變化具有馬可夫性,即明天的天氣只依賴於今天的天氣,而與昨天及以前的天氣無關。這個假設經驗上是合理的,至少是現實情況的近似。具體地,比如,如果今天是晴天,那麼明天是晴天的機率是 0.9,是雨天的機率是 0.1;如果今天是雨天,那麼明天是晴天的機率是 0.5,是雨天的機率也是 0.5。圖 19.3 表示這個馬可

夫鏈。基於這個馬可夫鏈,從一個初始狀態出發,隨時間在狀態之間隨機轉移,就可以產生天氣的序列,可以對天氣進行預測。

下面看一個馬可夫鏈應用的例子。自然語言處理、語音處理中經常用到語言模型(language model),是建立在詞表上的n階馬可夫鏈。比如,在英文語音辨識中,語音模型產生出兩個候選:"How to recognize speech"與"How to wreck a nice beach"[2],要判斷哪個可能性更大。顯然從語義的角度前者的可能性更大,語言模型可以幫助做出這個判斷。

將一個敘述看作是一個單字的序列$w_1 w_2 \cdots w_s$,目標是計算其機率。同一個敘述很少在語料中重複多次出現,所以直接從語料中估計每個敘述的機率是困難的。語言模型用局部的單字序列的機率,組合計算出全域的單字序列的機率,可以極佳地解決這個問題。

假設每個單字只依賴於其前面出現的單字,也就是説單字序列具有馬可夫性,那麼可以定義一階馬可夫鏈,即語言模型,如下計算敘述的機率。

$$P(w_1 w_2 \cdots w_s)$$
$$= P(w_1)P(w_2|w_1)P(w_3|w_1 w_2) \cdots P(w_i|w_1 w_2 \cdots w_{i-1}) \cdots P(w_s|w_1 w_2 \cdots w_{s-1})$$
$$= P(w_1)P(w_2|w_1)P(w_3|w_2) \cdots P(w_i|w_{i-1}) \cdots P(w_s|w_{s-1})$$

這裡第三個等式基於馬可夫鏈假設。這個馬可夫鏈中,狀態空間為詞表,一個位置上單字的產生只依賴於前一個位置的單字,而不依賴於更前面的單字。以上是一階馬可夫鏈,一般可以擴充到n階馬可夫鏈。

語言模型的學習等值於確定馬可夫鏈中的轉移機率值,如果有充分的語料,轉移機率可以直接從語料中估計。直觀上,"wreck a nice"出現之後,下面出現"beach"的機率極低,所以第二個敘述的機率應該更小,從語言模型的角度看第一個敘述的可能性更大。

---

[2] 這兩句英文的發音相近,但後者語義不可解釋。

馬可夫鏈X在時刻t的狀態分佈,可以由在時刻$(t-1)$的狀態分佈以及轉移機率分佈決定

$$\pi(t) = P\pi(t-1) \tag{19.13}$$

這是因為

$$\pi_i(t) = P(X_t = i)$$

$$= \sum_m P(X_t = i | X_{t-1} = m)P(X_{t-1} = m)$$

$$= \sum_m p_{im}\pi_m(t-1)$$

馬可夫鏈在時刻t的狀態分佈,可以透過遞推得到。事實上,由式(19.13)

$$\pi(t) = P\pi(t-1) = P(P\pi(t-2)) = P^2\pi(t-2)$$

遞推得到

$$\pi(t) = P^t\pi(0) \tag{19.14}$$

這裡的P^t稱為t步轉移機率矩陣,

$$P_{ij}^t = P(X_t = i | X_0 = j)$$

表示時刻 0 從狀態j出發,時刻t達到狀態i的t步轉移機率。P^t也是隨機矩陣。式(19.14)說明,馬可夫鏈的狀態分佈由初始分佈和轉移機率分佈決定。

對圖 19.3 中的馬可夫鏈,轉移矩陣為

$$P = \begin{bmatrix} 0.9 & 0.5 \\ 0.1 & 0.5 \end{bmatrix}$$

如果第一天是晴天的話,其天氣機率分佈(初始狀態分佈)如下:

$$\pi(0) = \begin{bmatrix} 1 \\ 0 \end{bmatrix}$$

根據這個馬可夫鏈模型，可以計算第二天、第三天及之後的天氣機率分佈（狀態分佈）。

$$\pi(1) = P\pi(0) = \begin{bmatrix} 0.9 & 0.5 \\ 0.1 & 0.5 \end{bmatrix} \begin{bmatrix} 1 \\ 0 \end{bmatrix} = \begin{bmatrix} 0.9 \\ 0.1 \end{bmatrix}$$

$$\pi(2) = P^2\pi(0) = \begin{bmatrix} 0.9 & 0.5 \\ 0.1 & 0.5 \end{bmatrix}^2 \begin{bmatrix} 1 \\ 0 \end{bmatrix} = \begin{bmatrix} 0.86 \\ 0.14 \end{bmatrix}$$

2. 平穩分佈

【定義 19.2】平穩分佈：設有馬可夫鏈 $X = \{X_0, X_1, \cdots, X_t, \cdots\}$，其狀態空間為 S，轉移機率矩陣為 $P = (p_{ij})$，如果存在狀態空間 S 上的一個分佈

$$\pi = \begin{bmatrix} \pi_1 \\ \pi_2 \\ \vdots \end{bmatrix}$$

使得

$$\pi = P\pi \tag{19.15}$$

則稱 π 為馬可夫鏈 $X = \{X_0, X_1, \cdots, X_t, \cdots\}$ 的平穩分佈。

直觀上，如果馬可夫鏈的平穩分佈存在，那麼以該平穩分佈作為初始分佈，面向未來進行隨機狀態轉移，之後任何一個時刻的狀態分佈都是該平穩分佈。

【引理 19.1】給定一個馬可夫鏈 $X = \{X_0, X_1, \cdots, X_t, \cdots\}$，狀態空間為 S，轉移機率矩陣為 $P = (p_{ij})$，則分佈 $\pi = (\pi_1, \pi_2, \cdots)^T$ 為 X 的平穩分佈的充分必要條件是 $\pi = (\pi_1, \pi_2, \cdots)^T$ 是下列方程組的解：

$$x_i = \sum_j p_{ij} x_j, \quad i = 1, 2, \cdots \tag{19.16}$$

$$x_i \geqslant 0, \quad i = 1, 2, \cdots \tag{19.17}$$

$$\sum_i x_i = 1 \tag{19.18}$$

【證明】必要性。假設 $\pi = (\pi_1, \pi_2, \cdots)^\mathrm{T}$ 是平穩分佈，顯然滿足式(19.17)和式(19.18)。又

$$\pi_i = \sum_j p_{ij}\pi_j, \quad i = 1,2,\cdots$$

即 $\pi = (\pi_1, \pi_2, \cdots)^\mathrm{T}$ 滿足式(19.16)。

充分性。由式(19.17)和式(19.18)知 $\pi = (\pi_1, \pi_2, \cdots)^\mathrm{T}$ 是一機率分佈。假設 $\pi = (\pi_1, \pi_2, \cdots)^\mathrm{T}$ 為 X_t 的分佈，則

$$P(X_t = i) = \pi_i = \sum_j p_{ij}\pi_j = \sum_j p_{ij}P(X_{t-1} = j), \quad i = 1,2,\cdots$$

$\pi = (\pi_1, \pi_2, \cdots)^\mathrm{T}$ 也為 X_{t-1} 的分佈。事實上這對任意 t 成立。所以 $\pi = (\pi_1, \pi_2, \cdots)^\mathrm{T}$ 是馬可夫鏈的平穩分佈。

引理 19.1 舉出一個求馬可夫鏈平穩分佈的方法。

【例 19.3】設有圖 19.4 所示馬可夫鏈，其轉移機率矩陣為

$$P = \begin{bmatrix} 1/2 & 1/2 & 1/4 \\ 1/4 & 0 & 1/4 \\ 1/4 & 1/2 & 1/2 \end{bmatrix}$$

求其平穩分佈。

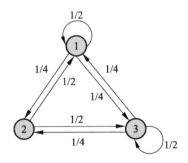

圖 19.4 馬可夫鏈例

【解】設平穩分佈為 $\pi = (x_1, x_2, x_3)^{\mathrm{T}}$，則由式(19.16)～ 式(19.18)有

$$x_1 = \frac{1}{2}x_1 + \frac{1}{2}x_2 + \frac{1}{4}x_3$$

$$x_2 = \frac{1}{4}x_1 + \frac{1}{4}x_3$$

$$x_3 = \frac{1}{4}x_1 + \frac{1}{2}x_2 + \frac{1}{2}x_3$$

$$x_1 + x_2 + x_3 = 1$$

$$x_i \geqslant 0, \quad i = 1,2,3$$

解方程組，得到唯一的平穩分佈

$$\pi = (2/5 \quad 1/5 \quad 2/5)^{\mathrm{T}}$$

【例 19.4】設有圖 19.5 所示馬可夫鏈，其轉移機率分佈如下，求其平穩分佈。

$$\begin{bmatrix} 1 & 1/3 & 0 \\ 0 & 1/3 & 0 \\ 0 & 1/3 & 1 \end{bmatrix}$$

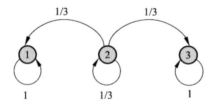

圖 19.5 馬可夫鏈例

【解】這個馬可夫鏈的平穩分佈並不唯一，$\pi = \left(\frac{3}{4} \ 0 \ \frac{1}{4}\right)^{\mathrm{T}}$，$\pi = (2/3 \ 0 \ 1/3)^{\mathrm{T}}$ 等皆為其平穩分佈。

馬可夫鏈可能存在唯一平穩分佈，無窮多個平穩分佈，或不存在平穩分佈 [3]。

19.2.3 連續狀態馬可夫鏈

連續狀態馬可夫鏈$X = \{X_0, X_1, \cdots, X_t, \cdots\}$，隨機變數$X_t(t = 0,1,2,\cdots)$定義在連續狀態空間 S，轉移機率分佈由機率轉移核或轉移核（transition kernel）表示。

設S是連續狀態空間，對任意的$x \in S, A \subset S$，轉移核$P(x, A)$定義為

$$P(x, A) = \int_A p(x, y)\mathrm{d}y \qquad (19.19)$$

其中$p(x, \cdot)$是機率密度函數，滿足$p(x, \cdot) \geqslant 0$，$P(x, S) = \int_S p(x, y)\mathrm{d}y = 1$。轉移核$P(x, A)$表示從$x \sim A$的轉移機率

$$P(X_t = A | X_{t-1} = x) = P(x, A) \qquad (19.20)$$

有時也將機率密度函數$p(x, \cdot)$稱為轉移核。

若馬可夫鏈的狀態空間S上的機率分佈$\pi(x)$滿足條件

$$\pi(y) = \int p(x, y)\pi(x)\mathrm{d}x, \quad \forall y \in S \qquad (19.21)$$

則稱分佈$\pi(x)$為該馬可夫鏈的平穩分佈。等值地，

$$\pi(A) = \int P(x, A)\pi(x)\mathrm{d}x, \quad \forall A \subset S \qquad (19.22)$$

或簡寫為

$$\pi = P\pi \qquad (19.23)$$

---

[3] 當離散狀態馬可夫鏈有無窮個狀態時，有可能沒有平穩分佈。

19.2.4 馬可夫鏈的性質

以下介紹離散狀態馬可夫鏈的性質。可以自然推廣到連續狀態馬可夫鏈。

1. 不可約

【定義 19.3】不可約：設有馬可夫鏈 $X = \{X_0, X_1, \cdots, X_t, \cdots\}$，狀態空間為 S，對於任意狀態 $i, j \in S$，如果存在一個時刻 $t(t > 0)$滿足

$$P(X_t = i | X_0 = j) > 0 \tag{19.24}$$

也就是說，時刻 0 從狀態 j 出發，時刻 t 到達狀態 i 的機率大於 0，則稱此馬可夫鏈 X 是不可約的（irreducible），否則稱馬可夫鏈是可約的（reducible）。

直觀上，一個不可約的馬可夫鏈，從任意狀態出發，當經過充分長時間後，可以到達任意狀態。例 19.3 中的馬可夫鏈是不可約的，例 19.5 中的馬可夫鏈是可約的。

【例 19.5】圖 19.6 所示馬可夫鏈是可約的。

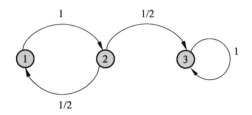

圖 19.6 馬可夫鏈例

【解】轉移機率矩陣

$$\begin{bmatrix} 0 & 1/2 & 0 \\ 1 & 0 & 0 \\ 0 & 1/2 & 1 \end{bmatrix}$$

平穩分佈 $\pi = (0 \quad 0 \quad 1)^{\mathrm{T}}$。此馬可夫鏈，轉移到狀態 3 後，就在該狀態上

迴圈跳躍，不能到達狀態 1 和狀態 2，最終停留在狀態 3。

2. 非週期

【定義 19.4】非週期：設有馬可夫鏈 $X = \{X_0, X_1, \cdots, X_t, \cdots\}$，狀態空間為 S，對於任意狀態 $i \in S$，如果時刻 0 從狀態 i 出發，t 時刻返回狀態的所有時間長 $\{t: P(X_t = i \mid X_0 = i) > 0\}$ 的最大公約數是 1，則稱此馬可夫鏈 X 是非週期的（aperiodic），否則稱馬可夫鏈是週期的（periodic）。

直觀上，一個非週期性的馬可夫鏈，不存在一個狀態，從這一個狀態出發，再返回到這個狀態時所經歷的時間長呈一定的週期性。例 19.3 中的馬可夫鏈是非週期的，例 19.6 中的馬可夫鏈是週期的。

【例 19.6】圖 19.7 所示的馬可夫鏈是週期的。

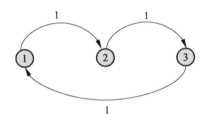

圖 19.7 馬可夫鏈例

【解】轉移機率矩陣

$$\begin{bmatrix} 0 & 0 & 1 \\ 1 & 0 & 0 \\ 0 & 1 & 0 \end{bmatrix}$$

其平穩分佈是 $\pi = (1/3 \quad 1/3 \quad 1/3)^{\mathrm{T}}$。此馬可夫鏈從每個狀態出發，返回該狀態的時刻都是 3 的倍數，$\{3,6,9\}$，具有週期性，最終停留在每個狀態的機率都為 $1/3$。

【定理 19.2】不可約且非週期的有限狀態馬可夫鏈，有唯一平穩分佈存在。

3. 正常返

【定義 19.5】正常返：設有馬可夫鏈 $X = \{X_0, X_1, \cdots, X_t, \cdots\}$，狀態空間為 S，對於任意狀態 $i, j \in S$，定義機率 p_{ij}^t 為時刻 0 從狀態 j 出發，時刻 t 第一次轉移到狀態 i 的機率，即 $p_{ij}^t = P(X_t = i, X_s \neq i, s = 1, 2, \cdots, t-1 | X_0 = j), t = 1, 2, \cdots$。若對所有狀態 i, j 都滿足 $\lim\limits_{t \to \infty} p_{ij}^t > 0$，則稱馬可夫鏈 X 是正常返的（positive recurrent）。

直觀上，一個正常返的馬可夫鏈，其中任意一個狀態，從其他任意一個狀態出發，當時間趨於無窮時，第一次轉移到這個狀態的機率不為 0。例 19.7 中的馬可夫鏈根據不同條件是正常返的或不是正常返的。

【例 19.7】圖 19.8 所示無限狀態馬可夫鏈，當 $p > q$ 時是正常返的，當 $p \leqslant q$ 不是正常返的。

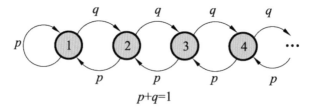

圖 19.8 馬可夫鏈例

【解】轉移機率矩陣

$$\begin{bmatrix} p & p & 0 & 0 & \\ q & 0 & p & 0 & \cdots \\ 0 & q & 0 & p & \\ 0 & 0 & q & 0 & \\ & & & \vdots & \ddots \end{bmatrix}$$

當 $p > q$ 時，平穩分佈是

$$\pi_i = \left(\frac{q}{p}\right)^i \left(\frac{p-q}{p}\right), \quad i = 1, 2, \cdots$$

當時間趨於無窮時，轉移到任何一個狀態的機率不為 0，馬可夫鏈是正常返的。

當$p \leqslant q$時，不存在平穩分佈，馬可夫鏈不是正常返的。

【定理 19.3】不可約、非週期且正常返的馬可夫鏈，有唯一平穩分佈存在。

4. 遍歷定理

下面敘述馬可夫鏈的遍歷定理。

【定理 19.4】遍歷定理：設有馬可夫鏈$X = \{X_0, X_1, \cdots, X_t, \cdots\}$，狀態空間為$S$，若馬可夫鏈$X$是不可約、非週期且正常返的，則該馬可夫鏈有唯一平穩分佈 $\pi = (\pi_1, \pi_2, \cdots)^{\mathrm{T}}$，並且轉移機率的極限分佈是馬可夫鏈的平穩分佈

$$\lim_{t \to \infty} P(X_t = i | X_0 = j) = \pi_i, \quad i = 1,2,\cdots; \quad j = 1,2,\cdots \tag{19.25}$$

若$f(X)$是定義在狀態空間上的函數，$E_\pi[|f(X)|] < \infty$，則

$$P\{\hat{f}_t \to E_\pi[f(X)]\} = 1 \tag{19.26}$$

這裡

$$\hat{f}_t = \frac{1}{t} \sum_{s=1}^{t} f(x_s)$$

$E_\pi[f(X)] = \sum_i f(i)\pi_i$是$f(X)$關於平穩分佈$\pi = (\pi_1, \pi_2, \cdots)^{\mathrm{T}}$的數學期望，式(19.26)表示

$$\hat{f}_t \to E_\pi[f(X)], \quad t \to \infty \tag{19.27}$$

幾乎處處成立或以機率 1 成立。

遍歷定理的直觀解釋：滿足對應條件的馬可夫鏈，當時間趨於無窮時，馬可夫鏈的狀態分佈趨近於平穩分佈，隨機變數的函數的樣本均值以機率 1

收斂於該函數的數學期望。樣本均值可以認為是時間均值，而數學期望是空間均值。遍歷定理實際表述了遍歷性的含義：當時間趨於無窮時，時間均值等於空間均值。遍歷定理的三個條件：不可約、非週期、正常返，保證了當時間趨於無窮時達到任意一個狀態的機率不為 0。

理論上並不知道經過多少次迭代，馬可夫鏈的狀態分佈才能接近於平穩分佈，在實際應用遍歷定理時，取一個足夠大的整數m，經過m次迭代之後認為狀態分佈就是平穩分佈，這時計算從第$m+1$次迭代到第n次迭代的均值，即

$$\hat{E}f = \frac{1}{n-m}\sum_{i=m+1}^{n} f(x_i) \tag{19.28}$$

稱為遍歷均值。

5. 可逆馬可夫鏈

【定義 19.6】可逆馬可夫鏈：設有馬可夫鏈$X = \{X_0, X_1, \cdots, X_t, \cdots\}$，狀態空間為$S$，轉移機率矩陣為$P$，如果有狀態分佈$\pi = (\pi_1, \pi_2, \cdots)^{\mathrm{T}}$，對於任意狀態$i, j \in S$，對任意一個時刻$t$滿足

$$P(X_t = i | X_{t-1} = j)\pi_j = P(X_{t-1} = j | X_t = i)\pi_i, \quad i, j = 1, 2, \cdots \tag{19.29}$$

或簡寫為

$$p_{ij}\pi_j = p_{ji}\pi_i, \quad i, j = 1, 2, \cdots \tag{19.30}$$

則稱此馬可夫鏈X為可逆馬可夫鏈（reversible Markov chain），式(19.30)稱為細緻平衡方程式 （detailed balance equation）。

直觀上，如果有可逆的馬可夫鏈，那麼以該馬可夫鏈的平穩分佈作為初始分佈，進行隨機狀態轉移，無論是面向未來還是面向過去，任何一個時刻的狀態分佈都是該平穩分佈。例 19.3 中的馬可夫鏈是可逆的，例 19.8 中的馬可夫鏈是不可逆的。

【例 **19.8**】圖 19.9 所示馬可夫鏈是不可逆的。

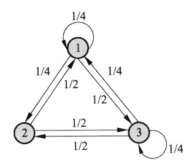

圖 19.9 馬可夫鏈例

【解】轉移機率矩陣

$$\begin{bmatrix} 1/4 & 1/2 & 1/4 \\ 1/4 & 0 & 1/2 \\ 1/2 & 1/2 & 1/4 \end{bmatrix}$$

平穩分佈 $\pi = (8/25 \quad 7/25 \quad 2/5)^{\mathrm{T}}$。不滿足細緻平穩方程式。

【定理 **19.5**】細緻平衡方程式：滿足細緻平衡方程式的狀態分佈 π 就是該馬可夫鏈的平穩分佈。即

$$P\pi = \pi$$

【證明】事實上

$$(P\pi)_i = \sum_j p_{ij}\pi_j = \sum_j p_{ji}\pi_i = \pi_i \sum_j p_{ji} = \pi_i, \quad i = 1,2,\cdots \quad (19.31)$$

定理 19.5 說明，可逆馬可夫鏈一定有唯一平穩分佈，舉出了一個馬可夫鏈有平穩分佈的充分條件（不是必要條件）。也就是說，可逆馬可夫鏈滿足遍歷定理 19.4 的條件。

19.3 馬可夫鏈蒙地卡羅法

19.3.1 基本想法

假設目標是對一個機率分佈進行隨機抽樣，或者是求函數關於該機率分佈的數學期望。可以採用傳統的蒙地卡羅法，如接受 - 拒絕法、重要性抽樣法，也可以使用馬可夫鏈蒙地卡羅法。馬可夫鏈蒙地卡羅法更適合於隨機變數是多元的、密度函數是非標準形式的、隨機變數各分量不獨立等情況。

假設多元隨機變數 x，滿足 $x \in X$，其機率密度函數為 $p(x)$，$f(x)$ 為定義在 $x \in X$ 上的函數，目標是獲得機率分佈 $p(x)$ 的樣本集合，以及求函數 $f(x)$ 的數學期望 $E_{p(x)}[f(x)]$。

應用馬可夫鏈蒙地卡羅法解決這個問題。基本想法是：在隨機變數 x 的狀態空間 S 上定義一個滿足遍歷定理的馬可夫鏈 $X = \{X_0, X_1, \cdots, X_t, \cdots\}$，使其平穩分佈就是抽樣的目標分佈 $p(x)$。然後在這個馬可夫鏈上進行隨機遊走，每個時刻得到一個樣本。根據遍歷定理，當時間趨於無窮時，樣本的分佈趨近平穩分佈，樣本的函數均值趨近函數的數學期望。所以，當時間足夠長時（時刻大於某個正整數 m），在之後的時間（時刻小於等於某個正整數 n，$n > m$）裡隨機遊走得到的樣本集合 $\{x_{m+1}, x_{m+2}, \cdots, x_n\}$ 就是目標機率分佈的抽樣結果，得到的函數均值（遍歷均值）就是要計算的數學期望值：

$$\hat{E}f = \frac{1}{n-m} \sum_{i=m+1}^{n} f(x_i) \tag{19.32}$$

到時刻 m 為止的時間段稱為燃燒期。

如何建構具體的馬可夫鏈成為這個方法的關鍵。連續變數的時候，需要定義轉移核函數；離散變數的時候，需要定義轉移矩陣。一個方法是定義特

殊的轉移核函數或者轉移矩陣，建構可逆馬可夫鏈，這樣可以保證遍歷定理成立。常用的馬可夫鏈蒙地卡羅法有 Metropolis-Hastings 演算法、吉布斯抽樣。

由於這個馬可夫鏈滿足遍歷定理，隨機遊走的起始點並不影響得到的結果，即從不同的起始點出發，都會收斂到同一平穩分佈。

馬可夫鏈蒙地卡羅法的收斂性的判斷通常是經驗性的，比如，在馬可夫鏈上進行隨機遊走，檢驗遍歷均值是否收斂。具體地，每隔一段時間取一次樣本，得到多個樣本以後，計算遍歷均值，當計算的均值穩定後，認為馬可夫鏈已經收斂。再比如，在馬可夫鏈上並行進行多個隨機遊走，比較各個隨機遊走的遍歷均值是否接近一致。

馬可夫鏈蒙地卡羅法中得到的樣本序列，相鄰的樣本點是相關的，而非獨立的。因此，在需要獨立樣本時，可以在該樣本序列中再次進行隨機抽樣，比如每隔一段時間取一次樣本，將這樣得到的子樣本集合作為獨立樣本集合。

馬可夫鏈蒙地卡羅法比接受 - 拒絕法更容易實現，因為只需要定義馬可夫鏈，而不需要定義建議分佈。一般來說馬可夫鏈蒙地卡羅法比接受 - 拒絕法效率更高，沒有大量被拒絕的樣本，雖然燃燒期的樣本也要拋棄。

19.3.2 基本步驟

根據上面的討論，可以將馬可夫鏈蒙地卡羅法概括為以下三步：

（1）首先，在隨機變數 x 的狀態空間 S 上構造一個滿足遍歷定理的馬可夫鏈，使其平穩分佈為目標分佈 $p(x)$；

（2）從狀態空間的某一點 x_0 出發，用構造的馬可夫鏈進行隨機遊走，產生樣本序列 $x_0, x_1, \cdots, x_t, \cdots$。

（3）應用馬可夫鏈的遍歷定理，確定正整數 m 和 n，$(m < n)$，得到樣本集合 $\{x_{m+1}, x_{m+2}, \cdots, x_n\}$，求得函數 $f(x)$ 的均值（遍歷均值）

$$\hat{E}f = \frac{1}{n-m} \sum_{i=m+1}^{n} f(x_i) \qquad (19.33)$$

就是馬可夫鏈蒙地卡羅法的計算公式。

這裡有幾個重要問題：

（1）如何定義馬可夫鏈，保證馬可夫鏈蒙地卡羅法的條件成立。

（2）如何確定收斂步數m，保證樣本抽樣的無偏性。

（3）如何確定迭代步數n，保證遍歷均值計算的精度。

19.3.3 馬可夫鏈蒙地卡羅法與統計學習

馬可夫鏈蒙地卡羅法在統計學習，特別是貝氏學習中，起著重要的作用。主要是因為馬可夫鏈蒙地卡羅法可以用在機率模型的學習和推理上。

假設觀測資料由隨機變數$y \in Y$表示，模型由隨機變數$x \in X$表示，貝氏學習透過貝氏定理計算給定資料條件下模型的後驗機率，並選擇後驗機率最大的模型。後驗機率

$$p(x|y) = \frac{p(x)p(y|x)}{\int_X p(y|x')p(x')\mathrm{d}x'} \qquad (19.34)$$

貝氏學習中經常需要進行三種積分運算：歸範化（normalization）、邊緣化（marginalization）、數學期望（expectation）。

後驗機率計算中需要歸範化計算：

$$\int_X p(y|x')p(x')\mathrm{d}x' \qquad (19.35)$$

如果有隱變數$z \in Z$，後驗機率的計算需要邊緣化計算：

$$p(x|y) = \int_Z p(x,z|y)\mathrm{d}z \qquad (19.36)$$

如果有一個函數$f(x)$，可以計算該函數的關於後驗機率分佈的數學期望：

$$E_{P(x|y)}[f(x)] = \int_X f(x)p(x|y)\mathrm{d}x \tag{19.37}$$

當觀測資料和模型都很複雜的時候，以上的積分計算變得困難。馬可夫鏈蒙地卡羅法為這些計算提供了一個通用的有效解決方案。

19.4 Metropolis-Hastings 演算法

本節敘述 Metropolis-Hastings 演算法，是馬可夫鏈蒙地卡羅法的代表演算法。

19.4.1 基本原理

1. 馬可夫鏈

假設要抽樣的機率分佈為$p(x)$。Metropolis-Hastings 演算法採用轉移核為$p(x, x')$的馬可夫鏈：

$$p(x, x') = q(x, x')\alpha(x, x') \tag{19.38}$$

其中$q(x, x')$和$\alpha(x, x')$分別稱為建議分佈（proposal distribution）和接受分佈（acceptance distribution）。

建議分佈$q(x, x')$是另一個馬可夫鏈的轉移核，並且$q(x, x')$是不可約的，即其機率值恆不為 0，同時是一個容易抽樣的分佈。接受分佈$\alpha(x, x')$是

$$\alpha(x, x') = \min\left\{1, \frac{p(x')q(x', x)}{p(x)q(x, x')}\right\} \tag{19.39}$$

這時，轉移核$p(x, x')$可以寫成

$$p(x, x') = \begin{cases} q(x, x'), & p(x')q(x', x) \geqslant p(x)q(x, x') \\ q(x', x)\frac{p(x')}{p(x)}, & p(x')q(x', x) < p(x)q(x, x') \end{cases} \qquad (19.40)$$

轉移核為$p(x, x')$的馬可夫鏈上的隨機遊走以以下方式進行。如果在時刻$(t-1)$處於狀態x，即 $x_{t-1} = x$，則先按建議分佈$q(x, x')$抽樣產生一個候選狀態x'，然後按照接受分佈$\alpha(x, x')$抽樣決定是否接受狀態x'。以機率$\alpha(x, x')$接受x'，決定時刻t 轉移到狀態x'，而以機率$1 - \alpha(x, x')$拒絕x'，決定時刻t仍停留在狀態x。具體地，從區間$(0,1)$上的均勻分佈中取出一個隨機數u，決定時刻t的狀態。

$$x_t = \begin{cases} x', & u \leqslant \alpha(x, x') \\ x, & u > \alpha(x, x') \end{cases}$$

可以證明，轉移核為$p(x, x')$的馬可夫鏈是可逆馬可夫鏈（滿足遍歷定理），其平穩分佈就是$p(x)$，即要抽樣的目標分佈。也就是說這是馬可夫鏈蒙地卡羅法的一個具體實現。

定理 19.6 由轉移核(19.38)~(19.40)組成的馬可夫鏈是可逆的，即

$$p(x)p(x, x') = p(x')p(x', x) \qquad (19.41)$$

並且$p(x)$是該馬可夫鏈的平穩分佈。

【證明】若$x = x'$，則式(19.41)顯然成立。

設$x \neq x'$，則

$$p(x)p(x, x') = p(x)q(x, x')\min\left\{1, \frac{p(x')q(x', x)}{p(x)q(x, x')}\right\}$$

$$= \min\{p(x)q(x, x'), p(x')q(x', x)\}$$

$$= p(x')q(x', x)\min\left\{\frac{p(x)q(x, x')}{p(x')q(x', x)}, 1\right\}$$

$$= p(x')p(x', x)$$

式(19.41)成立。

由式(19.41)知，

$$\int p(x)p(x,x')\mathrm{d}x = \int p(x')p(x',x)\mathrm{d}x$$

$$= p(x') \int p(x',x)\mathrm{d}x$$

$$= p(x')$$

根據平穩分佈的定義(19.21)，$p(x)$是馬可夫鏈的平穩分佈。

2. 建議分佈

建議分佈$q(x,x')$有多種可能的形式，這裡介紹兩種常用形式。

第一種形式，假設建議分佈是對稱的，即對任意的x和x'有

$$q(x,x') = q(x',x) \tag{19.42}$$

這樣的建議分佈稱為 Metropolis 選擇，也是 Metropolis-Hastings 演算法最初採用的建議分佈。這時，接受分佈$\alpha(x,x')$簡化為

$$\alpha(x,x') = \min\left\{1, \frac{p(x')}{p(x)}\right\} \tag{19.43}$$

Metropolis 選擇的一個特例是$q(x,x')$取條件機率分佈$p(x'|x)$，定義為多元正態分佈，其均值是x，其協方差矩陣是常數矩陣。

Metropolis 選擇的另一個特例是令$q(x,x') = q(|x - x'|)$，這時演算法稱為隨機遊走 Metropolis 演算法。例如，

$$q(x,x') \propto \exp(-\frac{(x' - x)^2}{2})$$

Metropolis 選擇的特點是當x'與x接近時，$q(x,x')$的機率值高，否則$q(x,x')$的機率值低。狀態轉移在附近點的可能性更大。

第二種形式稱為獨立抽樣。假設$q(x,x')$與當前狀態x無關,即$q(x,x') = q(x')$。建議分佈的計算按照$q(x')$獨立抽樣進行。此時,接受分佈$\alpha(x,x')$可以寫成

$$\alpha(x,x') = \min\left\{1,\frac{w(x')}{w(x)}\right\} \tag{19.44}$$

其中$w(x') = p(x')/q(x')$,$w(x) = p(x)/q(x)$。

獨立抽樣實現簡單,但可能收斂速度慢,通常選擇接近目標分佈$p(x)$的分佈作為建議分佈$q(x)$。

3. 滿條件分佈

馬可夫鏈蒙地卡羅法的目標分佈通常是多元聯合機率分佈$p(x) = p(x_1, x_2, \cdots, x_k)$,其中$x = (x_1, x_2, \cdots, x_k)^{\mathrm{T}}$為$k$維隨機變數。如果條件機率分佈 $p(x_I|x_{-I})$中所有k個變數全部出現,其中$x_I = \{x_i, i \in I\}$,$x_{-I} = \{x_i, i \notin I\}$,$I \subset K = \{1, 2, \cdots, k\}$,那麼稱這種條件機率分佈為滿條件分佈(full conditional distribution)。

滿條件分佈有以下性質:對任意的$x \in X$和任意的$I \subset K$,有

$$p(x_I|x_{-I}) = \frac{p(x)}{\int p(x)\mathrm{d}x_I} \propto p(x) \tag{19.45}$$

而且,對任意的$x, x' \in X$和任意的$I \subset K$,有

$$\frac{p(x'_I|x'_{-I})}{p(x_I|x_{-I})} = \frac{p(x')}{p(x)} \tag{19.46}$$

Metropolis-Hastings 演算法中,可以利用性質(19.46),簡化計算,提高計算效率。具體地,透過滿條件分佈機率的比 $\frac{p(x'_I|x'_{-I})}{p(x_I|x_{-I})}$計算聯合機率的比 $\frac{p(x')}{p(x)}$,而前者更容易計算。

【例 **19.9**】設x_1和x_2的聯合機率分佈的密度函數為

$$p(x_1, x_2) \propto \exp\left\{-\frac{1}{2}(x_1-1)^2(x_2-1)^2\right\}$$

求其滿條件分佈。

【解】由滿條件分佈的定義有

$$p(x_1|x_2) \propto p(x_1, x_2)$$

$$\propto \exp\left\{-\frac{1}{2}(x_1-1)^2(x_2-1)^2\right\}$$

$$\propto N(1, (x_2-1)^{-2})$$

這裡$N(1, (x_2-1)^{-2})$是均值為1，方差為$(x_2-1)^{-2}$的正態分佈，這時x_1是變數，x_2是參數。同樣可得

$$p(x_2|x_1) \propto p(x_1, x_2)$$

$$\propto \exp\left\{-\frac{1}{2}(x_2-1)^2(x_1-1)^2\right\}$$

$$\propto N(1, (x_1-1)^{-2})$$

19.4.2 Metropolis-Hastings 演算法

【演算法 **19.2**】Metropolis-Hastings 演算法

輸入：抽樣的目標分佈的密度函數$p(x)$，函數$f(x)$；

輸出：$p(x)$的隨機樣本$x_{m+1}, x_{m+2}, \cdots, x_n$，函數樣本均值$f_{mn}$；

參數：收斂步數m，迭代步數n。

（1）任意選擇一個初值x_0

（2）對$i = 1, 2, \cdots, n$迴圈執行

　　（a）設狀態$x_{i-1} = x$，按照建議分佈$q(x, x')$隨機取出一個候選狀態x'。

（b）計算接受機率

$$\alpha(x, x') = \min\left\{1, \frac{p(x')q(x', x)}{p(x)q(x, x')}\right\}$$

（c）從區間$(0,1)$中按均勻分佈隨機取出一個數u。

若$u \leqslant \alpha(x, x')$，則狀態$x_i = x'$；否則，狀態$x_i = x$。

（3）得到樣本集合$\{x_{m+1}, x_{m+2}, \cdots, x_n\}$

計算

$$f_{mn} = \frac{1}{n-m} \sum_{i=m+1}^{n} f(x_i)$$

19.4.3 單分量 Metropolis-Hastings 演算法

在 Metropolis-Hastings 演算法中，通常需要對多元變數分佈進行抽樣，有時對多元變數分佈的抽樣是困難的。可以對多元變數的每一變數的條件分佈依次分別進行抽樣，從而實現對整個多元變數的一次抽樣，這就是單分量 Metropolis-Hastings（single component Metropolis-Hastings）演算法。

假設馬可夫鏈的狀態由k維隨機變數表示

$$x = (x_1, x_2, \cdots, x_k)^{\mathrm{T}}$$

其中x_j表示隨機變數x的第j個分量，$j = 1, 2, \cdots, k$，而$x^{(i)}$表示馬可夫鏈在時刻i的狀態

$$x^{(i)} = (x_1^{(i)}, x_2^{(i)}, \cdots, x_k^{(i)})^{\mathrm{T}}, \quad i = 1, 2, \cdots, n$$

其中$x_j^{(i)}$是隨機變數$x^{(i)}$的第j個分量，$j = 1, 2, \cdots, k$。

為了生成容量為n的樣本集合$\{x^{(1)}, x^{(2)}, \cdots, x^{(n)}\}$，單分量 Metropolis-Hastings 演算法由下面的k步迭代實現 Metropolis-Hastings 演算法的一次迭代。

設在第$(i-1)$次迭代結束時分量x_j的取值為$x_j^{(i-1)}$，在第i次迭代的第j步，對分量x_j根據 Metropolis-Hastings 演算法更新，得到其新的取值$x_j^{(i)}$。首先，由建議分佈$q(x_j^{(i-1)}, x_j | x_{-j}^{(i)})$ 抽樣產生分量x_j的候選值$x'^{(i)}_j$，這裡$x_{-j}^{(i)}$表示在第i次迭代的第$(j-1)$步後的$x^{(i)}$ 除去$x_j^{(i-1)}$的所有值，即

$$x_{-j}^{(i)} = (x_1^{(i)}, \cdots, x_{j-1}^{(i)}, x_{j+1}^{(i-1)}, \cdots, x_k^{(i-1)})^{\mathrm{T}}$$

其中分量$1, 2, \cdots, j-1$已經更新。然後，按照接受機率

$$\alpha(x_j^{(i-1)}, x'^{(i)}_j | x_{-j}^{(i)}) = \min\left\{1, \frac{p(x'^{(i)}_j | x_{-j}^{(i)}) q(x'^{(i)}_j, x_j^{(i-1)} | x_{-j}^{(i)})}{p(x_j^{(i-1)} | x_{-j}^{(i)}) q(x_j^{(i-1)}, x'^{(i)}_j | x_{-j}^{(i)})}\right\} \qquad (19.47)$$

抽樣決定是否接受候選值$x'^{(i)}_j$。如果$x'^{(i)}_j$被接受，則令$x_j^{(i)} = x'^{(i)}_j$；否則令$x_j^{(i)} = x_j^{(i-1)}$。其餘分量在第j步不改變。馬可夫鏈的轉移機率為

$$p\left(x_j^{(i-1)}, x'^{(i)}_j | x_{-j}^{(i)}\right) = \alpha(x_j^{(i-1)}, x'^{(i)}_j | x_{-j}^{(i)}) q(x_j^{(i-1)}, x'^{(i)}_j | x_{-j}^{(i)}) \qquad (19.48)$$

圖 19.10 示意單分量 Metropolis-Hastings 演算法的迭代過程。目標是對含有兩個變數的隨機變數x進行抽樣。如果變數x_1或x_2更新，那麼在水準或垂直方向產生一個移動，連續水準和垂直移動產生一個新的樣本點。注意由於建議分佈可能不被接受，Metropolis-Hastings 演算法可能在一些相鄰的時刻不產生移動。

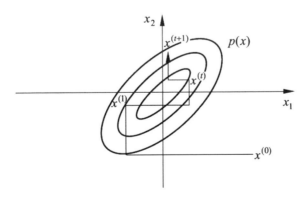

圖 19.10 單分量 Metropolis-Hastings 演算法例

19.5 吉布斯抽樣

本節敘述馬可夫鏈蒙地卡羅法的常用演算法吉布斯抽樣，可以認為是 Metropolis-Hastings 演算法的特殊情況，但是更容易實現，因而被廣泛使用。

19.5.1 基本原理

吉布斯抽樣（Gibbs sampling）用於多元變數聯合分佈的抽樣和估計[4]。其基本做法是，從聯合機率分佈定義滿條件機率分佈，依次對滿條件機率分佈進行抽樣，得到樣本的序列。可以證明這樣的抽樣過程是在一個馬可夫鏈上的隨機遊走，每一個樣本對應著馬可夫鏈的狀態，平穩分佈就是目標的聯合分佈。整體成為一個馬可夫鏈蒙地卡羅法，燃燒期之後的樣本就是聯合分佈的隨機樣本。

假設多元變數的聯合機率分佈為$p(x) = p(x_1, x_2, \cdots, x_k)$。吉布斯抽樣從一個初始樣本 $x^{(0)} = (x_1^{(0)}, x_2^{(0)}, \cdots, x_k^{(0)})^\mathrm{T}$出發，不斷進行迭代，每一次迭代得到聯合分佈的一個樣本$x^{(i)} = (x_1^{(i)}, x_2^{(i)}, \cdots, x_k^{(i)})^\mathrm{T}$。最終得到樣本序列$\{x^{(0)}, x^{(1)}, \cdots, x^{(n)}\}$。

在每次迭代中，依次對k個隨機變數中的一個變數進行隨機抽樣。如果在第i次迭代中，對第j個變數進行隨機抽樣，那麼抽樣的分佈是滿條件機率分佈$p(x_j|x_{-j}^{(i)})$，這裡$x_{-j}^{(i)}$表示第i次迭代中，變數j以外的其他變數。

設在第$(i-1)$步得到樣本$(x_1^{(i-1)}, x_2^{(i-1)}, \cdots, x_k^{(i-1)})^\mathrm{T}$，在第$i$步，首先對第一個變數按照以下滿條件機率分佈隨機抽樣

$$p(x_1|x_2^{(t-1)}, \cdots, x_k^{(t-1)})$$

---

[4] 吉布斯抽樣以統計力學奠基人吉布斯（Josiah Willard Gibbs）命名，將該演算法與統計力學進行類比。

得到$x_1^{(i)}$，之後依次對第j個變數按照以下滿條件機率分佈隨機抽樣

$$p(x_j|x_1^{(i)},\cdots,x_{j-1}^{(i)},x_{j+1}^{(i-1)},\cdots,x_k^{(i-1)}),\quad j=2,\cdots,k-1$$

得到$x_j^{(i)}$，最後對第k個變數按照以下滿條件機率分佈隨機抽樣

$$p(x_k|x_1^{(i)},\cdots,x_{k-1}^{(i)})$$

得到$x_k^{(i)}$，於是得到整體樣本$x^{(i)}=(x_1^{(i)},x_2^{(i)},\cdots,x_k^{(i)})^{\mathrm{T}}$。

吉布斯抽樣是單分量 Metropolis-Hastings 演算法的特殊情況。定義建議分佈是當前變數x_j，$j=1,2,\cdots,k$的滿條件機率分佈

$$q(x,x')=p(x'_j|x_{-j}) \tag{19.49}$$

這時，接受機率$\alpha=1$，

$$\alpha(x,x')=\min\left\{1,\frac{p(x')q(x',x)}{p(x)q(x,x')}\right\}$$

$$=\min\left\{1,\frac{p(x'_{-j})p(x'_j|x'_{-j})p(x_j|x'_{-j})}{p(x_{-j})p(x_j|x_{-j})p(x'_j|x_{-j})}\right\}=1 \tag{19.50}$$

這裡用到$p(x_{-j})=p(x'_{-j})$和$p(\cdot|x_{-j})=p(\cdot|x'_{-j})$。

轉移核就是滿條件機率分佈

$$p(x,x')=p(x'_j|x_{-j}) \tag{19.51}$$

也就是說依次按照單變數的滿條件機率分佈$p(x'_j|x_{-j})$進行隨機抽樣，就能實現單分量 Metropolis-Hastings 演算法。吉布斯抽樣對每次抽樣的結果都接受，沒有拒絕，這一點和一般的 Metropolis-Hastings 演算法不同。

這裡，假設滿條件機率分佈$p(x'_j|x_{-j})$不為 0，即馬可夫鏈是不可約的。

19.5.2 吉布斯抽樣演算法

【演算法 19.3】吉布斯抽樣

輸入：目標機率分佈的密度函數$p(x)$，函數$f(x)$；

輸出：$p(x)$的隨機樣本$x_{m+1}, x_{m+2}, \cdots, x_n$，函數樣本均值$f_{mn}$；

參數：收斂步數m，迭代步數n。

（1）初始化。舉出初始樣本$x^{(0)} = (x_1^{(0)}, x_2^{(0)}, \cdots, x_k^{(0)})^{\mathrm{T}}$。

（2）對i迴圈執行

設第$(i-1)$次迭代結束時的樣本為$x^{(i-1)} = (x_1^{(i-1)}, x_2^{(i-1)}, \cdots, x_k^{(i-1)})^{\mathrm{T}}$，

則第i次迭代進行如下幾步操作：

（1）由滿條件分佈$p(x_1|x_2^{(i-1)}, \cdots, x_k^{(i-1)})$取出$x_1^{(i)}$

$\vdots$

（j）由滿條件分佈$p(x_j|x_1^{(i)}, \cdots, x_{j-1}^{(i)}, x_{j+1}^{(i-1)}, \cdots, x_k^{(i-1)})$取出$x_j^{(i)}$

$\vdots$

（k）由滿條件分佈$p(x_k|x_1^{(i)}, \cdots, x_{k-1}^{(i)})$取出$x_k^{(i)}$

得到第i次迭代值$x^{(i)} = (x_1^{(i)}, x_2^{(i)}, \cdots, x_k^{(i)})^{\mathrm{T}}$。

（3）得到樣本集合

$$\{x^{(m+1)}, x^{(m+2)}, \cdots, x^{(n)}\}$$

（4）計算

$$f_{mn} = \frac{1}{n-m} \sum_{i=m+1}^{n} f(x^{(i)})$$

【例 19.10】用吉布斯抽樣從以下二元正態分佈中取出隨機樣本。

$$x = (x_1, x_2)^{\mathrm{T}} \sim p(x_1, x_2)$$

$$p(x_1, x_2) = N(0, \Sigma), \quad \Sigma = \begin{bmatrix} 1 & \rho \\ \rho & 1 \end{bmatrix}$$

【解】條件機率分佈為一元正態分佈

$$p(x_1|x_2) = N(\rho x_2, (1 - \rho^2))$$

$$p(x_2|x_1) = N(\rho x_1, (1 - \rho^2))$$

假設初始樣本為$x^{(0)} = (x_1^{(0)}, x_2^{(0)})$，透過吉布斯抽樣，可以得到以下樣本序列：

迭代次數	對x_1抽樣	對x_2抽樣	產生樣本
1	$x_1 \sim N(\rho x_2^{(0)}, (1 - \rho^2))$， 得到$x_1^{(1)}$	$x_2 \sim N(\rho x_1^{(1)}, (1 - \rho^2))$， 得到$x_2^{(1)}$	$x^{(1)} = (x_1^{(1)}, x_2^{(1)})^{\mathrm{T}}$
	$\vdots$	$\vdots$	$\vdots$
i	$x_1 \sim N(\rho x_2^{(t-1)}, (1 - \rho^2))$， 得到$x_1^{(t)}$	$x_2 \sim N(\rho x_1^{(t)}, (1 - \rho^2))$， 得到$x_2^{(t)}$	$x^{(t)} = (x_1^{(t)}, x_2^{(t)})^{\mathrm{T}}$
	$\vdots$	$\vdots$	$\vdots$

得到的樣本集合$\{x^{(m+1)}, x^{(m+2)}, \cdots, x^{(n)}\}$，$m < n$就是二元正態分佈的隨機抽樣。圖 19.11 示意吉布斯抽樣的過程。

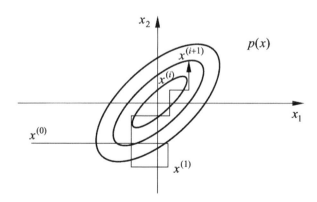

圖 19.11 吉布斯抽樣例

單分量 Metropolis-Hastings 演算法和吉布斯抽樣的不同之處在於，在前者演算法中，抽樣會在樣本點之間移動，但其間可能在某一些樣本點上停留

（由於抽樣被拒絕）；而在後者演算法中，抽樣會在樣本點之間持續移動。

吉布斯抽樣適合於滿條件機率分佈容易抽樣的情況，而單分量 Metropolis-Hastings 演算法適合於滿條件機率分佈不容易抽樣的情況，這時使用容易抽樣的條件分佈作建議分佈。

19.5.3 抽樣計算

吉布斯抽樣中需要對滿條件機率分佈進行重複多次抽樣。可以利用機率分佈的性質提高抽樣的效率。下面以貝氏學習為例介紹這個技巧。

設y表示觀測資料，α, θ, z分別表示超參數、模型參數、未觀測資料，$x = (\alpha, \theta, z)$，如圖 19.12 所示。貝氏學習的目的是估計後驗機率分佈$p(x|y)$，求後驗機率最大的模型。

$$p(x|y) = p(\alpha, \theta, z|y) \propto p(z, y|\theta)p(\theta|\alpha)p(\alpha) \tag{19.52}$$

式中$p(\alpha)$是超參數分佈，$p(\theta|\alpha)$是先驗分佈，$p(z, y|\theta)$是完全資料的分佈。

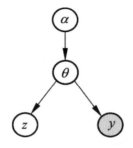

圖 19.12　貝氏學習的圖模型表示

現在用吉布斯抽樣估計$p(x|y)$，其中y已知，$x = (\alpha, \theta, z)$未知。吉布斯抽樣中各個變數α, θ, z的滿條件分佈有以下關係：

$$p(\alpha_i|\alpha_{-i}, \theta, z, y) \propto p(\theta|\alpha)p(\alpha) \tag{19.53}$$

$$p(\theta_j|\theta_{-j}, \alpha, z, y) \propto p(z, y|\theta)p(\theta|\alpha) \qquad (19.54)$$

$$p(z_k|z_{-k}, \alpha, \theta, y) \propto p(z, y|\theta) \qquad (19.55)$$

其中 α_{-i} 表示變數 α_i 以外的所有變數，θ_{-j} 和 z_{-k} 類似。滿條件機率分佈與若干條件機率分佈的乘積成正比，各個條件機率分佈只由少量的相關變數組成（圖模型中相鄰節點表示的變數）。所以，依滿條件機率分佈的抽樣可以透過依這些條件機率分佈的乘積的抽樣進行。這樣可以大幅減少抽樣的計算複雜度，因為計算只涉及部分變數。

本章概要

1. 蒙地卡羅法是透過基於機率模型的抽樣進行數值近似計算的方法，蒙地卡羅法可以用於機率分佈的抽樣、機率分佈數學期望的估計、定積分的近似計算。

    隨機抽樣是蒙地卡羅法的一種應用，有直接抽樣法、接受 - 拒絕抽樣法等。接受 - 拒絕法的基本想法是，找一個容易抽樣的建議分佈，其密度函數的數倍大於等於想要抽樣的機率分佈的密度函數。按照建議分佈隨機抽樣得到樣本，再按要抽樣的機率分佈與建議分佈的倍數的比例隨機決定接受或拒絕該樣本，迴圈執行以上過程。

    數學期望估計是蒙地卡羅法的另一種應用，按照機率分佈 $p(x)$ 取出隨機變數 x 的 n 個獨立樣本，根據大數定律可知，當樣本容量增大時，函數的樣本均值以機率 1 收斂於函數的數學期望

    $$\hat{f}_n \to E_{p(x)}[f(x)], \quad n \to \infty$$

    計算樣本均值 $\hat{f}_n$，作為數學期望 $E_{p(x)}[f(x)]$ 的估計值。

2. 馬可夫鏈是具有馬可夫性的隨機過程

    $$P(X_t|X_0X_1\cdots X_{t-1}) = P(X_t|X_{t-1}), \quad t = 1,2,\cdots$$

    通常考慮時間齊次馬可夫鏈。有離散狀態馬可夫鏈和連續狀態馬可夫鏈，分別由機率轉移矩陣 P 和機率轉移核 $p(x, y)$ 定義。

滿足 $\pi = P\pi$ 或 $\pi(y) = \int p(x,y)\pi(x)\mathrm{d}x$ 的狀態分佈稱為馬可夫鏈的平穩分佈。

馬可夫鏈有不可約性、非週期性、正常返等性質。一個馬可夫鏈若是不可約、非週期、正常返的,則該馬可夫鏈滿足遍歷定理。當時間趨於無窮時,馬可夫鏈的狀態分佈趨近於平穩分佈,函數的樣本平均依機率收斂於該函數的數學期望。

$$\lim_{t \to \infty} P(X_t = i | X_0 = j) = \pi_i, \quad i = 1,2,\cdots; \quad j = 1,2,\cdots$$

$$\hat{f}_t \to E_\pi[f(X)], \quad t \to \infty$$

可逆馬可夫鏈是滿足遍歷定理的充分條件。

3. 馬可夫鏈蒙地卡羅法是以馬可夫鏈為機率模型的蒙地卡羅積分方法,其基本想法如下:

(1) 在隨機變數 x 的狀態空間 X 上構造一個滿足遍歷定理條件的馬可夫鏈,其平穩分佈為目標分佈 $p(x)$;

(2) 由狀態空間的某一點 X_0 出發,用所構造的馬可夫鏈進行隨機遊走,產生樣本序列 $X_1, X_2, \cdots, X_t, \cdots$;

(3) 應用馬可夫鏈遍歷定理,確定正整數 m 和 $n(m < n)$,得到樣本集合 $\{x_{m+1}, x_{m+2}, \cdots, x_n\}$,進行函數 $f(x)$ 的均值(遍歷均值)估計:

$$\hat{E}f = \frac{1}{n-m} \sum_{i=m+1}^{n} f(x_i)$$

4. Metropolis-Hastings 演算法是最基本的馬可夫鏈蒙地卡羅法。假設目標是對機率分佈 $p(x)$ 進行抽樣,構造建議分佈 $q(x,x')$,定義接受分佈 $\alpha(x,x')$。進行隨機遊走,假設當前處於狀態 x,按照建議分佈 $q(x,x')$ 隨機抽樣,按照機率 $\alpha(x,x')$ 接受抽樣,轉移到狀態 x',按照機率 $1 - \alpha(x,x')$ 拒絕抽樣,停留在狀態 x,持續以上操作,得到一系列樣本。這樣的隨機遊走是根據轉移核為 $p(x,x') = q(x,x')\alpha(x,x')$ 的可逆馬可夫鏈(滿足遍歷定理條件)進行的,其平穩分佈就是要抽樣的目標分佈 $p(x)$。

5. 吉布斯抽樣（Gibbs sampling）用於多元聯合分佈的抽樣和估計。吉布斯抽樣是單分量 Metropolis-Hastings 演算法的特殊情況。這時建議分佈為滿條件機率分佈

$$q(x, x') = p(x'_j | x_{-j})$$

吉布斯抽樣的基本做法是，從聯合分佈定義滿條件機率分佈，依次從滿條件機率分佈進行抽樣，得到聯合分佈的隨機樣本。假設多元聯合機率分佈為 $p(x) = p(x_1, x_2, \cdots, x_k)$，吉布斯抽樣從一個初始樣本 $x^{(0)} = (x_1^{(0)}, x_2^{(0)}, \cdots, x_k^{(0)})^{\mathrm{T}}$ 出發，不斷進行迭代，每一次迭代得到聯合分佈的一個樣本 $x^{(i)} = (x_1^{(i)}, x_2^{(i)}, \cdots, x_k^{(i)})^{\mathrm{T}}$。

在第 i 次迭代中，依次對第 j 個變數按照滿條件機率分佈隨機抽樣 $p(x_j | x_1^{(i)}, \cdots, x_{j-1}^{(i)}, x_{j+1}^{(i-1)}, \cdots, x_k^{(i-1)})$，$j = 1, 2, \cdots, k$，得到 $x_j^{(i)}$。最終得到樣本序列 $\{x^{(0)}, x^{(1)}, \cdots, x^{(n)}\}$。

繼續閱讀

馬可夫鏈的介紹可見文獻[1]。Metropolis-Hastings 演算法和吉布斯抽樣的原始論文分別是[2, 3]。隨機抽樣的介紹見文獻[4]。馬可夫鏈蒙地卡羅法的介紹可以參閱文獻 [4-8]。也可以觀看 YouTube 上的影片：Mathematicalmonk, Markov Chain Monte Carlo (MCMC) Introduction。

習題

19.1 用蒙地卡羅積分法求

$$\int_{-\infty}^{\infty} x^2 \exp\left(-\frac{x^2}{2}\right) \mathrm{d}x$$

19.2 證明如果馬可夫鏈是不可約的，且有一個狀態是非週期的，則其他所有狀態也是非週期的，即這個馬可夫鏈是非週期的。

19.3 驗證具有以下轉移機率矩陣的馬可夫鏈是可約的，但是非週期的。

$$P = \begin{bmatrix} 1/2 & 1/2 & 0 & 0 \\ 1/2 & 0 & 1/2 & 0 \\ 0 & 1/2 & 0 & 0 \\ 0 & 0 & 1/2 & 1 \end{bmatrix}$$

19.4 驗證具有以下轉移機率矩陣的馬可夫鏈是不可約的,但是週期性的。

$$P = \begin{bmatrix} 0 & 1/2 & 0 & 0 \\ 1 & 0 & 1/2 & 0 \\ 0 & 1/2 & 0 & 1 \\ 0 & 0 & 1/2 & 0 \end{bmatrix}$$

19.5 證明可逆馬可夫鏈一定是不可約的。

19.6 從一般的 Metropolis-Hastings 演算法推導出單分量 Metropolis-Hastings 演算法。

19.7 假設進行伯努利實驗,後驗機率為$P(\theta|y)$,其中變數$y \in \{0,1\}$表示實驗可能的結果,變數θ表示結果為 1 的機率。再假設先驗機率$P(\theta)$遵循 Beta 分佈$B(\alpha, \beta)$,其中$\alpha = 1, \beta = 1$;似然函數$P(y|\theta)$遵循二項分佈$Bin(n, k, \theta)$,其中$n = 10, k = 4$,即實驗進行 10 次其中結果為 1 的次數為 4。試用 Metropolis-Hastings 演算法求後驗機率分佈$P(\theta|y) \propto P(\theta)P(y|\theta)$的均值和方差。(提示:可採用 Metropolis 選擇,即假設建議分佈是對稱的。)

19.8 設某試驗可能有五種結果,其出現的機率分別為

$$\frac{\theta}{4} + \frac{1}{8}, \quad \frac{\theta}{4}, \quad \frac{\eta}{4}, \quad \frac{\eta}{4} + \frac{3}{8}, \quad \frac{1}{2}(1 - \theta - \eta)$$

模型含有兩個參數θ和η,都介於 0 和 1 之間。現有 22 次試驗結果的觀測值為

$$y = (y_1, \quad y_2, \quad y_3, \quad y_4, \quad y_5) = (14, \quad 1, \quad 1, \quad 1, \quad 5)$$

其中y_i表示 22 次試驗中第i個結果出現的次數，$i = 1,2,\cdots,5$。試用吉布斯抽樣估計參數θ和η的均值和方差。

參考文獻

[1]　　Serfozo R. Basics of applied stochastic processes. Springer, 2009.

[2]　　Metropolis N, Rosenbluth A W, Rosenbluth M N, et al. Equation of state calculations by fast computing machines. The Journal of Chemical Physics, 1953, 21(6): 1087–1092.

[3]　　Geman S, Geman D. Stochastic relaxation, Gibbs distribution and the Bayesian restoration of images. IEEE Transactions on Pattern Analysis and Machine Intelligence, 1984, 6: 721–741.

[4]　　Bishop C M. Pattern recognition and machine learning. Springer, 2006.

[5]　　Gilks W R, Richardson S, Spiegelhalter, DJ. Introducing Markov chain Monte Carlo. Markov Chain Monte Carlo in Practice, 1996.

[6]　　Andrieu C, De Freitas N, Doucet A, et al. An introduction to MCMC for machine learning. Machine Learning, 2003, 50(1–2): 5–43.

[7]　　Hoff P. A first course in Bayesian statistical methods. Springer, 2009.

[8]　　茆詩松，王靜龍，濮曉龍. 高等數理統計. 北京：高等教育出版社，1998.

19.5 吉布斯抽樣

潛在狄利克雷分配

潛在狄利克雷分配（latent Dirichlet allocation，LDA），作為基於貝氏學習的話題模型，是潛在語義分析、機率潛在語義分析的擴充，於 2002 年由 Blei 等提出。LDA 在文字資料探勘、影像處理、生物資訊處理等領域被廣泛使用。

LDA 模型是文字集合的生成機率模型。假設每個文字由話題的一個多項分佈表示，每個話題由單字的一個多項分佈表示，特別假設文字的話題分佈的先驗分佈是狄利克雷分佈，話題的單字分佈的先驗分佈也是狄利克雷分佈。先驗分佈的匯入使 LDA 能夠更好地應對話題模型學習中的過擬合現象。

LDA 的文字集合的生成過程如下：首先隨機生成一個文字的話題分佈，之後在該文字的每個位置，依據該文字的話題分佈隨機生成一個話題，然後在該位置依據該話題的單字分佈隨機生成一個單字，直到文字的最後一個位置，生成整個文字。重複以上過程生成所有文字。

LDA 模型是含有隱變數的機率圖模型。模型中，每個話題的單字分佈，每個文字的話題分佈，文字的每個位置的話題是隱變數；文字的每個位置的單字是觀測變數。LDA 模型的學習與推理無法直接求解，通常使用吉布斯抽樣（Gibbs sampling）和變分 EM 演算法 （variational EM algorithm），前者是蒙地卡羅法，而後者是近似演算法。

本章 20.1 節介紹狄利克雷分佈，20.2 節闡述潛在狄利克雷分配模型，20.3 節和 20.4 節敘述模型的演算法，包括吉布斯抽樣和變分 EM 演算法。

20.1 狄利克雷分佈

20.1.1 分佈定義

首先介紹作為 LDA 模型基礎的多項分佈和狄利克雷分佈。

1. 多項分佈

多項分佈（multinomial distribution）是一種多元離散隨機變數的機率分佈，是二項分佈（binomial distribution）的擴充。

假設重複進行n次獨立隨機試驗，每次試驗可能出現的結果有k種，第i種結果出現的機率為p_i，第i種結果出現的次數為n_i。如果用隨機變數$X = (X_1, X_2, \cdots, X_k)$表示試驗所有可能結果的次數，其中$X_i$表示第$i$種結果出現的次數，那麼隨機變數$X$服從多項分佈。

【定義 20.1】多項分佈：若多元離散隨機變數$X = (X_1, X_2, \cdots, X_k)$的機率質量函數為

$$P(X_1 = n_1, X_2 = n_2, \cdots, X_k = n_k) = \frac{n!}{n_1! n_2! \cdots n_k!} p_1^{n_1} p_2^{n_2} \cdots p_k^{n_k}$$

$$= \frac{n!}{\prod_{i=1}^{k} n_i!} \prod_{i=1}^{k} p_i^{n_i} \tag{20.1}$$

其中$p = (p_1, p_2, \cdots, p_k)$，$p_i \geqslant 0, i = 1, 2, \cdots, k$，$\sum_{i=1}^{k} p_i = 1$，$\sum_{i=1}^{k} n_i = n$，則稱隨機變數$X$服從參數為$(n, p)$的多項分佈，記作$X \sim Mult(n, p)$。

當試驗的次數n為 1 時，多項分佈變成類別分佈（categorical distribution）。

類別分佈表示試驗可能出現的k種結果的機率。顯然多項分佈包含類別分佈。

2. 狄利克雷分佈

狄利克雷分佈（Dirichlet distribution）是一種多元連續隨機變數的機率分佈，是貝塔分佈（beta distribution）的擴充。在貝氏學習中，狄利克雷分佈常作為多項分佈的先驗分佈使用。

【定義 20.2】狄利克雷分佈：若多元連續隨機變數$\theta = (\theta_1, \theta_2, \cdots, \theta_k)$的機率密度函數為

$$p(\theta|\alpha) = \frac{\Gamma(\sum_{i=1}^{k} \alpha_i)}{\prod_{i=1}^{k} \Gamma(\alpha_i)} \prod_{i=1}^{k} \theta_i^{\alpha_i - 1} \tag{20.2}$$

其中$\sum_{i=1}^{k} \theta_i = 1$，$\theta_i \geqslant 0$，$\alpha = (\alpha_1, \alpha_2, \cdots, \alpha_k)$，$\alpha_i > 0$，$i = 1,2,\cdots, k$，則稱隨機變數$\theta$服從參數為$\alpha$的狄利克雷分佈，記作$\theta \sim \mathrm{D}ir(\alpha)$。

式中$\Gamma(s)$是伽馬函數，定義為

$$\Gamma(s) = \int_0^\infty x^{s-1} \mathrm{e}^{-x} \mathrm{d}x, \quad s > 0$$

具有性質

$$\Gamma(s + 1) = s\Gamma(s)$$

當s是自然數時，有

$$\Gamma(s + 1) = s!$$

由於滿足條件

$$\theta_i \geqslant 0, \quad \sum_{i=1}^{k} \theta_i = 1$$

所以狄利克雷分佈θ存在於$(k - 1)$維單純形上。圖 20.1 為二維單純形上的狄利克雷分佈。$\theta_1 + \theta_2 + \theta_3 = 1$，$\theta_1, \theta_2, \theta_3 \geqslant 0$。圖中狄利克雷分佈的參

數 為 $\alpha = (3,3,3)$ ， $\alpha = (7,7,7)$，$\alpha = (20,20,20)$ ， $\alpha = (2,6,11)$ ， $\alpha = (14,9,5)$，$\alpha = (6,2,6)$。

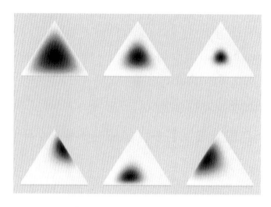

圖 20.1 狄利克雷分佈例

令

$$B(\alpha) = \frac{\prod_{i=1}^{k} \Gamma(\alpha_i)}{\Gamma(\sum_{i=1}^{k} \alpha_i)} \tag{20.3}$$

則狄利克雷分佈的密度函數可以寫成

$$p(\theta|\alpha) = \frac{1}{B(\alpha)} \prod_{i=1}^{k} \theta_i^{\alpha_i - 1} \tag{20.4}$$

$B(\alpha)$是規範化因數，稱為多元貝塔函數（或擴充的貝塔函數）。由密度函數的性質

$$\int \frac{\Gamma(\sum_{i=1}^{k} \alpha_i)}{\prod_{i=1}^{k} \Gamma(\alpha_i)} \prod_{i=1}^{k} \theta_i^{\alpha_i - 1} \mathrm{d}\theta = \frac{\Gamma(\sum_{i=1}^{k} \alpha_i)}{\prod_{i=1}^{k} \Gamma(\alpha_i)} \int \prod_{i=1}^{k} \theta_i^{\alpha_i - 1} \mathrm{d}\theta = 1$$

得

$$B(\alpha) = \int \prod_{i=1}^{k} \theta_i^{\alpha_i - 1} \mathrm{d}\theta \tag{20.5}$$

所以式(20.5)是多元貝塔函數的積分表示。

3. 二項分佈和貝塔分佈

二項分佈是多項分佈的特殊情況，貝塔分佈是狄利克雷分佈的特殊情況。

二項分佈是指如下機率分佈。X為離散隨機變數，取值為m，其機率質量函數為

$$P(X = m) = \binom{n}{m}p^m(1 - p)^{n-m}, \quad m = 0,1,2,\cdots,n \tag{20.6}$$

其中n和p（$0 \leqslant p \leqslant 1$）是參數。

貝塔分佈是指如下機率分佈，X為連續隨機變數，取值範圍為$[0,1]$，其機率密度函數為

$$p(x) = \begin{cases} \frac{1}{\mathrm{B}(s,t)} x^{s-1}(1 - x)^{t-1}, & 0 \leqslant x \leqslant 1 \\ 0, & 其他 \end{cases} \tag{20.7}$$

其中$s > 0$和$t > 0$是參數，$\mathrm{B}(s,t) = \frac{\Gamma(s)\Gamma(t)}{\Gamma(s+t)}$是貝塔函數，定義為

$$\mathrm{B}(s,t) = \int_0^1 x^{s-1}(1 - x)^{t-1}\mathrm{d}x \tag{20.8}$$

當s, t是自然數時，

$$\mathrm{B}(s,t) = \frac{(s-1)!(t-1)!}{(s+t-1)!} \tag{20.9}$$

當n為 1 時，二項分佈變成伯努利分佈（Bernoulli distribution）或 0-1 分佈。伯努利分佈表示試驗可能出現的 2 種結果的機率。顯然二項分佈包含伯努利分佈。圖 20.2 舉出幾種機率分佈的關係。

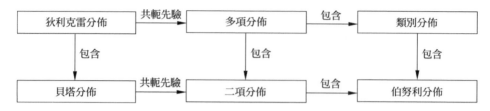

圖 20.2　機率分佈之間的關係

20.1.2　共軛先驗

狄利克雷分佈有一些重要性質：（1）狄利克雷分佈屬於指數分佈族；
（2）狄利克雷分佈是多項分佈的共軛先驗（conjugate prior）。

貝氏學習中常使用共軛分佈。如果後驗分佈與先驗分佈屬於同類，則先驗
分佈與後驗分佈稱為共軛分佈（conjugate distributions），先驗分佈稱為共
軛先驗（conjugate prior）。如果多項分佈的先驗分佈是狄利克雷分佈，則
其後驗分佈也為狄利克雷分佈，兩者組成共軛分佈。作為先驗分佈的狄利
克雷分佈的參數又稱為超參數。使用共軛分佈的好處是便於從先驗分佈計
算後驗分佈。

設 $W = \{w_1, w_2, \cdots, w_k\}$ 是由 k 個元素組成的集合。隨機變數 X 服從 W 上的多
項分佈，$X \sim Mult(n, \theta)$，其中 $n = (n_1, n_2, \cdots, n_k)$ 和 $\theta = (\theta_1, \theta_2, \cdots, \theta_k)$ 是參
數。參數 n 為從 W 中重複獨立取出樣本的次數，n_i 為樣本中 w_i 出現的次數
（$i = 1,2, \cdots, k$）；參數 θ_i 為 w_i 出現的機率（$i = 1,2, \cdots, k$）。

將樣本資料表示為 D，目標是計算在樣本資料 D 給定條件下參數 θ 的後驗機
率 $p(\theta|D)$。對於給定的樣本資料 D，似然函數是

$$p(D|\theta) = \theta_1^{n_1} \theta_2^{n_2} \cdots \theta_k^{n_k} = \prod_{i=1}^{k} \theta_i^{n_i} \tag{20.10}$$

假設隨機變數 θ 服從狄利克雷分佈 $p(\theta|\alpha)$，其中 $\alpha = (\alpha_1, \alpha_2, \cdots, \alpha_k)$ 為參
數。則 θ 的先驗分佈為

$$p(\theta|\alpha) = \frac{\Gamma(\sum_{i=1}^{k}\alpha_i)}{\prod_{i=1}^{k}\Gamma(\alpha_i)}\prod_{i=1}^{k}\theta_i^{\alpha_i-1} = \frac{1}{\mathrm{B}(\alpha)}\prod_{i=1}^{k}\theta_i^{\alpha_i-1} = Dir(\theta|\alpha), \quad \alpha_i > 0$$

$$(20.11)$$

根據貝氏規則，在給定樣本資料D和參數α條件下，θ的後驗機率分佈是

$$p(\theta|D,\alpha) = \frac{p(D|\theta)p(\theta|\alpha)}{p(D|\alpha)}$$

$$= \frac{\prod_{i=1}^{k}\theta_i^{n_i}\frac{1}{\mathrm{B}(\alpha)}\theta_i^{\alpha_i-1}}{\int \prod_{i=1}^{k}\theta_i^{n_i}\frac{1}{\mathrm{B}(\alpha)}\theta_i^{\alpha_i-1}\mathrm{d}\theta}$$

$$= \frac{1}{\mathrm{B}(\alpha+n)}\prod_{i=1}^{k}\theta_i^{\alpha_i+n_i-1}$$

$$= Dir(\theta|\alpha+n) \qquad (20.12)$$

可以看出先驗分佈(20.11)和後驗分佈(20.12)都是狄利克雷分佈，兩者有不同的參數，所以狄利克雷分佈是多項分佈的共軛先驗。狄利克雷後驗分佈的參數等於狄利克雷先驗分佈參數$\alpha = (\alpha_1, \alpha_2, \cdots, \alpha_k)$加上多項分佈的觀測計數$n = (n_1, n_2, \cdots, n_k)$，好像試驗之前就已經觀察到計數 $\alpha = (\alpha_1, \alpha_2, \cdots, \alpha_k)$，因此也把$\alpha$叫做先驗偽計數（prior pseudo-counts）。

20.2 潛在狄利克雷分配模型

20.2.1 基本想法

潛在狄利克雷分配（LDA）是文字集合的生成機率模型。模型假設話題由單字的多項分佈表示，文字由話題的多項分佈表示，單字分佈和話題分佈的先驗分佈都是狄利克雷分佈。文字內容的不同是由於它們的話題分佈不

同。（嚴格意義上說，這裡的多項分佈都是類別分佈，在機器學習與自然語言處理中，有時對兩者不作嚴格區分。）

LDA 模型表示文字集合的自動生成過程：首先，基於單字分佈的先驗分佈（狄利克雷分佈）生成多個單字分佈，即決定多個話題內容；之後，基於話題分佈的先驗分佈（狄利克雷分佈）生成多個話題分佈，即決定多個文字內容；然後，基於每一個話題分佈生成話題序列，針對每一個話題，基於話題的單字分佈生成單字，整體組成一個單字序列，即生成文字，重複這個過程生成所有文字。文字的單字序列是觀測變數，文字的話題序列是隱變數，文字的話題分佈和話題的單字分佈也是隱變數。圖 20.3 示意 LDA 的文字生成過程。

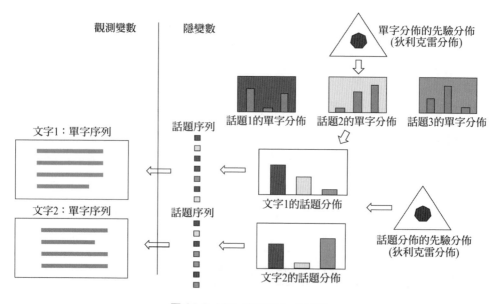

圖 20.3 LDA 的文字生成過程

LDA 模型是機率圖模型，其特點是以狄利克雷分佈為多項分佈的先驗分佈，學習就是給定文字集合，透過後驗機率分佈的估計，推斷模型的所有參數。利用 LDA 進行話題分析，就是對給定文字集合，學習到每個文字的話題分佈，以及每個話題的單字分佈。

可以認為 LDA 是 PLSA（機率潛在語義分析）的擴充，相同點是兩者都假設話題是單字的多項分佈，文字是話題的多項分佈。不同點是 LDA 使用狄利克雷分佈作為先驗分佈，而 PLSA 不使用先驗分佈（或者説假設先驗分佈是均勻分佈），兩者對文字生成過程有不同假設；學習過程 LDA 基於貝氏學習，而 PLSA 基於極大似然估計。LDA 的優點是，使用先驗機率分佈，可以防止學習過程中產生的過擬合（over-fitting）。

20.2.2 模型定義

本書採用常用 LDA 模型的定義，與原始文獻中提出的模型略有不同。

1. 模型要素

潛在狄利克雷分配（LDA）使用三個集合：一是單字集合 $W = \{w_1, \cdots, w_v, \cdots, w_V\}$，其中 w_v 是第 v 個單字，$v = 1, 2, \cdots, V$，V 是單字的個數。二是文字集合 $D = \{w_1, \cdots, w_m, \cdots, w_M\}$，其中 w_m 是第 m 個文字，$m = 1, 2, \cdots, M$，M 是文字的個數。文字 w_m 是一個單字序列 $w_m = (w_{m1}, \cdots, w_{mn}, \cdots, w_{mN_m})$，其中 w_{mn} 是文字 w_m 的第 n 個單字，$n = 1, 2, \cdots, N_m$，N_m 是文字 w_m 中單字的個數。三是話題集合 $Z = \{z_1, \cdots, z_k, \cdots, z_K\}$，其中 z_k 是第 k 個話題，$k = 1, 2, \cdots, K$，K 是話題的個數。

每一個話題 z_k 由一個單字的條件機率分佈 $p(w|z_k)$ 決定，$w \in W$。分佈 $p(w|z_k)$ 服從多項分佈（嚴格意義上類別分佈），其參數為 φ_k。參數 φ_k 服從狄利克雷分佈（先驗分佈），其超參數為 β。參數 φ_k 是一個 V 維向量 $\varphi_k = (\varphi_{k1}, \varphi_{k2}, \cdots, \varphi_{kV})$，其中 φ_{kv} 表示話題 z_k 生成單字 w_v 的機率。所有話題的參數向量組成一個 $K \times V$ 矩陣 $\boldsymbol{\varphi} = \{\varphi_k\}_{k=1}^K$。超參數 β 也是一個 V 維向量 $\beta = (\beta_1, \beta_2, \cdots, \beta_V)$。

每一個文字 w_m 由一個話題的條件機率分佈 $p(z|w_m)$ 決定，$z \in Z$。分佈 $p(z|w_m)$ 服從多項分佈（嚴格意義上類別分佈），其參數為 θ_m。參數 θ_m 服

從狄利克雷分佈（先驗分佈），其超參數為α。參數θ_m是一個K維向量$\theta_m = (\theta_{m1}, \theta_{m2}, \cdots, \theta_{mK})$，其中$\theta_{mk}$表示文字$w_m$生成話題$z_k$的機率。所有文字的參數向量組成一個$M \times K$矩陣$\boldsymbol{\theta} = \{\theta_m\}_{m=1}^M$。超參數$\alpha$也是一個$K$維向量$\alpha = (\alpha_1, \alpha_2, \cdots, \alpha_K)$。

每一個文字w_m中的每一個單字w_{mn}由該文字的話題分佈$p(z|w_m)$以及所有話題的單字分佈$p(w|z_k)$決定。

2. 生成過程

LDA 文字集合的生成過程如下：

給定單字集合W，文字集合D，話題集合Z，狄利克雷分佈的超參數α和β。

（1）生成話題的單字分佈

隨機生成K個話題的單字分佈。具體過程如下，按照狄利克雷分佈$Dir(\beta)$隨機生成一個參數向量φ_k，$\varphi_k \sim Dir(\beta)$，作為話題$z_k$的單字分佈$p(w|z_k)$，$w \in W$，$k = 1, 2, \cdots, K$。

（2）生成文字的話題分佈

隨機生成M個文字的話題分佈。具體過程如下：按照狄利克雷分佈$Dir(\alpha)$隨機生成一個參數向量 θ_m，$\theta_m \sim Dir(\alpha)$，作為文字$w_m$的話題分佈$p(z|w_m)$，$m = 1, 2, \cdots, M$。

（3）生成文字的單字序列

隨機生成M個文字的N_m個單字。文字w_m（$m = 1, 2, \cdots, M$）的單字w_{mn}（$n = 1, 2, \cdots, N_m$）的生成過程如下：

（3-1）首先按照多項分佈$Mult(\theta_m)$隨機生成一個話題z_{mn}，$z_{mn} \sim Mult(\theta_m)$。

（3-2）然後按照多項分佈$Mult(\varphi_{z_{mn}})$隨機生成一個單字w_{mn}，$w_{mn} \sim Mult(\varphi_{z_{mn}})$。

文字w_m本身是單字序列$w_m = (w_{m1}, w_{m2}, \cdots, w_{mN_m})$，對應著隱式的話題序列$z_m = (z_{m1}, z_{m2}, \cdots, z_{mN_m})$。

總結 LDA 生成文字的演算法如下。

【演算法 20.1】LDA 的文字生成演算法

（1）對於話題z_k（$k = 1,2,\cdots,K$）：

　　　生成多項分佈參數$\varphi_k \sim Dir(\beta)$，作為話題的單字分佈$p(w|z_k)$；

（2）對於文字w_m（$m = 1,2,\cdots,M$）：

　　　生成多項分佈參數$\theta_m \sim Dir(\alpha)$，作為文字的話題分佈$p(z|w_m)$；

（3）對於文字w_m的單字w_{mn}（$m = 1,2,\cdots,M$，$n = 1,2,\cdots,N_m$）：

　　　（a）生成話題$z_{mn} \sim Mult(\theta_m)$，作為單字對應的話題；

　　　（b）生成單字$w_{mn} \sim Mult(\varphi_{z_{mn}})$。

LDA 的文字生成過程中，假設話題個數K給定，實際通常透過實驗選定。狄利克雷分佈的超參數α和β通常也是事先給定的。在沒有其他先驗知識的情況下，可以假設向量α和β的所有分量均為 1，這時的文字的話題分佈θ_m是對稱的，話題的單字分佈φ_k也是對稱的。

20.2.3 機率圖模型

LDA 模型本質是一種機率圖模型（probabilistic graphical model）。圖 20.4 為 LDA 作為機率圖模型的板塊表示（plate notation）。圖中節點表示隨機變數，實心節點是觀測變數，空心節點是隱變數；有向邊表示機率依存關係；矩形（板塊）表示重複，板塊內數字表示重複的次數。

圖 20.4 中的 LDA 板塊表示，節點α和β是模型的超參數，節點φ_k表示話題的單字分佈的參數，節點θ_m表示文字的話題分佈的參數，節點z_{mn}表示話題，節點w_{mn}表示單字。節點β指向節點φ_k，重複K次，表示根據超參數β生成K個話題的單字分佈的參數φ_k；節點α指向節點θ_m，重複M次，表示根據超參數α生成M個文字的話題分佈的參數θ_m；節點θ_m指向節點z_{mn}，

重複N_m次，表示根據文字的話題分佈θ_m生成N_m個話題z_{mn}；節點z_{mn}指向節點w_{mn}，同時K個節點φ_k也指向節點w_{mn}，表示根據話題z_{mn}以及K個話題的單字分佈φ_k生成單字w_{mn}。

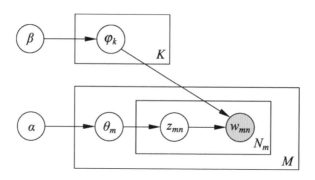

圖 20.4　LDA 的板塊表示

板塊表示的優點是簡潔，板塊表示展開之後，成為普通的有向圖表示（圖20.5）。有向圖中節點表示隨機變數，有向邊表示機率依存關係。可以看出 LDA 是相同隨機變數被重複多次使用的機率圖模型。

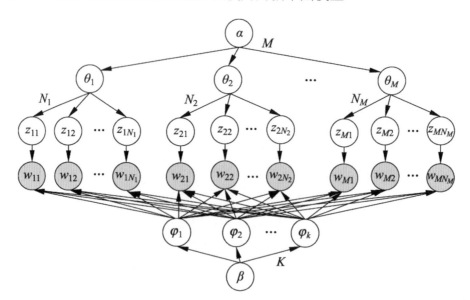

圖 20.5　LDA 的展開圖模型表示

20.2.4 隨機變數序列的可交換性

一個有限的隨機變數序列是可交換的（exchangeable），是指隨機變數的聯合機率分佈對隨機變數的排列不變。

$$P(x_1, x_2, \cdots, x_N) = P(x_{\pi(1)}, x_{\pi(2)}, \cdots, x_{\pi(N)}) \tag{20.13}$$

這裡$\pi(1), \pi(2), \cdots, \pi(N)$代表自然數$1, 2, \cdots, N$的任意一個排列。一個無限的隨機變數序列是無限可交換（infinitely exchangeable）的，是指它的任意一個有限子序列都是可交換的。

如果一個隨機變數序列$X_1, X_2, \cdots, X_N, \cdots$是獨立同分佈的，那麼它們是無限可交換的。反之不然。

隨機變數序列可交換的假設在貝氏學習中經常使用。根據 De Finetti 定理，任意一個無限可交換的隨機變數序列對一個隨機參數是條件獨立同分佈的。即任意一個無限可交換的隨機變數序列$X_1, X_2, \cdots, X_i, \cdots$的基於一個隨機參數$Y$的條件機率，等於基於這個隨機參數$Y$的各個隨機變數$X_1, X_2, \cdots, X_i, \cdots$的條件機率的乘積。

$$P(X_1, X_2, \cdots, X_i, \cdots | Y) = P(X_1|Y)P(X_2|Y) \cdots P(X_i|Y) \cdots \tag{20.14}$$

LDA 假設文字由無限可交換的話題序列組成。由 De Finetti 定理知，實際是假設文字中的話題對一個隨機參數是條件獨立同分佈的。所以在參數給定的條件下，文字中的話題的順序可以忽略。作為對比，機率潛在語義模型假設文字中的話題是獨立同分佈的，文字中的話題的順序也可以忽略。

20.2.5 機率公式

LDA 模型整體是由觀測變數和隱變數組成的聯合機率分佈，可以表為

$$p(w, z, \theta, \varphi | \alpha, \beta) = \prod_{k=1}^{K} p(\varphi_k|\beta) \prod_{m=1}^{M} p(\theta_m|\alpha) \prod_{n=1}^{N_m} p(z_{mn}|\theta_m)p(w_{mn}|z_{mn}, \varphi)$$
$$\tag{20.15}$$

其中觀測變數w表示所有文字中的單字序列，隱變數z表示所有文字中的話題序列，隱變數θ表示所有文字的話題分佈的參數，隱變數φ表示所有話題的單字分佈的參數，α和β是超參數。式中$p(\varphi_k|\beta)$表示超參數β給定條件下第k個話題的單字分佈的參數φ_k的生成機率，$p(\theta_m|\alpha)$表示超參數α給定條件下第m個文字的話題分佈的參數θ_m的生成機率，$p(z_{mn}|\theta_m)$表示第m個文字的話題分佈θ_m給定條件下文字的第n個位置的話題z_{mn}的生成機率，$p(w_{mn}|z_{mn},\varphi)$表示在第m個文字的第n個位置的話題z_{mn}及所有話題的單字分佈的參數φ給定條件下第m個文字的第n個位置的單字w_{mn}的生成機率。參見圖 20.5。

第m個文字的聯合機率分佈可以表為

$$p(w_m, z_m, \theta_m, \varphi|\alpha, \beta) = \prod_{k=1}^{K} p(\varphi_k|\beta)p(\theta_m|\alpha) \prod_{n=1}^{N_m} p(z_{mn}|\theta_m)p(w_{mn}|z_{mn}, \varphi)$$

(20.16)

其中w_m表示該文字中的單字序列，z_m表示該文字的話題序列，θ_m表示該文字的話題分佈參數。

LDA 模型的聯合分佈含有隱變數，對隱變數進行積分得到邊緣分佈。

參數θ_m和φ給定條件下第m個文字的生成機率是

$$p(w_m|\theta_m, \varphi) = \prod_{n=1}^{N_m} \left[\sum_{k=1}^{K} p(z_{mn} = k|\theta_m)p(w_{mn}|\varphi_k) \right]$$

(20.17)

超參數α和β給定條件下第m個文字的生成機率是

$$p(w_m|\alpha, \beta) = \prod_{k=1}^{K} \int p(\varphi_k|\beta) \left[\int p(\theta_m|\alpha) \prod_{n=1}^{N_m} \left[\sum_{l=1}^{K} p(z_{mn} = l|\theta_m)p(w_{mn}|\varphi_l) \right] d\theta_m \right] d\varphi_k$$

(20.18)

超參數α和β給定條件下所有文字的生成機率是

$$p(w|\alpha,\beta) = \prod_{k=1}^{K} \int p(\varphi_k|\beta) \left[\prod_{m=1}^{M} \int p(\theta_m|\alpha) \prod_{n=1}^{N_m} \left[\sum_{l=1}^{K} p(z_{mn} = l|\theta_m) p(w_{mn}|\varphi_l) \right] d\theta_m \right] d\varphi_k$$

$$(20.19)$$

20.3 LDA 的吉布斯抽樣演算法

潛在狄利克雷分配（LDA）的學習（參數估計）是一個複雜的最佳化問題，很難精確求解，只能近似求解。常用的近似求解方法有吉布斯抽樣（Gibbs sampling）和 變分推理（variational inference）。本節說明吉布斯抽樣，下節說明變分推理演算法。吉布斯抽樣的優點是實現簡單，缺點是迭代次數可能較多。

20.3.1 基本想法

LDA 模型的學習，給定文字（單字序列）的集合$D = \{w_1, \cdots, w_m, \cdots, w_M\}$，其中$w_m$是第$m$個文字（單字序列），$w_m = (w_{m1}, \cdots, w_{mn}, \cdots, w_{mN_m})$，以$w$表示文字集合的單字序列，即$w = (w_{11}, w_{12}, \cdots, w_{1N_1}, w_{21}, w_{22}, \cdots, w_{2N_2}, \cdots, w_{M1}, w_{M2}, \cdots, w_{MN_M})$（參考圖 20.5）；超參數$\alpha$和$\beta$已知。目標是要推斷：（1）話題序列的集合$z = \{z_1, \cdots, z_m, \cdots, z_M\}$的後驗機率分佈，其中$z_m$是第$m$個文字的話題序列，$z_m = (z_{m1}, \cdots, z_{mn}, \cdots, z_{mN_m})$；（2）參數$\theta = \{\theta_1, \cdots, \theta_m, \cdots, \theta_M\}$，其中$\theta_m$是文字$w_m$的話題分佈的參數；（3）參數$\varphi = \{\varphi_1, \cdots, \varphi_k, \cdots, \varphi_K\}$，其中$\varphi_k$是話題 z_k的單字分佈的參數。也就是說，要對聯合機率分佈$p(w, z, \theta, \varphi|\alpha, \beta)$進行估計，其中$w$是觀測變數，而$z$，$\theta$，$\varphi$是隱變數。

第 19 章說明了吉布斯抽樣，這是一種常用的馬可夫鏈蒙地卡羅法。為了估計多元隨機變數x的聯合分佈$p(x)$，吉布斯抽樣法選擇x的一個分量，固

定其他分量，按照其條件機率分佈進行隨機抽樣，依次迴圈對每一個分量執行這個操作，得到聯合分佈$p(x)$的一個隨機樣本，重複這個過程，在燃燒期之後，得到聯合機率分佈$p(x)$的樣本集合。

LDA 模型的學習通常採用收縮的吉布斯抽樣（collapsed Gibbs sampling）方法[1]，基本想法是，透過對隱變數θ和φ積分，得到邊緣機率分佈$p(w,z|\alpha,\beta)$（也是聯合分佈），其中變數w是可觀測的，變數z是不可觀測的；對後驗機率分佈$p(z|w,\alpha,\beta)$進行吉布斯抽樣，得到分佈$p(z|w,\alpha,\beta)$的樣本集合；再利用這個樣本集合對參數θ和φ進行估計，最終得到 LDA 模型$p(w,z,\theta,\varphi|\alpha,\beta)$的所有參數估計。

20.3.2 演算法的主要部分

根據上面的分析，問題轉化為對後驗機率分佈$p(z|w,\alpha,\beta)$的吉布斯抽樣，該分佈表示在所有文字的單字序列給定條件下所有可能話題序列的條件機率。這裡先舉出該分佈的運算式，之後舉出該分佈的滿條件分佈運算式。

1. 抽樣分佈的運算式

首先有關係

$$p(z|w,\alpha,\beta) = \frac{p(w,z|\alpha,\beta)}{p(w|\alpha,\beta)} \propto p(w,z|\alpha,\beta) \qquad (20.20)$$

這裡變數w，α和β已知，分母相同，可以不予考慮。聯合分佈$p(w,z|\alpha,\beta)$的運算式可以進一步分解為

$$p(w,z|\alpha,\beta) = p(w|z,\alpha,\beta)p(z|\alpha,\beta) = p(w|z,\beta)p(z|\alpha) \qquad (20.21)$$

兩個因數可以分別處理。

---

[1] 原理上也可以考慮整體吉布斯抽樣（full Gibbs sampling），但演算法更加複雜。

推導第一個因數$p(w|z,\beta)$的運算式。首先

$$p(w|z,\varphi) = \prod_{k=1}^{K} \prod_{v=1}^{V} \varphi_{kv}^{n_{kv}} \qquad (20.22)$$

其中φ_{kv}是第k個話題生成單字集合第v個單字的機率，n_{kv}是資料中第k個話題生成第v個單字的次數。於是

$$p(w|z,\beta) = \int p(w|z,\varphi)p(\varphi|\beta)\mathrm{d}\varphi$$

$$= \int \prod_{k=1}^{K} \frac{1}{\mathrm{B}(\beta)} \prod_{v=1}^{V} \varphi_{kv}^{n_{kv}+\beta_v-1} \mathrm{d}\varphi$$

$$= \prod_{k=1}^{K} \frac{1}{\mathrm{B}(\beta)} \int \prod_{v=1}^{V} \varphi_{kv}^{n_{kv}+\beta_v-1} \mathrm{d}\varphi$$

$$= \prod_{k=1}^{K} \frac{\mathrm{B}(n_k + \beta)}{\mathrm{B}(\beta)} \qquad (20.23)$$

其中$n_k = \{n_{k1}, n_{k2}, \cdots, n_{kV}\}$。

第二個因數$p(z|\alpha)$的運算式可以類似推導。首先

$$p(z|\theta) = \prod_{m=1}^{M} \prod_{k=1}^{K} \theta_{mk}^{n_{mk}} \qquad (20.24)$$

其中θ_{mk}是第m個文字生成第k個話題的機率，n_{mk}是資料中第m個文字生成第k個話題的次數。於是

$$p(z|\alpha) = \int p(z|\theta)p(\theta|\alpha)\mathrm{d}\theta$$

$$= \int \prod_{m=1}^{M} \frac{1}{\mathrm{B}(\alpha)} \prod_{k=1}^{K} \theta_{mk}^{n_{mk}+\alpha_k-1} \mathrm{d}\theta$$

$$= \prod_{m=1}^{M} \frac{1}{B(\alpha)} \int \prod_{k=1}^{K} \theta_{mk}^{n_{mk}+\alpha_k-1} d\theta$$

$$= \prod_{m=1}^{M} \frac{B(n_m + \alpha)}{B(\alpha)} \tag{20.25}$$

其中$n_m = \{n_{m1}, n_{m2}, \cdots, n_{mK}\}$。由式(20.23)和式(20.25)得

$$p(z, w|\alpha, \beta) = \prod_{k=1}^{K} \frac{B(n_k + \beta)}{B(\beta)} \cdot \prod_{m=1}^{M} \frac{B(n_m + \alpha)}{B(\alpha)} \tag{20.26}$$

故由式(20.20)和式(20.26)，得收縮的吉布斯抽樣分佈的公式

$$p(z|w, \alpha, \beta) \propto \prod_{k=1}^{K} \frac{B(n_k + \beta)}{B(\beta)} \cdot \prod_{m=1}^{M} \frac{B(n_m + \alpha)}{B(\alpha)} \tag{20.27}$$

2. 滿條件分佈的運算式

分佈$p(z|w, \alpha, \beta)$的滿條件分佈可以寫成

$$p(z_i|z_{-i}, w, \alpha, \beta) = \frac{1}{Z_{z_i}} p(z|w, \alpha, \beta) \tag{20.28}$$

這裡w_i表示所有文字的單字序列的第i個位置的單字，z_i表示單字w_i對應的話題，$i = (m, n)$，$i = 1, 2, \cdots, I$，$z_{-i} = \{z_j : j \neq i\}$，$Z_{z_i}$表示分佈$p(z|w, \alpha, \beta)$對變數$z_i$的邊緣化因數。式(20.28)是在所有文字單字序列、其他位置話題序列給定條件下第i個位置的話題的條件機率分佈。由式(20.27)和式(20.28)可以推出

$$p(z_i|z_{-i}, w, \alpha, \beta) \propto \frac{n_{kv} + \beta_v}{\sum_{v=1}^{V}(n_{kv} + \beta_v)} \cdot \frac{n_{mk} + \alpha_k}{\sum_{k=1}^{K}(n_{mk} + \alpha_k)} \tag{20.29}$$

其中第m個文字的第n個位置的單字w_i是單字集合的第v個單字，其話題z_i是話題集合的第k個話題，n_{kv} 表示第k個話題中第v個單字的計數，但減

去當前單字的計數，n_{mk}表示第m個文字中第k個話題的計數，但減去當前單字的話題的計數。

20.3.3 演算法的後處理

透過吉布斯抽樣得到的分佈$p(z|w,\alpha,\beta)$的樣本，可以得到變數z的分配值，也可以估計變數θ和φ。

1. 參數$\boldsymbol{\theta} = \{\boldsymbol{\theta_m}\}$的估計

根據 LDA 模型的定義，後驗機率滿足

$$p(\theta_m|z_m,\alpha) = \frac{1}{Z_{\theta_m}} \prod_{n=1}^{N_m} p(z_{mn}|\theta_m)p(\theta_m|\alpha) = Dir(\theta_m|n_m+\alpha) \quad (20.30)$$

這裡$n_m = \{n_{m1}, n_{m2}, \cdots, n_{mK}\}$是第$m$個文字的話題的計數，$Z_{\theta_m}$表示分佈 $p(\theta_m, z_m|\alpha)$對變數θ_m的邊緣化因數。於是得到參數$\theta = \{\theta_m\}$的估計式

$$\theta_{mk} = \frac{n_{mk} + \alpha_k}{\sum_{k=1}^{K}(n_{mk}+\alpha_k)}, \quad m = 1,2,\cdots,M; \quad k = 1,2,\cdots,K \quad (20.31)$$

2. 參數$\boldsymbol{\varphi} = \{\boldsymbol{\varphi_k}\}$的估計

後驗機率滿足

$$p(\varphi_k|w,z,\beta) = \frac{1}{Z_{\varphi_k}} \prod_{i=1}^{I} p(w_i|\varphi_k)p(\varphi_k|\beta) = Dir(\varphi_k|n_k+\beta) \quad (20.32)$$

這裡$n_k = \{n_{k1}, n_{k2}, \cdots, n_{kV}\}$是第$k$個話題的單字的計數，$Z_{\varphi_k}$ 表示分佈 $p(\varphi_k, w|z, \beta)$對變數φ_k的邊緣化因數，I是文字集合單字序列w的單字總數。於是得到參數的估計式

$$\varphi_{kv} = \frac{n_{kv} + \beta_v}{\sum_{v=1}^{V}(n_{kv}+\beta_v)}, \quad k = 1,2,\cdots,K; \quad v = 1,2,\cdots,V \quad (20.33)$$

20.3.4 演算法

複習 LDA 的吉布斯抽樣的具體演算法。

對給定的所有文字的單字序列w，每個位置上隨機指派一個話題，整體組成所有文字的話題序列z。然後迴圈執行以下操作。

在每一個位置上計算在該位置上的話題的滿條件機率分佈，然後進行隨機抽樣，得到該位置的新的話題，分派給這個位置。

$$p(z_i|z_{-i}, w, \alpha, \beta) \propto \frac{n_{kv} + \beta_v}{\sum_{v=1}^{V} (n_{kv} + \beta_v)} \cdot \frac{n_{mk} + \alpha_k}{\sum_{k=1}^{K} (n_{mk} + \alpha_k)}$$

這個條件機率分佈由兩個因數組成，第一個因數表示話題生成該位置的單字的機率，第二個因數表示該位置的文字生成話題的機率。

整體準備兩個計數矩陣：話題 - 單字矩陣$N_{K \times V} = [n_{kv}]$和文字 - 話題矩陣$N_{M \times K} = [n_{mk}]$。在每一個位置，對兩個矩陣中該位置的已有話題的計數減1，計算滿條件機率分佈，然後進行抽樣，得到該位置的新話題，之後對兩個矩陣中該位置的新話題的計數加 1。計算移到下一個位置。

在燃燒期之後得到的所有文字的話題序列就是條件機率分佈$p(z|w, \alpha, \beta)$的樣本。

【演算法 20.2】LDA 吉布斯抽樣演算法

輸入：文字的單字序列$w = \{w_1, \cdots, w_m, \cdots, w_M\}$，$w_m = (w_{m1}, \cdots, w_{mn}, \cdots, w_{mN_m})$；

輸出：文字的話題序列$z = \{z_1, \cdots, z_m, \cdots, z_M\}$，$z_m = (z_{m1}, \cdots, z_{mn}, \cdots, z_{mN_m})$的後驗機率分佈 $p(z|w, \alpha, \beta)$ 的樣本計數，模型的參數φ和θ的估計值；

參數：超參數α和β，話題個數K。

（1）設所有計數矩陣的元素n_{mk}，n_{kv}，計數向量的元素n_m，n_k初值為 0；

（2）對所有文字w_m，$m = 1,2,\cdots,M$

對第m個文字中的所有單字w_{mn}，$n = 1,2,\cdots,N_m$

（a）抽樣話題$z_{mn} = z_k \sim Mult(\frac{1}{K})$；

增加文字 - 話題計數$n_{mk} = n_{mk} + 1$，

增加文字 - 話題和計數$n_m = n_m + 1$，

增加話題 - 單字計數$n_{kv} = n_{kv} + 1$，

增加話題 - 單字和計數$n_k = n_k + 1$；

（3）迴圈執行以下操作，直到進入燃燒期

對所有文字w_m，$m = 1,2,\cdots,M$

對第m個文字中的所有單字w_{mn}，$n = 1,2,\cdots,N_m$

（a）當前的單字w_{mn}是第v個單字，話題指派z_{mn}是第k個話題；

減少計數$n_{mk} = n_{mk} - 1$，$n_m = n_m - 1$，$n_{kv} = n_{kv} - 1$，$n_k = n_k - 1$；

（b）按照滿條件分佈進行抽樣

$$p(z_i|z_{-i},w,\alpha,\beta) \propto \frac{n_{kv} + \beta_v}{\sum_{v=1}^{V}(n_{kv} + \beta_v)} \cdot \frac{n_{mk} + \alpha_k}{\sum_{k=1}^{K}(n_{mk} + \alpha_k)}$$

得到新的第k'個話題，分配給z_{mn}；

（c）增加計數$n_{mk'} = n_{mk'} + 1$，$n_m = n_m + 1$，$n_{k'v} = n_{k'v} + 1$，$n_{k'} = n_{k'} + 1$；

（d）得到更新的兩個計數矩陣$N_{K \times V} = [n_{kv}]$和$N_{M \times K} = [n_{mk}]$，表示後驗 機率分佈$p(z|w,\alpha,\beta)$的樣本計數；

（4）利用得到的樣本計數，計算模型參數

$$\theta_{mk} = \frac{n_{mk} + \alpha_k}{\sum_{k=1}^{K}(n_{mk} + \alpha_k)}$$

$$\varphi_{kv} = \frac{n_{kv} + \beta_v}{\sum_{v=1}^{V}(n_{kv} + \beta_v)}$$

20.4 LDA 的變分 EM 演算法

本節首先介紹變分推理，然後介紹變分 EM 演算法，最後介紹將變分 EM 演算法應用到 LDA 模型學習的具體演算法。LDA 的變分 EM 演算法具有推理與學習效率高的優點。

20.4.1 變分推理

變分推理（variational inference）是貝氏學習中常用的、含有隱變數模型的學習和推理方法。變分推理和馬可夫鏈蒙地卡羅法 （MCMC）屬於不同的技巧。MCMC 透過隨機抽樣的方法近似地計算模型的後驗機率，變分推理則透過解析的方法計算模型的後驗機率的近似值。

變分推理的基本想法如下。假設模型是聯合機率分佈$p(x, z)$，其中x是觀測變數（資料），z是隱變數，包括參數。目標是學習模型的後驗機率分佈$p(z|x)$，用模型進行機率推理。但這是一個複雜的分佈，直接估計分佈的參數很困難。所以考慮用機率分佈$q(z)$近似條件機率分佈$p(z|x)$，用 KL 散度$D(q(z) \parallel p(z|x))$計算兩者的相似度，$q(z)$稱為變分分佈（variational distribution）。如果能找到與$p(z|x)$在 KL 散度意義下最近的分佈$q^*(z)$，則可以用這個分佈近似$p(z|x)$。

$$p(z|x) \approx q^*(z) \tag{20.34}$$

圖 20.6 舉出了$q^*(z)$與$p(z|x)$的關係。KL 散度的定義見附錄 E。

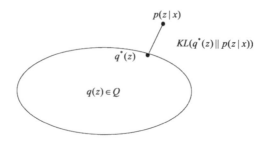

圖 20.6 變分推理的原理

KL 散度可以寫成以下形式

$$D(q(z) \parallel p(z|x)) = E_q[\log q(z)] - E_q[\log p(z|x)]$$

$$= E_q[\log q(z)] - E_q[\log p(x, z)] + \log p(x)$$

$$= \log p(x) - \{E_q[\log p(x, z)] - E_q[\log q(z)]\} \qquad (20.35)$$

注意到 KL 散度大於等於零，當且僅當兩個分佈一致時為零，由此可知式 (20.35)右端第一項與第二項滿足關係

$$\log p(x) \geqslant E_q[\log p(x, z)] - E_q[\log q(z)] \qquad (20.36)$$

不等式右端是左端的下界，左端稱為證據（evidence），右端稱為證據下界（evidence lower bound, ELBO），證據下界記作

$$L(q) = E_q[\log p(x, z)] - E_q[\log q(z)] \qquad (20.37)$$

KL 散度(20.35)的最小化可以透過證據下界(20.37)的最大化實現，因為目標是求$q(z)$使 KL 散度最小化，這時$\log p(x)$是常數。因此，變分推理變成求解證據下界最大化的問題。

變分推理可以從另一個角度理解。目標是透過證據$\log p(x)$的最大化，估計聯合機率分佈$p(x, z)$。因為含有隱變數z，直接對證據進行最大化困難，轉而根據式(20.36)對證據下界進行最大化。

對變分分佈$q(z)$要求是具有容易處理的形式，通常假設$q(z)$對z的所有分量都是互相獨立的（實際是條件獨立於參數），即滿足

$$q(z) = q(z_1)q(z_2) \cdots q(z_n) \qquad (20.38)$$

這時的變分分佈稱為平均場（mean field）[2]。KL 散度的最小化或證據下界最大化實際是在平均場的集合，即滿足獨立假設的分佈集合 $Q =$

---

[2] 平均場的概念最初來自物理學。

$\{q(z)|q(z) = \prod_{i=1}^{n} q(z_i)\}$之中進行的。

總結起來，變分推理有以下幾個步驟：定義變分分佈$q(z)$；推導其證據下界運算式；用最佳化方法對證據下界進行最佳化，如座標上升，得到最優分佈$q^*(z)$，作為後驗分佈$p(z|x)$的近似。

20.4.2 變分 EM 演算法

變分推理中，可以透過迭代的方法最大化證據下界，這時演算法是 EM 演算法的推廣，稱為變分 EM 演算法。

假設模型是聯合機率分佈$p(x,z|\theta)$，其中x是觀測變數，z是隱變數，θ是參數。目標是透過觀測資料的機率 （證據）$\log p(x|\theta)$的最大化，估計模型的參數θ。使用變分推理，匯入平均場 $q(z) = \prod_{i=1}^{n} q(z_i)$，定義證據下界

$$L(q,\theta) = E_q[\log p(x,z|\theta)] - E_q[\log q(z)] \tag{20.39}$$

透過迭代，分別以q和θ為變數對證據下界進行最大化，就得到變分 EM 演算法。

【演算法 20.3 】變分 EM 演算法

迴圈執行以下 E 步和 M 步，直到收斂。

（1）E步：固定θ，求$L(q,\theta)$對q的最大化。
（2）M步：固定q，求$L(q,\theta)$對θ的最大化。

舉出模型參數θ的估計值。

根據變分推理原理，觀測資料的機率和證據下界滿足

$$\log p(x|\theta) - L(q,\theta) = D(q(z) \parallel p(z|x,\theta)) \geqslant 0 \tag{20.40}$$

變分 EM 演算法的迭代過程中，以下關係成立：

$$\log p(x|\theta^{(t-1)}) = L(q^{(t)},\theta^{(t-1)}) \leqslant L(q^{(t)},\theta^{(t)}) \leqslant \log p(x|\theta^{(t)}) \tag{20.41}$$

其中上角標 $t-1$ 和 t 表示迭代次數，左邊的等式基於 E 步計算和變分推理原理，中間的不等式基於 M 步計算，右邊的不等式基於變分推理原理。說明每次迭代都保證觀測資料的機率不遞減。因此，變分 EM 演算法一定收斂，但可能收斂到局部最優。

EM 演算法實際也是對證據下界進行最大化。不妨對照 9.4 節 EM 演算法的推廣，EM 演算法的推廣是求 F 函數的極大 - 極大演算法，其中的 F 函數就是證據下界。EM 演算法假設 $q(z) = p(z|x)$ 且 $p(z|x)$ 容易計算，而變分 EM 演算法則考慮一般情況使用容易計算的平均場 $q(z) = \prod_{i=1}^{n} q(z_i)$。當模型複雜時，EM 演算法未必可用，但變分 EM 演算法仍然可以使用。

20.4.3 演算法推導

將變分 EM 演算法應用到圖 20.7 的 LDA 模型的學習上，是圖 20.4 的 LDA 模型的簡化。首先定義具體的變分分佈，推導證據下界的運算式，接著推導變分分佈的參數和 LDA 模型的參數的估計式，最後舉出 LDA 模型的變分 EM 演算法。

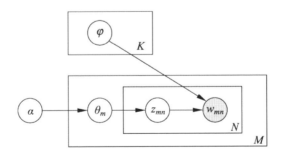

圖 20.7 LDA 模型

1. 證據下界的定義

為簡單起見，一次只考慮一個文字，記作 w。文字的單字序列 $w = (w_1, \cdots, w_n, \cdots, w_N)$，對應的話題序列 $z = (z_1, \cdots, z_n, \cdots, z_N)$，以及話題分佈 θ，隨機變數 w，z 和 θ 的聯合分佈是

$$p(\theta, z, w|\alpha, \varphi) = p(\theta|\alpha) \prod_{n=1}^{N} p(z_n|\theta) p(w_n|z_n, \varphi) \qquad (20.42)$$

其中w是可觀測變數，θ和z是隱變數，α和φ是參數。

定義基於平均場的變分分佈

$$q(\theta, z|\gamma, \eta) = q(\theta|\gamma) \prod_{n=1}^{N} q(z_n|\eta_n) \qquad (20.43)$$

其中γ是狄利克雷分佈參數，$\eta = (\eta_1, \eta_2, \cdots, \eta_n)$是多項分佈參數，變數$\theta$和$z$的各個分量都是條件獨立的。目標是求 KL 散度意義下最相近的變分分佈$q(\theta, z|\gamma, \eta)$，以近似 LDA 模型的後驗分佈$p(\theta, z|w, \alpha, \varphi)$。

圖 20.8 是變分分佈的板塊表示。LDA 模型中隱變數θ和z之間存在依存關係，變分分佈中這些依存關係被去掉，變數θ和z條件獨立。

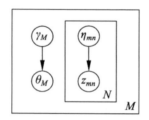

圖 20.8 基於平均場的變分分佈

由此得到一個文字的證據下界

$$L(\gamma, \eta, \alpha, \varphi) = E_q[\log p(\theta, z, w|\alpha, \varphi)] - E_q[\log q(\theta, z|\gamma, \eta)] \qquad (20.44)$$

其中數學期望是對分佈$q(\theta, z|\gamma, \eta)$定義的，為了方便寫作$E_q[\cdot]$。$\gamma$和$\eta$ 是變分分佈的參數，α和φ是 LDA 模型的參數。

所有文字的證據下界為

$$L_w(\gamma, \eta, \alpha, \varphi) = \sum_{m=1}^{M} \{E_{q_m}[\log p(\theta_m, z_m, w_m|\alpha, \varphi)] - E_{q_m}[\log q(\theta_m, z_m|\gamma_m, \eta_m)]\}$$

$$(20.45)$$

為求解證據下界$L(\gamma, \eta, \alpha, \varphi)$的最大化，首先寫出證據下界的運算式。為此展開證據下界式(20.44)

$$L(\gamma, \eta, \alpha, \varphi) = E_q[\log p(\theta|\alpha)] + E_q[\log p(z|\theta)] + E_q[\log p(w|z,\varphi)] -$$

$$E_q[\log q(\theta|\gamma)] - E_q[\log q(z|\eta)] \tag{20.46}$$

根據變分參數γ和η，模型參數α和φ繼續展開，並將展開式的每一項寫成一行

$$L(\gamma, \eta, \alpha, \varphi) = \log\Gamma\left(\sum_{l=1}^{K} \alpha_l\right) - \sum_{k=1}^{K} \log\Gamma(\alpha_k) + \sum_{k=1}^{K} (\alpha_k - 1)\left[\Psi(\gamma_k) - \Psi\left(\sum_{l=1}^{K} \gamma_l\right)\right] +$$

$$\sum_{n=1}^{N} \sum_{k=1}^{K} \eta_{nk}\left[\Psi(\gamma_k) - \Psi\left(\sum_{l=1}^{K} \gamma_l\right)\right] +$$

$$\sum_{n=1}^{N} \sum_{k=1}^{K} \sum_{v=1}^{V} \eta_{nk}w_n^v\log\varphi_{kv} -$$

$$\log\Gamma\left(\sum_{l=1}^{K} \gamma_l\right) + \sum_{k=1}^{K} \log\Gamma(\gamma_k) - \sum_{k=1}^{K} (\gamma_k - 1)\left[\Psi(\gamma_k) - \Psi\left(\sum_{l=1}^{K} \gamma_l\right)\right] -$$

$$\sum_{n=1}^{N} \sum_{k=1}^{K} \eta_{nk}\log\eta_{nk} \tag{20.47}$$

式中$\Psi(\alpha_k)$是對數伽馬函數的導數，即

$$\Psi(\alpha_k) = \frac{\mathrm{d}}{\mathrm{d}\alpha_k}\log\Gamma(\alpha_k) \tag{20.48}$$

第一項推導，求$E_q[\log p(\theta|\alpha)]$，是關於分佈$q(\theta, z|\gamma, \eta)$的數學期望。

$$E_q[\log p(\theta|\alpha)] = \sum_{k=1}^{K} (\alpha_k - 1)E_q[\log\theta_k] + \log\Gamma\left(\sum_{l=1}^{K} \alpha_l\right) - \sum_{k=1}^{K} \log\Gamma(\alpha_k)$$

$$\tag{20.49}$$

其中$\theta \sim \mathrm{D}ir(\theta|\gamma)$，所以利用附錄 E 式(E.7)有

$$E_{q(\theta|\gamma)}[\log\theta_k] = \Psi(\gamma_k) - \Psi\left(\sum_{l=1}^{K} \gamma_l\right)$$

(20.50)

故得

$$E_q[\log p(\theta|\alpha)] = \log\Gamma\left(\sum_{l=1}^{K} \alpha_l\right) - \sum_{k=1}^{K} \log\Gamma(\alpha_k) + \sum_{k=1}^{K} (\alpha_k - 1)\left[\Psi(\gamma_k) - \Psi\left(\sum_{l=1}^{K} \gamma_l\right)\right]$$

(20.51)

式中α_k和γ_k表示第k個話題的狄利克雷分佈參數。

第二項推導，求$E_q[\log p(z|\theta)]$，是關於分佈$q(\theta,z|\gamma,\eta)$的數學期望。

$$\begin{aligned}
E_q(\log p(z|\theta)) &= \sum_{n=1}^{N} E_q[\log p(z_n|\theta)] \\
&= \sum_{n=1}^{N} E_{q(\theta,z_n|\gamma,\eta)}[\log(z_n|\theta)] \\
&= \sum_{n=1}^{N} \sum_{k=1}^{K} q(z_{nk}|\eta) E_{q(\theta|\gamma)}[\log\theta_k] \\
&= \sum_{n=1}^{N} \sum_{k=1}^{K} \eta_{nk}\left[\Psi(\gamma_k) - \Psi\left(\sum_{l=1}^{K} \gamma_l\right)\right]
\end{aligned}$$

(20.52)

式中η_{nk}表示文件第n個位置的單字由第k個話題產生的機率，γ_k 表示第k個話題的狄利克雷分佈參數。最後一步用到附錄 E 式(E.4)。

第三項推導，求$E_q[\log p(w|z,\varphi)]$，是關於分佈$q(\theta,z|\gamma,\eta)$的數學期望。

$$E_q[\log p(w|z,\varphi)] = \sum_{n=1}^{N} E_q[\log p(w_n|z_n,\varphi)]$$

$$= \sum_{n=1}^{N} E_{q(z_n|\eta)}[\log p(w_n|z_n, \varphi)]$$

$$= \sum_{n=1}^{N} \sum_{k=1}^{K} q(z_{nk}|\eta)\log p(w_n|z_{nk}, \varphi)$$

$$= \sum_{n=1}^{N} \sum_{k=1}^{K} \sum_{v=1}^{V} \eta_{nk} w_n^v \log \varphi_{kv} \qquad (20.53)$$

式中η_{nk}表示文件第n個位置的單字由第k個話題產生的機率，w_n^v在第n個位置的單字是單字集合的第v個單字時取值為 1，否則取值為 0，φ_{kv} 表示第k個話題生成單字集合中第v個單字的機率。

第四項推導，求$E_q[\log q(\theta|\gamma)]$，是關於分佈$q(\theta, z|\gamma, \eta)$ 的數學期望。由於 $\theta \sim Dir(\gamma)$，類似式(20.50)可以得到

$$E_q[\log q(\theta|\gamma)] = \log\Gamma\left(\sum_{l=1}^{K}\gamma_l\right) - \sum_{k=1}^{K}\log\Gamma(\gamma_k) + \sum_{k=1}^{K}(\gamma_k - 1)\left[\Psi(\gamma_k) - \Psi\left(\sum_{l=1}^{K}\gamma_l\right)\right]$$

$$(20.54)$$

式中γ_k表示第k個話題的狄利克雷分佈參數。

第五項公式推導，求$E_q[\log q(z|\eta)]$，是關於分佈$q(\theta, z|\gamma, \eta)$的數學期望。

$$E_q[\log q(z|\eta)] = \sum_{n=1}^{N} E_q[\log q(z_n|\eta)]$$

$$= \sum_{n=1}^{N} E_{q(z_n|\eta)}[\log q(z_n|\eta)]$$

$$= \sum_{n=1}^{N} \sum_{k=1}^{K} q(z_{nk}|\eta)\log q(z_{nk}|\eta)$$

$$= \sum_{n=1}^{N} \sum_{k=1}^{K} \eta_{nk}\log\eta_{nk} \qquad (20.55)$$

式中η_{nk}表示文件第n個位置的單字由第k個話題產生的機率，γ_k表示第k個話題的狄利克雷分佈參數。

2. 變分參數γ和η的估計

首先透過證據下界最佳化估計參數η。η_{nk}表示第n個位置的單字是由第k個話題生成的機率。考慮式(20.47)關於η_{nk}的最大化，η_{nk}滿足限制條件$\sum_{l=1}^{K}\eta_{nl}=1$。包含$\eta_{nk}$的約束最佳化問題拉格朗日函數為

$$L_{[\eta_{nk}]}=\eta_{nk}[\Psi(\gamma_k)-\Psi(\textstyle\sum_{l=1}^{K}\gamma_l)]+\eta_{nk}\log\varphi_{kv}-\eta_{nk}\log\eta_{nk}+\lambda_n(\textstyle\sum_{l=1}^{K}\eta_{nl}-1)$$

$$(20.56)$$

這裡φ_{kv}是（在第n個位置）由第k個話題生成第v個單字的機率。

對η_{nk}求偏導數得

$$\frac{\partial L}{\partial\eta_{nk}}=\Psi(\gamma_k)-\Psi\left(\textstyle\sum_{l=1}^{K}\gamma_l\right)+\log\varphi_{kv}-\log\eta_{nk}-1+\lambda_n \qquad (20.57)$$

令偏導數為零，得到參數η_{nk}的估計值

$$\eta_{nk}\propto\varphi_{kv}\exp\left(\Psi(\gamma_k)-\Psi\left(\sum_{l=1}^{K}\gamma_l\right)\right) \qquad (20.58)$$

接著透過證據下界最佳化估計參數γ。γ_k是第k個話題的狄利克雷分佈參數。考慮式(20.47)關於γ_k的最大化

$$L_{[\gamma_k]}=\sum_{k=1}^{K}(\alpha_k-1)\left[\Psi(\gamma_k)-\Psi\left(\sum_{l=1}^{K}\gamma_l\right)\right]+\sum_{n=1}^{N}\sum_{k=1}^{K}\eta_{nk}\left[\Psi(\gamma_k)-\Psi\left(\sum_{l=1}^{K}\gamma_l\right)\right]-$$

$$\log\Gamma\left(\sum_{l=1}^{K}\gamma_l\right)+\log\Gamma(\gamma_k)-\sum_{k=1}^{K}(\gamma_k-1)\left[\Psi(\gamma_k)-\Psi\left(\sum_{l=1}^{K}\gamma_l\right)\right] \qquad (20.59)$$

簡化為

$$L_{[\gamma_k]} = \sum_{k=1}^{K} \left[\Psi(\gamma_k) - \Psi\left(\sum_{l=1}^{K} \gamma_l\right) \right] \left(\alpha_k + \sum_{n=1}^{N} \eta_{nk} - \gamma_k \right) - \log\Gamma\left(\sum_{l=1}^{K} \gamma_l\right) + \log\Gamma(\gamma_k)$$

$$(20.60)$$

對γ_k求偏導數得

$$\frac{\partial L}{\partial \gamma_k} = \left[\Psi'(\gamma_k) - \Psi'\left(\sum_{l=1}^{K} \gamma_l\right) \right] \left(\alpha_k + \sum_{n=1}^{N} \eta_{nk} - \gamma_k \right) \qquad (20.61)$$

令偏導數為零，求解得到參數γ_k的估計值

$$\gamma_k = \alpha_k + \sum_{n=1}^{N} \eta_{nk} \qquad (20.62)$$

據此，得到由座標上升演算法估計變分參數的方法，具體演算法如下。

【演算法 20.4】LDA 的變分參數估計演算法

（1） 初始化：對所有k和n，$\eta_{nk}^{(0)} = 1/K$

（2） 初始化：對所有k，$\gamma_k = \alpha_k + N/K$

（3） 重複

（4） 　　對$n = 1$到N

（5） 　　　　對$k = 1$到K

（6） 　　　　　　$\eta_{nk}^{(t+1)} = \varphi_{kv}\exp\left[\Psi(\gamma_k^{(t)}) - \Psi\left(\sum_{l=}^{K} \gamma_l^{(t)}\right) \right]$

（7） 　　　　規範化$\eta_{nk}^{(t+1)}$使其和為 1

（8） 　　　　$\gamma^{(t+1)} = \alpha + \sum_{n=1}^{N} \eta_n^{(t+1)}$

（9） 直到收斂

3. 模型參數α和φ的估計

給定一個文字集合$D = \{w_1, \cdots, w_m, \cdots, w_M\}$，模型參數估計對所有文字同時進行。

首先透過證據下界的最大化估計φ。φ_{kv}表示第k個話題生成單字集合第v個單詞的機率。將式(20.47)擴充到所有文字,並考慮關於φ的最大化。滿足K個限制條件

$$\sum_{v=1}^{V} \varphi_{kv} = 1, \quad k = 1,2,\cdots,K$$

約束最佳化問題的拉格朗日函數為

$$L_{[\beta]} = \sum_{m=1}^{M} \sum_{n=1}^{N_m} \sum_{k=1}^{K} \sum_{v=1}^{V} \eta_{mnk} w_{mn}^{v} \log\varphi_{kv} + \sum_{k=1}^{K} \lambda_k \left(\sum_{v=1}^{V} \varphi_{kv} - 1 \right)$$

(20.63)

對φ_{kv}求偏導數並令其為零,歸一化求解,得到參數φ_{kv}的估計值

$$\varphi_{kv} = \sum_{m=1}^{M} \sum_{n=1}^{N_m} \eta_{mnk} w_{mn}^{v}$$

(20.64)

其中η_{mnk}為第m個文字的第n個單字屬於第k個話題的機率,w_{mn}^{v}在第m個文字的第n個單字是單字集合的第v個單字時取值為 1,否則為 0。

接著透過證據下界的最大化估計參數α。α_k表示第k個話題的狄利克雷分佈參數。將式(20.47)擴充到所有文字,並考慮關於α的最大化

$$L_{[\alpha]} = \sum_{m=1}^{M} \left\{ \log\Gamma\left(\sum_{l=1}^{K} \alpha_l \right) - \sum_{k=1}^{K} \log\Gamma(\alpha_k) + \sum_{k=1}^{K} (\alpha_k - 1) \left[\Psi(\gamma_{mk}) - \Psi\left(\sum_{l=1}^{K} \gamma_{ml} \right) \right] \right\}$$

(20.65)

對α_k求偏導數得

$$\frac{\partial L}{\partial \alpha_k} = M \left[\Psi\left(\sum_{l=1}^{K} \alpha_l \right) - \Psi(\alpha_k) \right] + \sum_{m=1}^{M} \left[\Psi(\gamma_{mk}) - \Psi\left(\sum_{l=1}^{K} \gamma_{ml} \right) \right]$$

(20.66)

再對α_l求偏導數得

$$\frac{\partial^2 L}{\partial \alpha_k \partial \alpha_l} = M \left[\Psi' \left(\sum_{l=1}^{K} \alpha_l \right) - \delta(k,l) \Psi'(\alpha_k) \right] \tag{20.67}$$

這裡$\delta(k,l)$是 delta 函數。

式(20.65)和式(20.66)分別是函數(20.64)對變數α的梯度$g(\alpha)$和 Hessian 矩陣$H(\alpha)$。應用牛頓法 （又稱為牛頓 - 拉弗森方法）求該函數的最大化[3]。用以下公式迭代，得到參數α的估計值。

$$\alpha_{new} = \alpha_{old} - H(\alpha_{old})^{-1} g(\alpha_{old}) \tag{20.68}$$

據此，得到估計參數α的演算法。

20.4.4 演算法總結

根據上面的推導舉出 LDA 的變分 EM 演算法。

【演算法 20.5】LDA 的變分 EM 演算法

輸入：給定文字集合$D = \{w_1, \cdots, w_m, \cdots, w_M\}$；
輸出：變分參數γ，η，模型參數α，φ。
交替迭代 E 步和 M 步，直到收斂。

（1）E 步
固定模型參數α，φ，透過關於變分參數γ，η的證據下界的最大化，估計變分參數γ，η。具體見演算法 20.4。

（2）M 步
固定變分參數γ，η，透過關於模型參數α，φ的證據下界的最大化，估計模

---

[3] 牛頓法的介紹可參照附錄 B。

型參數 α，φ。具體演算法見式(20.63)和式(20.67)。

根據變分參數 (γ, η) 可以估計模型參數 $\theta = (\theta_1, \cdots, \theta_m, \cdots, \theta_M), z = (\mathbf{z}_1, \cdots, \mathbf{z}_m, \cdots, \mathbf{z}_M)$。

以上介紹的是圖 20.7 中簡化 LDA 模型的變分 EM 演算法，圖 20.4 中完整 LDA 模型的變分 EM 演算法作為推廣可以類似的匯出。

本章概要

1. 狄利克雷分佈的機率密度函數為

$$p(\theta|\alpha) = \frac{\Gamma(\sum_{i=1}^{k} \alpha_i)}{\prod_{i=1}^{k} \Gamma(\alpha_i)} \prod_{i=1}^{k} \theta_i^{\alpha_i - 1}$$

其中 $\sum_{i=1}^{k} \theta_i = 1$，$\theta_i \geqslant 0$，$\alpha = (\alpha_1, \alpha_2, \cdots, \alpha_k)$，$\alpha_i > 0$，$i = 1,2,\cdots,k$。狄利克雷分佈是多項分佈的共軛先驗。

2. 潛在狄利克雷分配（LDA）是文字集合的生成機率模型。模型假設話題由單字的多項分佈表示，文字由話題的多項分佈表示，單字分佈和話題分佈的先驗分佈都是狄利克雷分佈。LDA 模型屬於機率圖模型，可以由板塊標記法表示。LDA 模型中，每個話題的單字分佈、每個文字的話題分佈、文字的每個位置的話題是隱變數，文字的每個位置的單字是觀測變數。

3. LDA 生成文字集合的生成過程如下：

   （1）話題的單字分佈：隨機生成所有話題的單字分佈，話題的單字分佈是多項分佈，其先驗分佈是狄利克雷分佈。

   （2）文字的話題分佈：隨機生成所有文字的話題分佈，文字的話題分佈是多項分佈，其先驗分佈是狄利克雷分佈。

（3）文字的內容：隨機生成所有文字的內容。在每個文字的每個位置，按照文字的話題分佈隨機生成一個話題，再按照該話題的單字分佈隨機生成一個單字。

4. LDA 模型的學習與推理不能直接求解。通常採用的方法是吉布斯抽樣演算法和變分 EM 演算法，前者是蒙地卡羅法而後者是近似演算法。

5. LDA 的收縮的吉布斯抽樣演算法的基本想法如下。目標是對聯合機率分佈$p(w, z, \theta, \varphi | \alpha, \beta)$進行估計。透過積分求和將隱變數$\theta$和$\varphi$消掉，得到邊緣機率分佈$p(w, z | \alpha, \beta)$；對機率分佈$p(w | z, \alpha, \beta)$進行吉布斯抽樣，得到分佈 $p(w | z, \alpha, \beta)$的隨機樣本；再利用樣本對變數z、θ和φ的機率進行估計，最終得到 LDA 模型$p(w, z, \theta, \varphi | \alpha, \beta)$的參數估計。具體演算法如下。對給定的文字單字序列，每個位置上隨機指派一個話題，整體組成話題系列。然後迴圈執行以下操作。對整個文字序列進行掃描，在每一個位置上計算在該位置上的話題的滿條件機率分佈，然後進行隨機抽樣，得到該位置的新的話題，指派給這個位置。

6. 變分推理的基本想法如下。假設模型是聯合機率分佈$p(x, z)$，其中x是觀測變數（資料），z是隱變數。目標是學習模型的後驗機率分佈$p(z | x)$。考慮用變分分佈$q(z)$近似條件機率分佈$p(z | x)$，用 KL 散度計算兩者的相似性找到與$p(z | x)$在 KL 散度意義下最近的$q^*(z)$，用這個分佈近似$p(z | x)$。假設$q(z)$中的z的所有分量都是互相獨立的。利用 Jensen 不等式，得到 KL 散度的最小化可以透過證據下界的最大化實現。因此，變分推理變成求解以下證據下界最大化問題：

$$L(q, \theta) = E_q[\log p(x, z | \theta)] - E_q[\log q(z)]$$

7. LDA 的變分 EM 演算法如下。針對 LDA 模型，定義變分分佈，應用變分 EM 演算法。目標是對證據下界$L(\gamma, \eta, \alpha, \varphi)$ 進行最大化，其中α和φ是模型參數，γ和η是變分參數。交替迭代 E 步和 M 步，直到收斂。

（1）E 步：固定模型參數 α，φ，透過關於變分參數 γ，η 的證據下界的最大化，估計變分參數 γ，η。

（2）M 步：固定變分參數 γ，η，透過關於模型參數 α，φ 的證據下界的最大化，估計模型參數 α，φ。

繼續閱讀

LDA 的原始論文是文獻[1, 2]，LDA 的吉布斯抽樣演算法見文獻[3~5]，變分 EM 演算法見文獻[2]。變分推理的介紹可參考文獻[6]。LDA 的分散式學習演算法有文獻[7]，快速學習演算法有文獻[8]，線上學習演算法有文獻[9]。

習題

20.1 推導狄利克雷分佈數學期望公式。

20.2 針對 17.2.2 的文字例子，使用 LDA 模型進行話題分析。

20.3 找出 LDA 的吉布斯抽樣演算法、變分 EM 演算法中利用到狄利克雷分佈的部分，思考 LDA 中使用狄利克雷分佈的重要性。

20.4 舉出 LDA 的吉布斯抽樣演算法和變分 EM 演算法的演算法複雜度。

20.5 證明變分 EM 演算法收斂。

參考文獻

[1]　Blei D M, Ng A Y, Jordan M I. Latent Dirichlet allocation. In: Advances in Neural Information Processing Systems 14. MIT Press, 2002.

[2]　Blei D M, Ng A Y, Jordan M I. Latent Dirichlet allocation. Journal of Machine Learning Research, 2003, 3: 933–1022.

[3]　Griffiths T L, Steyvers M. Finding scientific topics. Proceedings of the National Academy of Science, 2004, 101: 5228–5235.

[4]   Steyvers M, Griffiths T. Probabilistic topic models. In: Landauer T, McNamara D, Dennis S, et al. (eds.) Handbook of Latent Semantic Analysis, Psychology Press, 2014.

[5]   Gregor Heinrich. Parameter estimation for text analysis. Technical note, 2004.

[6]   Blei D M, Kucukelbir A, McAuliffe J D. Variational inference: a review for statisticians. Journal of the American Statistical Association, 2017, 112(518).

[7]   Newman D, Smyth P, Welling M, Asuncion A U. Distributed inference for latent Dirichlet allocation. In: Advances in Neural Information Processing Systems, 2008: 1081–1088.

[8]   Porteous I, Newman D, Ihler A, et al. Fast collapsed Gibbs sampling for latent Dirichlet allocation. Proceedings of the 14th ACM SIGKDD International Conference on Knowledge Discovery and Data Mining, 2008: 569–577.

[9]   Hoffman M, Bach F R, Blei D M. Online learning for latent Dirichlet allocation. In: Advances in Neural Information Processing Systems, 2010: 856–864.

PageRank 演算法

在實際應用中許多資料都以圖（graph）的形式存在，比如，網際網路、社群網站都可以看作是一個圖。圖資料上的機器學習具有理論與應用上的重要意義。PageRank 演算法是圖的連結分析（link analysis）的代表性演算法，屬於圖資料上的無監督學習方法。

PageRank 演算法最初作為網際網路網頁重要度的計算方法，1996 年由 Page 和 Brin 提出，並用於 Google 搜尋引擎的網頁排序。事實上，PageRank 可以定義在任意有向圖上，後來被應用到社會影響力分析、文字摘要等多個問題。

PageRank 演算法的基本想法是在有向圖上定義一個隨機遊走模型，即一階馬可夫鏈，描述隨機遊走者沿著有向圖隨機存取各個節點的行為。在一定條件下，極限情況存取每個節點的機率收斂到平穩分佈，這時各個節點的平穩機率值就是其 PageRank 值，表示節點的重要度。PageRank 是遞迴定義的，PageRank 的計算可以透過迭代演算法進行。

本章 21.1 節舉出 PageRank 的定義，21.2 節敘述 PageRank 的計算方法，包括常用的冪法（power method）。

21.1 PageRank 的定義

21.1.1 基本想法

歷史上，PageRank 演算法作為計算網際網路網頁重要度的演算法被提出。PageRank 是定義在網頁集合上的一個函數，它對每個網頁舉出一個正實數，表示網頁的重要程度，整體組成一個向量，PageRank 值越高，網頁就越重要，在網際網路搜索的排序中可能就被排在前面[1]。

假設網際網路是一個有向圖，在其基礎上定義隨機遊走模型，即一階馬可夫鏈，表示網頁瀏覽者在網際網路上隨機瀏覽網頁的過程。假設瀏覽者在每個網頁依照連接出去的超連結以等機率跳躍到下一個網頁，並在網上持續不斷進行這樣的隨機跳躍，這個過程形成一階馬可夫鏈。PageRank 表示這個馬可夫鏈的平穩分佈。每個網頁的 PageRank 值就是平穩機率。

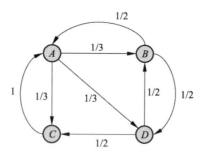

圖 21.1 有向圖

圖 21.1 表示一個有向圖，假設是簡化的網際網路例，節點A，B，C和D表示網頁，節點之間的有向邊表示網頁之間的超連結，邊上的權值表示網頁之間隨機跳躍的機率。假設有一個瀏覽者，在網上隨機遊走。如果瀏覽者

---

[1] 網頁在搜尋引擎上的排序，除了網頁本身的重要度以外，還由網頁與查詢的匹配度決定。在網際網路搜索中，網頁的 PageRank 與查詢無關，可以事先離線計算，加入網頁索引。

在網頁A，則下一步以 1/3 的機率轉移到網頁B，C和D。如果瀏覽者在網頁B，則下一步以 1/2 的機率轉移到網頁A和D。如果瀏覽者在網頁C，則下一步以機率 1 轉移到網頁A。如果瀏覽者在網頁D，則下一步以 1/2 的機率轉移到網頁B和C。

直觀上，一個網頁，如果指向該網頁的超連結越多，隨機跳躍到該網頁的機率也就越高，該網頁的 PageRank 值就越高，這個網頁也就越重要。一個網頁，如果指向該網頁的 PageRank 值越高，隨機跳躍到該網頁的機率也就越高，該網頁的 PageRank 值就越高，這個網頁也就越重要。PageRank 值依賴於網路的拓撲結構，一旦網路的拓撲（連接關係）確定，PageRank 值就確定。

PageRank 的計算可以在網際網路的有向圖上進行，通常是一個迭代過程。先假設一個初始分佈，透過迭代，不斷計算所有網頁的 PageRank 值，直到收斂為止。

下面首先舉出有向圖及有向圖上隨機遊走模型的定義，然後舉出 PageRank 的基本定義，以及 PageRank 的一般定義。基本定義對應於理想情況，一般定義對應於現實情況。

21.1.2 有向圖和隨機遊走模型

1. 有向圖

【定義 21.1】有向圖：有向圖（directed graph）記作 $G = (V, E)$，其中V和E分別表示節點和有向邊的集合。

比如，網際網路就可以看作是一個有向圖，每個網頁是有向圖的一個節點，網頁之間的每一條超連結是有向圖的一條邊。

從一個節點出發到達另一個節點，所經過的邊的一個序列稱為一條路徑（path），路徑上邊的個數稱為路徑的長度。如果一個有向圖從其中任何一個節點出發可以到達其他任何一個節點，就稱這個有向圖是強連通圖

（strongly connected graph）。圖 21.1 中的有向圖就是一個強連通圖。

假設k是一個大於 1 的自然數，如果從有向圖的一個節點出發返回到這個節點的路徑的長度都是k的倍數，那麼稱這個節點為週期性節點。如果一個有向圖不含有週期性節點，則稱這個有向圖為非週期性圖（aperiodic graph），否則為週期性圖。

圖 21.2 是一個週期性有向圖的例子。從節點A出發返回到A，必須經過路徑$A-B-C-A$，所有可能的路徑的長度都是 3 的倍數，所以節點A是週期性節點。這個有向圖是週期性圖。

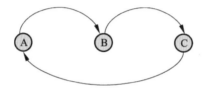

圖 21.2 週期性有向圖

2. 隨機遊走模型

【定義 21.2】隨機遊走模型：給定一個含有n個節點的有向圖，在有向圖上定義隨機遊走（random walk）模型，即一階馬可夫鏈[2]，其中節點表示狀態，有向邊表示狀態之間的轉移，假設從一個節點到通過有向邊相連的所有節點的轉移機率相等。具體地，轉移矩陣是一個n階矩陣M

$$M = \left[m_{ij}\right]_{n \times n} \tag{21.1}$$

第i行第j列的元素m_{ij}取值規則如下：如果節點j有k個有向邊連出，並且節點i是其連出的一個節點，則$m_{ij} = \frac{1}{k}$；否則$m_{ij} = 0$，$i,j = 1,2,\cdots,n$。

---

[2] 馬可夫鏈的介紹可參照第 19 章。

注意轉移矩陣具有性質：

$$m_{ij} \geqslant 0 \tag{21.2}$$

$$\sum_{i=1}^{n} m_{ij} = 1 \tag{21.3}$$

即每個元素非負，每列元素之和為 1，即矩陣 M 為隨機矩陣（stochastic matrix）。

在有向圖上的隨機游走形成馬可夫鏈。也就是說，隨機遊走者每經一個單位時間轉移一個狀態，如果當前時刻在第 j 個節點（狀態），那麼下一個時刻在第 i 個節點（狀態）的機率是 m_{ij}，這一機率只依賴於當前的狀態，與過去無關，具有馬可夫性。

在圖 21.1 的有向圖上可以定義隨機遊走模型。節點 A 到節點 B，C 和 D 存在有向邊，可以以機率 1/3 從 A 分別轉移到 B，C 和 D，並以機率 0 轉移到 A，於是可以寫出轉移矩陣的第 1 列。節點 B 到節點 A 和 D 存在有向邊，可以以機率 1/2 從 B 分別轉移到 A 和 D，並以機率 0 分別轉移到 B 和 C，於是可以寫出矩陣的第 2 列。等等。於是得到轉移矩陣

$$M = \begin{bmatrix} 0 & 1/2 & 1 & 0 \\ 1/3 & 0 & 0 & 1/2 \\ 1/3 & 0 & 0 & 1/2 \\ 1/3 & 1/2 & 0 & 0 \end{bmatrix}$$

隨機遊走在某個時刻 t 存取各個節點的機率分佈就是馬可夫鏈在時刻 t 的狀態分佈，可以用一個 n 維列向量 R_t 表示，那麼在時刻 $t+1$ 存取各個節點的機率分佈 R_{t+1} 滿足

$$R_{t+1} = MR_t \tag{21.4}$$

21.1.3 PageRank 的基本定義

給定一個包含n個節點的強連通且非週期性的有向圖，在其基礎上定義隨機遊走模型。假設轉移矩陣為M，在時刻$0,1,2,\cdots,t,\cdots$存取各個節點的機率分佈為

$$R_0, MR_0, M^2R_0, \cdots, M^tR_0, \cdots$$

則極限

$$\lim_{t\to\infty} M^tR_0 = R \tag{21.5}$$

存在，極限向量R表示馬可夫鏈的平穩分佈，滿足

$$MR = R$$

【定義 21.3】**PageRank** 的基本定義：給定一個包含n個節點$v_1, v_2, \cdots, v_n$的強連通且非週期性的有向圖，在有向圖上定義隨機遊走模型，即一階馬可夫鏈。隨機遊走的特點是從一個節點到有有向邊連出的所有節點的轉移機率相等，轉移矩陣為M。這個馬可夫鏈具有平穩分佈R

$$MR = R \tag{21.6}$$

平穩分佈 R 稱為這個有向圖的 PageRank。R的各個分量稱為各個節點的 PageRank 值。

$$R = \begin{bmatrix} PR(v_1) \\ PR(v_2) \\ \vdots \\ PR(v_n) \end{bmatrix}$$

其中$PR(v_i)$，$i = 1,2,\cdots,n$，表示節點v_i的 PageRank 值。

顯然有

$$PR(v_i) \geqslant 0, \quad i = 1,2,\cdots,n \tag{21.7}$$

$$\sum_{i=1}^{n} PR(v_i) = 1 \tag{21.8}$$

$$PR(v_i) = \sum_{v_j \in M(v_i)} \frac{PR(v_j)}{L(v_j)}, \quad i = 1,2,\cdots,n \tag{21.9}$$

這裡$M(v_i)$表示指向節點v_i的節點集合，$L(v_j)$表示節點v_j連出的有向邊的個數。

PageRank 的基本定義是理想化的情況，在這種情況下，PageRank 存在，而且可以透過不斷迭代求得 PageRank 值。

【定理 21.1】不可約且非週期的有限狀態馬可夫鏈，有唯一平穩分佈存在，並且當時間趨於無窮時狀態分佈收斂於唯一的平穩分佈。

根據馬可夫鏈平穩分佈定理，強連通且非週期的有向圖上定義的隨機遊走模型（馬可夫鏈），在圖上的隨機遊走當時間趨於無窮時狀態分佈收斂於唯一的平穩分佈。

【例 21.1】已知圖 21.1 的有向圖，求該圖的 PageRank。[3]

【解】轉移矩陣

$$M = \begin{bmatrix} 0 & 1/2 & 1 & 0 \\ 1/3 & 0 & 0 & 1/2 \\ 1/3 & 0 & 0 & 1/2 \\ 1/3 & 1/2 & 0 & 0 \end{bmatrix}$$

取初始分佈向量R_0為

$$R_0 = \begin{bmatrix} 1/4 \\ 1/4 \\ 1/4 \\ 1/4 \end{bmatrix}$$

以轉移矩陣M連乘初始向量R_0得到向量序列

---

[3] 例 21.1 和例 21.2 來自於文獻[2]。

$$\begin{bmatrix} 1/4 \\ 1/4 \\ 1/4 \\ 1/4 \end{bmatrix}, \begin{bmatrix} 9/24 \\ 5/24 \\ 5/24 \\ 5/24 \end{bmatrix}, \begin{bmatrix} 15/48 \\ 11/48 \\ 11/48 \\ 11/48 \end{bmatrix}, \begin{bmatrix} 11/32 \\ 7/32 \\ 7/32 \\ 7/32 \end{bmatrix}, \cdots, \begin{bmatrix} 3/9 \\ 2/9 \\ 2/9 \\ 2/9 \end{bmatrix}$$

最後得到極限向量

$$R = \begin{bmatrix} 3/9 \\ 2/9 \\ 2/9 \\ 2/9 \end{bmatrix}$$

即有向圖的 PageRank 值。

一般的有向圖未必滿足強連通且非週期性的條件。比如，在網際網路，大部分網頁沒有連接出去的超連結，也就是說從這些網頁無法跳躍到其他網頁。所以 PageRank 的基本定義不適用。

【例 21.2】從圖 21.1 的有向圖中去掉由C到A的邊，得到圖 21.3 的有向圖。在圖 21.3 的有向圖中，節點C沒有邊連接出去。

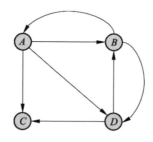

圖 21.3 有向圖

圖 21.3 的有向圖的轉移矩陣M是

$$M = \begin{bmatrix} 0 & 1/2 & 0 & 0 \\ 1/3 & 0 & 0 & 1/2 \\ 1/3 & 0 & 0 & 1/2 \\ 1/3 & 1/2 & 0 & 0 \end{bmatrix}$$

這時M不是一個隨機矩陣，因為隨機矩陣要求每一列的元素之和是 1，這裡第 3 列的和是 0，不是 1。

如果仍然計算在各個時刻的各個節點的機率分佈，就會得到如下結果

$$\begin{bmatrix} 1/4 \\ 1/4 \\ 1/4 \\ 1/4 \end{bmatrix}, \begin{bmatrix} 3/24 \\ 5/24 \\ 5/24 \\ 5/24 \end{bmatrix}, \begin{bmatrix} 5/48 \\ 7/48 \\ 7/48 \\ 7/48 \end{bmatrix}, \begin{bmatrix} 21/288 \\ 31/288 \\ 31/288 \\ 31/288 \end{bmatrix}, \cdots, \begin{bmatrix} 0 \\ 0 \\ 0 \\ 0 \end{bmatrix}$$

可以看到，隨著時間演進，存取各個節點的機率皆變為 0。

21.1.4 PageRank 的一般定義

PageRank 一般定義的想法是在基本定義的基礎上匯入平滑項。

給定一個含有n個節點v_i，$i = 1, 2, \cdots, n$，的任意有向圖，假設考慮一個在圖上隨機遊走模型，即一階馬可夫鏈，其轉移矩陣是M，從一個節點到其連出的所有節點的轉移機率相等。這個馬可夫鏈未必具有平穩分佈。假設考慮另一個完全隨機遊走的模型，其轉移矩陣的元素全部為$1/n$，也就是說從任意一個節點到任意一個節點的轉移機率都是$1/n$。兩個轉移矩陣的線性組合又組成一個新的轉移矩陣，在其上可以定義一個新的馬可夫鏈。容易證明這個馬可夫鏈一定具有平穩分佈，且平穩分佈滿足

$$R = dMR + \frac{1-d}{n}1 \qquad (21.10)$$

式中$d(0 \leqslant d \leqslant 1)$是係數，稱為阻尼因數（damping factor），R是n維向量，1是所有分量為 1 的n維向量。R表示的就是有向圖的一般 PageRank。

$$R = \begin{bmatrix} PR(v_1) \\ PR(v_2) \\ \vdots \\ PR(v_n) \end{bmatrix}$$

$PR(v_i)$，$i = 1, 2, \cdots, n$，表示節點v_i的 PageRank 值。

式(21.10)中第一項表示（狀態分佈是平穩分佈時）依照轉移矩陣M存取各個節點的機率，第二項表示完全隨機存取各個節點的機率。阻尼因數d取值由經驗決定，例如$d = 0.85$。當d接近 1 時，隨機遊走主要依照轉移矩陣M進行；當d接近 0 時，隨機遊走主要以等機率隨機存取各個節點。

可以由式(21.10)寫出每個節點的 PageRank，這是一般 PageRank 的定義。

$$PR(v_i) = d\left(\sum_{v_j \in M(v_i)} \frac{PR(v_j)}{L(v_j)} \right) + \frac{1-d}{n}, \quad i = 1, 2, \cdots, n \qquad (21.11)$$

這裡$M(v_i)$是指向節點v_i的節點集合，$L(v_j)$是節點v_j連出的邊的個數。

第二項稱為平滑項，由於採用平滑項，所有節點的 PageRank 值都不會為 0，具有以下性質：

$$PR(v_i) > 0, \quad i = 1, 2, \cdots, n \qquad (21.12)$$

$$\sum_{i=1}^{n} PR(v_i) = 1 \qquad (21.13)$$

下面舉出 PageRank 的一般定義。

【定義 21.4】PageRank 的一般定義：給定一個含有n個節點的任意有向圖，在有向圖上定義一個一般的隨機遊走模型，即一階馬可夫鏈。一般的隨機遊走模型的轉移矩陣由兩部分的線性組合組成，一部分是有向圖的基本轉移矩陣M，表示從一個節點到其連出的所有節點的轉移機率相等，另一部分是完全隨機的轉移矩陣，表示從任意一個節點到任意一個節點的轉移機率都是$1/n$，線性組合係數為阻尼因數$d(0 \leqslant d \leqslant 1)$。這個一般隨機遊走的馬可夫鏈存在平穩分佈，記作$R$。定義平穩分佈向量$R$為這個有向圖的一般 PageRank。$R$由公式

$$R = dMR + \frac{1-d}{n}1 \qquad (21.14)$$

決定，其中1是所有分量為 1 的n維向量。

一般 PageRank 的定義意味著網際網路瀏覽者，按照以下方法在網上隨機遊走：在任意一個網頁上，瀏覽者或者以機率d 決定按照超連結隨機跳躍，這時以等機率從連接出去的超連結跳躍到下一個網頁；或者以機率$(1-d)$ 決定完全隨機跳躍，這時以等機率$1/n$跳躍到任意一個網頁。第二個機制保證從沒有連接出去的超連結的網頁也可以跳躍出。這樣可以保證平穩分佈，即一般 PageRank 的存在，因而一般 PageRank 適用於任何結構的網路。

21.2 PageRank 的計算

PageRank 的定義是構造性的，即定義本身就舉出了演算法。本節列出 PageRank 的計算方法包括迭代演算法、冪法、代數演算法。常用的方法是冪法。

21.2.1 迭代演算法

給定一個含有n個節點的有向圖，轉移矩陣為M，有向圖的一般 PageRank 由迭代公式

$$R_{t+1} = dMR_t + \frac{1-d}{n}1 \qquad (21.15)$$

的極限向量R確定。

PageRank 的迭代演算法，就是按照這個一般定義進行迭代，直到收斂。

【演算法 21.1】PageRank 的迭代演算法

輸入：含有n個節點的有向圖，轉移矩陣M，阻尼因數d，初始向量R_0；
輸出：有向圖的 PageRank 向量R。

（1）令$t = 0$

（2）計算

$$R_{t+1} = dMR_t + \frac{1-d}{n}1$$

（3）如果R_{t+1}與R_t充分接近，令$R = R_{t+1}$，停止迭代。

（4）否則，令$t = t + 1$，執行步（2）。

【例 21.3】給定圖 21.4 所示的有向圖，取$d = 0.8$，求圖的 PageRank。

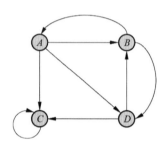

圖 21.4 有向圖

【解】 從圖 21.4 得知轉移矩陣為

$$M = \begin{bmatrix} 0 & 1/2 & 0 & 0 \\ 1/3 & 0 & 0 & 1/2 \\ 1/3 & 0 & 1 & 1/2 \\ 1/3 & 1/2 & 0 & 0 \end{bmatrix}$$

按照式(21.15)計算

$$dM = \frac{4}{5} \times \begin{bmatrix} 0 & 1/2 & 0 & 0 \\ 1/3 & 0 & 0 & 1/2 \\ 1/3 & 0 & 1 & 1/2 \\ 1/3 & 1/2 & 0 & 0 \end{bmatrix} = \begin{bmatrix} 0 & 2/5 & 0 & 0 \\ 4/15 & 0 & 0 & 2/5 \\ 4/15 & 0 & 4/5 & 2/5 \\ 4/15 & 2/5 & 0 & 0 \end{bmatrix}$$

$$\frac{1-d}{n}1 = \begin{bmatrix} 1/20 \\ 1/20 \\ 1/20 \\ 1/20 \end{bmatrix}$$

迭代公式為

$$R_{t+1} = \begin{bmatrix} 0 & 2/5 & 0 & 0 \\ 4/15 & 0 & 0 & 2/5 \\ 4/15 & 0 & 4/5 & 2/5 \\ 4/15 & 2/5 & 0 & 0 \end{bmatrix} R_t + \begin{bmatrix} 1/20 \\ 1/20 \\ 1/20 \\ 1/20 \end{bmatrix}$$

令初始向量

$$R_0 = \begin{bmatrix} 1/4 \\ 1/4 \\ 1/4 \\ 1/4 \end{bmatrix}$$

進行迭代

$$R_1 = \begin{bmatrix} 0 & 2/5 & 0 & 0 \\ 4/15 & 0 & 0 & 2/5 \\ 4/15 & 0 & 4/5 & 2/5 \\ 4/15 & 2/5 & 0 & 0 \end{bmatrix} \begin{bmatrix} 1/4 \\ 1/4 \\ 1/4 \\ 1/4 \end{bmatrix} + \begin{bmatrix} 1/20 \\ 1/20 \\ 1/20 \\ 1/20 \end{bmatrix} = \begin{bmatrix} 9/60 \\ 13/60 \\ 25/60 \\ 13/60 \end{bmatrix}$$

$$R_2 = \begin{bmatrix} 0 & 2/5 & 0 & 0 \\ 4/15 & 0 & 0 & 2/5 \\ 4/15 & 0 & 4/5 & 2/5 \\ 4/15 & 2/5 & 0 & 0 \end{bmatrix} \begin{bmatrix} 9/60 \\ 13/60 \\ 25/60 \\ 13/60 \end{bmatrix} + \begin{bmatrix} 1/20 \\ 1/20 \\ 1/20 \\ 1/20 \end{bmatrix} = \begin{bmatrix} 41/300 \\ 53/300 \\ 153/300 \\ 53/300 \end{bmatrix}$$

等等。最後得到

$$\begin{bmatrix} 1/4 \\ 1/4 \\ 1/4 \\ 1/4 \end{bmatrix}, \begin{bmatrix} 9/60 \\ 13/60 \\ 25/60 \\ 13/60 \end{bmatrix}, \begin{bmatrix} 41/300 \\ 53/300 \\ 153/300 \\ 53/300 \end{bmatrix}, \begin{bmatrix} 543/4500 \\ 707/4500 \\ 2543/4500 \\ 707/4500 \end{bmatrix}, \cdots, \begin{bmatrix} 15/148 \\ 19/148 \\ 95/148 \\ 19/148 \end{bmatrix}$$

計算結果表明，節點C的 PageRank 值超過一半，其他節點也有對應的 PageRank 值。

21.2.2 冪法

冪法（power method）是一個常用的 PageRank 計算方法，透過近似計算矩陣的主特徵值和主特徵向量求得有向圖的一般 PageRank。

首先介紹冪法。冪法主要用於近似計算矩陣的主特徵值（dominant eigenvalue）和 主特徵向量（dominant eigenvector）。主特徵值是指絕對值最大的特徵值，主特徵向量是其對應的特徵向量。注意特徵向量不是唯一的，只是其方向是確定的，乘上任意係數還是特徵向量。

假設要求n階矩陣A的主特徵值和主特徵向量，採用下面的步驟。

首先，任取一個初始n維向量x_0，構造如下的一個n維向量序列

$$x_0, \quad x_1 = Ax_0, \quad x_2 = Ax_1, \quad \cdots, \quad x_k = Ax_{k-1}$$

然後，假設矩陣A有n個特徵值，按照絕對值大小排列

$$|\lambda_1| \geqslant |\lambda_2| \geqslant \cdots \geqslant |\lambda_n|$$

對應的n個線性無關的特徵向量為

$$u_1, u_2, \cdots, u_n$$

這n個特徵向量組成n維空間的一組基。

於是，可以將初始向量x_0表示為$u_1, u_2, \cdots, u_n$的線性組合

$$x_0 = a_1 u_1 + a_2 u_2 + \cdots + a_n u_n$$

得到

$$x_1 = Ax_0 = a_1 Au_1 + a_2 Au_2 + \cdots + a_n Au_n$$

$$\vdots$$

$$x_k = A^k x_0 = a_1 A^k u_1 + a_2 A^k u_2 + \cdots + a_n A^k u_n$$

$$= a_1 \lambda_1^k u_1 + a_2 \lambda_2^k u_2 + \cdots + a_n \lambda_n^k u_n$$

接著，假設矩陣A的主特徵值λ_1是特徵方程式的單根，由上式得

$$x_k = a_1\lambda_1^k\left[u_1 + \frac{a_2}{a_1}\left(\frac{\lambda_2}{\lambda_1}\right)^k u_2 + \cdots + \frac{a_n}{a_1}\left(\frac{\lambda_n}{\lambda_1}\right)^k u_n\right] \qquad (21.16)$$

由於$|\lambda_1| > |\lambda_j|$，$j = 2,\cdots,n$，當$k$充分大時有

$$x_k = a_1\lambda_1^k[u_1 + \varepsilon_k] \qquad (21.17)$$

這裡ε_k是當$k \to \infty$時的無限小量，$\varepsilon_k \to 0 \ (k \to \infty)$。即

$$x_k \to a_1\lambda_1^k u_1 \ (k \to \infty) \qquad (21.18)$$

說明當k充分大時向量x_k與特徵向量u_1只相差一個係數。由式(21.18)知，

$$x_k \approx a_1\lambda_1^k u_1$$

$$x_{k+1} \approx a_1\lambda_1^{k+1} u_1$$

於是主特徵值λ_1可表示為

$$\lambda_1 \approx \frac{x_{k+1,j}}{x_{k,j}} \qquad (21.19)$$

其中$x_{k,j}$和$x_{k+1,j}$分別是x_k和x_{k+1}的第j個分量。

在實際計算時，為了避免出現絕對值過大或過小的情況，通常在每步迭代後即進行規範化，將向量除以其範數，即

$$y_{t+1} = Ax_t \qquad (21.20)$$

$$x_{t+1} = \frac{y_{t+1}}{\|y_{t+1}\|} \qquad (21.21)$$

這裡的範數是向量的無窮範數，即向量各分量的絕對值的最大值

$$\| x \|_\infty = \max\{|x_1|, |x_2|, \cdots, |x_n|\}$$

現在回到計算一般 PageRank。

轉移矩陣可以寫作

$$R = \left(dM + \frac{1-d}{n}E\right)R = AR \qquad (21.22)$$

其中d是阻尼因數，$\mathbf{E}$ 是所有元素為 1 的n階方陣。根據 Perron-Frobenius 定理[4]，一般 PageRank 的向量R是矩陣A的主特徵向量，主特徵值是 1. 所以可以使用冪法近似計算一般 PageRank。

【演算法 21.2】計算一般 PageRank 的冪法

輸入：含有n個節點的有向圖，有向圖的轉移矩陣M，係數d，初始向量 x_0，計算精度ε；

輸出：有向圖的 PageRank$R$。

（1）令$t = 0$，選擇初始向量x_0

（2）計算有向圖的一般轉移矩陣A

$$A = dM + \frac{1-d}{n}E$$

（3）迭代並規範化結果向量

$$y_{t+1} = Ax_t$$

$$x_{t+1} = \frac{y_{t+1}}{\| y_{t+1} \|}$$

（4）當$\| x_{t+1} - x_t \| < \varepsilon$時，令$R = x_t$，停止迭代。

（5）否則，令$t = t + 1$，執行步（3）。

（6）對R進行規範化處理，使其表示機率分佈。

---

[4] Perron-Frobenius 定理的形式比較複雜，這裡不予敘述。

【例 **21.4**】給定一個如圖 21.5 所示的有向圖，取 $d = 0.85$，求有向圖的一般 PageRank。

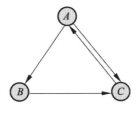

圖 21.5 有向圖

【解】利用冪法，按照演算法 21.2，計算有向圖的一般 PageRank。

由圖 21.5 可知轉移矩陣

$$M = \begin{bmatrix} 0 & 0 & 1 \\ 1/2 & 0 & 0 \\ 1/2 & 1 & 0 \end{bmatrix}$$

（1）令 $t = 0$，

$$x_0 = \begin{bmatrix} 1 \\ 1 \\ 1 \end{bmatrix}$$

（2）計算有向圖的一般轉移矩陣 A

$$A = dM + \frac{1-d}{n}E$$

$$= 0.85 \times \begin{bmatrix} 0 & 0 & 1 \\ 1/2 & 0 & 0 \\ 1/2 & 1 & 0 \end{bmatrix} + \frac{0.15}{3} \times \begin{bmatrix} 1 & 1 & 1 \\ 1 & 1 & 1 \\ 1 & 1 & 1 \end{bmatrix}$$

$$= \begin{bmatrix} 0.05 & 0.05 & 0.9 \\ 0.475 & 0.05 & 0.05 \\ 0.475 & 0.9 & 0.05 \end{bmatrix}$$

（3）迭代並規範化

$$y_1 = Ax_0 = \begin{bmatrix} 1 \\ 0.575 \\ 1.425 \end{bmatrix}$$

$$x_1 = \frac{1}{1.425} \begin{bmatrix} 1 \\ 0.575 \\ 1.425 \end{bmatrix} = \begin{bmatrix} 0.7018 \\ 0.4035 \\ 1 \end{bmatrix}$$

$$y_2 = Ax_1 = \begin{bmatrix} 0.05 & 0.05 & 0.9 \\ 0.475 & 0.05 & 0.05 \\ 0.475 & 0.9 & 0.05 \end{bmatrix} \begin{bmatrix} 0.7018 \\ 0.4035 \\ 1 \end{bmatrix} = \begin{bmatrix} 0.9553 \\ 0.4035 \\ 0.7465 \end{bmatrix}$$

$$x_2 = \frac{1}{0.9553} \begin{bmatrix} 0.9553 \\ 0.4035 \\ 0.7465 \end{bmatrix} = \begin{bmatrix} 1 \\ 0.4224 \\ 0.7814 \end{bmatrix}$$

$$y_3 = Ax_2 = \begin{bmatrix} 0.05 & 0.05 & 0.9 \\ 0.475 & 0.05 & 0.05 \\ 0.475 & 0.9 & 0.05 \end{bmatrix} \begin{bmatrix} 1 \\ 0.4224 \\ 0.7814 \end{bmatrix} = \begin{bmatrix} 0.7744 \\ 0.5352 \\ 0.8943 \end{bmatrix}$$

$$x_3 = \frac{1}{0.8943} \begin{bmatrix} 0.7744 \\ 0.5352 \\ 0.8943 \end{bmatrix} = \begin{bmatrix} 0.8659 \\ 0.5985 \\ 1 \end{bmatrix}$$

如此繼續迭代規範化，得到x_t，$t = 0,1,2,\cdots,21,22$，的向量序列

$$\begin{bmatrix} 1 \\ 1 \\ 1 \end{bmatrix}, \quad \begin{bmatrix} 0.7018 \\ 0.4035 \\ 1 \end{bmatrix}, \quad \begin{bmatrix} 1 \\ 0.4224 \\ 0.7814 \end{bmatrix}, \quad \begin{bmatrix} 0.8659 \\ 0.5985 \\ 1 \end{bmatrix}, \quad \begin{bmatrix} 0.9732 \\ 0.4912 \\ 1 \end{bmatrix}, \quad \begin{bmatrix} 1 \\ 0.5516 \\ 0.9807 \end{bmatrix},$$

$$\begin{bmatrix} 0.9409 \\ 0.5405 \\ 1 \end{bmatrix}, \quad \cdots, \quad \begin{bmatrix} 0.9760 \\ 0.5408 \\ 1 \end{bmatrix}, \quad \begin{bmatrix} 0.9755 \\ 0.5404 \\ 1 \end{bmatrix}, \quad \begin{bmatrix} 0.9761 \\ 0.5406 \\ 1 \end{bmatrix}, \quad \begin{bmatrix} 0.9756 \\ 0.5406 \\ 1 \end{bmatrix}, \quad \begin{bmatrix} 0.9758 \\ 0.5404 \\ 1 \end{bmatrix}$$

假設後面得到的兩個向量已滿足計算精度要求，那麼取

$$R = \begin{bmatrix} 0.9756 \\ 0.5406 \\ 1 \end{bmatrix}$$

即得所求的一般 PageRank。如果將一般 PageRank 作為一個機率分佈，進行規範化，使各分量之和為 1，那麼對應的一般 PageRank 可以寫作

$$R = \begin{bmatrix} 0.3877 \\ 0.2149 \\ 0.3974 \end{bmatrix}$$

21.2.3 代數演算法

代數演算法透過一般轉移矩陣的反矩陣計算求有向圖的一般 PageRank。

按照一般 PageRank 的定義式(21.14)

$$R = dMR + \frac{1-d}{n}1$$

於是，

$$(I - dM)R = \frac{1-d}{n}1 \tag{21.23}$$

$$R = (I - dM)^{-1}\frac{1-d}{n}1 \tag{21.24}$$

這裡I是單位矩陣。當$0 < d < 1$時，線性方程組(21.23)的解存在且唯一。這樣，可以透過求反矩陣$(I - dM)^{-1}$得到有向圖的一般 PageRank。

本章概要

1. PageRank 是網際網路網頁重要度的計算方法，可以定義推廣到任意有向圖節點的重要度計算上。其基本思想是在有向圖上定義隨機遊走模型，即一階馬可夫鏈，描述遊走者沿著有向圖隨機存取各個節點的行為，在一定條件下，極限情況存取每個節點的機率收斂到平穩分佈，這時各個節點的機率值就是其 PageRank 值，表示節點相對重要度。

2. 有向圖上可以定義隨機遊走模型，即一階馬可夫鏈，其中節點表示狀態，有向邊表示狀態之間的轉移，假設一個節點到連接出的所有節點的轉移機率相等。轉移機率由轉移矩陣M表示

$$M = \left[m_{ij}\right]_{n \times n}$$

第i行第j列的元素m_{ij}表示從節點j跳躍到節點i的機率。

3. 當含有n個節點的有向圖是強連通且非週期性的有向圖時，在其基礎上定義的隨機遊走模型，即一階馬可夫鏈具有平穩分佈，平穩分佈向量R稱為這個有向圖的 PageRank。若矩陣M是馬可夫鏈的轉移矩陣，則向量R滿足

$$MR = R$$

向量R的各個分量稱為各個節點的 PageRank 值。

$$R = \begin{bmatrix} PR(v_1) \\ PR(v_2) \\ \vdots \\ PR(v_n) \end{bmatrix}$$

其中$PR(v_i)$，$i = 1,2,\cdots,n$，表示節點v_i的 PageRank 值。這是 PageRank 的基本定義。

4. PageRank 基本定義的條件現實中往往不能滿足，對其進行擴充得到 PageRank 的一般定義。任意含有n個節點的有向圖上，可以定義一個隨機遊走模型，即一階馬可夫鏈，轉移矩陣由兩部分的線性組合組成，其中一部分按照轉移矩陣M，從一個節點到連接出的所有節點的轉移機率相等，另一部分按照完全隨機轉移矩陣，從任一節點到任一節點的轉移機率都是$1/n$。這個馬可夫鏈存在平穩分佈，平穩分佈向量R稱為這個有向圖的一般 PageRank，滿足

$$R = dMR + \frac{1-d}{n}1$$

其中$d(0 \leqslant d \leqslant 1)$是阻尼因數，1是所有分量為 1 的$n$維向量。

5. PageRank 的計算方法包括迭代演算法、冪法、代數演算法。
冪法將 PageRank 的等值式寫成

$$R = \left(dM + \frac{1-d}{n}E \right)R = AR$$

其中d是阻尼因數，$\mathbf{E}$ 是所有元素為 1 的n階方陣。

可以看出R是一般轉移矩陣A的主特徵向量，即最大的特徵值對應的特徵向量。冪法就是一個計算矩陣的主特徵值和主特徵向量的方法。

步驟是：選擇初始向量x_0；計算一般轉移矩陣A；進行迭代並規範化向量

$$y_{t+1} = Ax_t$$

$$x_{t+1} = \frac{y_{t+1}}{\parallel y_{t+1} \parallel}$$

直到收斂。

繼續閱讀

PageRank 的原始論文是文獻[1]，其詳細介紹可見文獻[2, 3]。介紹馬可夫過程的教材有[4]。與 PageRank 同樣著名的連結分析演算法還有 HITS 演算法 [5]，可以發現網路中的樞紐與權威。PageRank 有不少擴充與變形，原始的 PageRank 是基於離散時間馬可夫鏈的，BrowseRank 是基於連續時間馬可夫鏈的推廣 [6]，可以更好地防範網頁排名詐騙。Personalized PageRank 是個性化的 PageRank（文獻[7]），Topic Sensitive PageRank 是基於話題的 PageRank（文獻[8]），TrustRank 是防範網頁排名詐騙的 PageRank（文獻[9]）。

習題

21.1 假設方陣A是隨機矩陣，即其每個元素非負，每列元素之和為 1，證明A^k仍然是隨機矩陣，其中k是自然數。

21.2 例 21.1 中，以不同的初始分佈向量R_0進行迭代，仍然得到同樣的極限向量R，即 PageRank。請驗證。

21.3 證明 PageRank 一般定義中的馬可夫鏈具有平穩分佈，即式(21.11)成立。

21.4 證明隨機矩陣的最大特徵值為 1。

參考文獻

[1]   Page L, Brin S, Motwani R, et al. The PageRank citation ranking: bringing order to the Web. Stanford University, 1999.

[2]   Rajaraman A, Ullman J D. Mining of massive datasets. Cambridge University Press, 2014.

[3]   Liu B. Web data mining: exploring hyperlinks, contents, and usage data. Springer Science & Business Media, 2007.

[4]   Serfozo R. Basics of applied stochastic processes. Springer, 2009.

[5]   Kleinberg J M. Authoritative sources in a hyperlinked environment. Journal of the ACM(JACM), 1999, 46(5): 604–632.

[6]   Liu Y, Gao B, Liu T Y, et al. BrowseRank: letting Web users vote for page importance. Proceedings of the 31st SIGIR Conference, 2008: 451–458.

[7]   Jeh G, Widom J. Scaling personalized Web search. Proceedings of the 12th WWW Conference, 2003: 271–279.

[8]   Haveliwala T H. Topic-sensitive PageRank. Proceedings of the 11th WWW Conference, 2002: 517–526.

[9]   Gyöngyi Z, Garcia-Molina H, Pedersen J. Combating Web spam with TrustRank. Proceedings of VLDB Conference, 2004: 576–587.

無監督學習方法總結

▌**22.1 無監督學習方法的關係和特點**

第 2 篇詳細介紹了八種常用的統計機器學習方法,即聚類方法(包括層次聚類與k均值聚類)、奇異值分解(SVD)、主成分分析(PCA)、潛在語義分析(LSA)、機率潛在語義分析(PLSA)、馬可夫鏈蒙地卡羅法(MCMC,包括 Metropolis-Hastings 演算法和吉布斯抽樣)、潛在狄利克雷分配(LDA)、PageRank 演算法。此外,還簡單介紹了另外三種常用的統計機器學習方法,即非負矩陣分解(NMF)、變分推理、冪法。這些方法通常用於無監督學習的聚類、降維、話題分析以及圖分析。

22.1.1 各種方法之間的關係

圖 22.1 總結一些機器學習方法之間的關係,包括第 1 篇、第 2 篇介紹的方法,分別用深灰色與淺灰色表示。圖中上面是無監督學習方法,下面是基礎機器學習方法。

無監督學習用於聚類、降維、話題分析、圖分析。聚類的方法有層次聚類、k均值聚類、高斯混合模型,降維的方法有 PCA,話題分析的方法包括 LSA、PLSA、LDA,圖分析的方法有 PageRank。

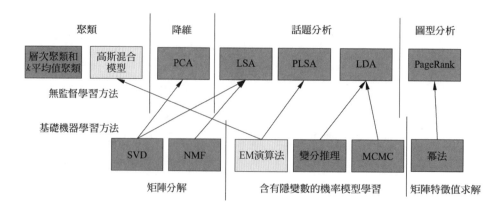

圖 22.1 機器學習方法之間的關係

基礎方法不涉及具體的機器學習模型。基礎方法不僅可以用於無監督學習，也可以用於監督學習、半監督學習。基礎方法分為矩陣分解，矩陣特徵值求解，含有隱變數的機率模型估計，前兩者是線性代數問題，後者是機率統計問題。矩陣分解的方法有 SVD 和 NMF，矩陣特徵值求解的方法有冪法，含有隱變數的機率模型學習的方法有 EM 演算法、變分推理、MCMC。

22.1.2 無監督學習方法

聚類有硬聚類和軟聚類，層次聚類與k均值聚類是硬聚類方法。高斯混合模型是軟聚類方法。層次聚類基於啟發式演算法，k均值聚類基於迭代演算法，高斯混合模型學習通常基於 EM 演算法。

降維有線性降維和非線性降維，PCA 是線性降維方法。PCA 基於 SVD。

話題分析兼有聚類和降維特點，有非機率模型、機率模型。LSA、NMF 是非機率模型，PLSA、LDA 是機率模型。PLSA 不假設模型具有先驗分佈，學習基於極大似然估計；LDA 假設模型具有先驗分佈，學習基於貝氏學習，具體地後驗機率估計。LSA 的學習基於 SVD，NMF 可以直接用於話題分析。PLSA 的學習基於 EM 演算法，LDA 的學習基於吉布斯抽樣或變分推理。

圖分析的一個問題是連結分析，即節點的重要度計算。PageRank 是連結分析的一個方法。PageRank 通常基於冪法。

表 22.1 複習了無監督學習方法的模型、策略、演算法。

表 22.1　無監督學習方法的特點

	方法	模型	策略	演算法
聚類	層次聚類	聚類樹	類內樣本距離最小	啟發式演算法
	k均值聚類	k中心聚類	樣本與類中心距離最小	迭代演算法
	高斯混合模型	高斯混合模型	似然函數最大	EM 演算法
降維	PCA	低維正交空間	方差最大	SVD
話題分析	LSA	矩陣分解模型	平方損失最小	SVD
	NMF	矩陣分解模型	平方損失最小	非負矩陣分解
	PLSA	PLSA 模型	似然函數最大	EM 演算法
	LDA	LDA 模型	後驗機率估計	吉布斯抽樣，變分推理
圖分析	PageRank	有向圖上的馬可夫鏈	平穩分佈求解	冪法

22.1.3　基礎機器學習方法

矩陣分解基於不同假設：SVD 基於正交假設，即分解得到的左右矩陣是正交矩陣，中間矩陣是非負對角矩陣；非負矩陣分解基於非負假設，即分解得到的左右矩陣皆是非負矩陣。

含有隱變數的機率模型的學習有兩種方法：迭代計算方法、隨機抽樣方法。EM 演算法和變分推理（包括變分 EM 演算法）屬於迭代計算方法，吉布斯抽樣屬於隨機抽樣方法。變分 EM 演算法是 EM 演算法的推廣。

矩陣的特徵值與特徵向量求解方法中，冪法是常用的演算法。

表 22.2 複習了含隱變數機率模型的學習方法的特點。

表 22.2 含有隱變數機率模型的學習方法的特點

演算法	基本原理	收斂性	收斂速度	實現難易度	適合問題
EM 演算法	迭代計算、後驗機率估計	收斂於局部最優	較快	容易	簡單模型
變分推理	迭代計算、後驗機率近似估計	收斂於局部最優	較慢	較複雜	複雜模型
吉布斯抽樣	隨機抽樣、後驗機率估計	依機率收斂於全域最優	較慢	容易	複雜模型

22.2 話題模型之間的關係和特點

本書介紹的四種話題模型 LSA、NMF、PLSA 和 LDA，前兩者是非機率模型，後兩者是機率模型。下面討論它們之間的關係 （細節可參考文獻[1, 2]）。

可以從矩陣分解的統一框架看 LSA、NMF 和 PLSA。在這個框架下，透過最小化一般化 Bregman 散度進行有約束的矩陣分解$D = UV$，得到這三個話題模型：

$$\min_{U,V} B(D \parallel UV)$$

這裡$B(D \parallel UV)$表示D和UV之間的一般化 Bregman 散度（generalized Bregman divergence），當且僅當兩者相等時取值為 0。一般化 Bregman 散度包含平方損失、KL 散度等。三個話題模型擁有三種不同的具體形式。表 22.3 舉出了三個話題模型的損失函數和 約束的公式，其中 PLSA 的矩陣D需要進行歸一化$\sum_{m,n} d_{mn} = 1$。

表 22.3 矩陣分解的角度看話題模型

方法	一般損失函數$B(D \parallel UV)$	矩陣U的限制條件	矩陣V的限制條件
LSA	$\parallel D - UV \parallel_F^2$	$U^\mathrm{T}U = I$	$VV^\mathrm{T} = \Lambda^2$
NMF	$\parallel D - UV \parallel_F^2$	$u_{mk} \geqslant 0$	$v_{kn} \geqslant 0$
PLSA	$\displaystyle\sum_{mn} d_{mn}\log\frac{d_{mn}}{(UV)_{mn}}$	$U^\mathrm{T}1 = 1$ $u_{mk} \geqslant 0$	$V^\mathrm{T}1 = 1$ $v_{kn} \geqslant 0$

話題模型 LSA、NMF 是非機率模型，但也有機率模型解釋。可以從機率圖模型的統一框架看 LSA、NMF、PLSA 和 LDA。在這個框架下，認為文字由機率模型生成，基於不同的假設得到四個不同的話題模型。四個話題模型有不同的機率圖模型定義。LSA 和 NMF，每個文字d_n由高斯分佈 $P(d_n|U, v_n) \propto \exp(-\parallel d_n - Uv_n \parallel^2)$生成，其參數是$U$和$v_n$，共有$N$個文字，如圖 22.2 所示。兩個話題模型有不同的限制條件，表 22.4 舉出限制條件的公式。

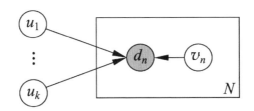

圖 22.2 話題模型 LSA 和 NMF 的機率圖模型表示

表 22.4 話題模型 LSA 和 NMF 的限制條件

方法	變數u_k的限制條件	變數v_n的限制條件
LSA	正交	正交
NMF	$u_{mk} \geqslant 0$	$v_{kn} \geqslant 0$

參考文獻

[1] Singh A P, Gordon G J. A uni⁻ed view of matrix factorization models. In: Daele-mans W, Goethals B, Morik K. (eds) Machine Learning and Knowledge Discovery in Databases. ECML PKDD 2008. Lecture Notes in Computer Science, vol 5212. Berlin:Springer, 2008.

[2] Wang Q, Xu J, Li H, et al. Regularized latent semantic indexing: a new approach to large-scale topic modeling. ACM Transactions on Information Systems (TOIS), 2013,31(1), 5..

梯度下降法

梯度下降法（gradient descent）或最速下降法（steepest descent）是求解無約束最佳化問題的一種最常用的方法，具有實現簡單的優點。梯度下降法是迭代演算法，每一步需要求解目標函數的梯度向量。

假設$f(x)$是R^n上具有一階連續偏導數的函數。要求解的無約束最佳化問題是

$$\min_{x \in R^n} f(x) \tag{A.1}$$

x^*表示目標函數$f(x)$的極小點。

梯度下降法是一種迭代演算法。選取適當的初值$x^{(0)}$，不斷迭代，更新x的值，進行目標函數的極小化，直到收斂。由於負梯度方向是使函數值下降最快的方向，在迭代的每一步，以負梯度方向更新x的值，從而達到減少函數值的目的。

由於$f(x)$具有一階連續偏導數，若第k次迭代值為$x^{(k)}$，則可將$f(x)$在$x^{(k)}$附近進行一階泰勒展開：

$$f(x) = f(x^{(k)}) + g_k^{\mathrm{T}}(x - x^{(k)}) \tag{A.2}$$

這裡，$g_k = g(x^{(k)}) = \nabla f(x^{(k)})$為$f(x)$在$x^{(k)}$的梯度。

求出第$k+1$次迭代值$x^{(k+1)}$：

$$x^{(k+1)} \leftarrow x^{(k)} + \lambda_k p_k \tag{A.3}$$

其中，p_k是搜索方向，取負梯度方向$p_k = -\nabla f(x^{(k)})$，λ_k是步進值，由一維搜索確定，即λ_k使得

$$f(x^{(k)} + \lambda_k p_k) = \min_{\lambda \geqslant 0} f(x^{(k)} + \lambda p_k) \tag{A.4}$$

梯度下降法演算法如下：

【演算法 A.1】梯度下降法

輸入：目標函數$f(x)$，梯度函數$g(x) = \nabla f(x)$，計算精度ε；
輸出：$f(x)$的極小點x^*。

（1）取初值$x^{(0)} \in R^n$，置$k = 0$。

（2）計算$f(x^{(k)})$。

（3）計算梯度$g_k = g(x^{(k)})$，當$\|g_k\| < \varepsilon$時，停止迭代，令$x^* = x^{(k)}$；否則，令$p_k = -g(x^{(k)})$，求λ_k，使

$$f(x^{(k)} + \lambda_k p_k) = \min_{\lambda \geqslant 0} f(x^{(k)} + \lambda p_k)$$

（4）置$x^{(k+1)} = x^{(k)} + \lambda_k p_k$，計算$f(x^{(k+1)})$
當$\|f(x^{(k+1)}) - f(x^{(k)})\| < \varepsilon$或$\|x^{(k+1)} - x^{(k)}\| < \varepsilon$時，停止迭代，令$x^* = x^{(k+1)}$。

（5）否則，置$k = k + 1$，轉（3）。

當目標函數是凸函數時，梯度下降法的解是全域最優解。一般情況下，其解不保證是全域最優解。梯度下降法的收斂速度也未必是很快的。

牛頓法和擬牛頓法

牛頓法（Newton method）和擬牛頓法（quasi-Newton method）也是求解無約束最佳化問題的常用方法，有收斂速度快的優點。牛頓法是迭代演算法，每一步需要求解目標函數的黑塞矩陣的反矩陣，計算比較複雜。擬牛頓法透過正定矩陣近似黑塞矩陣的反矩陣或黑塞矩陣，簡化了這一計算過程。

1. 牛頓法

考慮無約束最佳化問題

$$\min_{x \in R^n} f(x) \tag{B.1}$$

其中 x^* 為目標函數的極小點。

假設 $f(x)$ 具有二階連續偏導數，若第 k 次迭代值為 $x^{(k)}$，則可將 $f(x)$ 在 $x^{(k)}$ 附近進行二階泰勒展開：

$$f(x) = f(x^{(k)}) + g_k^{\mathrm{T}}(x - x^{(k)}) + \frac{1}{2}(x - x^{(k)})^{\mathrm{T}} H(x^{(k)})(x - x^{(k)}) \tag{B.2}$$

這裡，$g_k = g(x^{(k)}) = \nabla f(x^{(k)})$ 是 $f(x)$ 的梯度向量在點 $x^{(k)}$ 的值，$H(x^{(k)})$ 是 $f(x)$ 的黑塞矩陣（Hessian matrix）

$$H(x) = \left[\frac{\partial^2 f}{\partial x_j}\right]_{n \times n} \tag{B.3}$$

在點$x^{(k)}$的值。函數$f(x)$有極值的必要條件是在極值點處一階導數為 0，即梯度向量為 0。特別是當$H(x^{(k)})$是正定矩陣時，函數$f(x)$的極值為極小值。

牛頓法利用極小點的必要條件

$$\nabla f(x) = 0 \tag{B.4}$$

每次迭代中從點$x^{(k)}$開始，求目標函數的極小點，作為第$k+1$次迭代值$x^{(k+1)}$。具體地，假設$x^{(k+1)}$滿足：

$$\nabla f(x^{(k+1)}) = 0 \tag{B.5}$$

由式(B.2)有

$$\nabla f(x) = g_k + H_k(x - x^{(k)}) \tag{B.6}$$

其中$H_k = H(x^{(k)})$。這樣，式(B.5)成為

$$g_k + H_k(x^{(k+1)} - x^{(k)}) = 0 \tag{B.7}$$

因此，

$$x^{(k+1)} = x^{(k)} - H_k^{-1}g_k \tag{B.8}$$

或者

$$x^{(k+1)} = x^{(k)} + p_k \tag{B.9}$$

其中，

$$H_k p_k = -g_k \tag{B.10}$$

用式(B.8)作為迭代公式的演算法就是牛頓法。

【演算法 **B.1**】牛頓法

輸入：目標函數$f(x)$，梯度$g(x) = \nabla f(x)$，黑塞矩陣$H(x)$，精度要求ε；
輸出：$f(x)$的極小點x^*。

（1）取初始點$x^{(0)}$，置$k = 0$。

（2）計算$g_k = g(x^{(k)})$。

（3）若$\| g_k \| < \varepsilon$，則停止計算，得近似解$x^* = x^{(k)}$。

（4）計算$H_k = H(x^{(k)})$，並求p_k

$$H_k p_k = -g_k$$

（5）置$x^{(k+1)} = x^{(k)} + p_k$。

（6）置$k = k + 1$，轉（2）。

步驟（4）求p_k，$p_k = -H_k^{-1} g_k$，要求H_k^{-1}，計算比較複雜，所以有其他改進的方法。

2. 擬牛頓法的思路

在牛頓法的迭代中，需要計算黑塞矩陣的反矩陣H^{-1}，這一計算比較複雜，考慮用一個n階矩陣$G_k = G(x^{(k)})$ 來近似代替$H_k^{-1} = H^{-1}(x^{(k)})$。這就是擬牛頓法的基本想法。

先看牛頓法迭代中黑塞矩陣H_k滿足的條件。首先，H_k滿足以下關係。在式(B.6)中取$x = x^{(k+1)}$，即得

$$g_{k+1} - g_k = H_k(x^{(k+1)} - x^{(k)}) \tag{B.11}$$

記$y_k = g_{k+1} - g_k$，$\delta_k = x^{(k+1)} - x^{(k)}$，則

$$y_k = H_k \delta_k \tag{B.12}$$

或

$$H_k^{-1} y_k = \delta_k \tag{B.13}$$

式(B.12)或式(B.13)稱為擬牛頓條件。

如果H_k是正定的（H_k^{-1}也是正定的），那麼可以保證牛頓法搜索方向p_k是下降方向。這是因為搜索方向是$p_k = -H_k^{-1}g_k$，由式(B.8)有

$$x = x^{(k)} + \lambda p_k = x^{(k)} - \lambda H_k^{-1}g_k \tag{B.14}$$

所以$f(x)$在$x^{(k)}$的泰勒展開式 (B.2) 可以近似寫成：

$$f(x) = f(x^{(k)}) - \lambda g_k^{\mathrm{T}} H_k^{-1} g_k \tag{B.15}$$

因H_k^{-1}正定，故有$g_k^{\mathrm{T}} H_k^{-1} g_k > 0$。當$\lambda$為一個充分小的正數時，總有$f(x) < f(x^{(k)})$，也就是說$p_k$是下降方向。

擬牛頓法將G_k作為H_k^{-1}的近似，要求矩陣G_k滿足同樣的條件。首先，每次迭代矩陣G_k是正定的。同時，G_k滿足下面的擬牛頓條件：

$$G_{k+1}y_k = \delta_k \tag{B.16}$$

按照擬牛頓條件選擇G_k作為H_k^{-1}的近似或選擇B_k作為H_k的近似的演算法稱為擬牛頓法。

按照擬牛頓條件，在每次迭代中可以選擇更新矩陣G_{k+1}：

$$G_{k+1} = G_k + \Delta G_k \tag{B.17}$$

這種選擇有一定的靈活性，因此有多種具體實現方法。下面介紹 Broyden 類擬牛頓法。

3. DFP（Davidon-Fletcher-Powell）演算法（DFP algorithm）

DFP 演算法選擇G_{k+1}的方法是，假設每一步迭代中矩陣G_{k+1}是由G_k加上兩個附加項組成的，即

$$G_{k+1} = G_k + P_k + Q_k \tag{B.18}$$

其中P_k，Q_k是待定矩陣。這時，

$$G_{k+1}y_k = G_k y_k + P_k y_k + Q_k y_k \tag{B.19}$$

為使G_{k+1}滿足擬牛頓條件，可使P_k和Q_k滿足：

$$P_k y_k = \delta_k \tag{B.20}$$

$$Q_k y_k = -G_k y_k \tag{B.21}$$

事實上，不難找出這樣的P_k和Q_k，例如取

$$P_k = \frac{\delta_k \delta_k^{\mathrm{T}}}{\delta_k^{\mathrm{T}} y_k} \tag{B.22}$$

$$Q_k = -\frac{G_k y_k y_k^{\mathrm{T}} G_k}{y_k^{\mathrm{T}} G_k y_k} \tag{B.23}$$

這樣就可得到矩陣G_{k+1}的迭代公式：

$$G_{k+1} = G_k + \frac{\delta_k \delta_k^{\mathrm{T}}}{\delta_k^{\mathrm{T}} y_k} - \frac{G_k y_k y_k^{\mathrm{T}} G_k}{y_k^{\mathrm{T}} G_k y_k} \tag{B.24}$$

稱為 DFP 演算法。

可以證明，如果初始矩陣G_0是正定的，則迭代過程中的每個矩陣G_k都是正定的。

DFP 演算法如下：

【演算法 B.2】DFP 演算法

輸入：目標函數$f(x)$，梯度$g(x) = \nabla f(x)$，精度要求ε；
輸出：$f(x)$的極小點x^*。
（1）選定初始點$x^{(0)}$，取G_0為正定對稱矩陣，置$k = 0$。
（2）計算 $g_k = g(x^{(k)})$。若 $\| g_k \| < \varepsilon$，則停止計算，得近似解 $x^* = x^{(k)}$；否則轉（3）。
（3）置$p_k = -G_k g_k$。
（4）一維搜索：求λ_k使得

$$f(x^{(k)} + \lambda_k p_k) = \min_{\lambda \geqslant 0} f(x^{(k)} + \lambda p_k)$$

（5）置 $x^{(k+1)} = x^{(k)} + \lambda_k p_k$。

（6）計算 $g_{k+1} = g(x^{(k+1)})$，若 $\| g_{k+1} \| < \varepsilon$，則停止計算，得近似解 $x^* = x^{(k+1)}$；否則，按式(B.24)算出 G_{k+1}。

（7）置 $k = k + 1$，轉（3）。

4. BFGS（Broyden-Fletcher-Goldfarb-Shanno）演算法（BFGS algorithm）

BFGS 演算法是最流行的擬牛頓演算法。

可以考慮用 G_k 逼近黑塞矩陣的反矩陣 H^{-1}，也可以考慮用 B_k 逼近黑塞矩陣 H。

這時，對應的擬牛頓條件是

$$B_{k+1}\delta_k = y_k \tag{B.25}$$

可以用同樣的方法得到另一迭代公式。首先令

$$B_{k+1} = B_k + P_k + Q_k \tag{B.26}$$

$$B_{k+1}\delta_k = B_k\delta_k + P_k\delta_k + Q_k\delta_k \tag{B.27}$$

考慮使 P_k 和 Q_k 滿足：

$$P_k\delta_k = y_k \tag{B.28}$$

$$Q_k\delta_k = -B_k\delta_k \tag{B.29}$$

找出適合條件的 P_k 和 Q_k，得到 BFGS 演算法矩陣 B_{k+1} 的迭代公式：

$$B_{k+1} = B_k + \frac{y_k y_k^{\mathrm{T}}}{y_k^{\mathrm{T}}\delta_k} - \frac{B_k\delta_k\delta_k^{\mathrm{T}}B_k}{\delta_k^{\mathrm{T}}B_k\delta_k} \tag{B.30}$$

可以證明，如果初始矩陣 B_0 是正定的，則迭代過程中的每個矩陣 B_k 都是正定的。

下面寫出 BFGS 擬牛頓演算法。

【演算法 B.3】BFGS 演算法

輸入：目標函數 $f(x)$，$g(x) = \nabla f(x)$，精度要求 ε；

輸出：$f(x)$ 的極小點 x^*。

（1）選定初始點 $x^{(0)}$，取 B_0 為正定對稱矩陣，置 $k = 0$。

（2）計算 $g_k = g(x^{(k)})$。若 $\| g_k \| < \varepsilon$，則停止計算，得近似解 $x^* = x^{(k)}$；否則轉（3）。

（3）由 $B_k p_k = -g_k$ 求出 p_k。

（4）一維搜索：求 λ_k 使得

$$f(x^{(k)} + \lambda_k p_k) = \min_{\lambda \geqslant 0} f(x^{(k)} + \lambda p_k)$$

（5）置 $x^{(k+1)} = x^{(k)} + \lambda_k p_k$。

（6）計算 $g_{k+1} = g(x^{(k+1)})$，若 $\| g_{k+1} \| < \varepsilon$，則停止計算，得近似解 $x^* = x^{(k+1)}$；否則，按式(B.30)算出 B_{k+1}。

（7）置 $k = k + 1$，轉（3）。

5. Broyden 類演算法（Broyden's algorithm）

我們可以從 BFGS 演算法矩陣 B_k 的迭代公式(B.30)得到 BFGS 演算法關於 G_k 的迭代公式。事實上，若記 $G_k = B_k^{-1}$，$G_{k+1} = B_{k+1}^{-1}$，那麼對式(B.30)兩次應用 Sherman-Morrison 公式[1]即得

$$G_{k+1} = \left(I - \frac{\delta_k y_k^{\mathrm{T}}}{\delta_k^{\mathrm{T}} y_k}\right) G_k \left(I - \frac{\delta_k y_k^{\mathrm{T}}}{\delta_k^{\mathrm{T}} y_k}\right)^{\mathrm{T}} + \frac{\delta_k \delta_k^{\mathrm{T}}}{\delta_k^{\mathrm{T}} y_k} \tag{B.31}$$

稱為 BFGS 演算法關於 G_k 的迭代公式。

---

[1] Sherman-Morrison 公式：假設 A 是 n 階可逆矩陣，u, v 是 n 維向量，且 $A + uv^{\mathrm{T}}$ 也是可逆矩陣，則 $(A + uv^{\mathrm{T}})^{-1} = A^{-1} - \frac{A^{-1} uv^{\mathrm{T}} A^{-1}}{1 + v^{\mathrm{T}} A^{-1} u}$

由 DFP 演算法G_k的迭代公式(B.23)得到的G_{k+1}記作G^{DFP}，由 BFGS 演算法 G_k的迭代公式(B.31)得到的 G_{k+1}記作G^{BFGS}，它們都滿足方程式擬牛頓條件式，所以它們的線性組合

$$G_{k+1} = \alpha G^{DFP} + (1 - \alpha)G^{BFGS} \tag{B.32}$$

也滿足擬牛頓條件式，而且是正定的。其中$0 \leqslant \alpha \leqslant 1$。這樣就獲得了一類擬牛頓法，稱為 Broyden 類演算法。

拉格朗日對偶性

在約束最佳化問題中,常常利用拉格朗日對偶性(Lagrange duality)將原始問題轉換為對偶問題,透過解對偶問題而得到原始問題的解。該方法應用在許多統計學習方法中,例如,最大熵模型與支持向量機。這裡簡要敘述拉格朗日對偶性的主要概念和結果。

1. 原始問題

假設 $f(x)$,$c_i(x)$,$h_j(x)$ 是定義在 R^n 上的連續可微函數。考慮約束最佳化問題

$$\min_{x \in R^n} \quad f(x) \tag{C.1}$$

$$s.t. \quad c_i(x) \leqslant 0, \quad i = 1,2,\cdots,k \tag{C.2}$$

$$h_j(x) = 0, \quad j = 1,2,\cdots,l \tag{C.3}$$

稱此約束最佳化問題為原始最佳化問題或原始問題。

首先,引進廣義拉格朗日函數(generalized Lagrange function)

$$L(x,\alpha,\beta) = f(x) + \sum_{i=1}^{k} \alpha_i c_i(x) + \sum_{j=1}^{l} \beta_j h_j(x) \tag{C.4}$$

這裡,$x = (x^{(1)}, x^{(2)}, \cdots, x^{(n)})^{\mathrm{T}} \in R^n$,$\alpha_i$,$\beta_j$ 是拉格朗日乘子,$\alpha_i \geqslant 0$。考

慮x的函數：

$$\theta_P(x) = \max_{\alpha,\beta:\alpha_i \geqslant 0} L(x,\alpha,\beta) \tag{C.5}$$

這裡，下標P表示原始問題。

假設給定某個x。如果x違反原始問題的限制條件，即存在某個i使得$c_i(x) > 0$或者存在某個j使得$h_j(x) \neq 0$，那麼就有

$$\theta_P(x) = \max_{\alpha,\beta:\alpha_i \geqslant 0} \left[f(x) + \sum_{i=1}^{k} \alpha_i c_i(x) + \sum_{j=1}^{l} \beta_j h_j(x) \right] = +\infty \tag{C.6}$$

因為若某個i使約束$c_i(x) > 0$，則可令$\alpha_i \to +\infty$，若某個j使$h_j(x) \neq 0$，則可令β_j使$\beta_j h_j(x) \to +\infty$，而將其餘各$\alpha_i$，$\beta_j$均取為 0。

相反地，如果x滿足限制條件式(C.2)和式(C.3)，則由式(C.5)和式(C.4)可知，$\theta_P(x) = f(x)$。因此，

$$\theta_P(x) = \begin{cases} f(x), & x \text{ 滿足原始問題約束} \\ +\infty, & \text{其他} \end{cases} \tag{C.7}$$

所以如果考慮極小化問題

$$\min_x \theta_P(x) = \min_x \max_{\alpha,\beta:\alpha_i \geqslant 0} L(x,\alpha,\beta) \tag{C.8}$$

它是與原始最佳化問題(C.1)~(C.3)等值的，即它們有相同的解。問題$\min_x \max_{\alpha,\beta:\alpha_i \geqslant 0} L(x,\alpha,\beta)$稱為廣義拉格朗日函數的極小極大問題。這樣一來，就把原始最佳化問題表示為廣義拉格朗日函數的極小極大問題。為了方便，定義原始問題的最優值

$$p^* = \min_x \theta_P(x) \tag{C.9}$$

稱為原始問題的值。

2. 對偶問題

定義

$$\theta_D(\alpha,\beta) = \min_x L(x,\alpha,\beta) \tag{C.10}$$

再考慮極大化 $\theta_D(\alpha,\beta) = \min_x L(x,\alpha,\beta)$，即

$$\max_{\alpha,\beta:\alpha_i\geqslant0} \theta_D(\alpha,\beta) = \max_{\alpha,\beta:\alpha_i\geqslant0} \min_x L(x,\alpha,\beta) \tag{C.11}$$

問題 $\max_{\alpha,\beta:\alpha_i\geqslant0} \min_x L(x,\alpha,\beta)$ 稱為廣義拉格朗日函數的極大極小問題。

可以將廣義拉格朗日函數的極大極小問題表示為約束最佳化問題：

$$\max_{\alpha,\beta}\theta_D(\alpha,\beta) = \max_{\alpha,\beta}\min_x L(x,\alpha,\beta) \tag{C.12}$$

$$\text{s.t.} \quad \alpha_i \geqslant 0, \quad i = 1,2,\cdots,k \tag{C.13}$$

稱為原始問題的對偶問題。定義對偶問題的最優值

$$d^* = \max_{\alpha,\beta:\alpha_i\geqslant0} \theta_D(\alpha,\beta) \tag{C.14}$$

稱為對偶問題的值。

3. 原始問題和對偶問題的關係

下面討論原始問題和對偶問題的關係。

【定理 **C.1**】若原始問題和對偶問題都有最優值，則

$$d^* = \max_{\alpha,\beta:\alpha_i\geqslant0} \min_x L(x,\alpha,\beta) \leqslant \min_x \max_{\alpha,\beta:\alpha_i\geqslant0} L(x,\alpha,\beta) = p^* \tag{C.15}$$

【證明】由式(C.12)和式(C.5)，對任意的 α,β 和 x，有

$$\theta_D(\alpha,\beta) = \min_x L(x,\alpha,\beta) \leqslant L(x,\alpha,\beta) \leqslant \max_{\alpha,\beta:\alpha_i\geqslant0} L(x,\alpha,\beta) = \theta_P(x) \tag{C.16}$$

即

$$\theta_D(\alpha,\beta) \leqslant \theta_P(x) \tag{C.17}$$

由於原始問題和對偶問題均有最優值，所以，

$$\max_{\alpha,\beta:\alpha_i\geqslant 0}\theta_D(\alpha,\beta)\leqslant\min_x\theta_P(x) \tag{C.18}$$

即

$$d^*=\max_{\alpha,\beta:\alpha_i\geqslant 0}\min_x L(x,\alpha,\beta)\leqslant\min_x\max_{\alpha,\beta:\alpha_i\geqslant 0}L(x,\alpha,\beta)=p^* \tag{C.19}$$

【推論 C.1】設 x^* 和 α^*,β^* 分別是原始問題 (C.1)～(C.3) 和對偶問題 (C.12)～(C.13)的可行解，並且 $d^*=p^*$，則 x^* 和 α^*,β^* 分別是原始問題和對偶問題的最優解。

在某些條件下，原始問題和對偶問題的最優值相等，$d^*=p^*$。這時可以用解對偶問題替代解原始問題。下面以定理的形式敘述有關的重要結論而不予證明。

【定理 C.2】考慮原始問題(C.1)～(C.3)和對偶問題(C.12)～(C.13)。假設函數 $f(x)$ 和 $c_i(x)$ 是凸函數，$h_j(x)$ 是仿射函數；並且假設不等式約束 $c_i(x)$ 是嚴格可行的，即存在 x，對所有 i 有 $c_i(x)<0$，則存在 x^*,α^*,β^*，使 x^* 是原始問題的解，α^*,β^* 是對偶問題的解，並且

$$p^*=d^*=L(x^*,\alpha^*,\beta^*) \tag{C.20}$$

【定理 C.3】對原始問題(C.1)～(C.3)和對偶問題(C.12)～(C.13)，假設函數 $f(x)$ 和 $c_i(x)$ 是凸函數，$h_j(x)$ 是仿射函數，並且不等式約束 $c_i(x)$ 是嚴格可行的，則 x^* 和 α^*,β^* 分別是原始問題和對偶問題的解的充分必要條件是 x^*,α^*,β^* 滿足下面的 Karush-Kuhn-Tucker (KKT)條件：

$$\nabla_x L(x^*,\alpha^*,\beta^*)=0 \tag{C.21}$$
$$\alpha_i^* c_i(x^*)=0, \quad i=1,2,\cdots,k \tag{C.22}$$
$$c_i(x^*)\leqslant 0, \quad i=1,2,\cdots,k \tag{C.23}$$
$$\alpha_i^*\geqslant 0, \quad i=1,2,\cdots,k \tag{C.24}$$
$$h_j(x^*)=0 \quad j=1,2,\cdots,l \tag{C.25}$$

特別指出，式(C.22)稱為 KKT 的對偶互補條件。由此條件可知：若 $\alpha_i^*>0$，則 $c_i(x^*)=0$。

矩陣的基本子空間

簡介本書用到的矩陣的基本子空間相關的定義和定理。

1. 向量空間的子空間

若S是向量空間V的非空子集，且S滿足以下條件：

（1）對任意實數a，若$x \in S$，則$ax \in S$；

（2）若$x \in S$且$y \in S$，則$x + y \in S$；

則S稱為V的子空間。

設$v_1, v_2, \cdots, v_n$為向量空間V中的向量，則其線性組合

$$a_1 v_1 + a_2 v_2 + \cdots + a_n v_n$$

組成V的子空間，稱為$v_1, v_2, \cdots, v_n$張成（span）的子空間，或$v_1, v_2, \cdots, v_n$的張成，記作

$$span(v_1, v_2, \cdots, v_n) \, \circ$$

如果$span\{v_1, v_2, \cdots, v_n\} = V$，就說$v_1, v_2, \cdots, v_n$張成$V$。

2. 向量空間的基和維數

向量空間V中的向量$v_1, v_2, \cdots, v_n$稱為空間V的基，如果滿足條件

（1）$v_1, v_2, \cdots, v_n$ 線性無關；

（2）$v_1, v_2, \cdots, v_n$ 張成 V。

反之亦然。向量空間的基的個數即向量空間的維數。

3. 矩陣的行空間和列空間

設 A 為一 $m \times n$ 矩陣。A 的每一行可以看作是 R^n 中的一個向量，稱為 A 的行向量。類似地，A 的每一列可以看作是 R^m 中的一個向量，稱為 A 的列向量。

設 A 為一 $m \times n$ 矩陣，則由 A 的行向量張成的 R^n 的子空間，稱為 A 的行空間；由 A 的列向量張成的 R^m 的子空間，稱為 A 的列空間。

矩陣 A 的行空間的維數等於列空間的維數。

一個矩陣的行空間的維數（等值地列空間的維數）稱為矩陣的秩。

4. 矩陣的零空間

設 A 為 $m \times n$ 矩陣，令 $N(A)$ 為齊次方程組 $Ax = 0$ 的所有解的集合，則 $N(A)$ 為 R^n 的一個子空間，稱為 A 的零空間（null space），即

$$N(A) = \{x \in R^n | Ax = 0\} \tag{D.1}$$

一個矩陣的零空間的維數稱為矩陣的零度。

秩 - 零度定理。設 A 為一 $m \times n$ 矩陣，則 A 的秩與 A 的零度之和為 n。事實上，若 A 的秩為 r，則方程組 $Ax = 0$ 的獨立變數的個數為 r，自由變數的個數為 $(n - r)$。$N(A)$ 的維數等於自由變數的個數。所以定理成立。

5. 子空間的正交補

設 X 和 Y 為 R^n 的子空間，若對每一 $x \in X$ 和 $y \in Y$ 都滿足 $x^\mathrm{T} y = 0$，則稱 X 和 Y 是正交的，記作 $X \perp Y$。

令 Y 為 R^n 的子空間，R^n 中與 Y 中的每一向量正交的向量集合記作 $Y^\perp$，即

$$Y^\perp = \{x \in R^n \mid x^\mathrm{T} y = 0, \forall y \in Y\} \tag{D.2}$$

集合$Y^\perp$稱為Y的正交補。

可以證明，若Y是R^n的子空間，則$Y^\perp$也是R^n的子空間。

6. 矩陣的基本子空間

設A為一$m \times n$矩陣，可以將A看成是將R^n映射到R^m的線性變換。一個向量$z \in R^m$在A的列空間的充要條件是存在$x \in R^n$，使得$z = Ax$。這樣A的列空間和A的值域是相同的。記A的值域為$R(A)$，則

$$R(A) = \{z \in R^m \mid \exists x \in R^n, z = Ax\}$$

$$= A \text{ 的列空間} \tag{D.3}$$

類似地，一個向量$y \in R^n$，y^T在A的行空間的充要條件是存在$x \in R^m$，使得$y = A^\mathrm{T} x$。這樣A的行空間和A^T的值域$R(A^\mathrm{T})$是相同的。

$$R(A^\mathrm{T}) = \{y \in R^n \mid \exists x \in R^m, y = A^\mathrm{T} x\}$$

$$= A \text{ 的行空間} \tag{D.4}$$

矩陣A有四個基本子空間：列空間、行空間、零空間、A的轉置零空間（左零空間）。有下面的定理成立。

【定理 **D.1**】若A為一$m \times n$矩陣，則$N(A) = R(A^\mathrm{T})^\perp$，且$N(A^\mathrm{T}) = R(A)^\perp$。

【證明】容易驗證$R(A^\mathrm{T}) \perp N(A)$。由於$R(A^\mathrm{T}) \perp N(A)$，故得$N(A) \subset R(A^\mathrm{T})^\perp$。另一方面，若$x$為$R(A^\mathrm{T})^\perp$中的任何向量，則$x$和$A^\mathrm{T}$的每一個列向量正交。因此，可得$Ax = 0$。於是$x$必為$N(A)$的元素，由此得到

$$N(A) = R(A^\mathrm{T})^\perp \tag{D.5}$$

類似可得

$$N(A^\mathrm{T}) = R(A)^\perp \tag{D.6}$$

圖 D.1 示意矩陣的基本子空間之間的關係。

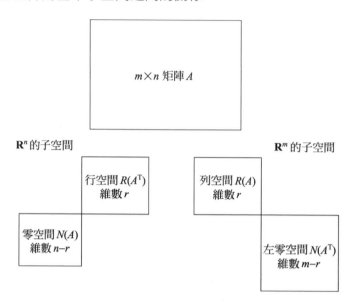

圖 D.1 矩陣的基本子空間之間的關係

KL 散度的定義和狄利克雷
分佈的性質

1. KL 散度的定義

首先舉出 KL 散度（KL divergence，Kullback–Leibler divergence）的定義。KL 散度是描述兩個機率分佈$Q(x)$和$P(x)$相似度的一種度量，記作$D(Q \parallel P)$。對離散隨機變數，KL 散度定義為

$$D(Q \parallel P) = \sum_i Q(i) \log \frac{Q(i)}{P(i)} \tag{E.1}$$

對連續隨機變數，KL 散度定義為

$$D(Q \parallel P) = \int Q(x) \log \frac{Q(x)}{P(x)} \mathrm{d}x \tag{E.2}$$

容易證明 KL 散度具有性質：$D(Q \parallel P) \geqslant 0$。當且僅當$Q = P$時，$D(Q \parallel P) = 0$。事實上, 利用 Jensen 不等式即得

$$-D(Q \parallel P) = \int Q(x) \log \frac{P(x)}{Q(x)} \mathrm{d}x$$

$$\leqslant \log \int Q(x) \frac{P(x)}{Q(x)} \mathrm{d}x$$

$$= \log \int P(x) \mathrm{d}x = 0 \tag{E.3}$$

KL 散度是非對稱的,也不滿足三角不等式,不是嚴格意義上的距離度量。

2. 狄利克雷分佈的性質

設隨機變數θ服從狄利克雷分佈$\theta \sim \text{Dir}(\theta|\alpha)$,利用指數分佈族性質,求函數$\log\theta$的關於狄利克雷分佈的數學期望$E[\log\theta]$。

指數分佈族是指機率分佈密度可以寫成如下形式的機率分佈集合:

$$p(x|\eta) = h(x)\exp\{\eta^{\text{T}}T(x) - A(\eta)\} \tag{E.4}$$

其中η是自然參數,$T(x)$是充分統計量,$h(x)$是潛在測度,$A(\eta)$是對數規範化因數 $A(\eta) = \log \int h(x)\exp\{\eta^{\text{T}}T(x)\}\text{d}x$。

指數分佈族具有性質:對數規範化因數$A(\eta)$對自然參數η的導數等於充分統計量$T(x)$的數學期望。事實上,

$$\frac{\text{d}}{\text{d}\eta}A(\eta) = \frac{\text{d}}{\text{d}\eta}\log \int h(x)\exp\{\eta^{\text{T}}T(x)\}\text{d}x$$

$$= \frac{\int T(x)\exp\{\eta^{\text{T}}T(x)\}h(x)\text{d}x}{\int h(x)\exp\{\eta^{\text{T}}T(x)\}\text{d}x}$$

$$= \int T(x)\exp\{\eta^{\text{T}}T(x) - A(\eta)\}h(x)\text{d}x$$

$$= \int T(x)p(x|\eta)\text{d}x$$

$$= E[T(X)] \tag{E.5}$$

狄利克雷分佈屬於指數分佈族,因為其密度函數可以寫成指數分佈族的密度函數形式

$$p(\theta|\alpha) = \frac{\Gamma\left(\sum_{l=1}^{K} \alpha_l\right)}{\prod_{k=1}^{K} \Gamma(\alpha_k)} \prod_{k=1}^{K} \theta_k^{\alpha_k-1}$$

$$= \exp\left\{\left(\sum_{k=1}^{K} (\alpha_k - 1)\log\theta_k\right) + \log\Gamma\left(\sum_{l=1}^{K} \alpha_l\right) - \sum_{k=1}^{K} \log\Gamma(\alpha_k)\right\} \quad (E.6)$$

自然參數是 $\eta_k = \alpha_k - 1$，充分統計量是 $T(\theta_k) = \log\theta_k$，對數規範化因數是 $A(\alpha) = \sum_{k=1}^{K} \log\Gamma(\alpha_k) - \log\Gamma\left(\sum_{l=1}^{K} \alpha_l\right)$。

利用性質(E.5)，對數規範化因數對自然參數的導數等於充分統計量的數學期望，得到狄利克雷分佈的數學期望 $E_{p(\theta|\alpha)}[\log\theta]$ 的計算式

$$E_{p(\theta|\alpha)}[\log\theta_k] = \frac{\mathrm{d}}{\mathrm{d}\alpha_k} A(\alpha) = \frac{\mathrm{d}}{\mathrm{d}\alpha_k}\left[\sum_{k=1}^{K} \log\Gamma(\alpha_k) - \log\Gamma\left(\sum_{l=1}^{K} \alpha_l\right)\right]$$

$$= \Psi(\alpha_k) - \Psi\left(\sum_{l=1}^{K} \alpha_l\right), \quad k = 1,2,\cdots,K \quad\quad (E.7)$$

其中 Ψ 是 digamma 函數，即對數伽馬函數的一階導數。

H

I

J

K

L